JOHN HARRISON

WOLKENPFAD

ZU FUSS DURCH
DAS HERZLAND DER INKA

DUMONT

Die englische Originalausgabe erschien 2010 unter dem Titel
»Cloud Road. A Journey Through the Inca Heartland«
bei Parthian, Cardigan, Wales
© John Harrison, 2010

1. Auflage 2013
© 2013 für die deutsche Ausgabe: DuMont Reiseverlag, Ostfildern
Alle Rechte vorbehalten
Übersetzung: Christina Schmutz, Frithwin Wagner-Lippok
Gestaltung: Herburg Weiland, München
Umschlagfoto: Getty Images (joSon)
Karten in den Umschlagklappen: Charles Aithie
Printed in Spain
ISBN 978-3-7701-8257-2
www. dumontreise.de

Beiden Tom Harrisons,
Vater und Großvater,
für die Liebe
zum Lernen und Reisen

»Cuzco wird Kopf und Schild meines Königreichs
zum einen Ende hin, Quito zum andern.«
INKA-KÖNIG WAYNA CAPAC

Inhalt

1.
WANDERN IM VERGESSENEN LAND: VOM ÄQUATOR BIS INGAPIRCA

4.03 Uhr morgens

Ich erwache in pechschwarzer Nacht, einen Knoten der Angst im Solarplexus. Ohne aufzusehen, weiß ich, wie spät es ist: 4.03 Uhr morgens. Seit sechs Wochen erwache ich jeden Morgen schweißgebadet um diese Zeit. Der Traum ist jedes Mal anders. Manchmal schneidet das Messer durch die dünne Zeltwand. Meine Arme stecken im Schlafsack fest. Bevor ich sie herausziehen kann, habe ich das Messer am Hals. Der zweite Schnitt schlitzt die Kehle auf, und aus meinem neuen Mund dringt sinnloses Wispern. Kalte Luft fließt durch die Wunde nach innen, gefolgt von einer schwarzen Flut. Das also ist der Tod, das unbekannte Land. Ein andermal bemerke ich mit jener scheußlichen Gewissheit, die es nur in Träumen gibt, dass ich nicht mehr genügend Wasser bei mir habe, um es zum letzten Bach zurück zu schaffen. Wenn der Bergrücken vor mir nicht auf der anderen Seite zu einem Fluss hinunterführt, werde ich verdursten. Die Kuppe kommt, und eine öde Ebene weitet sich vor meinen Augen. Der Staub schmeckt nach Knochenmehl und nagt an den Begrenzungssteinen einer alten Straße, deren Ränder am leeren Horizont zusammenlaufen.

Das Schöne daran, aus Alpträumen zu erwachen, ist, dass man in Sekundenschnelle die Dunkelheit abgeschüttelt hat und feststellt, diese verrückten Ängste können mir gar nichts anhaben. Dennoch weiß ich, dass all dies und Schlimmeres möglich und in manchen Gegenden sogar wahrscheinlich ist. Hustend stakse ich ins Bad. Meine Brust fühlt sich steif und verspannt an. Mich ängstigt die Reise, die ich vorhabe. Ich huste und muss mich übergeben: Es ist hellrot vom Rotwein, den ich trinke, um durchzuschlafen, den Träumen zum Trotz. Wieder im Bett und hellwach, mache ich mir Sorgen über Geld, Navigation, Raubüberfälle, Verletzungen und Krankheiten. Auf dem Land werden noch immer Menschenopfer dargebracht. Vorzugsweise trifft es die Jungen,

Schönen und Vollkommenen; vorerst wäre ich also sicher. Das Morgengrauen erscheint als Silberstreif am Saum des Himmelsvorhangs. Seeanemonen-Finger tasten sich fühlergleich ins Dunkel. Da ist noch ein Geschöpf, direkt neben mir, das ebenfalls ein- und ausatmet, kleine, schnüffelnde Schnaufer, eine winzige Haarsträhne, die mich im Gesicht kitzelt. Elaine ist der Inbegriff des Warmen. Wenn ich ihre geschmeidige Haut an der Schulter berühre, hält ihr Atmen inne, um gleich wieder in den gewohnten Rhythmus zu verfallen. Mein Augenlid berührt beim Schließen ihren Rücken. Solch liebevolle Zärtlichkeit umhüllt uns Tag für Tag.

Quito säuft ab

Als ich aus dem Flugzeug stieg und den Boden Ecuadors betrat, befand ich mich noch fast drei Kilometer über dem Meeresspiegel. Die Lungen spielten verrückt, keuchend verlangten sie mehr Sauerstoff, doch den gab es nicht. Das Taxi fädelte sich in Quitos dünner werdenden nächtlichen Verkehr ein; um neun Uhr klappte die Hauptstadt bereits die Gehsteige hoch. Schwaches Scheinwerferlicht flutete hin und wieder die Straße, oder der Fahrer wich gerippten Sandpfützen aus. Er warf mir ein überdrehtes Lächeln zu, das einen glänzenden Goldzahn zum Vorschein brachte.

»Hey, Gringo, du sprichst gut Spanisch! Wo hast du das gelernt?«

»Zu Hause, in Wales.«

»Was, sprechen die dort auch Spanisch?«

»Nein, ich habe es gelernt, weil ich hierher wollte.« Wasserfluten stürzten von den umliegenden Hügeln über die Straßen und Karrees, bildeten kleinere Seen, umzingelten in vereinzelten Strudeln die Straßenecken. Der junge Conquistador Cieza de León blickte seinerzeit auf Quito hinab und glaubte, eine Stadt auf so beengtem Gelände würde schwerlich wachsen können. Er behielt recht. Um die 1,4 Millionen Menschen zusammenzuquetschen, die heute hier leben, baute man armselige Hütten auf die Hügel um die Stadt. Nach längeren Regengüssen werden diese Abhänge instabil, und in dieser Woche hatten die nachmittäglichen Gewitter gnadenlos gewütet. Fahrzeuge spien, soweit sie nicht selbst in den Fluten ertranken, schmutzige Fontänen fächerförmig über die Gehwege. Fußhoch überzogen Lehmrücken die Seitenstraßen, signiert von den Reifenprofilen der Lastwagen. Etwas weiter entfernt standen linker Hand die Wolkenkratzer des modernen Quito; Bürogebäude und Wohnhochhäuser ragten aus hell erleuchteten Straßenzügen empor. Wir rasten unter den Zwillingstürmen der Kathedrale aus dem 19. Jahrhundert, einer seelenlosen Ansammlung von Steinen, vorbei und bogen in die im Halbdunkel liegenden, engen Straßen der Altstadt ein. Ich checkte ins Hotel Viena Internacional ein, das zwei Blocks hinter der Plaza Grande liegt. Sein schöner dreistöckiger Innenhof aus dem 19. Jahrhundert protzte mit einem steinernen Springbrunnen, den eine blaue Plastikmadonna krönte. Im abgedunkelten Badezimmer starrte ich mürrisch in den Spiegel und prüfte meine Verfassung. Das alte Glas verzerrte mein Gesicht zu einem Francis-Bacon-Porträt. Ich nahm ein Buch und ging ins Bett.

Um Reisegewicht zu sparen, leistete ich mir als Freizeitlektüre nur ein Buch. Es musste vielleicht monatelang reichen. Ich hatte mich daher für »Don Quijote« entschieden. Einer der ersten Absätze wendete sich an den Leser. »Geneigter Leser, du solltest wissen, dass unser Junker, wenn er Muße hatte (was den größten Teil des Jahres der Fall war), sich damit die Zeit vertrieb, Ritterbücher zu lesen; was er mit solcher Hingabe und Entzücken tat, dass er darüber seine gewohnten Jagdvergnügungen fast vollständig vergaß und auch die Verwaltung seines Vermögens vernachlässigte; er erlag diesem Laster mit so sinnlosem Eifer, dass er viele Hektar Land verkaufte, nur um möglichst vieler solcher Ritterromane erwerben zu können.« Genau wie ich. Don Quijote wird gewöhnlich als alter Mann geschildert, der in seniler Demenz sein Zuhause verlässt und in eine Welt der Wahnvorstellungen und Fantasien eintaucht, in der er sich durchschlagen muss. Auf den ersten Seiten entdeckte ich, dass der alte Wirrkopf auf die fünfzig zuging: genau wie ich.

Am nächsten Morgen listete der Moderator der Fernsehnachrichten die Zerstörungen auf: Zwölf Tote in der Stadt, die meisten von Schlammlawinen verschüttet, umgerechnet 4,7 Millionen Euro Schaden an Schulen, achthundert Kilometer Autobahn unbefahrbar, was wiederum die Verteilung von dreiundfünfzigtausend verfügbaren Paketen mit Notverpflegung in die Länge ziehen würde. Die Wasserpegel der Flüsse standen ein Meter zwanzig über dem letzten Maximum. Sie zeigten körnige Farbaufnahmen von obdachlosen Menschen, die sich nun über das Dreckwasser hinweg, das in braunen Bächen an den abgerutschten Hängen herablief, die Arme zustreckten und auf den obszön aufgerissenen Flächen herumrutschten, auf denen noch zehn Minuten zuvor ihr Haus gestanden hatte. Einen Mann zogen sie gerade aus einem anschwellenden Fluss. Ein Sanitäter schob ihm eine Büroklammer in die Nase, bis er die trübe Brühe erbrach.

Überflutete Hinterhöfe brüteten Milliarden von Moskitos aus. Quito liegt zu hoch für den Malariaüberträger, aber diese hier waren möglicherweise mit dem Dengue-Virus infiziert, das hohes Fieber und starke Schmerzen in Muskeln und Gelenken verursacht. Es gibt gegen Dengue kein vorbeugendes Medikament und keine Therapie. Die Sterblichkeit – vor allem unter schlecht ernährten Kindern wie denen von Quito – ist hoch.

Ab und an fuhren Lastwagen, die Feuerwehrleute und Soldaten zu den Hügeln transportierten, unter Sirengeheul und Rotlicht vorbei. Die Gesichter der Männer waren vor Erschöpfung mit dunklen Augenringen gezeichnet, das Weiß der Augäpfel um die Iris Bälle aus Angst. Sie waren ausgebildet, Flammen und Kugeln die Stirn zu bieten, nicht lebendig Begrabenen zu begegnen: erstickender Ruhm, den Mund voll rotem Lehm.

Ich ging die Calle Flores entlang, in Richtung der Plaza Santo Domingo, wo die hohen, schweren Tore bröckelnder Kolonialhäuser zu kleinen Näh- und Schneiderläden führten. Männer hatten blecherne Schreibmaschinen auf spindeldürre Tischchen gesetzt und erwarteten Kunden, die sich einen Brief oder eine Rechnung tippen lassen wollten. Auf der Treppenstufe eines Eingangs saß ein junges Ganovengesicht. Eine Frau im knallig weinroten Minikleid und mit vulgären Zügen stand über ihm und verschlang ein Stück Biskuittorte auf Butterbrotpapier. Der Mann nickte in meine Richtung: »Wie wär's mit dem?« Sie stolperte zwei Schritte auf mich zu, verlor dabei fast einen Stiletto-Absatz und posierte vor mir – dann rief sie gellend »Ficki-Fucky!« und sprühte mich mit Kuchenkrümeln voll. Ich machte einen Bogen um sie; sie zuckte die Schultern, lüpfte ihr Kleid und urinierte ungeniert in den Rinnstein.

Das Leben hatte sich also nicht verändert. Im Jahr 1861 kam der junge Friedrich Hassaurek zur Belohnung für seine Wahlkampagne für den frisch gewählten Präsidenten Abraham Lincoln als Botschafter der USA nach Ecuador. Wenn man seinen Memoiren »Four Years Among the Ecuadorians« Glauben schenkt, muss er sich pausenlos das Taschentuch vor die Nase gehalten haben: »Man sieht Männer, Frauen und Kinder aller Altersklassen und Hautfarben am helllichten Tag mitten auf öffentlichen und stark frequentierten Straßen ihr Geschäft verrichten; und bei dieser Beschäftigung sehen sie den Vorbeigehenden auch noch direkt ins Gesicht mit einer Schamlosigkeit, die jeder Beschreibung spottet.« Nicht besonders witzig fand er auch den Karnevalsbrauch, vorbeikommende Fremde in Senkgruben zu tauchen.

Heute Nacht schreckte mich eine Explosion hoch. Ich griff nach dem Wecker: 4.03 Uhr. Ein weiterer enormer Knall durchbrach die Stille. Waren es Schusswaffen oder Knallkörper? Eine Salve erschütterte die Stadt und warf ihr Echo über die leeren Straßen. Mindestens zwanzig Minuten lang ging es so weiter, kroch manchmal näher und entfernte sich wieder, aber immer schallte es den Hügel aus dem Armenviertel La Marín herauf. Kurz vor Morgengrauen, um sechs Uhr, füllte sich die Straße unter meinem Fenster unvermittelt mit Leben. Unter Hupen, Schreien, Gelächter und einem Pfeifkonzert fingen die Markthändler an, ihre Stände auf der Straße aufzubauen. Ich ging hinaus, um nach einem Frühstück Ausschau zu halten. Die Stände waren aus Stangen und Plastikplanen selbstgezimmert und wurden in nahe gelegenen Verschlägen aufbewahrt. Ein drahtiger Alter Humboldts aus Gruppe nahm seine ganze Batterie an Instrumenten mit hinauf in die Wolken des Chimborazo, um alles zu messen, was lange genug stillhielt, um gemessen werden zu können, hielt knapp drei Meter Schnur in der Hand – gut für alles und jedes –, half Stände und Waren an ihre Plätze zu transportieren und nahm dafür jedes Mal fünfzig Cent. Er vermochte sechs übereinandergetürmte Obstkisten zu schleppen, indem er sie mit der Schnur von der Stirn um den kahlen Kopf herum festband und fixierte: ein taumelnder Samurai.

Nicht weniger eifrig nahmen nun auch die Bettler ihr Geschäft in Angriff. Einer legte eine Matte und ein Megafon auf die Fußgängerseite der Straße. Er öffnete seinen Gürtel, zog die Hose herunter, legte sich mit dem Gesicht nach unten und präsentierte sein Hinterteil. Seine Pobacken waren rot und wund und mit Syphilisgeschwüren übersät, die bereits Löcher ins Fleisch gefressen hatten. Er ergriff das Megafon und beschrieb sein Leben in Sünde, als er noch Prostituierte besuchte und seine Familie vernachlässigte, um den Lastern Ehebruch und Unzucht zu frönen. Dann rief er den heiligen Georg an, den Schutzheiligen der Syphiliskranken, damit dieser bezeuge, wie sehr Gott ihn für seine Verbrechen gestraft habe. Er machte seine Sache ausgezeichnet. Es war eine Geschichte, wie die Leute sie hören wollten.

Zurück im Hotel, fragte ich die Empfangschefin nach dem frühmorgendlichen Schusswechsel. Sie sah mich verwundert an. »Um vier Uhr morgens«, setzte ich hinzu. »Ach so«, lächelte sie, »Sie meinen das Feuerwerk, das ist das Fest zu Ehren der *virgen dolorosa*, Jungfrau der Schmerzen. Jeden Samstag gehen die Gläubigen um vier Uhr morgens zur Novene und zünden ein Feuerwerk. Hat es Sie geweckt?«

Genesis

Meine Reise begann vor langer Zeit – während einer halben Stunde, die ich in Falmouth in der Grafschaft Cornwall am unteren Ende der abschüssigen Killigrew Street in einem altmodischen Frisörsalon mit meinem Vater Schlange stand und wartete. Es muss eines der letzten Male gewesen sein, dass ich mit ihm zum Frisör ging, bevor ich zu pubertieren begann und es mir unangenehm wurde, mit meinen Eltern gesehen zu werden. Vor dem Laden hing das britisch-traditionelle rot-weiß gestreifte Ladenzeichen der Frisöre, der Barber-Pole (Barbierpfosten). Zwei weiße Granitstufen führten von der Straße in das besänftigende Reich des Salons. Ein in einer randvoll mit Blut gefüllten Porzellanschale ruhendes Skalpell hätte das Dekor vollends abgerundet.

Sie trugen weiße Kittel und strahlten die Tugend der *gravitas* aus; wie Schiedsrichter, die an träge dahinschleichenden Nachmittagen das Gewicht ihrer Füße testen. Sie sprachen wenig und dann sanft, ohne wirklich die Lippen zu öffnen, ein Code unter Gentlemen. Es war ein wohlgeordnetes Spiel, und wir kannten die Regeln.

Ich fingerte eine mitgenommene Kopie der National Geographic aus dem Stoß mit den Wochenzeitschriften und öffnete eine Seite mit dem Bild einer Stadt, die wie aus dem rauen Felsen des Berggipfels herausgewachsen schien, auf dem sie thronte. Machu Picchu! Ein Eindruck, als hätten Götter in beiläufiger Genialität die Steinquader vom Himmel fallen lassen. Erst später kamen dann auch diese kurzzeitigen Störfaktoren: Menschen. In der Mitte des Bildes war eine ebene Wiesenfläche zu sehen. Auf einer Seite der Wiese stand mutterseelenallein ein Baum. Ich drückte meinen Finger auf die Wiese und flüsterte: »Da will ich hin.«

»Der Nächste, bitte!«

Ich wartete und sah zu, wie das Chromgeweih der Frisörschere in Mr. Blenkinsops kalten Händen über das Faltengitter auf der

Nackenhaut meines Vaters glitt. Weiche, braune und graue Locken fielen auf den grünen Linoleumboden wie Singvögel, die
vom ersten Frost überrascht wurden. Die Mahagoni-Täfelungen
des Raumes atmeten eine klerikale Ruhe aus. Kämme, Rasierap-
parate, Bürsten und Scheren lagen sorgsam ausgerichtet da und
glänzten. Ein weißes Lätzchen machte Chorknaben aus uns allen.
Die Reihe war an mir. Die Schere begann ihren präzisen Marsch
über die Ränder meines Ponys: das Schmirgelgeräusch der Klinge
beim Durchschneiden von Haar. Glatte Strähnen fielen in die
Talabfahrt zwischen meinen Armen.

Als ich mich am Abend schlafen legte und der weiße Wurm
im Auge der Glühbirne sein Leben aushauchte, atmete ich durch
eine schmale Lücke zwischen meinen geschürzten Lippen, erstes Überlebenstraining in der dünnen Andenluft, und stellte mir
vor, wie mich die Grashalme der verlorenen Inka-Stadt Machu
Picchu an den Beinen kitzelten. Die Reise in meinem Kopf
nahm Gestalt an.

Ein Land fehlt in jedem Atlas, auf allen Südamerika-Karten:
der Andenstaat. Er verläuft von Südkolumbien über Ecuador,
Peru und Bolivien bis nach Chile. Die längste Gebirgskette der
Welt hält ihn zusammen. Die Menschen, die dort leben, nennen
sie Sierra, die Säge. Ihre Kultur, ihre Wirtschaft und ihr Glaubenssystem sind andin. Trotz einiger Unterschiede ähneln die
Andenvölker einander physiologisch mehr als ihren jeweiligen
Nachbarn unten in den Bergtälern. Für einen kurzen historischen
Moment, einen Strudel im Fluss der Zeit, waren sie politisch vereint; nicht als Nation, als Volk, das einen gemeinsamen Ursprung
und ein gemeinsames Ziel hat, sondern als Reich. Wie ein indus-
trielles Konglomerat basierte das Inka-Reich auf Wachstum,
willkürlichen Machtergreifungen und aggressiver Aneignung.
Aufgebläht durch rasche Expansion und aufgrund innerer Spannungen zwischen Staat und eroberten Völkern instabil geworden,
wurde es von zwei um die Krone streitenden Königssöhnen zum

Einsturz gebracht. Als die Fremden an seinen Küsten auftauchten und in die Hände klatschten, fiel das Kartenhaus in sich zusammen.

Dieses geheimnisvolle Land wollte ich bereisen, ich wollte mein Ohr auf den Boden legen und das Herz der Anden schlagen hören. Um es in aller Unverfälschtheit zu erleben, plante ich, seine entlegensten Landstriche zu Fuß zu durchwandern und in die bäuerlichen Gebiete vorzudringen, wo das Leben der Menschen durch Einflüsse von außen bisher kaum berührt worden war und es noch immer so ablief, als wäre Kolumbus nie losgesegelt. Eine alte Straße verlief entlang des Rückgrats dieses sagenumwobenen Landes. Es war die erste große Straße der Inka: *el Camino Real*, der Königliche Weg. Er wurde vor über fünfhundert Jahren mit bloßen Händen geschaffen, um die schwierigsten und gefährlichsten Bergpässe aller Amerikas zu überwinden. Er ist noch immer da, häufiger in anderer Form als in den Tagen, da der Sapa Inka, der Inka-Herrscher, in seiner Sänfte bei heruntergezogenen Vorhängen wiegend über die Felder getragen wurde, auf denen sich jedes menschliche Antlitz vor Ehrerbietung in die Erde vergrub. Andere Abschnitte sind bis zur Unkenntlichkeit zerstört oder liegen unter Asphalt begraben. Der Verlauf jedoch ist nachvollziehbar, und bald würde ich ein Hochland zu sehen bekommen, das sich nur wenig unterschied von dem Panorama, das der letzte große Inka-Führer, Inka Wayna Capac, vor Augen hatte. »Cuzco«, beschied er, »wird Kopf und Schild meines Königreichs zum einen Ende hin, Quito zum anderen.« Ich wollte die ganzen zweitausendvierhundert Kilometer zwischen den Zwillingshauptstädten zurücklegen und von Quito aus losgehen.

Quito erstrahlt

Die nächsten Tage verbrachte ich mit Spaziergängen durch die wuchernde Stadt, um mich an die Höhe zu gewöhnen. Auf flachem Gelände war das kein Problem, aber einige Hügel erinnerten mich daran, dass mir ein Drittel des gewohnten Sauerstoffs fehlte. Mit Rucksack würde sich der Effekt verdoppeln. Als ich mich auf die Reise vorbereitete, hatte ich das meinem Arzt verschwiegen, doch vor Elaine konnte ich es nicht verbergen. Mein Steiß schien manchmal schier auseinanderzubrechen, Muskeln versteiften und verkrampften sich, Knochen drückten auf Nerven und verursachten einen heftigen Schmerz, als ob sich ein Spinnennetz, beladen mit raffinierten kleinen Gifttropfen, um mich gezogen hätte. Ich hoffte – es gab allerdings keine medizinische Evidenz dafür –, durch ein spartanisches Leben wieder in Ordnung zu kommen. Wenigstens schienen meine Füße einigermaßen belastbar, und in den neuen Stiefeln, die ich seit zwei Monaten einlief, fühlte ich keinerlei Schmerz.

Ich wanderte zum modernen Stadtzentrum um die Avenida Amazonas, um das Vivarium zu sehen, eine Privatsammlung von Schlangen und anderen Reptilien im Eckhaus einer ruhigen, von Wohnhäusern eingefassten Seitenstraße namens Avenida de los Volcanes. Hinter Glas lagen Schlangen, zusammengeringelt und in Trägheit hindrapiert. Skelette offenbarten ihren schlanken Körperbau: ihre Rippen zierlich wie Fischgräten. Die Falsche Dreiecksnatter, auch Milchschlange oder Unechte Korallenschlange genannt, wird bis zu einem Meter achtzig lang und muss sich an einem lateinischen Namen messen lassen: *Lampropeltis triangulum micropholis*. Sie ist rot, cremefarben und weiß gestreift, in der Gegend von Quito zu Hause und, das sei ausdrücklich gesagt, harmlos. Bedauerlicherweise besaß das Vivarium kein Exemplar der äußerst giftigen Echten Korallenotter. So konnte ich mir den

Unterschied nicht einprägen. Daneben lag ein Geschöpf, das ich nun tatsächlich unbedingt kennen sollte, die Terciopelo- oder Amerikanische Lanzenotter: grün marmoriert mit dunkleren Bändern an den Flanken, die Farbtöne von verschattetem Gras. Sie bevorzugt bebaute Felder, Wiesen und Flussufer. Ich würde durch viele davon hindurch müssen. Sie ist extrem giftig und, wie ich bemerkte, als ich ihre gelangweilten, lidüberspannten Augen betrachtete, sehr schwer zu sehen. Auf der Landkarte fand ich ein lang gezogenes Areal, das ihre Verbreitung anzeigte: Es gab genau den Verlauf meiner Reiseroute wieder.

Meine Laune besserte sich nicht, als ich in die Altstadt zurückschlenderte und mir die Kirchen aus der Kolonialzeit anschaute. Sie sind praktisch fensterlos – der Glaube ist eine lichtscheue Pflanze –, doch innen erstrahlte der Reichtum des amerikanischen Kontinents. Die Erbauer hatten Gold und Silber in Muli-Ladungen, die Edelsteine sackweise angefordert. Viele Reiche investierten nicht in Wirtschaftsprojekte, sondern sparten, horteten und versteckten ihre Schätze. Kurz vor ihrem Tod vermachten sie ihre Güter der Kirche; das heißt, wenn ihnen noch Zeit blieb, ihre Verstecke preiszugeben. Noch heute, wenn Kolonialhäuser abgerissen oder von Erdbeben zerstört werden, geraten mitunter zwischen Schutt und Staub Schätze ans Licht, Hinterlassenschaften von Geizkrägen, die weder Ehefrau noch Sohn noch Tochter, ja nicht einmal ihrem Anwalt über den Weg getraut und das in ihren verkümmerten Herzen aufbewahrte Geheimnis mit ins Grab genommen hatten. Die Reichtümer, die der Kirche zugeflossen waren, hätten einen Krösus erröten lassen. Das Gold und Silber, das die Altäre überbordend schmückt, ist nicht Blattgold, sondern kartendickes Goldblech. Das Problem der Architekten war einzig, ein Ende zu finden. Oft fanden sie es nicht.

Im Kloster San Francisco liefen Gemälde Amok, auf denen grauenhafte sado-masochistische Szenen abgebildet waren: Fran-

ziskaner wurden von Teufeln mit einer feinen Bogensäge in Hälften zerteilt, Dämonen knieten auf ihrer Brust und schlugen sie mit
dicken Keulen ins Gesicht. In den Szenen darüber, in tieferes
Dunkel getaucht und daher weniger gut zu erkennen, frönten Sata-
ne ihren individuellen Neigungen: Auspeitschen, Häuten und
amateurhaftes Zahnziehen. Sosehr die Spanier das körperliche
Wohlergehen der Indios mit Füßen traten, nahmen sie sich doch
mit großem Ernst ihrer Seelen an. Sie verbreiteten den Namen
Christi mit einer Hingabe, die den Engländern und Franzosen in
Nordamerika völlig abging, und debattierten sogar darüber, welche Form die Seele der Eingeborenen wohl haben mochte. Das
endlose Konzil von Trient, 1545 bis 1563, empfahl gar die Beke-
rung von Eingeborenen und anderen Analphabeten mittels bilden-
der Kunst. Die arbeitenden Massen konnten so die Bedeutung der
Texte den Gemälden auf den Kirchenwänden entnehmen; und die
zeigten fast ausnahmslos einen leidenden Jesus.

   Im Klostermuseum sind alte Meister der Holzbildhauerkunst
Quitos ausgestellt. Sie folgten der Parteilinie, der Orthodoxie des
katholischen Spaniens. Christus ist nie der Lehrer, Heiler oder
Liebende; er ist Operationsfleisch, ausgepeitscht und festgenagelt.
Die letzten Stunden seines Lebens, da sich seine Liebe im Opfer
ausdrückt, sind die einzigen, die zählen. In einer Gesellschaft, die
des Lesens nicht mächtig ist, vermitteln diese blutig-eindringli-
chen Bilder eine Botschaft, die nicht Liebe heißt, sondern Schuld:
Er starb für dich, die Sünde wohnt in jedem Baby, du bist ein Sünder, und die Kirche spendet Vergebung. Selbst die Bibel schien gefährlich – als Quelle, die mit den Autoritäten des spanischen imperialen Katholizismus rivalisierte. Priester protzten damit, dass sie
die Bibel nie gelesen hätten und es auch nicht vorhätten. Noch
1907 rief Bischof Holguín von Arequipa in seiner Osterpredigt
zum Verbot umstürzlerischer Werke auf und nannte dabei Zola,
Voltaire, Rousseau und die ›protestantische‹ Bibel, also die Bibel in
der Übersetzung Luthers.

Das Gemälde »Infierno«, »Hölle«, das von Hernando de la Cruz 1620 fertiggestellt wurde, buchstabiert den Preis der Sünde aus. Die Ungerechten sieden im Bottich, einige tragen noch immer ihre Kronen. Ein Denunziant liegt zusammen mit einer Schlange in einem Loch. Professionell präpariert, sehe ich genau hin, ob es eine Echte oder Unechte Korallenschlange ist: Es ist nicht deutlich zu erkennen, vielleicht hat der Sünder noch mal Glück gehabt. Die brutal-burleske Show könnte den Titel tragen: »Die Nacht, in der der Messerwerfer LSD nahm.« Einen männlichen Ehebrecher hat es genau dort erwischt, wo er seine Sünde genoss; in einem bezaubernden Anflug lokaler Farbgebung kotzt ein Affe geschmolzene Lava auf seine Genitalien. Ein grinsender Teufel gießt ihm mit einem Trichter mehr davon ins Maul, wie um sicherzustellen, dass nichts verloren geht. Offenbar liebt er seine Arbeit und will nimmer aufhören.

Bis vor Kurzem schien die Kirche Santo Domingo am Rande des Ruins; das Notdach sah aus, als schwankte es und würde beim nächsten Donnerschlag zusammenbrechen. Stahlstreben waren quer durch das Schiff verlegt und eine Stahldecke darüber gespannt. Ich tastete mich an den Ständen entlang, wo Kerzen, heilige Texte und Heiligenbilder feilgeboten wurden, vorbei an dem sehr gepflegten Mann, der eine luxuriöse Bibelausgabe verhökerte, und einem menschlichen Bündel aus zerrissenen Lumpen, aus denen eine einzelne, braune Klaue herausragte und um Almosen bettelte. Die Messe war gerade zu Ende. Die Gläubigen strömten auf den Vorplatz, viele wischten sich Tränen aus den Augen.

Die Plaza Grande oder Plaza de la Independencia war ein angenehmer, parkähnlicher Platz, der, flankiert von der alten Kathedrale, zu meiner Linken den Hügel hinabführt. In meinem Rücken und rechts von mir verliefen Kolonnaden mit kleinen Läden. Der lange, ehrwürdige Palacio de Carondelet dominiert die Stirnseite. Der Platz ist Haupttreffpunkt während der kurzen Abendstunden, um ein wenig zu schlendern und herumzusitzen; hier

verabreden sich Liebespaare und sitzen am Rand des Springbrun-
nens, hier lassen Männer Schuhe putzen, lesen Zeitung, rauchen
eine Zigarette. Gegen Abend waren die Gewitter, die am späten
Nachmittag über den umliegenden Anhöhen getobt hatten, wieder abgezogen, und ein warmes, honigfarbenes Licht ergoss sich
über die extravaganten Stuckreliefs des Palastes. Die Kunsthand-
werker, die sie hergestellt hatten, nannte man Silberschmiede des
Gipses. Auf der Bank, die mir am nächsten stand, saßen Zwillings-
schwestern in Jeansröcken, perlmuttfarbenen Strumpfhosen und
lachsroten Strickjacken. Sie nestelten unablässig an ihrem Haar,
das bei beiden glatt zurückgekämmt war und am Ende von einer
einzelnen Metallspange zusammengehalten wurde. Sie mochten
dreizehn Jahre alt sein und waren schon recht kräftig gebaut, mit
ausladenden, bäurischen Hüften und mächtigen Brustkörben. Sie
hatten große Köpfe und ausgeprägte Gesichtszüge. Der Figur
nach glichen sie Frauen, die schon Kinder zur Welt gebracht hatten; Gott vergib mir, ich bin einfach zu spät dran. Ein Lidschlag,
und aus Kindern wurden Miniatur-Erwachsene. Adoleszenz gab
es nicht; bis wann war man Kind? Über uns, im weißen Geäst eines Baumes, zwitscherte ein Vogel; aus dem nächsten Baum kam
eine Antwort.

Eines Nachts war's aus mit dem Frieden. Plötzlich wimmelte
es auf dem ganzen Platz von Bereitschaftspolizei und Soldaten,
die automatische Waffen im Anschlag hielten. Orangefarbenes
Markierungsband hielt die Menschen vom Garten fern, und auf
dem Gehweg stand ein gepanzertes Fahrzeug. Eine ältere, blinde
Dame mit pyramidenförmig über die Schultern fallendem schwarzem Haar tastete sich über die Straße und stieß an einen unförmi-
gen metallischen Klotz, der ihren gewohnten Heimweg versperr-
te: ein Panzer. Ihr weißer Stock tappte über seine Stahlplatten
nach unten und fuhr mit einem Ratatatat seitlich über die Rau-
penketten. Unvermittelt tauchten Scheinwerfer die Vorderseite
des Palastes in gleißendes Licht. Vielleicht wurde ich Zeuge einer

Revolution? Ich fragte einen Polizisten, was los sei. »Sie drehen einen amerikanischen Film!«, antwortete er. ›Lebenszeichen‹, ein Kidnapper-Thriller mit Meg Ryan und Russell Crowe. Wir sind alle Statisten!«

Am nächsten Mittag war es die Plaza de San Francisco, die von Soldaten und Militärpolizei wimmelte, die das Ministeriumsgebäude neben der Kirche umstellt hatten. Einer von ihnen rief mich an und fragte in konspirativem Ton: »Kommen Sie näher ran, Sie sind doch sicher Journalist?«

»Ja«, schien mir die richtige Antwort, und ich holte meinen Notizblock heraus. Er platzierte mich vor die Wand der Aufpasser, in eine Reihe mit den Polizeibeamten. »Auf wen warten wir?«, fragte ich und blickte zu der Fahrzeugkolonne, die abfahrbereit schien: zwei Polizeiwagen, eine Lincoln-Continental-Limousine mit schwarzen Fensterscheiben und sieben Chevrolets mit Allradantrieb.

»Auf den Präsidenten und den Vizepräsidenten.«

Wenige Minuten später kam ganz in meiner Nähe ein hochgewachsener Mann mit grauem Bart, aber ohne Schnauzer, die Treppe herunter. Präsident Noboa hatte eine umfangreiche Taille und bewegte sich mit leicht gekrümmtem Rücken langsam und bedächtig. Er trug einen grauen Anzug und eine kastanienbraune Krawatte. Er schien mir der onkelhafte Akademikertyp zu sein, was mich bei einem Politiker immer misstrauisch macht. Stalin war onkelhaft. In der Tat hatte Dr. Gustavo Noboa unter anderem eine akademische Karriere hinter sich, bevor er in die Politik ging; wie gesagt, das verheißt nicht unbedingt Gutes. Genauso war es mit Perus Expräsident Alberto Fujimori, der zu seiner Schande Geld hinterzogen hatte. Aber Noboas ruhige Art stiftete ein Gefühl der Sicherheit; kein Vergleich zu Ecuadors Erfahrung mit Präsident Abdalá Bucaram, der 1996 seinen Wahlsieg mit einer eigenen Schallplatte feierte, auf der er den »Jailhouse

Rock« sang. Er bekam den Spitznamen ›Der Spinner‹ verpasst, wurde nach weiteren bizarren öffentlichen Auftritten wegen Unzurechnungsfähigkeit aus dem Amt entfernt und wanderte ins Gefängnis.

Vizepräsident Calvites, ein schmalerer Mann in schwarzem Anzug, erschien mit tief gebeugtem Kopf, sprach zu seinen Füßen, und die Männer um ihn herum nickten unablässig. Er hatte den Schnauzer, der dem Präsidenten fehlte, sowie ein rötliches Muttermal, das seine rechte Wange schmückte.

Die Probleme, die Ecuador bewältigen muss, sind ernst. Vor Kurzem brach die Währung zusammen, und das Pro-Kopf-Einkommen beträgt weniger als ein Drittel des lateinamerikanischen Durchschnitts, gleichzeitig ächzt das Land unter einer riesigen Schuldenlast. Die präsidiale Macht wird durch viele mittelgroße politische Parteien in wechselnden Koalitionen und Allianzen geschwächt. Von Ausnahmen abgesehen, kommt die Wirtschaft seit zwanzig Jahren nur schlecht voran; sie hat sich sogar mehrmals zurückentwickelt. Die meisten Kinder leiden an Eiweißmangel, der, falls er nicht innerhalb der ersten fünf Lebensjahre behoben wird, ein Viertel der Intelligenz irreversibel zerstört. Für viele Ecuadorianer ist jeder Tag ein Kampf ums Brot, ihre Körper sind ausgelaugt von der jahrelangen Unterernährung.

Die Demonstration fraternisierenden Händeschüttelns mit dem einfachen Mann und der einfachen Frau von der Straße wirkte hohl und verlogen. Doctor Noboas zweites Leben ist das eines Bananen-Milliardärs. Viele seiner Bürger überleben auf einer Ein-Dollar-Basis pro Tag. Jede Kuh innerhalb der Europäischen Union wird im Vergleich dazu mit 2,25 Dollar unterstützt.

Ich betrat den stillen Hafen eines Frisörsalons – und fiel dreißig Jahre in der Zeit zurück. Vom Linoleum unter meinen Füßen bis hin zu den Spiegeln mit schräg geschliffenen Kanten war er eine Doublette von Blenkinsops Laden in Falmouth. Ich blätterte die alten Sportmagazine durch und die Zeitungen der vergange-

nen Woche, während zwei weiß gekleidete Männer Haarbüschel-
chen um Ohren herum wegschnippelten und Neuigkeiten im
Flüsterton weiterverbreiteten. Als ich an die Reihe kam, fiel mein
Haar, als wäre der Ton abgestellt worden, in braunen und grauen
Strähnen, wie das meines Vaters fast vier Jahrzehnte zuvor, als ich
zum ersten Mal meinen Finger auf das Bild von Machu Picchu
drückte und den unmöglichen Wunsch wünschte.

Wieder draußen, zog ich die Haarklammern aus meinem Kragen. Es wurde Zeit, sich auf den Weg zu machen. Ich beschloss,
zur Abrundung des Tages den Bus nach Norden aus der Stadt heraus zum Äquator zu nehmen und meine lange Reise nach Süden
an der Mitte der Erde zu beginnen.

Der Bauch der Erde

Man sollte doch denken, der Äquator wäre ein Ort, den man nur schwer verfehlen kann. Dreißig Meter unter meinen Füßen war die kreisrunde Rasenfläche als riesiger Kompass gestaltet, und Wege führten zu den vier Hauptpunkten der Pyramide, auf der ich stand. Über mir thronte eine im Durchmesser viereinhalb Meter große Bronzekugel. Eine Plakette am Monument versicherte, dass ich auf genau 78° 27' 08" West vom Null-Meridian in Greenwich stand und mein Breitengrad 0° 0.0' 0.0" betrug. Ich stand oben auf dem Denkmal der Ciudad del Mitad del Mundo, der Stadt der Mitte der Welt, Eintritt fünfzig Cent. Es ist weder Stadt noch Dorf, vielmehr eine Ansammlung moderner Touristenläden und Cafés, einstöckig und weiß getüncht, die Dächer aus bleifarbenen Ziegelpfannen. Weiter weg, jenseits des ausufernden Parkplatzes, brummten speiseeisfarbene Busse über das gepflegte graue Pflaster der neuen Prachtstraße zum Bauch der Erde, um ihre Passagiere auf seiner imaginären Gürtellinie abzusetzen. Ecuador ist nur eines von zwölf Ländern, durch die der Äquator geht, darf aber aus zwei Gründen ein Privileg beanspruchen. Erstens ist es nach dieser Linie benannt, und zweitens ist hier einst ein erbitterter Streit über die Gestalt der Erde entschieden worden.

Es mag heute befremden, dass die klügsten Männer ihrer Zeit sich über die Frage in die Haare gerieten, ob die Erde in der Mitte oder an den Polen dicker sei, aber zum einen ist das von großer theoretischer Bedeutung, zum anderen spaltete es die Wissenschaftler zweier rivalisierender Nationen in zwei Lager, deren Grenzen mehr oder weniger deckungsgleich mit den Grenzen dieser Nationen verliefen. Im britischen Lager lebte ein herausragender Kandidat für den Titel des hellsten Kopfes aller Zeiten, Isaac Newton, besser gesagt sein Geist, denn er war zu Beginn der

Expedition bereits acht Jahre tot. Er hatte, ausgehend von seinen eigenen Gesetzen der Gravitation, argumentiert, die Rotation der Erde müsse sie an den Polen abflachen und entlang der Äquatorlinie verdicken. Newton zeigte, dass die Schwere eines großen Objekts wie der Erde sich so verhält, als sei seine Masse in einem einzelnen Punkt, seinem Mittelpunkt, konzentriert. Da die Schwerkraft mit der Entfernung abnimmt, beruht die geringere Gravitation am Äquator auf dem größeren Abstand zu diesem Mittelpunkt.

Im französischen Lager war es der übellaunige Jean Dominique Cassini, ein talentierter, aber eingebildeter Italiener, der von Ludwig XIV. abgeworben worden war, um dessen neues Observatorium in Paris zu leiten. Cassini blickte auf einen beeindruckenden Werdegang zurück, hatte vier weitere Saturn-Monde entdeckt und dazu die Lücke zwischen den Ringen, die heute seinen Namen tragen. Cassini folgerte aus Messungen, die er in seinem Adoptionsland Frankreich vorgenommen hatte, dass die Größe eines Bogengrads zum Süden hin abnimmt.

Ungeachtet des Egos der beiden Männer war die Gestalt der Erde von größter praktischer Bedeutung. Trotz verbesserter Karten und Navigationsinstrumente unterliefen den Seeleuten bei der Berechnung der Routen noch immer tödliche Fehleinschätzungen. Wenn die Erde nicht rund war, variierte die Länge eines Grades – sie nähme mit der Entfernung vom Erdmittelpunkt zu. Um die Angelegenheit endgültig zu entscheiden, erarbeitete die französische Académie des Sciences ein globusumspannendes Experiment. Eine Expedition unter der Führung des Mathematikers Pierre Louis Moreau de Maupertuis sollte nach Lappland aufbrechen, um die Gradlänge im hohen Norden zu messen. Eine zweite schickte man zum Äquator, und da der Äquator fast überall durch unerforschten Regenwald verlief, war der praktischste Ort für die Messungen das Hochland in Ecuador, damals Teil des spanischen Vizekönigreiches von Peru. Der Haken an der Sache war,

dass Spanien zweihundert Jahre lang keine Fremden seine Besitz-
tümer in der Neuen Welt hatte betreten lassen, es sei denn er-
zwungen in Form feindlicher Heere. Doch das politische Glück
war ihnen hold. Der König von Spanien war Philipp V., der von
seinem Großvater, zufällig eben jenem Ludwig XIV. von Frankreich, auf den Thron gesetzt worden war. Die Erlaubnis, nach
Ecuador einzureisen, wurde unter der Bedingung erteilt, dass spanische Aufseher mit ihnen Hand in Hand arbeiteten. Der Mann,
den man zum Leiter der Expedition wählte, war der vierunddrei-
ßigjährige Geograf Charles Marie de La Condamine.

Als sie 1736 in Quito ankamen, steckten sie zuerst ihre Nasen
in die Bücher, um die genaue Position des Äquators zu bestimmen,
und legten dann mithilfe von Vermessungsketten an ihm entlang
eine Basislinie fest. Das erforderte äußerste Sorgfalt; jede nachfolgende Messung hing von der Genauigkeit dieser ersten ab. Dann
arbeiteten sie sich nach Süden vor, indem sie den Abstand von drei
Breitengraden am Boden entlang markierten, über dreihundert-
zwanzig Kilometer. Das Gelände war rau und das Gebirgsklima
ungemütlich, bei Nacht erfroren sie beinahe und bei Tag wurden
sie gegrillt. Die Arbeit war gnadenlos, eine schwere, aber empfind-
liche Ausrüstung musste die Berge hochgezogen, dann mussten an
den launischen Instrumenten Präzisionsablesungen vorgenommen werden. Zwei geschlagene Jahre dauerte es, bis sie mit ihren
Messungen, bei denen der Kirchturm der Stadt Cuenca als letzter
Triangulationspunkt diente, fertig waren. Um die Genauigkeit ihrer Arbeit zu prüfen, errechneten sie die Länge des letzten Schen-
kels des letzten Dreiecks auf dem Erdboden, bevor sie es tatsächlich maßen. Die Abweichung betrug nur etwa einen Meter.

Die letzten Monate zogen sich schrecklich hin. Dem Astronomen Godin ging es selten gut; ein anderer Mann starb am Fieber,
und Expeditionsarzt Senièrgues verrannte sich in eine gesell-
schaftlich unmögliche Liebesaffäre und wurde gelyncht. Der
Zeichner Morainville, der den Plan für eine Kirche angefertigt

hatte, stieg gerade auf das Gerüst, um den Fortgang der Bauarbeiten zu begutachten, als dieses zusammenbrach und ihn erschlug. Deprimiert von dem Zoll, den das Unternehmen von ihm selbst und der Arbeitsgruppe forderte, arbeitete La Condamine dennoch weiter. Er stand vor der finalen Aufgabe: die ursprüngliche Basislinie durch bleibende Monumente zu markieren, zum einen, um ihre Anstrengungen zu beglaubigen, zum zweiten, damit die entscheidende erste Messung notfalls von künftigen Wissenschaftlern nachgeprüft werden konnte. Er entschloss sich, zwei mittelhohe Pyramiden zu errichten, eine an jedem Ende. Es dauerte Monate, bis diese Arbeit fertiggestellt war und er die französische Lilie und schließlich die Namen, seinen eigenen und die von Godin und Bouguer, auf die Spitzen meißeln konnte. Zu einer Zeit, als Etikette alles galt, verzeichnete er peinlicherweise weder die Beteiligung der spanischen Krone, die ihre Einwilligung für das Projekt gegeben hatte, noch die der beiden spanischen Beobachter. Die spanischen Autoritäten spien Gift und Galle. Selbstherrlich weigerte sich La Condamine, zuzugeben, dass er einen Fauxpas begangen hatte. Die Spanier verlangten, die Pyramiden komplett abzureißen. Ein Gericht verurteilte ihn dazu, die fehlenden spanischen Namen aufzunehmen und die französische Fleur-de-lis zu retuschieren. Sechs Jahre später entschied der Indienrat, die oberste spanische Kolonialbehörde für überseeische Besitzungen mit Sitz in Sevilla, dass das nicht ausreiche, und wies an, die Pyramiden zu zerstören. Der Entscheid ging zur Post und La Condamine in Berufung – und er gewann. Aber die Nachricht aus Sevilla traf zu spät ein: Die Pyramiden waren bereits in Schutt und Asche gelegt.

La Condamines Ergebnisse bewiesen, dass die Erde tatsächlich am Äquator einen Bauch hat, einen um etwa einhundertsechsunddreißig Kilometer größeren Umfang als die Pole. Voltaire, ein Anhänger Newtons, rühmte: »Sie haben sie beide flach gemacht, die Erde und die Cassinis.«

Eine der zerstörten Pyramiden wurde 1836 von einem hiesigen Landbesitzer, Vicente Rocafuerte, auf Feldern nahe Yaraqui wiederaufgebaut. Als sich im Jahr 1880 der Alpinist Edward Whymper hier aufhielt, fand er einen der Steine mit den Inschriften auf einem Hof, doch die Mitte der Legende war abgerieben, da der Bauer den Stein als Sockel benutzte, um sein Pferd zu besteigen. Die Pyramide am Südende der Basislinie wurde auf Geheiß eines ecuadorianischen Präsidenten wiedererrichtet, aber der besseren Sicht wegen versetzte man sie etwa um hundert Meter zur Seite. Die ursprüngliche Position ist unauffindbar; alle Anstrengungen La Condamines, sein Werk zu erhalten, waren umsonst gewesen.

Heutzutage ist es leichter, einen Ort zu finden: Ich hatte mein GPS-Gerät mit auf die Reise genommen. Es ist so groß wie ein Handy, nimmt zu Satelliten Kontakt auf und gab jetzt seine aktuelle Genauigkeit mit zehn Metern zwanzig wieder. Doch es gab ein kleines Problem. Das GPS gab als meinen derzeitigen Breitengrad 0° 0.129' Süd an, etwa zweihundertvierzig Meter vom Äquator entfernt. Ich sah zu einer zierlichen Japanerin hinunter, die wie eine Seiltänzerin auf Zehenspitzen die gelb gestrichene Linie dort unten entlangtrippelte, Ballettposen einnahm und kicherte. Nur war es nicht der Äquator, auf dem sie da trippelte, nicht einmal annähernd. Aber wie war das möglich?

Ich zeigte den Guides meine GPS-Anzeige, und sie tauschten, lächelnd, verschämte Blicke miteinander aus. Ein Dialog à la »Sag du's ihm – nein, du«, und dann sagte eine der Frauen: »Ja, stimmt, wir sind nahe dem Äquator, aber nicht auf ihm. Der Regierung wurde Land angeboten, das flach und gut geeignet schien. Der Äquator verläuft durch eine Schlucht, und es wäre nicht möglich gewesen, die Anlage hier ohne größeren Kostenaufwand auf die wirkliche Äquatorlinie zu bauen.«

Ich folgte meinem GPS nach Norden, umging die kleine, steil abfallende Klamm und fand mich unversehens in einem privaten Freilichtmuseum wieder, dem Museum Intiñan. Das ist Quechua, die Sprache der Inka, die noch heute mehr Menschen sprechen als jede andere native Sprache, und bedeutet Weg der Sonne. Fabián Vera, ein gutaussehender, reinblütiger *indígena*, führte mich herum. Sie hatten eine Handvoll Äquatorspielchen aufgebaut: ein Becken, in dem das Wasser keinen rotierenden Strudel um den Abfluss bildet, und es gab die Aufgabe, ein Ei aufrecht auf den Nagel zu stellen. Ich brauchte ein paar Minuten dazu, aber am Ende schaffte ich es, das Ei senkrecht auf den Nagel zu stellen. Fabián erklärte: »Es ist auf dem Äquator viel einfacher, weil hier keine Corioliskraft wirkt« – die Rotationskraft, die überall sonst dafür sorgt, dass Wasser in einer bestimmten Drehung abfließt. Ich konnte nicht erkennen, warum das ein stationäres Objekt beeinflussen sollte, jedenfalls ließ sich der Effekt zu Hause nicht reproduzieren. Allerdings habe ich zu Hause auch Besseres zu tun.

Fabián ging mit mir einen Weg entlang, der mitten durch das Zentrum der Anlage führte. »Das hier war ein religiöser Pfad der ansässigen Stämme, noch bevor die Inka kamen. Er verläuft genau auf dem Äquator«, sagte er und wies heiter zum Touristendorf hinüber, »nicht wie das da drüben. Die ursprünglichen Einwohner hatten hier einen Steinzylinder errichtet, achtzehn Meter im Durchmesser und sieben Meter achtzig hoch, um den wahren Ort zu markieren.« Ich zückte mein GPS, lief durch den Garten in den staubigen Kartoffelacker dahinter und gelangte durch sein rückwärtiges Gatter wieder auf die Straße. Mitten auf der Straße zeigte das Gerät eine volle Null-Serie, Genauigkeitsbereich: zehn Meter. Das offizielle Äquatordenkmal war nicht mehr zu sehen. Ich schritt weitere fünfzehn Meter ab, um sicher zu sein, auf der nördlichen Hemisphäre zu stehen, dann drehte ich mich um und ging nach Süden. Ich kam wieder durch die Stadt der Mitte der Welt und hüpfte über die gelbe Linie. Meine Reise hatte begonnen.

Jeder Äquator hat seinen Sinn. Das Interesse der Ureinwohner an Astronomie spiegelte die Bedeutung der Agrikultur in ihrer Ökonomie. La Condamines Interessen zeigten die wirtschaft-
liche Relevanz der Navigation in der seinen. Die neue Pyramide
ist ein Monument für den Tourismus und steht dort, wo es die
meisten Dollars einbringt.

Es war ein warmer und sonniger Tag, der Wind wehte leicht
und zauste liebevoll die Blumen. Nach all den Vorbereitungen
fühlte es sich gut an, nun tatsächlich auf dem Weg zu sein, zu *gehen*. Ich kaufte Früchte in einem kleinen Laden und schwatzte ein
bisschen mit der pummeligen Frau, die nur zwei lange, dünne
Zähne besaß, einen auf jeder Seite des Unterkiefers, wie zwei bei
Spielunterbrechung übrig gebliebene Kegel. Es erschien mir nicht
richtig, einfach loszulaufen, ohne dass irgendjemand hier wüsste,
wohin ich unterwegs war. »Ich bin auf dem Weg nach Cuzco«,
sagte ich. »Ich bin eben losgegangen.«

»Das ist schön«, sagte sie, »mein Sohn läuft auch gern zu Fuß.«

Es war kurz nach Mittag, und ich ging von einem Schattenplätz-
chen zum nächsten. Ich wusste, dass die alte Inka-Straße unter
Asphalt begraben lag. Die Straße wurde doppelspurig, hatte sogar
einen Mittelstreifen mit Bäumen. Auf dem ging ich entlang und
genoss das Gras unter meinen Füßen, den Schatten und den un-
aufhörlichen Fluss kastenförmiger, kampflustiger Laster, die
Sand und Schotter transportierten zu den sperrenden Mäulern
der Zementmischer von Quito. Meine Lungen und Beinmuskeln
machten gute Arbeit, und ich trabte den ersten längeren Hügel
hinauf. Dann, nach zweieinhalb Stunden Marsch, spürte ich an
beiden Füßen nahe dem Ballen ein leichtes Brennen wie von
Schmirgelpapier. Ich bekam Blasen. Und nun beging ich einen
schmerzhaften Fehler: Statt in einen Bus zu steigen und zurück
zum Hotel zu fahren, ging ich weiter, im Glauben, ich sei dem
Stadtrand nahe und könne auch hier ein Hotel suchen: Wunsch-

denken. Ich muss die einzige Straße entlang nach Quito gelaufen sein, auf der man nicht von Billighotels umzingelt ist. Schließlich humpelte ich um eine Ecke und fand den Flughafen-Taxistand. Nach zwanzigminütiger Fahrt checkte ich wieder in das Zimmer ein, das ich vor gefühlt unendlich langer Zeit verlassen hatte. Die Bediensteten flüsterten und berieten sich: Der Verrückte war wieder da.

Ich zog die Stiefel aus. In der Mitte jeder Fußsohle hatte sich eine große Blase gebildet; die Zehenspitzen waren durch eine Naht, die über die Spitze der Stiefel verlief, aufgeplatzt und bluteten jetzt. Hitze und Schweiß hatten meine Haut aufgeweicht. Im walisischen Winter war Hitze etwas, wofür man nicht trainieren konnte. Ich lag auf dem Bett, verfluchte meine Socken und Stiefel, am meisten aber mich selbst. Ich las »Don Quijote«. Er und Sancho Pansa waren verprügelt worden, leckten ihre Wunden und rieben sich die Prellungen. War mein Projekt nur Ausbund einer männlichen Menopause? Hätte ich am Ende genauso gut zu Hause bleiben, mir einen doofen Pferdeschwanz wachsen lassen und ein Motorrad anschaffen können? Bis jetzt war ich noch nie länger als vier Tage zu Fuß unterwegs gewesen. Don Quijote wusste, warum: »Eine der schwersten Versuchungen, wodurch der Satan die Seele eines Mannes in Verwirrung stürzen kann, ist, ihm weiszumachen, er könne ein Buch schreiben und veröffentlichen und es damit zu Vermögen und Ruhm bringen.«

Am nächsten Morgen ging ich auf den Blumenmarkt und fragte die Verkäufer dort, ob sie eine traditionelle Medizin gegen Blasen wüssten. »Brennnesseln«, meinte einer grinsend und zog eine Garbe hervor. Sie war komplett, inklusive Schmetterling; die Unterseite seiner Flügel war perlmuttfarben. Er flog auf meine Schulter. Ich ging an einem kleineren Stand vorbei und setzte ihn dort auf die Spitze eines Bouquets. Die Blumenfrau sah mich an, als wollte ich einen ganzen Schmetterlingsschwarm darauf verteilen. Wieder im Hotel, zerquetschte ich die Brenn-

nesseln und wickelte sie mir um die Füße. Sie lenkten meine
Aufmerksamkeit vom Schmerz der Blasen ab. Ich stach die
schmerzhafteste auf, und eine gelbe Flüssigkeit trat aus. Danach
fühlte ich mich besser.

Nun musste ich die Zeit irgendwie totschlagen. Die Mehr-
zahl der Programme in den Fernsehkanälen wurde von feisten
Männern mittleren Alters an der Seite blonder, tanzender Mädchen bestritten, deren Bikinis so klein waren, dass man drei davon aus einem gewöhnlichen Hotel-Nähset hätte herstellen
können. Ich hielt meinem Wirrkopf mittleren Alters Don Quijote die Treue und vergrub mich in mein wertvolles, einziges
englischsprachiges Buch. Am zweiten Abend ging ich hinunter
nach La Marín, eine Straße entlang, an der es aus Grillständen
zischte und spritzte, in denen Teile von Tieren brutzelten, die
normalerweise zu Haustiernahrung zerstampft oder in einem
schlichten, zu Herzen gehenden Ritual bestattet würden. Sowie
ich einen Blick in einen der Töpfe warf, traf er dort einen anderen, der mich aus einem gelben Auge ein paar Sekunden lang an-
klagend musterte, bevor es an den Rand des Eintopfs driftete
und wieder in dessen Tiefen verschwand.

Nach der Siesta erwachte die Stadt wieder zu Leben; Händler
drängelten und warben. Eine Schubkarre mit Kokosnüssen von
der Küste, die mit einer Machete zurechtgestutzt waren, wackelte vorbei. Brennholzhändler verbrannten Proben ihres Harthol-
zes in kleinen, eisernen Räucheröfen, die im Dunkeln rot und
schwarz glühten. Ein fünfjähriger Junge war derart wütend auf das
Leben, dass er mit beiden Füßen zugleich aufstampfte. Seine
Mutter, die das Tamtam leid war, hob ihn hoch und ermahnte ihn
zu Anstand, was sie anschließend durch Klapse auf den Kopf und
ins Gesicht pädagogisch unterstrich. Ich entschied mich für eines
der bunten Plastik-Cafés. Winzige Kinder verkauften Süßigkeiten, baten um Erlaubnis, hereinkommen zu dürfen, und erbettel-
ten die abgenagten Tiergelenke auf den Tellern. Sie rissen an der

Haut und kauten den Gelenkknorpel von den Knochen. Die Gäste waren höflich und kooperierten, indem sie zur Seite legten, was sie nicht aßen. Sie standen auf der maroden sozialen Leiter selbst nur eine oder zwei Sprossen höher.

Durch die Avenida de los Volcanes

Es dauerte neun Tage, bis ich eine ernsthafte Wanderung in den Süden riskieren konnte. Sie nahm ihren Anfang in einem Viertel der Stadt, von dessen Besuch Touristen im Allgemeinen abgeraten wird. Um einem Überfall aus dem Weg zu gehen, lief ich bei Morgendämmerung los und wollte zum Stadtrand, in ein Gebiet, das durch die Bebauungsentwicklung mit jedem Tag mehr zusammenschmolz.

Die alte Inka-Straße in den Süden verläuft durch die Frontseite des Regierungspalasts, umgeht die Anhöhen von El Panecillo, auf dessen Gipfel eine monströse weiße Marienfigur prangt, und führt weiter über einen steilen Grat. Um zehn vor sechs Uhr waren die Straßen noch kalt und neblig; die wenigen Spätheimkehrer hatten verdrießliche Wintergesichter aufgesetzt und mummelten sich ein. Die Dunkelheit löste sich allmählich auf, als ich die Plaza Grande überquerte, nach links abbog und an der großen Jesuitenkirche La Compañia de Jesús vorbeiging, wo gerade einige Gläubige aus der Messe auf die Straße tröpfelten, nach vorn gebeugt wie dunkle Geister. Licht sickerte in die engen, kopfsteingepflasterten Gassen um El Panecillo. Ein Taubstummer sprang auf mich zu, stieß unverständliche Laute aus und deutete mit einem krummen Finger über seine Schulter zum Himmel, Johannes der Täufer als Vogelscheuche. Er lächelte, als spräche er in Zungen.

Weiter oben hielt ein Mann mich an, fragte mich, ob er mir den Weg zeigen solle, und bot mir einen Drink an, ein klares alkoholisches Getränk aus einer unbeschrifteten Flasche, die er aus der Tasche gezogen hatte. Ich lehnte ab. Sie hätte Drogen enthalten können, aber unabhängig davon habe ich die feste Gewohnheit, morgens vor halb sieben keinen Alkohol zu mir zu nehmen. Der Weg die Bahía de Caráquez hinauf war, als ginge es eine Ski-Sprungschanze hoch, doch meine dick einbandagierten Füße

ertrugen es tapfer; meine Beine hatten nur wenig an Kraft einge-
büßt, und so fühlte ich mich zuversichtlich. Mit dem Morgengrauen erwachte die Stadt in rasendem Tempo; überall fuhren
plötzlich Busse. Goldene Lichtflocken setzten sich auf die modri-
gen Mauern.

Wo immer der Verlauf des Königlichen Weges der Inka bekannt war, hatte ich ihn in meine Karten eingezeichnet. Deren
Maßstab, 1:25 000, war zum Wandern geeignet, aber die Kopien,
wenngleich kürzlich hergestellt, zeigten vierzig Jahre alte Kartie-
rungen. Ihnen zufolge sollte der Stadtrand in etwa drei Kilometern erreicht sein, jetzt lief ich aber schon acht oder mehr. Bäue-
rinnen banden auf dem begrasten Mittelstreifen Esel an Bäume
und verkauften deren Milch, direkt von der Zitze. Ich trank die
warme, dünne, schaumige Milch und wurde dabei von einem trüb-
selig dreinblickenden Fohlen ertappt, dem man einen Strumpf
über die Nase gezogen hatte, um es vom Saugen abzuhalten. Um
neun Uhr machte ich eine Pause, trank einen Kaffee und aß ge-
bratene Eier. Ich fragte den Besitzer: »Wie weit ist es nach Chil-
logallo?« – die erste Siedlung, die südlich von Quito verzeichnet
war.

»Sie sind mittendrin«, gab er mir zur Antwort, »es ist jetzt Teil
der Stadt.«

Eine Sau schlief in einem Hof unter einem malmenden Zementmischer. Land wird Stadt. Vor einer kleinen Werkstatt sprach ich
mit Victor, einem ergrauten Fünfzigjährigen, der Eisenöfen mit
Farbe einsprühte. Er war grün bis zu den Ellbogen. »Wie viele
Kinder haben Sie?«, fragte er mich.

»Noch keins.«

»Ich habe acht: fünf Jungen und drei Mädchen. Deshalb arbeite ich, und Sie machen Urlaub. Mit dem alten Geld konnte man
noch was kaufen für hundert Sucres. Heute gibst du vier Dollar
aus und kriegst nichts zu essen dafür.«

Noch krähten, während er arbeitete, die Hähne: Bald würden
Verkehr und Radio sie übertönen. Die Temperatur betrug dreißig Grad Celsius; ich setzte mich am Straßenrand hin und bandagierte meine Füße neu. Weiße Wände werden zu Flugblättern
der Enteigneten, ihrer Politik und Poesie. »Die Gerechtigkeit
wird auf dem Altar des Kapitalismus geopfert« stand neben »Zärtlichkeit ist gelassene Leidenschaft.« Elf Kilometer weiter erreichte ich die nächste auf der Karte vermerkte Siedlung, Guamaní
Alto, und wusste, dass ich allmählich aufs Land kam, denn ein
Mann lief über die Straße auf mich zu und rief: »Schau' mal! Ganz
neuer Wolfspelz, nur dreißig Dollar!« Letztes Jahr war Guamaní
Alto noch ein Dorf, jetzt ist es schon ein Vorort. Als ich über den
kleinen Platz ging, der einen flachen Hügel bedeckte, konnte ich
offenes Land sehen; Maisfelder, Weideland, steil aufragende Hügel und Berge, auf deren Gipfel Schnee lag und die nach Süden hin
zu beiden Seiten ein riesiges Tal säumten. Das war jetzt der Rand
von Quito. Morgen würde ich dieses Tal betreten, das der Forscher Alexander von Humboldt Avenida de los Volcanes getauft
hatte. Die prächtigsten und zerstörerischsten Vulkane der Welt
würden meine Route säumen.

Ich war mir nicht sicher, wie weit ich bis zum Einbruch der
Nacht gelangen würde, da meine Karten, so leichtsinnig das
klingt, nicht überall nahtlos aneinander anschlossen. Es war ein
Ding der Unmöglichkeit, detaillierte Original-Landkarten über
eine Reise von zweitausendvierhundert Kilometern mitzuschleppen. Stattdessen hatte ich Fotokopien der Reiseroute erstellt,
notgedrungen mit Lücken im Anschluss. Ich konnte daher nicht
immer sicher sein, wie viel Land zwischen ihnen lag. Ein paar Kilometer weiter kam die Panamericana in Sicht, ein Schnellstra-
ßensystem, das den gesamten amerikanischen Kontinent hinun-
terläuft von der Prudhoe Bay an der Nordküste Alaskas bis
Ushuaia, der südlichsten Stadt Argentiniens. Es verändert seine
Gestalt vom Schotterweg bis zur größeren Autobahn wie hier.

Riesige amerikanische Mack Trucks rollten an mir vorbei, mit Sattelzügen so protzig wie Dampforgeln. Glänzende Rohre stachen aus der Schlepperhaube in den Himmel, und die Blasebalg-Hupen erzeugten ein Brüllen wie aus Sauriermäulern im Jurassic Park. Unter diesen vier Asphaltbahnen befand sich der akribisch ausgeklügelte Inka-Pfad.

Als die Straße über einen Pass führte und Haarnadelkurven ins Tal zu schneiden begann, erhaschte ich einen ersten wirklichen Blick auf die Avenida de los Volcanes. Ich zog die Stiefel aus, verspeiste genüsslich eine weiche, reife Mango zusammen mit verholzten Bananen und genoss die Sicht. Ein breites Tal lief fast schnurgerade Richtung Süden. Es war fruchtbar und üppig bewirtschaftet, fette Wiesen bedeckten die Talsohle, seine Flanken waren etwas blasser, und das Muster der kleinen Anbauflecken auf den gewaltigen Anhöhen glich einem feinmaschigen Gitter, das man über die Landschaft geworfen hatte. Zu meiner Linken standen die Hauptmassive der Bergkette. Eine Wolke verhüllte die Gipfel. Darunter wirbelten graue Schleier sintflutartigen Regens durch das Zwielicht. Ein Blitz zuckte kurz auf. Die Dimensionen waren so riesig, dass Distanzen schwer auszumachen waren. Mir wurde klar, dass ich mir eine Einstellung zurechtlegen musste, mit solch großräumigen Panoramen zurechtzukommen: Ich könnte mit der Zeit glauben, mich in einer Tretmühle zu bewegen. Ein Weg zweigte von der modernen Schnellstraße ab und stürzte jäh den Hügel hinunter; er würde mir über eineinhalb Kilometer ersparen und mich außerdem vom Verkehr wegführen. Als ich ihn hinabzusteigen begann, wuchs meine Erregung. Die ebenmäßigen, halb behauenen Steine auf seiner Oberfläche und die sorgfältig konstruierten Wasserabflussrinnen auf beiden Seiten deuteten darauf hin, dass ich auf den Camino Real, den Königsweg der Inka, gestoßen war. Am anderen Ende lag Cuzco im fernen peruanischen Süden. Meine Schritte wurden größer.

Die Feldfrüchte um mich herum verliehen der Textur und Farbe der Landschaft einen eigenen Charakter. Die traditionelle Exis-
tenzgrundlage Mais, noch immer hartnäckiger Rivale von Getrei-
den und anderen Süßgräserfrüchten, verändert sich beim Wachsen
auf anmutige Weise. Die jungen Sprösslinge erscheinen gegen die
Erde leuchtend grün wie junger Weizen. Die zweieinhalb Meter
hohe reife Pflanze hat um die Kolben violette Blätter, und ihre hohen Schäfte verleihen den Feldern ein raues Webmuster, wie weicher Tweed. Eukalyptusbäume geben sich auf den Hügeln und
Flussufern gruppenweise die Ehre; schlanke junge Bäume sind zart
gefiedert, reifere ähneln grüner Zuckerwatte.

Dann sah ich, wie die Wolke um den Berggipfel herunterzu-
rollen begann und auf mich zukam, und ich beschleunigte meine
Schritte. Binnen einer halben Stunde gelangte ich zu einem engen
Pfad, der an einer flachen Klippe hinunter und zurück zur Panamericana führte. In leichtem Nieselregen kam ich im Weiler
Tambillo an. Meine Füße erklärten mir, für heute sei ich genug
gewandert. Rücken und Schultern schmerzten. Es gab eine Tank-
stelle, eine Betonkirche, Fruchtstände, an der Bus- und Zugrei-
sende kauften, aber kein Hostel. Ich nahm einen Bus für die kurze
Strecke nach Süden bis Machachi, einem winzigen Marktflecken,
den man mitten auf die Hauptstraße gebaut hatte und den man
mittlerweile via Panamericana umfahren konnte. Als der amerikanische Botschafter Friedrich Hassaurek im 19. Jahrhundert
nach langer, sehr schlammiger Reise von der Küste hierher gelangte, schien er am Gipfel seiner Karriere angelangt, zumindest
aber hatte er ihren höchsten Punkt erreicht.

Endlose Reihen elender Behausungen säumten beide Seiten
der Hauptstraße. Die Herbergsschenken hier sind grausige
Schuppen, ebenerdig, mit getrockneten Gräsern überdacht, fensterlos und ohne Fußbodenbelag. Sie strotzen notorisch vor
Schmutz und Ungeziefer. In einem verbrachte ich einmal eine
fürchterliche Nacht. Ich wurde von Flöhen buchstäblich zer-

fleischt. Das Konzept Reinlichkeit existiert für die Bewohner nicht. Ihr Hauptinteresse gilt dem *aguardiente*, dem Hochprozentigen. Man kann von hier auf ein wunderschönes Tal hinabsehen, offenbar hatte die Natur diesen Ort als Hort von Überfluss und Wohlergehen ausersehen und musste dann zusehen, wie er durch Menschenhand zu einem Alptraum an Fäulnis, Dreck, Nutzlosigkeit, Armut, Laster und Ignoranz herabsank.

Daran hatte sich kaum etwas geändert. Ich liebte es. Ich fragte einen Jungen: »Hat das Hotel Miraville noch geöffnet?«

»Weiß nicht.«

Seltsam, zu fragen, wo wir doch beide gerade an seinen Mauern lehnten, aber man konnte es nicht erkennen. Ich stieß eine Weile gegen die Tür und ging dann woanders hin. Der Markt unter freiem Himmel war enorm groß; das musste er auch sein, um die ganzen Erzeugnisse feilbieten zu können. Pflanzen wuchsen in die Breite, um mit ihrer Höhe mithalten zu können; Tomaten erreichten Orangen-Größe, rote Bete wurden zu Kanonenkugeln. Die Krautköpfe wurden einzeln getragen, da sie zwei Männerarme ausfüllten. An jeder Ecke wurden brutzelnde Kutteln, Fische und Würste auf Reis geworfen und in die Münder von Arbeitern und Käufern gelöffelt. Die einzige wirkliche Bar hatte zwei Räume, durch einen Korridor verbunden, der sich in der Mitte zum Hof hin öffnete. Die härteren Trinker hatten sich schon um zwanzig nach fünf dort eingefunden. Der Betonboden war rot bepinselt und mit Linien versehen, die den Eindruck von Ziegeln erwecken sollten; die Einrichtung stammte aus dem Abfallcontainer. Aber es gab eine Rock-Ola-Jukebox, die gefüllt war mit altmodischer ecuadorianischer Musik: Balladen von Vicente Jarra und meinem eigenen Lieblingssänger, Julio Jaramillo – Nat King Cole ohne Zuckerguss. Ich steckte ein paar Münzen hinein. Julio Jaramillos helle, gefühlvolle Stimme erfüllte den Raum. Die Gäste nickten anerkennend. Zwei Männer mittleren Alters ließen sich am Nebentisch nieder. Die Barfrau sah sehr aufmerksam zu ihnen hinüber.

Einer hatte eine schlecht operierte Hasenscharte; er war ruhig und
trug einen hübschen grauen Wollpullover mit Zopfmuster. Sein
Freund war ein kräftiger *indígena* mit teakfarbenem Teint, außen
sonnengebräunt und innen vom Rum gebeizt. Er hatte breite
Wangenknochen, eng stehende Augen und öliges, schwarzes
Haar, das hinten über seinen Kragen lappte. Ein halber Liter Rum
kostete achtzig Cent; sie trugen den Gegenwert von zwei Dollar an
den Tisch und gossen sich gleich einen halben Liter davon hinter
die Binde, bevor ich mein erstes Bier ausgetrunken hatte. Nach einer Weile stand Hasenscharte auf und ging ein paar Schritte auf
mich zu. Sein Freund sagte: »Lass’ ihn in Ruhe.«

Aber er kam näher, eine Hand auf dem Rücken. Als er nah genug war, schnellte der Arm hervor und bot mir Süßigkeiten aus einer Tasche an. Ich nahm ein Bonbon; er verbeugte sich ein wenig
und kehrte an seinen Platz zurück. Nach fünf Minuten war er wieder da. Er ergriff meine Flasche, füllte mit ausladender Geste
mein Glas nach, küsste mir die Hand und verbeugte sich noch-
mals, bevor er sich zurückzog. Ich legte weiter Musik auf und fuhr
fort, mir Notizen über den Tag zu machen, den Kopf wohlweis-
lich auf den Tisch gerichtet. Innerhalb weniger Minuten war Hasenscharte schon wieder auf den Beinen und zeigte jetzt vor Wut
zitternd auf den dunklen *indígena,* wobei er seinen Arm schüttelte
und unzusammenhängende Anschuldigungen gegen ihn ausstieß.
Und stürmte hinaus. Einen Drink später war er wieder zurück. Er
schritt in gerader Linie auf den *indígena* zu, und bevor dieser aufstehen konnte, hob er mit der rechten Hand etwas hoch über seinen Kopf und schlug es ihm über den Schädel. Ich zog abwehrend
die Arme vors Gesicht, als der Raum zu einer Wolke aus farbigen
Gegenständen explodierte. Es schien, als hätte er den Saal mit
Weihnachtsschmuck dekoriert. Der Boden vibrierte wie eine
Trommel. Ich nahm kurz meine Arme zur Seite, um etwas zu sehen: Er hatte dem Mann die Tasche mit Süßigkeiten über den
Kopf gehauen.

Am nächsten Tag fuhr ich mit dem Bus zurück nach Tambillo, um mich wieder meinem Weg zu widmen. An einem Stand kaufte ich Orangen und eine Pepino oder Melonenbirne, eine schwere, cremefarbene Frucht mit violetten Spritzern auf der Schale. Ich folgte den Gleisen auf den Hügel. Üppige Wäldchen wechselten mit kleineren Landbesitzungen ab, in denen aufblühende Pflanzen sich in gegenseitigen Umarmungen schier erstickten. Es war warm und feucht; man konnte regelrecht hören, wie das Chlorophyll in die Knospen schoss, der Saft Ranken aufrollte und die Blätter versteifte.

Der Königsweg der Inka führte von den Gleisen fort zu einem engen Pfad hinunter, auf dem sich braune Ferkel an einer sonnigen Hecke vergnügten. Sie schienen mit dem Leben unglaublich zufrieden. Es war die subtropische Version des englischen Waldwegs. Schwefelfarbene Schmetterlinge flatterten über mich hinweg, und in den Gräben wurden die weißen Ärmel der Calla-Lilien von plumpen schwarzen Fliegen bestäubt. Der Karte nach sollte der Weg eigentlich geradeaus führen, aber in der Realität tat er nichts dergleichen, sondern bog scharf nach links ab und führte über ein hartes, steingepflastertes Sträßchen zur Panamericana hinunter. Wo der kartografische und der reale Pfad verschiedene Richtungen einschlugen, stand ein baufälliges Haus mit einem Schildchen, das etwas kaum Vorstellbares verkündete: »Señor Escobar, Anwalt«. Der barfüßige alte Mann, der herauskam, um seine wütend anschlagenden Hunde zu beruhigen, warf einen Blick auf meine Karte. »Das ist alles falsch! Es gibt hier keinen Weg, der geradeaus führt. Der königliche Weg verläuft nirgendwo in dieser Gegend.« Um es knapp zusammenzufassen: Es gab auf der ganzen Welt keinen anderen Weg als den, der mich direkt von seinem Grundstück weg hinunter zur Bushaltestelle an der Panamericana zurückbrachte.

Ich lag in der Hecke, aß etwas und brütete über Karten und GPS. Die Orangen waren voller Kerne, aber der Saft war köstlich und süß. Die Pepino sah prächtig aus, schmeckte aber wie jede beliebige fade Melone. Noch immer kein Weg weit und breit, dem man hätte folgen können, außer dem zur Panamericana. Ich stieg also hinab und folgte den Mack Trucks südwärts. Nach eineinhalb Kilometern Asphalt begannen meine Füße zu brennen. Ich ging noch weitere zwei Stunden, zurück nach Machachi. Den letzten Kilometer lief ich wie auf Messern. Ich testete ein neues Mittel gegen Blasen: Es begann mit einem großen Schluck Rum, den ich trank, bevor ich mich traute, sie anzusehen. Eine war schon aufgerissen. Ich fürchtete die Wunde zu infizieren, durfte die antiseptische Creme aber nicht unterhalb der Haut in die Wunde bringen. Ich tropfte etwas von meinem Rum hinein. Er verursachte nur einen kurzen, stechenden Schmerz, doch dann, als er auf das rohe Fleisch sickerte, eine alles überflutende Schmerzexplosion, als stünde mein Körper unter Strom. Ich verwendete den Rest des Rums in der gebräuchlicheren Weise, bandagierte meine Wunden neu und machte mich auf die Suche nach der Jukebox-Bar.

Ich gelangte an die Stelle, wo letzte Nacht die Bar gewesen war. Sie war nicht da. Rollläden verhinderten jeden Blick nach innen. Ein Stoß Bauholz war auf der Seite des Durchgangs errichtet, und der Eingang zur Bar war mit Ytong-Bausteinen verschlossen worden. Es war wie die Wiederholung des Kapitels im »Don Quijote«, wo er spät in der Nacht an ein Gasthaus kommt, sich vorstellt, an einem Schloss angelangt zu sein, und Wirt und Gäste mit neuen Rollen besetzt, als wären es Figuren einer Fantasy-Erzählung. Die Folge ist Chaos. Am Morgen jammert er darüber, wie sehr ihm die Dämonen zugesetzt hätten, wie sich alles plötzlich verändert und, wie hinterlistig, als normale Gaststätte getarnt hätte.

Ich trat den Rückzug an, verkroch mich eine Tür weiter in ein Café und bestellte Hühnchen mit Pommes. Ein Betrunkener kam herein und ließ sich etwas zum Mitnehmen bringen, stapfte mit leerem Blick zur Tür, fiel dort der Länge nach zu Boden und schlief ein. Der Besitzer nahm sein Essen und legte es auf den Beifahrersitz seines Lieferwagens, hob daraufhin den Mann selbst an den Schultern hoch und ließ ihn hinters Lenkrad plumpsen. Zwei Minuten später erwachte der und fuhr davon. Fremde waren hier ein so ungewöhnlicher Anblick, dass alle drei Bedienungen um mich herumscharwenzelten und eine von ihnen mir ihre Telefonnummer gab.

»Die Bar nebenan«, fragte ich, »hat sie wegen der Schlägerei geschlossen?«

»Es gibt keine Bar in dieser Straße.« Fiktion beschleicht Realität, untergräbt sie und saugt dich hinein.

Dünne Luft

Es dauerte von 1908 bis 1957, bis Ecuadors Eisenbahn gebaut war. Sie war Ausdruck von Ehrgeiz, Zutrauen und dem geringen Preis, den ein Menschenleben wert war. Hunderte starben bei dem Bau: die meisten davon *indígenas,* Nachkommen schwarzer Sklaven und Immigranten aus Jamaika. In dem Maß, wie die Straßen besser wurden, ließ man diese Großinvestition an Geld und Blut zunehmend verfallen. Südlich von Quito fahren Züge jetzt nur am Wochenende, wenn sie Tagesausflügler zum Nationalpark Cotopaxi transportieren. Die Gleise zeigen nicht den Glanz täglicher Nutzung, und die hölzernen Gleisschwellen sind von extravaganten orangefarbenen Pilzen befallen.

Ich folgte den Gleisen, um nicht auf der Panamericana gehen zu müssen, die auf diesem Teilstück die königliche Inka-Straße unter ihrem Asphalt begraben hat. Der Tag hatte schon warm begonnen, und die Wanderung entlang der Bahnstrecke war ein gemischtes Vergnügen. Als ich auf den Schienen lief, kam ich an Schwellen vorüber, die aus quadratischen Balken gefertigt waren, während andere raue Klötze waren, die man in unregelmäßigen Abständen verlegt hatte und die jede Art von Schrittrhythmus unmöglich machten. Die Brücken über die Flüsse bestanden nur aus hölzernen Rahmen für die Gleise. Hin und wieder hatten Anwohner Planken zwischen die Gleise gelegt; wo nicht, musste ich von Schwelle zu Schwelle springen. Es war Sonntag, und die Ausflugszüge waren in Betrieb; es war also ratsam, tunlichst nicht auf einer Brücke zu stehen, wenn der Zug kam. Aber immerhin gab es nur eine Bahnlinie, so konnte ich mich wenigstens nicht verirren.

Dort, wo die Gleise durch steile und enge Taleinschnitte verliefen, war die Böschung dicht mit Farn bewachsen, und die Luft war erfüllt mit dem Hin- und Herfliegen aufgeschreckter riesiger südamerikanischer Drosseln. Nach ein paar Stunden wurde die

Schienenführung steiler und gewundener, und ich geriet in einen tiefen und engen Durchstich, der beiderseits der Schienen nur knapp einen Meter Platz ließ. Schweiß trat mir auf die Stirn. Kein Laut war zu hören, nur ein singender Vogel. Dann weckte ein anderer Klang meine Aufmerksamkeit; ich eilte vorwärts und presste mich in eine Erdnische am Bahndamm. Eine riesige orangefarbene Diesellok heulte um die Biegung und fegte Zentimeter an meinem Gesicht vorüber. Die Waggons waren fast leer, abgesehen von ein paar braven Familien mit kleinen Kindern. Die Dächer jedoch waren mit Menschen übersät, sie feierten, winkten und waren sofort wieder verschwunden. Die Vögel zwitscherten wieder, und der Lärm der Lok war Geschichte.

Das Tal wurde enger. Die Bahnlinie führte um eine Kurve, verließ das Tal, um ihren Weg auf einen Pass hinauf, dreitausendvierhundertfünfzig Meter hoch, fortzusetzen. Ich erstieg eine Böschung, von der aus man die Gegend überblicken konnte, die ich hinter mich gebracht hatte, und aß zu Mittag. In einem kleinen Seitental unter mir äugten spanische Kiefern auf eine satte Blumenwiese hinab, wo sich cremefarbene, weiße und gelbe Blüten im hohen Gras wiegten. In den jungen, aufsprießenden Keimen fing sich das Sonnenlicht wie in silbrigen Perlen, und schwarz-weiße Kühe wateten bauchtief im wogenden Licht- und Schattenspiel dieser glitzernden Laubseen. Neben dem prächtigen Anblick ließ sich saftig-zufriedenes Abreißen von Gras vernehmen. Eine kurze Wegstrecke brachte mich über den Kamm aus dem Tal hinaus auf kahles Heidemoor. Der Boden wurde wellig, und hin und wieder tauchten violette Schmetterlingsblüten auf gering gelten Stengeln auf. Wolkenschwaden wanden sich um den Bergkamm, und es wurde kalt und windig. Ich hatte den Pass am späten Nachmittag geschafft, brach die Wanderung für heute ab und schlug mein Zelt in einem abseits gelegenen Kiefernwäldchen auf.

Am nächsten Morgen ging die Reise weiter, ich lief acht Kilometer auf der Panamericana, dann über Wiesen hinunter ins Tal

des Cutuchi, wo eine Steinbrücke den wilden Strom überspannte.
Hier, zwischen den Eukalyptus-Neupflanzungen, befanden sich
die Quellen des Cutuchi, der zur nächsten Stadt floss: Latacunga.
Ich machte an der Brüstung Rast. Die Berge hinter mir waren im
Osten von Wolken verhüllt. Dann sah ich plötzlich hoch in den
Bergzacken ein weiteres Land, ein Königreich aus Eis mitten im
Himmel. Die Wolkendecke schloss sich wieder. Noch höher
oben klaffte jetzt ein zweiter Riss in meiner ordentlichen Welt
und ließ schneeige Abhänge sichtbar werden, die aussahen wie
Zuckerguss, der mit einem Messer geglättet worden war. Ich hatte einen Blick auf die Flanken des Cotopaxi geworfen, des höchsten aktiven Vulkans der Welt. Die Wolken brachen nun wieder
auf und legten die Lippe des Kraters frei; sie war leicht nach außen
gewölbt und an den Rändern höher. Er stand da wie eine Rie-
sen-Seepocke, mit fedrigen Wölkchen umgeben, die in der dünnen kalten Luft standen. Einen Augenblick später schloss sich der
Wolkenvorhang, und ich war wieder allein auf der leeren Straße.
   Weiter unten neigten sich ausgewachsene Eukalyptusbäume
einander zu und bildeten prachtvolle Alleen, wie Kirchenschiffe.
Eukalyptusbäume und Kiefern sind die einzigen Bäume, die in
den Bergen in nennenswerter Zahl angepflanzt werden, und beide
sind eingeführte Spezies. Der Eukalyptus, der bei uns Blaugum-
mibaum heißt, ist bei Weitem die populärere. Kein einheimischer Baum macht eine so gute Figur wie diese australische
Importpflanze. Dr. Nicolás Martínez, Provinzgouverneur von
Tungurahua, pflanzte im Jahr 1865 als Erster in Ecuador einen
Eucalyptus globulus. Er stellte fest, dass der Baum sehr schnell
wuchs und in sechs Jahren bis zu fünfzehn Meter Höhe erreichte.
Ein Ableger dieses ersten Baums steht heute im Museum in Ambato. Er soll fünfundsiebzig Meter hoch geworden sein und einen
Umfang von knapp acht Metern erreicht haben. Stamm und Glieder wachsen in der Natur in gerader Richtung und produzieren
dichtes, starkes Holz. Wo man am Straßenrand die Bäume ge-

stutzt hatte, waren dünnere Zweige gewachsen, und ich schnitt davon einen Spazierstock zurecht, der mir bis zum Kinn reichte. In den Hecken wuchsen seltsame Sukkulenten, deren schmale, stachelige Blätter nach oben kugelig zusammenliefen. Die Stämme waren lang und gewunden und wurden schwarz, wenn die Pflanzen starben: Dann sahen sie aus wie verbrannte Elefantenrüssel – ein verstörendes Bild. Hinter diesen bewehrten Hecken befanden sich ausgedehnte Farmen mit riesigen Gewächshäusern aus Plastikfolie, in denen Schnittblumen gezogen wurden. Millionen Rosen und Gladiolen, hier eine native Pflanze, verlassen jeden Monat das Tal; sie bilden den Hauptanteil des jährlich sechzig Millionen Dollar umfassenden Exportgeschäfts.

Ein kleines Fußballstadion kündete das Dörfchen Mulaló an. Der winzige Marktplatz sah aus, als könnte sich niemand entscheiden, ob man die Bepflanzung hegen oder ihr zum Gnadentod verhelfen sollte. Aus einer unscheinbaren Bar drang Eric Claptons Song für seinen toten Sohn, »Would you know my name, if I saw you in heaven?« – »Würdest du meinen Namen kennen, wenn ich dich im Himmel wiedersähe?« Ein Fünfjähriger spielte mit seiner großen Schwester Fußball und schrie jedes Mal »Tor Barcelona!«, wenn er den Ball an ihr vorbeibringen konnte, heulte aber regelmäßig, wenn sie ihn ausgetrickst hatte. Außer dem Platz gab es in Mulaló nicht viel. In Vorwegnahme künftigen Wachstums hatte man schon neue Straßen gebaut, doch die Grundstücke hatten nur wenige Interessenten gefunden; eingefrorene Hoffnungen. Es war ein Dorf, dessen Hände in leeren Taschen ruhten und das nun bewegungslos auf die Löcher in seinen Schuhen starrte.

Am Morgen ging ich auf einer anderen Allee mit ähnlich riesigen Eukalyptusbäumen entlang. Als ein Regenschauer niederging, drang kein einziger Tropfen durch das Blattwerk, doch ein berauschender Geruch stieg aus den heruntergefallenen Blättern auf, sobald mein Stiefel sie streifte. Die Blätter werden noch heute zur Linderung von Rheumatismus, Prellungen und zum rascheren

Abheilen von Schnittwunden verwendet. Am Straßenrand stutzten Männer das Agavengewächs *Furcraea cabuya*; jedes einzelne blaugrüne Blatt war eine eherne Schwertklinge, gesäumt von Haifischzähnen. Dann zogen zwei mehrmals aufflackernde Blitze meinen Blick an: Sie zuckten mit brennend orangerotem Glanz über das Feld. Es waren Andenklippenvögel, die Nationalvögel Perus. Schwanz und unterer Flügelabschnitt sind schwarz und hellgrau. Der restliche Körper erstrahlt in einem aufregenden Mandarinenorange, wobei den leuchtenden Höhepunkt ein Stirnkamm bildet, der fast den gesamten Schnabel bedeckt.

Der Pfad wurde erst Wiese, dann Straße. Busse heulten vorbei. Bald war ich in Latacunga, wo Katastrophen zur Gewohnheit geworden sind. Der 5895 Meter hohe Vulkan Cotopaxi zerstörte Latacunga in den Jahren 1742, 1768 und 1877, und das ist nicht zu übersehen. *Llacta Cunani* ist Quechua und bedeutet Land meiner Wahl, der Name der Stadt ist eines der wenigen schönen Dinge, die überlebt haben. Charles Marie de La Condamine wurde Zeuge des Ausbruchs von 1742, der sechshundert Meter hohe Flammen in die Luft jagte. Er wollte hinauf, um das Phänomen zu studieren; aber er konnte niemanden, weder einen Wissenschaftler noch einen einheimischen Bergführer, auftreiben, der bereit war, mit ihm zu gehen. Ich überquerte eine mit Abfall übersäte Schlucht, zu deren Füßen der Fluss Cutuchi, der mir im Nationalpark noch als quirliger, hell anschwellender Bach begegnet war, in Schande vor sich hinkroch. Unterhalb von Latacunga ist er einer der am schlimmsten verschmutzten Flüsse Ecuadors, auch wenn er noch ausgiebig für Bewässerung und private Wasserversorgung genutzt wird.

Ich checkte ins Hostal Jackeline ein, eine schmuddelige Ansammlung nackter Räume: Dielenboden, Bett, Tisch, Stuhl. Auf den ersten Blick schien das alles zu sein, aber plötzlich wurde ich von Flöhen befallen. Hassaurek hatte sie »das Haupterzeugnis des Ortes« genannt. Mehr noch hatten den Bergsteiger Edward

Whymper die Töchter irritiert, die am Eingang ihrer Hütten standen, über die Köpfe ihrer sitzenden Eltern gebeugt und ihnen, wie es ihm schien, übers Haar strichen. Beim näheren Hinsehen wurde klar, dass sie ihnen Läuse aus den Haaren lasen und sie aßen.

Trotz allem – gegenüber meinem Fenster, irgendwo hinter dem Wald aus Fernsehantennen und dem stählernen Dickicht aus Verstärkerstäben, irgendwo in den zusammengeballten Wolken versteckte sich der Cotopaxi. Die spannendsten Berichte über den Vulkan sind die von Whymper, dem Erstbesteiger des Matterhorns. Als Kind las ich in »The Eagle Annual« über ihn, wo er natürlich als blendender edwardischer Held porträtiert wurde, der die Alpen in genagelten Schuhen und Knickerbockern bezwang. In Wirklichkeit war es etwas anders. Der Bergsteiger Francis Smythe schrieb über ihn: »Es gibt in dieser Korrespondenz keinen einzigen Hinweis darauf, dass er jemals irgendeinen Menschen geliebt hat. Er hat nie eine Frau geliebt, nicht einmal seine Ehefrau.« Als gelernter Graveur bekam Whymper durch Zufall den Auftrag, Holzschnitte von den Alpen anzufertigen. Mit der Reise begann seine seltsame, eisige Beziehung zu den Bergen. Sie erregten ihn nie gefühlsmäßig: »Natürlich mehrfach das Matterhorn gesehen; wie prächtig Ruskin darüber geschrieben hat. Groß ist es ja, aber schön, denke ich nicht.«

Der Matterhorn-Mannschaft gehörte auch Lord Francis Douglas an, der Bruder von Oscar Wildes Liebhaber und Nemesis, Lord Alfred Douglas. Beim Talabstieg rutschte einer der Neulinge aus. Douglas gehörte zu den vier Männern, die bei dem Sturz in den Tod gerissen wurden. In England fand man die Unfälle sinnlos. Königin Victoria suchte sogar Lord Chamberlain auf und unterbreitete ihre Ansicht, das Bergsteigen überhaupt zu verbieten. Wenn die Tragödie Whymper auch nicht zerbrach, so änderte sie doch etwas in der Alchemie seines Inneren, und er begann zu trinken.

Vierzehn Jahre später, im Jahr 1879, unternahm er seine An-den-Expedition. Deren Hauptziel war nicht, die Gipfel um ihrer selbst willen zu besteigen, sondern um die Höhenwirkung auf den menschlichen Körper zu studieren.»Wenn Menschen«, schrieb er, »nicht gefahr- und beschwerdelos in Höhen über sechstausend Metern zelten können, ist es vermessen zu glauben, dass der Mensch jemals die höchsten Punkte der Erde ersteigen wird.« Die tödliche Wirkung extremer Höhen war wohlbekannt. Die Erinnerung an den verheerenden Ballonversuch von 1875, als drei Aeronauten in nur zwei Stunden vom Meeresspiegel auf eine Höhe von siebentausendachthundert Meter aufstiegen, war noch frisch. Zwei davon, Crocé-Spinelli und Sivel, fand man erstickt; ihr Mund voll Blut. Der einzige Überlebende, Tissandier, war in einem zu schlechten Zustand, um zusammenhängend über das Geschehene berichten zu können. Die meisten Zeitgenossen glaubten irrigerweise, dass der geringe Luftdruck und nicht Sauerstoffmangel die größte Gefahr für den menschlichen Körper darstellte.

Whymper startete seine Besteigung des Cotopaxi vom Dörfchen Machachi aus, und als er durch das Land reiste, das noch immer in Trümmern lag, hörte er Berichte über den Ausbruch zwei Jahre zuvor. Sie schilderten, wie im Jahr 1877 eine schwarze Säule aus feiner Asche fünfeinhalb Kilometer hoch über dem Kegel aufstieg. In dieser Nacht erschien der Vulkankegel in glühendem Dunkelrot. Im Weiler Mulaló, direkt unter den Rockzipfeln des Vulkans, hatten Einwohner kurz vorher beobachtet, wie Lava brodelnd und rauchend über die Lippen des Kraters strömte und den Schnee und das Eis, die den gesamten Gipfel bedeckt hatten, aufschmolz und wie die entstehenden riesigen Dampfwolken den Berg danach einhüllten. Aus seinem Schoß drang ein tiefes und beängstigendes Grollen. Ganze Gletscher wurden in die Luft gesprengt, und über die zu Tode erschrockenen Menschen in den Tälern regnete ein apokalyptisches Gebräu aus Feuer und Eis herab. Brocken von Eis stürzten noch fünfzig Kilometer entfernt auf die Erde. Der Ausbruch erzeugte eines der zerstörerischsten Phänomene auf Erden, einen Lahar. Asche und Feinstaub, durch die Explosion herausgeschleudert, vermischten sich mit geschmolzenem Schnee und überströmten das Land in unglaublicher Geschwindigkeit, viel schneller als Lava. Ein Teilstrom bog nach Norden ab und pflügte eine fünfhundert Kilometer lange Furche der Zerstörung bis zum Hafen von Esmeraldas.

Die Ersteigung des Cotopaxi ist für Bergsteiger unkompliziert. Whymper kletterte angeseilt zwischen zwei Bergführern, mit denen er schon in den Alpen gearbeitet hatte. Er schaffte den Aufstieg zum Kraterrand, wo er nach einem schneefreien Gebiet mit lose aufliegender Asche Umschau hielt. Sie übernachteten und wurden nur vom Geruch brennenden Gummis belästigt: Sie hatten ihren Bodenbelag aus Gummi auf einer heißen Stelle aufgelegt. Am nächsten Tag lehnte sich Whymper, an beiden Füßen festgehalten, über den Lippenrand des Kraters und blickte dreihundertsechzig Meter tief in den gähnenden Abgrund des Trichters, wo sich unten am Boden noch immer wurmartige Lavawirbel aus vulkanischen Spalten wanden. Er kletterte wieder nach Machachi hinunter, musste aber feststellen, dass das Projekt durch Gerüchte seitens der Träger seinen Charakter geändert hatte: Whymper, hieß es, habe Gold aus dem Berg geholt und seine Führer hätten so viel Angst vor ihm, dass sie, um die Kontrolle zu behalten, Stricke um seine Hüften gebunden hätten und ihn im Gänsemarsch, einer vor und einer hinter ihm, mit sich führten.

Es ist sehr schwer für ein armes Land, eine ganze Stadt wieder aufzubauen. Die tristen Gebäude von Latacunga rücken die Katastrophe unübersehbar in die Gegenwart. Eine spanische Wassermühle wurde zu Museum und Parkanlage umgebaut. Ein einziger Platz ersetzt das Stadtzentrum. Dort finden sich das Rathaus, eine Anzahl Banken in gepflegten Kolonialgebäuden und der Park Vicente León. Das Rathaus ist aus vulkanischem Bimsstein gebaut, der von ebenjenem Vulkan stammte, der es in regelmäßigen Abständen zerstört hatte. Der Stil ist eine klassisch-koloniale Mischung. Rechts und links überragen zwei eher hundsförmige steinerne Kondore den kleinen zentralen Dreiecksgiebel. Mit ihren gespreizten Flügeln sehen sie aus wie Dirigenten, die ihr Orchester im Schlussakkord zusammenführen. Es gab Telefoncenter und Internetcafés, von wo ich Bekannte anrufen konnte. Ich rief zweimal täglich Elaine an, um sie auf dem neuesten Stand zu halten, meinen Zugriff auf das Leben betreffend, und sagte ihr, dass ich sie in jeder mir möglichen Weise liebte. Sie wollte in Peru, in der Mitte der Reise, für einen Monat zu mir stoßen. Ich versuchte, nicht daran zu denken, wie viel Zeit es bis dahin noch war und wie viele Schritte ich noch hinter mich zu bringen hätte.

Sie fragte: »Was macht ›Don Quijote‹?«

»Ich fange zum dritten Mal damit an. Er ist noch immer durchgeknallt, aber mit jedem Mal kommt er mir weniger verrückt vor.«

»Wird offenbar Zeit, dass ich zu dir runterkomme!«

Als ich auflegte, kostete ich noch den Klang ihres Lachens aus, konnte ihn aber nicht im Gedächtnis halten, und als ich in einer Straße voller Gebäude ohne Eingänge endlich doch an einen kolonialen Durchgang gelangte, war er verklungen. Die Passage führte zu zwei Parkanlagen, in denen die winzige Stadtbibliothek stand. Ich fragte die in unzählige Strickjacken gehüllte Bibliothekarin, ob ich die Überbleibsel sehen könne, die man 1993 bei der archäologischen Ausgrabung einer vom Lahar begrabenen Textilfabrik gefunden hatte. Ein halb verschütteter Turm italienischen Stils am Eingang der Stadt war fast alles, was von ihr noch stehen geblieben war. Sie rief den Hausmeister. Raúl Ucelli war ein sechzigjähriger Mann, der seine linke Hand streichelte, die Finger angeschwollen wie Mini-Bananen. Er hatte gerötete Augen und eine juckende Nase, als fiele noch immer Vulkanasche. Er öffnete die Tür zu einem staubigen Raum, in dem aufgebockte Tische standen; darauf seltsame Anhäufungen beschrifteter Plastiktüten.

Aus den Ruinen hatte man Maschinenteile geborgen, die im englischen Sheffield und im benachbarten Don Valley hergestellt worden waren, jetzt eingebacken in andenvulkanischen Schlamm und Asche. Sie hatten auch die Knochen eines etwa achtjährigen Mädchens gefunden, das versucht hatte, vor dem Lahar davonzulaufen. Der war die dreiundvierzig Kilometer vom Cotopaxi in einer halben Stunde herabgerast und auf Dachhöhe durch die Stadt gebrochen. Für Evakuierung war keine Zeit geblieben, und es gab keinen Zufluchtsort. Im Moment seines Todes war das Mädchen, quer über die Straße rennend, erstarrt – wie eine Bewohnerin Pompejis. Seine kleinen Knochen lagen einfach da vor mir. In den zehn Jahren seit den Grabungen hatte niemand den Anstand besessen, sie in Würde zu beerdigen.

Es muss merkwürdig sein, im Schatten einer solch zerstörerischen Macht zu leben. Eine ganze Stadt verbringt ihr Leben wie jene Asketen, die in Särgen schliefen, um sich immer ihrer Sterblichkeit gewahr zu sein. Aber hier ist das Leben sogar noch zerbrechlicher, unsicherer. Am nächsten Morgen um zehn vor sechs Uhr wackelte das Bett ein wenig, als drehte sich jemand neben mir auf den Rücken. Dann tanzte das ganze Gebäude von einer Seite zur anderen: ein frühmorgendlicher Gruß vom Cotopaxi.

Cotopaxi

Ich weiß nicht, wann mir die Idee gekommen war, den Cotopaxi zu besteigen. Ich bin kein Bergsteiger, und leicht befällt mich Höhenangst. Echte Bergsteiger sagen, es sei nicht viel mehr als eine Wanderung, aber ich hatte das schon einmal geglaubt und war bis auf fünftausend Meter auf dem Mount-Kenya-Massiv gekommen, als ich eine sechs Meter hohe Felswand erstieg, an der ein Ausrutscher eine einen Kilometer lange Schlittenfahrt zur Oberkante eines Abgrunds bedeutet hätte. Während meine Füße abheilten, sprach ich mit einer Agentur, die Bergführer und Ausrüstung vermietete, und ohne zu wissen, wie, hatte ich zugesagt und wartete nur noch auf Reisegefährten. Wenige Tage später stand ich im Lagerraum der Agentur und probierte Steigeisen aus, wählte Eispickel und teilte mir weitere Ausrüstung mit Elcita, einer hübschen, sechsundzwanzigjährigen Ecuadorianerin, die in Hamburg als Tagesmutter arbeitete. Sie trug ein Armband mit kleinen persönlichen Anhängerfigürchen, die umhertanzten, sobald sie mit ihren schlanken Händen gestikulierte. Sie war gerade drei Wochen in ihrer Heimat und hatte sich entschieden, ebenfalls ohne zu wissen, warum, den Cotopaxi zu besteigen.

Wir hatten drei Bergführer. John war groß, Bergsteiger, Salsa-Lehrer und Barbesitzer; drei Qualifikationen für die dunkle, kobaltblaue Sonnenbrille, die er nie abnahm. Fabián hatte einen stämmigen, kraftvollen Körper und jederzeit einen Witz auf Lager; Julián war ein geschmeidiger, drahtiger junger Mann, schüchtern und bemüht, alles richtig zu machen. Wir beluden den gemieteten Toyota Land Cruiser und fuhren durch Kiefernwälder zum Aufstieg. Ein Forstlaster rammte rückwärtsfahrend eine weitere Kerbe in unseren Wagen. Die Fahrer tauschten Kontaktdaten aus. Als wir weiterfuhren, sah ich, wie der Lastwagenfahrer den Zettel aus dem Fenster warf. Wir kamen in eine Moorlandschaft mit niedrigen Gräsern und wunderschönen Blumen und hielten an einem Zeltplatz, um zwei Holländerinnen aufzunehmen, Hoeni und Anna-Mika. Hoeni stellte sich als Ärztin vor, was, wie ich sofort dachte, womöglich noch von Nutzen sein konnte. Ich fragte mich, worin die Vor-Ort-Behandlung einer panischen Schrei-Attacke wegen Höhenschwindels bestehen mochte: Wahrscheinlich darin, John aufzufordern, mir einen rechten Haken zu versetzen, dann Fabián und Julián zu bitten, mich mit dem Schlitten wieder das Eis hinunterrodeln zu lassen. Ich sah wiederholt aus dem Fenster, wo die alpinen Gräser, Blumen und dann auch noch der Erdboden verschwanden und von nacktem Lavagestein, Bims, wabenförmig durchsetzten roten Pyroklasten und glänzenden Klumpen aus schwarzem Vulkanglas verdrängt wurden. Der Land Cruiser hielt an, als die Asche und der Bimsstein zum Weiterfahren zu weich waren.

Wir waren auf einer Höhe von 4633 Metern angelangt, und eine steife Brise kühlte die Luft ab, die ohnehin nur noch sieben Grad Celsius betrug. Wir stapften durch weiches, lockeres Geröll bis zu einer Schutzhütte zweihundertdreißig Meter höher. Ich wusste, dass die beste Technik darin bestand, kleine Schritte zu machen und langsamer zu gehen, als es nötig schien. Der Weg war sehr steil, und unter meinen Füßen sank der Schotter seitlich weg: zwei Schritte vor, einer zurück. Das kannte ich schon. Die Erinnerung nahm Gestalt an: Auf Penguin Island, vor der Spitze der Antarktischen Halbinsel, hatte ich einen kleinen Vulkan bestiegen. Der gleiche Schotter, die gleiche Nacktheit und Kälte. Vulkane bringen ihre eigenen Landschaften hervor. Wo immer sie auf dem Planeten stehen, ist Vulkanland, herrschen ihre Regeln. Das Gehen machte Mühe, als ich aber rastete, erholte ich mich schnell wieder: ein gutes Zeichen. Elcita und Hoeni gingen langsamer, atmeten schwerer und mussten häufig haltmachen. Der eigentliche Gipfel war verdeckt, aber ich konnte einen glänzenden weißen Kegel aufsteigen sehen wie eine Treppe in den Himmel.

Die Hütte war aus Holz und Stein und bequem – obwohl ich gerne ein Paar Daumenschrauben griffbereit hätte, wenn ich je die Gelegenheit haben sollte, den Architekten zu fragen, warum er die Toiletten in einem separaten Gebäude auf der anderen Seite des eisigen Platzes untergebracht hatte. Wie Marathonläufer tankten wir uns mit sich nur langsam in Energie umwandelnden Kohlenhydraten auf. Wir verputzten Schüsseln voll Nudelsuppe und Töpfe von Huhn mit Reis und spülten mit heißem süßem Tee nach. Der Schlachtplan fußte auf der Tatsache, dass die Schneekruste zahlreiche Gletscherspalten überlagerte. Diese Brücke war nachts, wenn der Schnee gefroren war, tragfähiger als tagsüber, wenn er schmolz und aufweichte. Wir würden also bis Mitternacht schlafen, in der Dunkelheit aufsteigen und nach Sonnenaufgang nur rund vierzig Minuten weiterklettern.

Wir gingen hinaus, um von einem Bergrücken über der Hütte aus den Sonnenuntergang zu beobachten. Die Temperatur war auf unter zwei Grad Celsius gefallen, und bei dem starken Wind mutete unsere Position recht gefährlich an, so als könnten wir jederzeit, schwerelos wie Pusteblumensamen, in die Nacht gerissen werden. Zwei Kilometer unter uns hingen die Wolken geriffelt und gerippt wie Packeis, so weit das Auge reichte – über die halbe Erde hinweg, hätte man meinen können. Steil unter uns lagerte eine Schale aus hellen, bernsteinfarbenen Perlen, das war Quito, knapp fünfzig Kilometer entfernt. Ein Neumond ging über der Stadt auf, seltsam seitenverkehrt, weil das Licht zuerst den Stadtrand zur Linken wie eine sich öffnende Klammer traf. Der große Wagen hing kopfüber da, und die Venus funkelte. Die Inka wussten, dass die Venus mit der Sonne in gutem Einvernehmen stand, weil sie der großen Meisterin um den Himmel folgte. Im Nordosten sah man den Antisana, einen Vulkan mit klassischer Kegelform. Der komplexe Vulkan Cayambe, der den Äquator überspannt, sah aus wie ein riesiger Eisberg, der im Meereis feststeckte, klotzig und abweisend. Er war sechsundneunzig Kilometer entfernt. Wir erhaschten einen Blick auf einen weiteren Vulkan, El Altar, der gut 5319 Meter hoch ist und sich über hundert Kilometer weit nach Süden erstreckt. Einheimischer Überlieferung zufolge war er ursprünglich der höchste Berg von allen, doch nach acht Jahren katastrophaler Ausbrüche kollabierte der Kraterrand nach innen. Der Wind stimmte jetzt sein dünnes Lied an, das er die ganze Nacht über sang.

Ich war offenbar eingenickt, als die Weckfunktion piepte. Die Flohbisse juckten wie wahnsinnig. Sollten die Flöhe noch immer in meinen Kleidern stecken, dann wartete auf sie, sobald wir ins Freie gingen, eine böse Überraschung. Ich begann mich schichtweise einzukleiden: Seidenunterwäsche vom Hals bis zu den Knöcheln, darüber ein Hemd und eine feste Hose, darüber Schaffell und wasserdichte Jacke und Überhose, einen Schal und zwei Handschuhe übereinander, gefolgt von Mütze und Kapuze.

Wieder wurde gegessen: Brot, Käse und Becher mit heißer Brühe. Wir knüpften uns in die Klettergurte, testeten die Lampen und legten Seile und Karabiner zurecht. Die kleinsten Dinge regten mich auf, zum Beispiel verlangte John, dass ich mein chemisch gereinigtes Wasser wegschüttete, weil es nicht heiß war und in meiner nicht isolierten Flasche gefrieren würde. Wir verließen die Hütte, und mir wurde klar, dass der Ärger schlichte Angst war. Ich ging um halb zwei Uhr morgens hinaus in einen beißend kalten Wind, hatte nur den seichten, blauweißen Lichtkegel meiner Kopfleuchte als Wegbeleuchtung, trug einen Klettergurt und einen Eispickel, um einen riesigen, aktiven Vulkan zu besteigen. Mir war warm, trotzdem fröstelte ich. Elcita sah man die Nervosität an; ich zog ihre Kapuze gerade und scherzte mit ihr; sie wirkte sehr klein. Wir alle wirkten jetzt sehr klein.

Wir begannen einen langsamen und mühevollen Anstieg auf einem Zickzack-Weg, der über den restlichen Bereich weicher Asche führte. Im Dunkeln hatte ich keine Ahnung, wo ich mich auf dem Berg befand, doch der Weg fühlte sich halsbrecherisch steil an. Jedes Ausatmen brachte eine kleine Wolke aus Eiskristal-

len hervor. Jede Wolke expandierte mit einem leise knisternden
Geräusch wie eine ferne elektrostatische Entladung. Meine Augen klebten an meinen Füßen. Ich sah nur, was direkt in den
Lichtkegel rückte. Fallende Schneenadeln traten in den Zauber-
glanz der Lampe. Unsere Lichter ließen den Eindruck entstehen,
wir liefen auf einem abgerundeten, aber dünnen Bergkamm und
zu beiden Seiten ginge es steil in den Abgrund.

Über eine Stunde später erreichten wir den Rand des Eises,
legten die Steigeisen an und knüpften uns ins Seil. Hoeni, die Ärztin, ging mit den Bergführern noch einmal die Symptome akuter
Höhenkrankheit durch: »Und wenn ich mich übergebe, müsst ihr
mich sofort hinunterbringen, das ist nämlich ein sehr gefährliches
Zeichen.« Sie nickten Einverständnis. John seilte sich an Elcita
und Elcita an mich. »Ihr müsst das Seil immer über dem Boden
halten, aber nicht straff gespannt. Wenn es straff ist, könntet ihr
den anderen damit aus dem Gleichgewicht ziehen. Ist es zu locker
und jemand fällt, nimmt er zu viel Geschwindigkeit auf, bevor das
Seil greift, und zieht alle hinunter. Den Eispickel trägt man immer
bergseitig, das Seil talseitig. So landest du, wenn du abrutschst,
nicht in deinem eigenen Eispickel und wirst erstochen, und das
Seil fällt von dir weg und nicht dir unter die Füße.« Wir spitzten
die Ohren, aber es kam nichts mehr. Er marschierte fort in die
Finsternis.

Steigeisen können alles und mehr. Das Einzige, was versagen
kann, sind deine Nerven. Von Zeit zu Zeit kamen wir über Felder
mit horizontalen Gletscherspalten und gingen im Zickzack zwischen ihnen durch, einmal überschritten wir eine weniger als fünfzig Zentimeter breite Brücke zwischen zwei tiefblauen Klüften.
Allein wäre ich vor Angst erstarrt, aber Elcita ging ohne nachzudenken hinüber, und ich folgte ihr, den Blick starr auf ihre Steigeisen gerichtet, die sich in den Schnee bohrten, und wurde gleich
darauf belohnt: mit der Schönheit einer Reihe von Eiszapfen, die
von einer Eislippe herabhingen wie die Saiten einer Harfe.

Der nächste Abschnitt führte im Großen und Ganzen direkt nach oben. Ich konnte nicht herausfinden, was besser war: mit dem Seil vor sich und mit gespreizten Beinen oder eine Schulter voraus, mit halber Körperdrehung und parallel gestellten Beinen. Ich zappte zwischen beiden Methoden hin und her. Es ging um eine Schulter des Gletschers herum, der Schnee schien rechtsseitig und unter uns in die Dunkelheit abzutauchen. Mir war, als stellte jeder Schritt ein Risiko dar, und ich blickte starr nach oben, um mich von einem Absturz abzulenken. Weiter oben auf dem Berg waren weitere Grüppchen unterwegs, kleine Lichterketten, die über uns verschwanden. Hoeni, die vor uns kletterte, stand tief gebeugt über der nächsten Haarnadelkurve im Weg und schnappte nach Luft, Fabiáns Arm um ihre Schulter. »Runter«, sagte sie nur, »runter.«

Der nächste Abschnitt war noch steiler. Wir drangen in eine Schlucht ein, und jeder Schritt bedurfte eines leichten Tritts in die Eiswand, um dem Fuß Halt zu geben. Für jeden einzelnen Schritt schlug ich den Eispickel in den Hang über mir und wurde so zu einem dreibeinigen Tier, das einer monotonen Fortbewegungsroutine folgte: Tritt, Atmen; Pickelschlag, Atmen; Tritt, Atmen; Pickelschlag, Atmen. Der riesige Berg reduzierte sich auf einen Meter vereisten Schnees vor mir, das Knirschen der Steigeisen, das Raspeln meines Atems, das Schlaggeräusch des Pickels. Das war Aerobic aus der Hölle, meine Wadenmuskeln schrien vor Milchsäure-Überschuss, den sie auf Teufel komm raus nicht loswurden. Mir kamen bruchstückhaft im Gedächtnis verbliebene Verse in den Sinn, in denen Faust schwört, wenn der einzige Weg von der Hölle in den Himmel der sei, barfuß eine Leiter mit zehntausend Sprossen hochzusteigen, jede scharf wie eine Messerklinge, würde das vielleicht seine Seelenqual lindern. Ich hatte das eindrückliche Gefühl, seine Strafe abzubüßen. Elcita und ich baten abwechselnd darum, eine Pause einzulegen, und nahmen gierige Züge aus unseren Wasserflaschen. John hielt an und besprach

sich mit dem anderen Bergführer, dessen Gruppe wir eingeholt
hatten. Im Osten über dem Wolkenmeer drei Kilometer unter
uns war ein Lichtstreifen zu sehen. Elcitas Beine zitterten unkon-
trolliert. Sie war wohl der kompletten Erschöpfung nahe. Die beiden Führer überstrichen die Steigung mit ihren Taschenlampen.
»Er ist weg.«

In einer Atempause fragte ich: »Was?«

»Eine große Lawine ist abgegangen. Der Weg, den wir gewöhnlich benutzen, ist nicht mehr da. Der Schnee ist frisch und
weich und wird unser Vorankommen bremsen.« Wir wanderten
noch etwas weiter, der Himmel wurde allmählich heller, sodass
der Bergkamm über uns zu sehen war. Innerhalb weniger Minuten verwandelte sich das Grau in Tageslicht. Ich schlug meinen
Pickel in den Schnee und setzte mich hin. Der Cotopaxi war einer
von drei winzigen Inseln in einem Archipel. Die Schneefelder unter uns strotzten vor Gletscherspalten, die ich nicht gesehen hatte. Der Gipfel war noch immer zwei Stunden über unwegsamen
Schnee entfernt; wir hatten nur noch vierzig Minuten, bevor die
harte Schneekruste zu schmelzen begann. Ich fühlte mich ausge-
brannt. Ich wusste, dass ich zwei weitere Stunden gehen konnte.
Zwei Stunden, die wir aber nicht hatten: Das war der Punkt. Wir
gingen weiter, bis die Sonne aufging, schlugen auf etwa fünftausendfünfhundert Metern Höhe unsere Pickel in den Schnee und
setzten uns, die Pickel fest in der Hand. Die Steigung betrug ungefähr vierzig Grad, gefühlt schienen es sechzig. Ich sah einhundertzwanzig Kilometer weit nach unten auf das Panorama und
versuchte es auf meine innere Festplatte zu brennen. Es war
schön, unglaublich schön. Den weißen Schnee durchschnitten
türkisfarbene Gletscherspalten, und der Himmel um uns war blau
wie ein Swimmingpool. Die Sonne würde ihre Zehenspitzen weitere vierzig Minuten lang nicht in die Täler da unten setzen. Bis
dahin hatten wir sie ganz für uns allein, wie wir da in unserem
Reich aus Eis mitten im Himmel standen, einem Ort, auf den ge-

wöhnlichen Sterblichen nur ein zarter Blick durch die morgendlichen Wolkenfäden vergönnt war: Götter des Olymp. Bald würden wir umkehren und hinabsteigen und wieder sterblich werden müssen. Bald.

Wenn die Erde bebt

Bis zur nächsten Stadt Ambato war es eine zweitägige Reise; ich ging am Morgen nach der Rückkehr vom Cotopaxi los. Meine verrückte Theorie, dass das spartanische Leben meinen Rücken heilen würde, trug bereits, dessen war ich gewiss, erste Früchte. Es ging ihm schon besser. Das Gehen, sogar Berge hinauf, war allemal gesünder als herumzusitzen und auf Computerbildschirme zu starren oder mich durch handbreit dicke Geschichten zu wühlen.

Um kurz nach halb acht fand ich mich auf einem ländlichen Schotterweg wieder, der nichts mit der ehemaligen Schnellstraße des Empire gemein hatte. Bald wurde daraus ein begrünter Feldweg, der sich zu einem Bach ohne Brücke hinunterwand. Das diesseitige Ufer war höher, und ich unternahm einen Sprung hinüber – so weit, wie man mit einem fünfundzwanzig Kilo schweren Rucksack auf dem Buckel eben springen kann, und schaffte eine Bruchlandung am anderen Ufer. Überall flatterten farbenfrohe Vögel, darunter der grellorangefarbene Andenklippenvogel und der Andenzeisig in gelb-schwarzem Gefieder.

Gegen Mittag erreichte ich eine Straßengabelung, die in meiner Karte nicht verzeichnet war. Ich nahm die Abzweigung, die zu einem stattlichen Gebäude führte, das ein großes Paar verschlossener Tore beschützte, die ihrerseits von einem jungen Schäferhund bewacht wurden. Dessen Bemühungen, mich durch das schmiedeeiserne Gitter hindurch zu fressen, wurden mit träger Verachtung von einem fetten Kaminvorleger von Hund beobachtet, der im Schatten eines Baums lagerte. Die Wutausbrüche des Schäferhundes brachten schließlich eine Lady dazu, aus dem Haus zu kommen. Vielleicht aus Verwirrung darüber, einen einsamen Mann am Tor stehen zu sehen, schritt sie so gemessen auf mich zu wie ein Charakter aus Xenons Paradoxien – es schien als würde sie nie ankommen. Sie streckte ihre Hand aus: »Señora Isabela Castillo. Ja, die Inka-Straße geht hier durch. Bitte kommen Sie. Wir wohnen schon zwei Jahre hier, aber weil das Haus so abgelegen ist, mussten wir uns mit Zäunen umgeben; es gibt viele Diebe hier in der Gegend.« Sie führte mich durch den hübschen Garten, an dessen Ende sich eine tiefe Klamm auftat. Dort zeigte sie in den Abgrund. »Die ursprüngliche Brücke ist eingestürzt, aber es gibt ein paar Baumstämme, die hinüberführen.« Ich suchte einen Weg hinunter, füllte die Wasserflaschen auf und sah mich um: Drei dünne Baumstämme bildeten den Übergang. Ich kroch auf allen vieren auf ihnen über die Klamm: Sicherheit vor Würde.

Der Weg stieg wieder an und lief nun an der Flanke eines steil abfallenden Tals entlang, wo sich ein breiter Fluss, der Weg selbst und Eisenbahnschienen durch dieselbe Felsschlucht quetschten. Ich bog von der Inka-Straße ab, um einem verschlafenen Nest namens Panzaleo einen Besuch abzustatten – so lautete der Name des Stammes, der einst in dem Gebiet herrschte, das heute Quito ist. Auf einem adretten Platz erhob sich eine langgestreckte, niedrige, weiß getünchte Kirche, deren offenbar erst kürzlich dunkelgrün gestrichene Türen goldenen Zierrat herzeigten. Ich betrat den kleinen Lebensmittelladen. Die alte Frau trug die traditionellen schweren, aus vielen Schichten bestehenden Röcke und war zudem in mehrere Strickjacken gehüllt. Die beiden anderen Kunden verstummten. Sie bediente mich als Ersten, sodass alle sehen konnten, was der Gringo kaufte. Er kaufte Bananen, Brot und Käse und aß zu Mittag unter einer Chilenischen Araukarie, oder wie Engländer sagen, einem *monkey puzzle:* Ihn zu erklettern stellt, der dolchartigen Blätter wegen, eine selbst für Affen unlösbare Aufgabe dar. Lebensmittelläden waren für mich Zeitkapseln, ebenso wie die armselig bestückten Läden der Innenstadt Liverpools in den frühen Fünfzigerjahren.

Die Straße nach Ambato ging vom rückwärtigen Ende des Platzes aus sehr steil weiter. Raue Pflastersteine machten einer sandigen, ländlichen Fahrbahn Platz. Wolken von Schmetterlingen kreisten um die trocknenden Tümpel am Weg und ernährten sich von dem Salz, das sie zur Regulierung ihres Hormonhaushalts brauchten. Ich fühlte mich, als könnte das auch mir nicht schaden. Am späten Nachmittag erreichte ich das Dorf Laguna de Yambo und machte Feierabend.

Am nächsten Morgen hielten vier etwa elf Jahre alte Jungen ihre Fahrräder an, um mich zu interviewen. Ich erklärte, was ich vorhatte.

»Warum nimmst du nicht einfach den Bus, damit bist du in einer Stunde in Ambato, und wenn du nach Peru willst, kannst du in vierundzwanzig Stunden an der Grenze sein.« Sie nannten mir sogar den Fahrpreis.

»Aber dann könnte ich doch das Land nicht sehen und mit Leuten wie euch sprechen.« Der Anführer schürzte die Lippen; das schien ihm kein großes Plus zu sein.

»Dann bist du von England bis hierher gelaufen?«

»Nein, ich bin mit dem Flugzeug gekommen, zwischen Peru und England liegt der Atlantische Ozean.«

Sie bestiegen ihre Räder und fuhren zurück zur Schule. Einer stellte sich auf die Pedale und deutete über das Tal. »Die Bushaltestelle ist da drüben.«

Am frühen Nachmittag stand ich auf einer Anhöhe, von der aus ich einen Überblick auf Ambato hatte, das acht Kilometer entfernt lag. Der Weg hinunter war lang und sanft, eine Kleinigkeit mit dem Ziel so klar vor Augen. Das Leben machte Spaß. Die Inka-Straße führt von einer Klippe hoch über dem Fluss hinunter in die geschäftige Stadt. Wo die Straße auf die schäbigen Vororte trifft, wird sie plötzlich zu einem sauber gepflasterten Inka-Weg. Ambatos einhundertfünfundsiebzigtausend Einwohner leben an derart steilen Abhängen, dass das langweilige geometrische Raster, das die Stadtplaner jedem Ort überzustülpen versuchen, nicht funktionierte. Das Ergebnis ist ein weit interessanterer Ort mit

Biegungen und Wendungen und sich öffnenden und wieder schließenden Blickachsen. Die wenigen Menschen, die in der Hitze draußen waren, schienen ebenso verrückt wie ich, in ihrem Fall vom *caña*-Trinken, dem spottbilligen, puren, aus Zuckerrohr destillierten Alkohol. Ein Mann stand auf einer Apfelsinenkiste und belehrte eine unsichtbare Zuhörerschaft; ein anderer dirigierte mit großer Genauigkeit und ernster Emphase ein Orchester. Ein dritter lag wie bewusstlos gefährlich nah an der Glut einer Feuerstelle, hielt seinen Penis fest, der durch den Hosenschlitz lugte, lachte dabei und schien im Leben zu gewinnen, wenn auch nur in seinen Träumen. Die Straße führte weiter als hohe Brücke über den Fluss, an dem gut hundert Menschen ihre Kleider wuschen und sie zum Trocknen aufs Gras breiteten: ein bewegtes, abstraktes Gemälde.

Einkaufsstraßen haben oft ein Thema, indem sie nur eine Sorte Geschäft aufweisen. Der nächste Hügel war dem Auto gewidmet. Jeder Laden war spezialisiert: auf Räder, Batterien, Stoßstangen, Dieselmotoren, Federung, Scheinwerfer, Werkzeug, Dichtungen und Plomben, Karosserie, Hi-Fi, Kühlerhauben, Reifen, Lacke, Speziallackierungen, Ausstattung, ›Kuh-Fänger‹ und Verchromung. Ein Schild verkündete schlicht: »Wir machen und reparieren alles.« Ich fand eine Herberge in der Nähe des größten Platzes und suchte nach dem Gemeindearchiv. Dort fand ich dann die Ausgabe der Tageszeitung La Cronica vom 5. August 1949. Das war der Tag, als die Zeit in Ambato stehen blieb.

Die jüngste Volkszählung von 1949 berichtete stolz über die wohlhabende und florierende neue Stadt. Ihren 34 378 Einwohnern standen über 1267 Bedürfnisanstalten zur Verfügung, eine für siebenundzwanzig Personen. Die Kakaoproduktion ging voran, und eine weitere Schlagzeile sagte voraus, dass der Tourismus Lateinamerika Millionen-Einnahmen bringen würde. Es gab ein paar Regionalnachrichten und Meldungen, die das Ausland betrafen. Der ecuadorianische Sucre war gefallen, und die

Verlegung von viertausend Soldaten auf eine weit entfernte asiatische Halbinsel signalisierte, wie die Zeitung richtig erkannte, den Beginn des Koreakriegs. Der allgemeine Tonfall indes war fröhlich: Die Hollywood-Kolumne vermerkte, dass Bob Hope dem Radio den Rücken kehrte, um ans neumodische Medium Fernsehen zu wechseln.

In den neun darauffolgenden Tagen erschien die Cronica nicht. Ihre Büros, wie die meisten der Stadt, lagen irgendwo zwischen rauchenden und stinkenden Trümmern, plattgewalzt durch ein gewaltiges Erdbeben, dessen Epizentrum sich unter dem Cotopaxi befand. Die größte und wichtigste Anzeige in der nächsten Ausgabe stammte vom Roten Kreuz, das die Adresse seines Hauptquartiers für die Zeit des Notstands abdrucken ließ. In den Ruinen der Kathedrale ging die Arbeit weiter, um die riesigen Mauerbrocken zu sprengen, die ins Kirchenschiff gestürzt waren. Unter den geborgenen Leichen war auch der Priester, Dr. Señor Segundo Aguirre. Das Elektrizitätswerk war außer Betrieb, solange die Rohre nicht frei gemacht worden waren, die das Wasser zur Kühlung der Turbinen heranführten. Zeltstädte umgaben den Schutt. Über dreitausend Menschen waren umgekommen; keine Familie, die es nicht getroffen hatte. Eine gerichtliche Kommission versuchte, allein gelassene und elternlose Kinder unterzubringen.

Ich verließ das Archiv und ging hinaus in die Stadt, wo ein Kinderumzug mich stoppte und den gesamten Verkehr lahmlegte, sodass die Fahrer einen Augenblick nach oben schauen konnten, auf die seidige Sonne über dem Ring von Bergen, der uns umfasste. Es gab ein kleines Museum beim Institut Simón Bolívar. Seine Öffnungszeiten sind eine amüsante Fiktion: Zutritt verschafft man sich am besten durch gewaltsames Öffnen der Tür. Als ich durch Zufall hineinkam, war eine interessante Zusammenstellung natürlicher Heilkräuter zu sehen sowie eine Scheibe des ersten in Ecuador gepflanzten Eukalyptusbaums. Ansonsten waren da noch die üblichen Sammlungen schlecht ausgestopfter Objekte in einer Hall of Shame, dem genauen Gegenteil einer Ruhmeshalle für Tiere. Und es gab eine Ecke für Menschen, die ihre Nachmittage damit zubringen, monströse Totgeburten in Glasurnen anzustarren. Leute wie mich. Ein braunes Kalb war mit einem sehr kindlichen Ausdruck auf seinen beiden Gesichtern zur Welt gekommen. Die Rückseite des Kopfes war mehr oder weniger normal; es gab allerdings zwei Nüsternpaare und zwei Kinnpartien. Eines der Gesichter war im Winkel von fünfundvierzig Grad nach links gewandt, das andere fünfundvierzig Grad nach rechts. Vier Augen sahen mit stiller Neugier geradeaus und versuchten, sich einen Reim darauf zu machen. Es sah aus wie ein Picasso – ein Drehen des Kopfes gleichsam zu Beginn und am Ende der Bewegung festgehalten. Einmachgläser stellten Föten von finster dreinblickenden Ferkeln aus, die in Gedanken an noch ungeborene Sorgen auf ewig die Stirn runzelten.

Chimborazo

Ambato gefiel mir, außer dass ich dort rein gar nichts zu tun gewusst hätte, und so verlegte ich meine Basis eine Stadt weiter nach Süden, nach Riobamba. Aus Ambato herauszukommen war nicht ganz einfach. Enthusiastisch erteilten Richtungsangaben folgend, drehte ich einige Runden um das Zentrum und verließ den Ort schließlich in spiralenförmiger Bahn wie eine Rakete, die erst noch der Erdanziehung entfliehen muss. Sechs Stunden lang ging es bergauf, aber die Route der Inka-Straße führte bald von der lärmigen Schnellstraße fort und folgte einem parallel dazu verlaufenden Landsträßchen. Jeder Hund dort war darauf abgerichtet, Fußgänger als vogelfrei einzustufen. Ich erreichte eine sandige Anhöhe, an der staubige Pflanzen in staubigen Gärten erstickten. Bauern pflanzten junge Bäume, umgeben von Staubwolken wie aus Staubsaugerbeuteln. Ich überquerte die neue, noch im Bau befindliche Autobahn. Halbnackte Arbeiter mit turbanartigen Kopfbedeckungen schleuderten Erde aus Gruben auf Haufen oder einfach in die Luft, damit der Wind sich darum kümmern und die Felder noch dicker einpacken konnte. Sie zeigten auf mich und wandten sich wieder dem Erdboden zu.

Mir tat vom Aufstieg und den elendigen Zuständen alles weh: Augen zusammengekniffen, den Kopf gesenkt, nichts, was einen Blick lohnte, jede Sekunde nur Mühsal. Alles, woran ich denken konnte, war, wie schlimm alles war. Zwischen den Abfällen am Straßenrand sah ich einen abgetrennten Puppenkopf und spießte ihn grimmig auf die Spitze meines Stocks wie für einen Voodoo-Zauber. Als ich darum flehte, dass der sandige Wind aufhören oder sich wenigstens eine richtige Landschaft zeigen möge statt dieser Staubglocke, erschien ein langschwänziger Kolibri, schoss blitzschnell in flotten Halbkreisen von Blüte zu Blüte und hob meine Stimmung. Aber dann sprang ich vor

Schreck fast aus der Haut, als mich eine Hand am Ellbogen berührte.

»Ich heiße Caterina«, flüsterte sie. Sie war dreizehn und hielt drei frisch gewaschene Äpfel in den Händen, das Wasser stand noch in kleinen kugeligen Tropfen auf der wächsernen Haut. »Für dich«, sagte sie scheu und begann, neben mir herzugehen. »Ich habe gesehen, wie du gehst, und gedacht, dass die Früchte dich frisch machen würden.« Ich war so gerührt, dass ich es kaum beschreiben kann. Schlagartig wurde mir klar, dass sie meinem Gefühl des Alleinseins bei meiner einsamen Unternehmung ein Ende gesetzt hatte. Sie ging mit mir bis zu der Stelle, wo der Inka-Highway die moderne Schnellstraße kreuzte. »Da vorne gabelt sich der Weg; vergiss den Weg, der deutlich zu sehen ist, das ist der falsche. Überquere den Bewässerungskanal und folge dem kleinen Pfad.« Der Tipp entpuppte sich als weise; ohne ihn wäre ich von meiner Route wahrlich abgekommen. Allmählich wurde das Land grüner, am späten Nachmittag machte ich in einem Weiler namens Santo Domingo de Cevallos vor einem soliden zweigeschossigen Bauernhaus halt. Eine Frau und ihre zwei Töchter halfen mir, zwischen einem großen Gewächshaus aus Kunststoff und einer kleinen Obstplantage einen ebenen Platz für mein Zelt zu finden, und gingen dann in die Felder, um Mais für ihr Abendessen zu schneiden. Als die Abenddämmerung hereinbrach, tauchten kleine Kinder lautlos im Gestrüpp der Böschung über mir auf wie die versteckten Figuren in einem der Gemälde von Henri Rousseau, dem Zöllner. Später kam der Ehemann der Besitzerin mit ihr zu meinem Zelt, und wir plauderten.

»Ich habe einen Bus, bin gerade mit der Fahrerei fertig geworden.«

»Der Verkehr muss sehr anstrengend sein.«

»Die Polizei und die Fahrgäste halten meinen Blutdruck auf Trab. Sind Sie verheiratet?«

»Ich lebe mit meiner Freundin zusammen.«

»Das können Sie sich an der Küste erlauben. Hier in der Sierra
geht es altmodischer zu«, sagte er. Beide grinsten. »Wenn Sie
nicht in der Kirche eingetragen sind, kriegen Sie keine.« Ich ging
schlafen und wünschte, Elaine wäre bei mir. Sie hatte mit ihrer
Doktorarbeit über die Entdeckung des amerikanischen Kontinents angefangen, und unsere Diskussionen über das Quellenma-
terial, das uns beide gleichermaßen interessierte, hatte mir sehr
geholfen, neue und unverbrauchte Wege beim Umgang mit historischen Berichten einzuschlagen. Ihre Kenntnisse in kritischer
Theorie halfen mir, herauszuklauben, was gesagt und was nicht
gesagt wurde und was über die Kluft zwischen zwei Kulturen hinweg nicht gesagt werden konnte. Sie hätte gar nicht so gut aussehen müssen, um für mich so schön zu sein; das erotischste Organ
ist noch immer das Gehirn.

Am nächsten Tag fühlte ich mich schon am Morgen müde und
brachte einen großen Teil des Tages damit zu, den Rucksack so
auf die Schultern zu hieven, dass ich dabei möglichst meine Muskeln schonte. Das Mittagessen bestand aus Hühnerbrühe, in einem Dorf, das sich Mocha nannte und das offenbar alle arbeitsfä-
higen Männer auf der Suche nach Arbeit verlassen hatten. Ein
alter Mann kam auf mich zu. Sein Mund war ein offenes schwarzes Oval wie eines jener Gesichter, auf die man an der Kirmesbu-
de Holzkugeln wirft. Er streckte seine Hand aus und murmelte etwas von Geld. Ich gab ihm etwas. Zwei andere Männer fragten:
»Bist du Amerikaner?«

»Engländer.«

»Gut! Wenn du heimkommst, könntest du meinen Freunden
in Washington und Toronto eine Nachricht überbringen? Wäre
das ein großer Umweg für dich?«

Zurück auf der Straße, begann ein langer und steiler Aufstieg.
Es war nicht wie wandern, sondern als ob man eine Leiter bestiege
– das ging eine Stunde so. Der Weg verlief in engen, tiefen S-Kur-
ven, noch immer mit Inka-Steinen gepflastert. Ein junger Mann

reichte mir Wasser und zeigte auf mein GPS: »Ich bin nicht so dumm wie viele hier. Ich weiß, das ist ein Handy, und du benutzt es, um mit deinem Reiseführer zu sprechen, der weiter vorne geht!« Die bestellten Felder machten Weideland Platz, während die Straße weiter anstieg. Gauchos in kuhledernen Überziehhosen, an denen noch rotes Fell zu sehen war, ritten vorüber, auf Decken, ohne Sattel und Steigbügel, und ihre Pferde schnaubten vor Anstrengung Wölkchen in die kalte Luft. Halsbandsegler, mit einer Spannweite von bis zu fünfzig Zentimetern die größten Segler der Anden, zischten über mir durch die Lüfte. Als ich stehen blieb, um zu trinken, wurde mir rasch kalt, aber es gab schützendes langes Gras mit Veilchen und einer hellgelben Orchideenart. Beim genaueren Hinsehen erkannte ich, dass jede Blüte einem Miniaturpferdeschädel glich.

Endlich wurde der Weg flach. Es war später Nachmittag, es war kalt, und ich war fast die ganze Zeit bergauf gegangen. Der Plan war, Rast zu machen und bald das Zelt aufzuschlagen, aber ich entschied, noch bis zu dem roten Dach weiterzulaufen, das ich in der Ferne sah. Es stellte sich als die alte Bahnstation von La Urbina heraus. Auf dreitausendsechshundertvierzig Metern Höhe gelegen, ist es der höchste Bahnhof der ecuadorianischen Eisenbahn. Heute ist es eine Gaststätte, die von Rodrigo betrieben wird, einem Bergführer Anfang fünfzig mit langem, dünnem Bart und Pferdeschwanz. Drinnen trank ich vor einem Holzofen Kaffee. Ich fragte Rodrigo nach den Zügen, die noch fuhren.

»Liefen bis vor Kurzem noch mit Dampf, wurden in den Vierzigern in Pennsylvania hergestellt, dann kauften sie neun dieser französischen Maschinen, nur kann das Gleitmittel, das die Hersteller vorschreiben, in Ecuador nicht produziert werden, und die Regierung wollte seine Einführung nicht genehmigen, ihrer Meinung nach nicht notwendig, alles nur Betrug, um arme Länder zu melken. Sieben von neun Maschinen stehen jetzt nutzlos herum.« Er zeigte auf die konturlose graue Wolke hinter dem Moorland:

»Das ist der Chimborazo, aber man konnte ihn den ganzen Tag über nicht sehen.«

Die einzigen anderen Gäste waren vier Franzosen; zwei von ihnen waren dabei, sich zu akklimatisieren, bevor sie den Chimborazo angingen. Der Gipfel des Berges ist eine hübsche Trophäe für gemäßigte Steiger, denn auf sechstausenddreihundertneun Meter befindet sich der am weitesten vom Erdmittelpunkt entfernte Ort der Erde. Der Mont Everest ist zwar etwa zweieinhalb Kilometer höher, sitzt aber auf achtundzwanzig Grad nördlicher Breite, also auf einer äquatorialen Auswölbung von nur knapp fünfzehn Kilometern, während der Chimborazo bei einem Breitengrad von wenig mehr als ein Grad Süd einem fast zweiundzwanzig Kilometer hohen Punkt der Auswölbung aufsitzt und seinen Gipfel daher um über vier Kilometer weiter vom Erdmittelpunkt wegstreckt.

Nach dem Abendessen hielt Rodrigo einen Lichtbildervortrag über die großen Gipfel der Anden, und danach redeten wir über den ersten Menschen, der den Chimborazo erforscht hat: Baron Friedrich Wilhelm Heinrich Alexander von Humboldt. Rodrigo wies mit der Hand auf das wolkenverschleierte Monster. »Hier, am Fuß des Chimborazo, liegt der Beginn seines ›Essai sur la géographie des plantes‹. Sie wissen, dass er am liebsten auf Französisch geschrieben hat, aber ebenfalls fließend Deutsch, Englisch, Spanisch, Russisch und Italienisch sprach!«

Mit diesem Essay wurde die Pflanzengeografie aus der Taufe gehoben und voll dokumentierte Exemplarsammlungen auf den Weg gebracht. Zum ersten Mal wurden Pflanzen und Tiere im Detail ihrer Umgebung zugeordnet; damit wurde es Alfred Wallace und Charles Darwin möglich, die körperlichen Anpassungen der Tiere an ihre Umgebung zu erkennen, was sie dazu veranlasste, das Gesetz der natürlichen Selektion – das Überleben des Bestangepassten (»the survival of the fittest«) – zu formulieren. Am Anfang seiner Reise definierte Humboldt als leitendes Prinzip seiner künftigen Unternehmungen, mehr über die Einheit der Natur herausfinden zu wollen. Statt neue, isolierte Fakten zu entdecken, ziehe er es vor, bereits bekannte zu verknüpfen. Eine seiner wichtigsten Neuerungen war die Isotherme, eine Linie, die Punkte auf der Karte mit gleichen durchschnittlich gemessenen Temperaturen verband, sodass man das Gesamtmuster von Klima und Wetter beschreiben konnte.

Rodrigo besaß den Bildkatalog einer vor Kurzem in Quito gezeigten Ausstellung über Humboldt. Der große Forscher blickt auf den vielen Porträts, für die er in seinem langen Leben Modell gesessen hatte, zuversichtlich und gefasst. Humboldt war 1,73 Meter groß und hatte hellbraunes Haar, graue Augen und Pockennarben auf der Stirn. Eitel wie er war, sah er auf einem Selbstporträt wesentlich besser aus als auf den Porträts anderer Künstler. Nach dem Studium von Geologie und Bergbau entwickelte er sich zum Universalgelehrten, nachdem er im Alter von siebenundzwanzig Jahren ein Erbe von seiner Mutter erhalten hatte und danach seinen eigenen Forschungsweg beschritt. Zwei Jahre später ging er nach Südamerika, von 1799 bis 1804, und schrieb die Naturgeschichte neu. Humboldt brachte ein breiteres Spektrum an wissenschaftlichen Interessen und intellektuellen Fragestellungen mit als jeder andere Forscher vor und nach ihm.

Eine Schlüsselfrage der Philosophie des ausgehenden 18. Jahrhunderts war, inwiefern die sinnlichen Erfahrungen des Menschen über die äußere Welt zur Beschreibung und Erforschung der innersten Natur der Dinge herangezogen werden konnten. Immanuel Kant argumentierte, dass unsere Sinnesdaten die Reichweite unserer Fragestellungen grundsätzlich begrenzten. Andere führten ins Feld, dass eine ausgebildete ästhetische Empfindsamkeit die bloße Vernunft zu übersteigen vermöge und die in der Tiefe liegenden Zusammenhänge intuitiv begreifen könne. Humboldt glaubte leidenschaftlich daran. Er war fasziniert von der emotionalen Dimension der natürlichen Welt: dass das Körperliche das Seelische anstoßen konnte. Um der Natur gerecht zu werden, folgerte er, muss die Naturwissenchaft genau wie die Natur selbst ästhetisch überzeugen. Dichtung und Wissenschaft sollten bei der Beschreibung und Erklärung der Wirklichkeit zusammengespannt werden. Das rechtfertigte freilich keine subjektivistische oder impressionistische Wissenschaft; die Reichweite ihrer Instrumente war das Maß für die Genauigkeit ihrer Methoden. Es gab sogar ein Zyanometer, um die Himmelsbläue zu messen, das der Dichter Byron satirisch aufs Korn nahm.

Humboldts Gruppe nahm seine ganze Batterie an Instrumenten mit hinauf in die Wolken des Chimborazo, um alles zu messen, was lange genug stillhielt, um gemessen werden zu können. Zur Zeit Humboldts war wenig über die Wirkung großer Höhen auf den menschlichen Körper bekannt. Wie die Seekrankheit kann sich die Höhenkrankheit auf hinterhältige Weise auf den Einzelnen auswirken, in jedem Fall beginnt sie mit Übelkeit und Gleichgewichtsstörungen. Ein ortsansässiger Gefährte des Trupps, der Freiheitskämpfer Carlos Montufar, litt schrecklich und kämpfte weiter, obwohl er schon aus Nase, Mund und Ohren blutete. Als der Gipfel schon zum Greifen nah schien, bemerkten sie, dass sie am Rande eines Abgrunds standen. Ihre Route war eine Sackgasse gewesen. Sie errechneten ihre aktuelle Höhe mit 5878 Metern und schätzten den Gipfel auf ungefähr 6520 Meter, also niedriger, als spätere Messungen ergaben. Als sie hinunterkamen und in den Spiegel sahen, graute ihnen vor den geistergleichen scharlachroten Augen, die da zurückstarrten. Winzige Venen waren gerissen und hatten zu diesen schauerlich blutunterlaufenen Augen geführt. Bis Alpinisten später den Himalaya bestiegen, war dies der Weltrekord; Humboldt prahlte, unter allen Sterblichen sei er derjenige, der auf den höchsten Punkt der Welt hinaufgestiegen sei.

Nachdem er Zeuge der Unterdrückung durch das spanische Regime geworden war, ermutigte Humboldt den jungen Simón Bolívar, den Kampf für die Freiheit Südamerikas zu unterstützen, erklärte aber, dass Bolívar selbst unfähig sei, die Sache zu leiten.

Dessen brillante Karriere, erläuterte Humboldt, kurz nachdem sie sich kennengelernt hatten, erstaune ihn, und ergänzte sein Fehlurteil durch Starrköpfigkeit. Bolívar war in Bezug auf Humboldt scharfsinniger: Dieser »war der eigentliche Entdecker Amerikas, denn sein Werk brachte unseren Leuten mehr Nutzen als alle Conquistadoren zusammen«.

Als Humboldt zum letzten Mal für ein Porträt Modell saß, bat er den Künstler, im Hintergrund den verschneiten Vulkankegel des Chimborazo zu malen. Kurz danach verstarb er, im Jahr 1859, als ein großer Bewunderer seiner Person ein Buch publizierte mit dem Titel »The Origin of Species« – »Über die Entstehung der Arten«.

1861 sah der amerikanische Botschafter Hassaurek das Gipfeltrio des Chimborazo und notierte: »Keines Menschen Fuß hat sie entweiht, und keiner wird es jemals tun können.« Achtzehn Jahre später traute Edward Whymper es sich zu – und hatte Erfolg. In seinem Buch »Travels Amongst the Great Andes of the Equator« (»Reisen in den Großen Anden des Äquators«) versucht Whymper ein Selbstporträt als vollendeter Profi. Zwischen den Zeilen erkennt man unschwer den griesgrämigen Knauser, einen Mann, dem die mitreisenden Expeditionsmitglieder nicht Kollegen, sondern Handicaps seiner Genialität waren. Das Ganze klingt nach einem Mann mittleren Alters, dabei war er gerade neununddreißig. Das Trinken forderte seinen Tribut. Als er im Alter von sechzig Jahren Elitebergführer aus der Schweiz in die kanadischen Rockies mitnahm, bestand ihre Hauptaufgabe darin, auf die langen Wanderungen kistenweise Whisky mitzuschleppen. 1911 wurde er im Hotel Couttet in Chamonix krank, verweigerte jede medizinische Hilfe, schloss sich in sein Zimmer ein und starb einsam.

Ich ging früh zu Bett. Der Raum war frostig; ich schlief mit dem Schlafsack im Bett. Am Morgen war der Chimborazo noch immer unsichtbar. Um sieben Uhr war ich bei leichtem Regen wieder unterwegs. Rodrigo winkte mir nach: »Folg' nicht der Eisenbahnlinie. Im Dorf San Andrés haust eine ziemlich üble Fami-

lie; ein ausländischer Radler wurde ausgeraubt und so.« Ich folgte
einem Bewässerungsgraben entlang der Höhenlinie und lief dann
zu einem Weg hinunter, der sich zwischen Feldern hindurchschlängelte. Arbeiter blickten auf wie Tiere der Nacht, die vom
Scheinwerferlicht überrascht werden. In drei Stunden gelangte
ich über einen Kamm mit Plantagen reifer Eukalyptusbäume und
wünschte, Riobamba käme näher. Es kam aber nicht. Der Wind
verfing sich in der Karte, die um meinen Hals hing, und ohrfeigte
mich damit. Meine Sandalen waren mit Split gefüllt, und vor lauter Staub konnte ich kaum noch die Augen öffnen. Ein Knie war
steif geworden, und knurrende und bellende Hunde umkreisten
mich. An der Kreuzung zweier verstaubter Wege, vor einem kleinen Hof – er sah aus wie ein Filmset für Bauernhöfe im Dürrege-
biet, der Dust Bowl (Staubschüssel), in John Steinbecks »Früchte
des Zorns« – blieb ich stehen und brachte meine Karte in Ordnung. Eine alte Frau zog einen schwarzen Umhang über ihren gebeugten Rücken und setzte sich durch ihren staubigen Gemüsegarten zu mir in Bewegung. Ich dachte, wie freundlich es von ihr
war, unter diesen widrigen Umständen herauszukommen, um mir
zu helfen. Sie stach einen runzeligen Finger in meinen Rucksack.
»Was verkaufst du da?«

»Nichts, da sind mein Zelt und meine Kleider drin.« »Haha!«,
sagte sie. Ich sah angestrengt in meine Karte und blickte sie wieder an, um ihr eine Frage zu stellen. Sie war nicht mehr da, trollte
sich zurück durch die staubverkrusteten Kartoffeln. Ich drehte
mich um und sah über die Schulter den Weg hinauf, und da, an die
zwanzig Kilometer hinter mir, war er endlich, der Berg, zu dessen
Füßen ich die Nacht davor geschlafen hatte: der Chimborazo. Er
hatte seine Wolkenhaube abgenommen und glänzte. Es war ein
sehr hoher Vulkan: Sein Gipfel lag zweitausendeinhundert Meter
unter ewigem Schnee und Eis; überwältigend aber war seine schiere Masse. Er gehörte in eine andere, weiträumigere Landschaft,
war uns nur ausgeliehen worden zur Erinnerung daran, dass wir

eine Seele haben. Für Humboldt müssen solche Anblicke den Ausschlag zu seinen Theorien gegeben haben, wonach das Ganze intuitiv aus solch olympischen Naturexempeln erahnt werden kann. Ich trug meine müden Füße in die Stadt und blickte immer wieder nachdenklich zurück. Die Stadt hielt eine Extra-Sensation bereit: Der Vulkan Tungurahua war ausgebrochen.

Riobamba

Wie die meisten Andenstädte war auch Riobamba durch eine Naturkatastrophe dem Erdboden gleichgemacht worden, in diesem Fall durch ein Erdbeben im Jahr 1797, das große Gebiete von Ecuador zerstörte und vierzigtausend Menschen tötete. Der Zeitgenosse González Suárez fing den merkwürdigen Schrecken ein, den solche weitreichenden Ereignisse in einer Zeit auslösten, in der die Christen glaubten, die Erde sei in sieben Tagen erschaffen und seither nicht mehr verändert worden:

>»... und einige Berge, ihrer Fundamente verlustig, stürzten auf die Wiesen und bedeckten sie ganz mit Schlamm, änderten das Antlitz der Erde: Der Culca fiel herab über die Stadt Riobamba und begrub große Teile der Bewohner unter sich; an manchen Orten tat sich der Boden auf und verschlang Bäume, Gärten, Häuser und Vieh.«

Heute, nachdem die Stadt über zwei Jahrhunderte hin wiederaufgebaut ist, gewinnt man von Riobamba nicht den Eindruck, der sich in Ambato aufdrängt, dass alles von derselben Firma gebaut worden ist, oder, schlimmer noch, wie in Latacunga, wo alles aus derselben Betonmischung hergestellt scheint. Auf der hübschen Plaza Maldonado war die alte koloniale Fassade der Kathedrale von der Seite beleuchtet, was den reich verzierten Säulen, Türen und Schnitzereien eine ausgeprägte Tiefenwirkung verlieh. Die Seitenstraßen dahinter führten nach Osten in die Berge hoch, wo sich jetzt massive Kumulus- und Kumulonimbuswolken zusammenballten. Im Verlauf des Nachmittags nahmen ihre weißen und blass-möwengrauen Flächen Töne von Zitronengelb, Rosa und Gold an, und als sich die Wolken unerwartet ein paar Minuten lang zurückzogen, konnte ich aus dem Krater des Tungurahua schwarzen Rauch aufsteigen sehen: ein erster, kurzer Blick in die Küche des Teufels unter einem himmlischen Wolkenmeer.

Mit fünftausendzweiundzwanzig Metern Höhe ist der Tungurahua, der Schwarze Riese, zwar keiner der höchsten Vulkane Ecuadors, aber einer der aktivsten, der fast unaufhörlich Rauch und Staub ausspeit und sich seinen eigenen Umhang aus Dampf und Wolken webt. Der letzte Ausbruch begann im Oktober 1999 und führte zunächst zur vorübergehenden Evakuierung der gesamten Stadt Baños auf der Nordseite des Vulkans. Ich stieg zu einem kleinen Park hinauf, von dem aus man ganz Riobamba überblicken konnte. Im Norden glänzten Schnee und Eis des Chimborazo im zarten Rosa, wie Saft, der aus angeschnittenen Erdbeeren sickert. Zum Süden hin goss der Tungurahua dichte, schwarze Wolkenkringel in die flauschige, goldweiße Kumuluswatte. Die einheimischen Puruhá des Pastaza-Tals glaubten, dass der Chimborazo männlich und der Tungurahua weiblich sei und sie beide jene Götter seien, die die Menschen und den ganzen Kosmos erschaffen hätten. Ich hielt mit offenem Mund inne; niemand sonst schenkte ihnen Beachtung. Es war einfach ein Tag mehr im Leben mit Vulkanen.

Wenige Häuserblocks hinter dem großen Platz mit der Kathedrale steht am Konvent von Riobamba das berühmte Museo de Arte Religioso – das Museum Religiöser Kunst. Die Anden brachten einige großartige Holzschnitzer hervor, und Riobamba besaß Werke der besten von ihnen, etwa des indigenen Ecuadorianers José Olmos, der im späten 17. und frühen 18. Jahrhundert gewirkt hatte. Die Anatomie seiner Figuren ist überragend, die Schnitztechnik perfekt. Die Gliedmaßen zeichnen sich durch einen seltsamen, unheimlichen Schimmer aus; der Farbton eines Körpers, der zwischen Leben und Tod schwebt. Er entstand durch Einreiben des Holzes mit Tierfett vor dem Bemalen. Diese Werke leiteten eine Epoche ein, in der die Glieder länger und schmaler wurden und so einen Heiland veranschaulichten, der sein Leiden in größerer Gelassenheit erträgt. Aber selbst José Olmos' beste Kreuzigungsszene zeigt uns einen Christus, dessen Rücken zerfetzt ist: Liebe wird durch Blut ausgedrückt. Erzählte das den Inka und Azteken irgendetwas Neues? Beide Völker wussten, dass die Götter immer das Blut der Vollkommensten forderten. Nur eines war jetzt anders: Eine Religion, in der Menschen für die Götter geopfert wurden, wurde durch eine ersetzt, in der sich ein Gott für die Menschen opferte.

Die Kathedrale barg eine wundervolle Überraschung. Ihr Äußeres ist klassische, frühe Kolonialperiode; überbordende Schnitzkunst überzieht die gesamte Fassade. Die renovierte Kapelle jedoch besitzt eine Reihe moderner Wandgemälde, die nativ im Stil und subversiv in der Gestaltung des Themas sind. Die Jünger beim Letzten Abendmahl stellen moderne Ecuadorianer dar; jene Durchschnittsmenschen, die täglich ihre Knie auf die Kirchenbänke drücken. Christus ist der einzige Bärtige – indigene Sierrabewohner haben wenig oder keine Gesichtsbehaarung – und er steht nicht in der Mitte, sondern sitzt seitlich. In der hohlen Hand hält er ein Häufchen Erde, aus der sich ein Sämling emporrankt, ein zentrales Bild traditioneller Fruchtbarkeitsreligionen. Das Augenmerk der Komposition richtet sich indes auf eine Frau in einheimischer Kleidung, die Brot bricht. Sie ist die Mutter Erde der Inka: Pachamama. Um den Tisch, neben Schalen mit lokalen Früchten und gerösteten Meerschweinchen, liegt eine Laute bereit für den kommenden Tanz. An den Wänden wird der Reichtum des Andenlebens gefeiert: Kolibris nippen Nektar aus Blumengirlanden. Männer und Frauen tanzen eng aneinandergedrängt und umarmen sich leicht beschwipst. Kleine Kinder stehen auf Zehenspitzen, um den warmen Nacken ihres Lieblingslamas zu kraulen. Ein Geschäftsmann wird als Strolch mit Schlägervisage und Nadelstreifenanzug dargestellt. Die eine Gesichtshälfte ist ein Totenschädel, auf dem eine Generalsmütze thront. Er ist natürlich ein Weißer. Judas ist ein Reporter mit

Kassettenrekorder und Mikrofon. Der Widerstand gegen die Conquista geht weiter.

Ich gönnte meinen Füßen einen Feiertag und unternahm eine Tagesreise mit dem Bus in Richtung Baños, um lebende Fossilien aus dem Inka-Reich aufzuspüren: das Volk der Salasaca. Als wir aus der Stadt herausfuhren, überschwemmten Straßenverkäufer jede Kreuzung, liefen in den Lücken der Fahrspuren und priesen Bananenchips, Limonade, Wasser, Äpfel, Mandarinen, parfümierte Bleistifte im Viererpack für einen Dollar, Süßigkeiten und Eis an. Ein Mann, der wie ein Prediger gekleidet war, hielt eine gut vorbereitete Rede, um uns seine außerordentlich stimmungshebende Schokoriegel-Aktion vorzustellen. Salasaca-Angehörige streiften ziellos über die staubige Hauptstraße und blieben dann abrupt stehen: Vielleicht waren ihnen die Ideen ausgegangen. Gleich der erste Mann, den ich sah, trug einen breitkrempigen, weißen Hut, weißes Hemd und Hosen und einen weichen, schwarzen Wollponcho. Es ist die traditionelle Kleidung, die von den Leuten dieses Fleckchens immer noch getragen wird, aber sie ist weder aus Ecuador noch dem benachbarten Peru. Der Mann war ein politisch Exilierter, seine Vorfahren waren vor über fünfhundert Jahren von den Inka aus Bolivien hierher verschleppt worden – Teil der imperialen Politik der Inka, um die neu eroberten Landstriche zu befrieden.

Soweit wir das zurückverfolgen können, hat die Geschichte der Anden schon immer Zyklen von Einheitsstiftung und Zerfall durchgemacht. Nennenswerte kulturelle Expansion und Empire-Building wurden nur während längerer Regenperioden favorisiert. Ansonsten begünstigten die immensen vertikalen Klimaunterschiede und der dadurch unterschiedliche Ackerbau kleine Kulturen, die eng an die lokalen Bedingungen angepasst waren. Gelegentlich knüpften Opportunismus und Ambitionen wechselnde Bande zwischen ihnen. Die erstaunlichste Ausbreitung aber brachte ein kleiner Bergstamm zuwege. In wenig mehr als hundert Jahren dehnten die Inka ihr Kernland um Cuzco zum damals größten Weltreich aus, das fast fünftausendfünfhundert Kilometer von der südkolumbianischen Grenze bis in die Mitte Chiles reichte. Sie gingen nicht, wie die Mongolen in Asien, als rein militärische Macht vor. Wo möglich, zogen sie Absorption der Eroberung vor und unternahmen beträchtliche diplomatische Anstrengungen, um den offenen Krieg zu vermeiden. Wo sie auf militärischen Widerstand trafen, antworteten sie vorzugsweise mit zwei Strategien: mit vertrauenerweckenden Verhandlungen, die den Feind der liebevollen Absichten der Inka versicherten, oder mit einem grausam-wilden Vorstoß, der jeden Widerstand überrannte.

Für die Römer war das Bürgerrecht eine Ehre, kein Recht. Solange sie den wichtigsten römischen Gottheiten Respekt zollten, konnten eroberte Völker ihren Pantheon nach Belieben mit weiteren Göttern anfüllen. Entsprechend wusste auch der expandierende Cuzco-Stamm, dass sie nicht alle in Inka ummodeln konnten, doch lag das gar nicht in ihrer Absicht: Schließlich war das ein Privileg, das sie sich eifersüchtig selbst vorbehielten. Sofern die Autorität des Inka und seines Vaters, der Sonne, respektiert wurde, konnten einheimische Kulturen wie gehabt weiterleben. Tatsächlich wurden eroberte Völker sogar verpflichtet, ihre ursprüngliche Kleidung beizubehalten, sodass ihre Identität allzeit zu erkennen war. Wenn Angehörige von neu eroberten Völkern nach Cuzco gebracht wurden, wies man ihnen separate Wohnareale zu, die so angeordnet waren, dass das Erscheinungsbild der Stadt allmählich zu einem Mikrokosmos und gleichzeitig zu einer Art Überblickskarte des Reiches wurde. Um neue Stämme auf sanfte Weise zu absorbieren, wurden Völker aus älteren, gut integrierten Teilen des Reiches in neu akquirierte Territorien umgesiedelt. Man nannte diese Politik *mitma* und wollte damit Spannungen und die Gefahren mildern, die schnelle Eroberungen und Reichsausdehnungen nach sich ziehen. Wenn neue Reichssubjekte flüchtig wurden und man sie einfing, folterte man sie bei

Erstvergehen und tötete sie im Fall der Wiederholung. Der Mann in der weißen Kleidung und dem schwarzen Poncho stellte ein lebendiges Zeugnis dieses historischen Kulturaustausches dar. Es ist die Kleidung, die an den Küsten des Titicaca-Sees getragen wurde, eintausendachthundertfünfzig Kilometer entfernt, so weit der Kondor fliegt, und die Angehörigen der Salasaca sind bolivianischer Herkunft.

Die Mittelschule Bartolomé de las Casas spuckte zur Mittagszeit ihre Schüler aus, und alle Knaben trugen die traditionelle bolivianische Kleidung. Plaudernd standen sie vor dem Motto an der Wand des Schulgebäudes:

>*El mayor bien es la cultura;*
el mayor mal, la ignorancia.«

»Das höchste Gut ist die Kultur;
das größte Übel Unwissenheit.«

Ich fragte Ramiro, einen Vierzehnjährigen mit sehr langen Zähnen und noch längerem Haar, ob er die Geschichte seiner Kleidung kenne. Er sagte: »Klar!« und erzählte sie mir korrekt.

»Fühlst du dich als Bolivianer?« Er und sein Freund Mariano lächelten verlegen. »Nein, Bolivien ist zurückgeblieben!«

Ich unternahm einen kleinen Spaziergang nach Süden ins Dorf Punín. Bald hatte ich eine kleine Anhöhe überschritten, Riobamba war außer Sicht, und ich geriet in eine seitlich steil abfallende grüne Schlucht. Sie war feucht, und die Luft knisterte. Ich lief noch immer auf Asphalt und folgte mit gesenktem Kopf den Haarnadelkurven, eine schlechte Angewohnheit, von der ich auch sogleich geheilt wurde. Plötzlich, gerade eineinhalb Meter vor mir, war kein Asphalt mehr da, keine Straße, kein Land, nur Luft. Hätte ich den vollgepackten Rucksack dabeigehabt, allein der Schwung hätte mich bis zu der von tiefen Rissen durchzogenen

und hochgradig instabilen Kante vorgeschoben. Ein mehrere Me-
ter breiter Streifen, knapp fünfzig Meter lang, war seitlich von der
Straße ins Tal abgerutscht und hatte einen fünfzig Meter tiefen
Abgrund hinterlassen.

Der restliche Weg war ein deprimierender Hinweis auf eines
der aktuellsten Probleme Ecuadors: Bodenerosion. Nicht der
graduelle Schwund oberflächlichen Erdreichs, sondern eine vollständige Umformung der Landschaft. Die Talsohle zu meiner
Linken war einst flaches Ackerland, das sanft nach Riobamba
hin abfiel. Jetzt ist es eine V-förmige Schlucht, über hundert
Meter tief eingeschnitten, deren Flanken so steil aufragen, dass
die Schlucht an den meisten Stellen unpassierbar ist. In einem
Flussbecken würde man die verschwundene Erde in Kubikkilo-
metern messen können. Entwaldung, Brandrodung und armselige Anbaumethoden sind die Hauptverursacher. In der Gemeinde Punín bestellen die Familien kleine Parzellen und leiden
unter zahlreichen weiteren Problemen wie der geringen Fruchtbarkeit des Bodens und extremen Temperaturschwankungen.
Wenige Menschen haben Zugang zu erschwinglichen Krediten,
und die überkommene Lebensweise ist bedroht, wenn die Fami-
lieneinkommen sinken. Viele sind in die Städte abgewandert
und suchen Arbeit, meist erfolglos. Die US-amerikanische Hilfs-
organisation Catholic Relief Services arbeitet mit fünfhundert
Familien in der Region zusammen, bringt ihnen neue Anbau-
techniken bei und unterstützt sie bei der Aufzucht kleiner Vieh-
bestände wie Meerschweinchen, Hasen, Hühner und Schafe. Sie
richtet auch Gemeinschaftsbanken ein, in denen Kleinkredite
angeboten werden: In einem bargeldarmen bäuerlichen Wirtschaftssystem können kleine Summen den Unterschied zwischen Überleben und Untergang bedeuten.

Das Dorf Punín bestand aus ein paar armseligen Lehmziegel-
häusern, die einen riesigen Platz einfassten. Eine massive Kirche
besetzte eine Seite; eine Schule und ein Kloster nahmen den

Großteil zweier weiterer Seiten ein. Traurige Läden mit leeren Regalen versuchten vergeblich, den Ort halbwegs lebendig erscheinen zu lassen. Obwohl es keine Herberge gab, begrüßte mich ein rostiges altes Schild in der »Hauptstadt der Touristen im Landesinneren«. Die Kirche war geschlossen, und im Kloster ging niemand an die Tür. Die Hauptbeschäftigung der Leute schien darin zu bestehen, auf den Bus zu warten, um aus dem Dorf herauszukommen. Ich wartete zehn Minuten in der Schlange.

Zurück in meinem Zimmer, starrten mich aus dem Spiegel schwarze Augen an. Meine Haut war trocken, und ich sah sehr müde aus; meine Mundwinkel hingen träge herab. Ich rasierte mich. Die Bartstoppeln zu entfernen nimmt mir fünf Jahre vom Buckel, daher rasiere ich mich immer, wenn ich bessere Laune nötig habe. Mein entblößtes Gesicht glänzte nackt und kahl wie ein gepelltes Ei. Die Person im Spiegel, die ich ja nur alle paar Tage zu Gesicht bekam, kam mir fremd vor: wie das Foto eines lange verstorbenen Verwandten, den ich nie persönlich kennengelernt hatte. Ich konnte mir nicht vorstellen, wie es diesem Mitreisenden in der Welt ergangen sein mochte; ich konnte in seinem Herzen nicht mehr lesen, als wenn er neben mir als Unbekannter im Bus gesessen hätte. Ich verschob die Falten von Stelle zu Stelle. Ich erinnerte mich daran, wie ich an einem der seltenen Sommertage, wenn mein Vater ein Sonnenbad nahm, mit den erbarmungslosen Augen eines Teenagers seinen schmächtigen, milchweißen Körper gemustert hatte: weiß bis zum Hals und die Hände von der Gartenarbeit sonnengebräunt. Ich war fest entschlossen: Dieser Fehler – mangelnde Aufmerksamkeit –, der seinen Körper hatte alt werden lassen, sollte mir nicht unterlaufen. Ich bin jetzt älter, als er damals war. Meine Augen, haselbraun wie die seinen, verlieren allmählich an Schärfe. Auch mein Großvater, ein kerniger alter Seebär in den Achtzigern und noch immer streitlustig, erschreckte meine melancholischen Gedanken mit seiner fleischigen Adlernase und den großen abstehenden Ohren. Ich zog

mich für die kalte Dusche aus; Hals, Gesicht und Hände waren
sonnengebräunt, der Rest elfenbeinfarben. Ich streichelte meine
Handrücken mit der weißen Seife. Die eingeschäumte Hand war
überzogen mit türkisfarbenen Adern: eine trockene Fischschup-
penhaut.

Am nächsten Tag fühlte ich mich etwas besser und nahm den
Bus zurück nach Punín. Ich verließ auf einer schmutzigen, angenehm gleichmäßig ansteigenden Straße das Städtchen. Die Karte
zeigte eine Route von guten sieben Kilometern bis zur nächsten
Ortschaft, Flores, aber ich hatte bereits meine Erfahrungen mit
den Schwierigkeiten, die einem Wanderer in den Bergen begegnen konnten. Um elf Uhr und acht Kilometer weiter gab es weit
und breit kein Zeichen von Flores. Ich war auf dem richtigen Weg,
aber das Dorf, versicherten mir alle Vorbeigehenden, sei einfach
noch »¡Más arriba!«, weiter oben, und dabei zuckten sie hilflos die
Achseln. Obwohl die Karte nur ein paar breitere Kurven der aufsteigenden Straße verzeichnete, war der tatsächliche Wegverlauf
eine endlose Folge immer steiler werdender Serpentinen, die sich
aufwärts in den Berg krallten. Mein geplanter Morgenspaziergang
entpuppte sich als dreimal so lang wie auf der Karte angegeben, wo
Kurven vermutlich das kartografische Äquivalent der lokalen Geste des Schulterzuckens darstellten: ein unverbindlicher Hinweis,
eine skizzenhafte Vorstellung davon, wie der Weg verlaufen
mochte. Ich schnitt möglichst viele Kehren und erreichte Flores
um halb eins. Die Straßen waren fast menschenleer. Der Eigentümer des Eckladens war eine schlanke Frau in sehr gerader Haltung,
die eine feste, braune traditionelle Fellmütze in der Form eines
Bowlers trug. Ihre Vorderzähne waren an den Ecken modisch ver-
goldet, und ihr Spanisch war ein Ohrenschmaus. Ich sagte ihr, was
ich hier machte. Sie lachte und sagte: »Ich bin so alt wie du. Sag,
was isst du, dass du so viel Energie hast?«

Beim Höhersteigen ließ ich ein saftiges, enges, mit kleinen
Anwesen bestücktes Tal unter mir. Als ich wieder eine Pause ein-

legte, um zu trinken, stand plötzlich ein hübsches kleines Mädchen fünf Meter vor mir: barfuß und mit Rotz über der Oberlippe, der aussah wie eine Miniaturauster. Es sah mich aus Augen an, die viel älter waren als es selbst. Ich gab ihm ein paar Kekse. Es nahm sie, wie wilde Tiere sie nähmen, indem es gerade nah genug kam, um sie zu erreichen, und sofort wieder zurückschnellte. Als ich mich anschickte, weiterzugehen, streckte es seine Hand aus, die vor Dreck fast schwarz war: »¡Plata!« – Geld.

Ich gab selten Geld für nichts. Es ist eine harte, aber notwendige Politik. Einem Kind fünfzig Cent zu geben mag einen fünf Minuten lang befriedigen, aber es lehrt das Kind, dass Fremde etwas für nichts geben und es daher in Ordnung ist, sie anzubetteln. Es setzt auch den Wert des Lohns herab, den Erwachsene für ihre Arbeit bekommen; ein Pförtner bekommt vielleicht fünfzig Cent für zehn Minuten anstrengende Arbeit. Ich würde für Fotos bezahlen oder jemandem Trinkgeld geben, der mich begleitet, um mir den Weg zu zeigen. Aber manchmal sieht man eben in die Augen einer bittenden Person, und die Hand geht unwillkürlich zum Geldbeutel und wischt die eigenen Prinzipien vom Tisch.

Am späten Nachmittag begann die Straße endlich wieder abzufallen. Die Menschen schienen etwas besser gestellt. Ein Mädchen kam mit seiner Mutter, beide unter riesige Garben gebeugt, von einem steilen Feld herunter, wo sie Heu geschnitten hatten. Ein ansehnlicher amerikanischer Kleintransporter wartete an der Straße auf sie. Sie bekamen die verklemmte Ladeluke nicht auf. Ich unterbrach meinen Weg und half ihnen, die Garben hinaufzuwerfen. Sogar zu dritt konnten wir sie nur knapp über die kopfhohen Seitenladen bugsieren. Dann hatten wir es geschafft, waren alle schweißgebadet, lachten und zupften einander Heubüschel aus Kleidern und Haaren.

Gegen Abend machte ich in einem größeren Weiler halt und saß plaudernd im Dorfladen, dessen Besitzer erst noch vom Berg heruntergerufen werden musste, um ihn zu öffnen. Ich kaufte

Kekse und schüttete literweise Wasser in mich hinein. Der Besitzer gab mir ein süßes Brötchen. Wir unterhielten uns, und er bot mir mehrere Gebäude zum Schlafen an, aber sie waren alle sehr staubig, und ich legte großen Wert auf die Privatsphäre meines Zelts. Jemand schlug mir vor, auf der wilden Wiese vor seinem Haus zu nächtigen. Das Dorf schien ein hübscher Ort zu sein, wo man mich in Frieden schlafen lassen würde, also sagte ich zu. Sobald ich mein Zelt aufzuschlagen begann, hielt auf der anderen Straßenseite ein Lastwagen und zwanzig Feldarbeiter sprangen herunter, um mir zwei Stunden lang zuzusehen. Später, wieder zu Hause, las ich mit aufrichtiger Anteilnahme Robert Louis Stevensons »Travels with a Donkey in the Cevennes«:

> »Liegt das Lager nicht versteckt, bringt die Rast nichts als Probleme; du wirst zur öffentlichen Figur; die geselligen Bauern besuchen nach frühem Abendessen deine Schlafstatt; und du musst beim Schlafen immer ein Auge offenhalten und wieder auf den Beinen sein, bevor der Tag anbricht.«

Zu meinem Missbehagen arbeitete der Kocher nicht richtig. Ich konnte mich nicht darauf verlassen, Gaskartuschen zu bekommen, daher hatte ich mir einen neuen Kocher zugelegt, der mit Petroleum, bleifreiem Benzin und anderen Flüssigbrennstoffen funktionierte. Ein Handregler sorgte für den richtigen Druck, und obwohl er angeblich für große Höhen geeignet war, hatte er andauernd Mucken; die Luft-Benzin-Mischung musste genau stimmen. Für den Fall, dass sich die gewünschte brausende blaue Flamme nicht einstellte, stand in der Gebrauchsanweisung folgende Symptombeschreibung:

- zu viel Druck – Symptom: große gelbe Flamme
- zu wenig Druck – Symptom: große gelbe Flamme

- zu viel Brennstoff – Symptom: große gelbe Flamme
- zu wenig Brennstoff – Symptom: ... Dreimal dürfen Sie raten!

Das Abendessen bestand aus Brot, Bananen und Wasser.

Genau wie Stevenson fand ich es unnötig, Frühstück und Körperwäsche am nächsten Morgen wieder als Theaterstück aufzuführen, daher stellte ich den Wecker auf Viertel nach fünf, packte das feuchte Zelt zusammen und war vor Sonnenaufgang wieder ›on the road‹, knabberte Nüsse und Trockenfrüchte und stieg die Anhöhe hinauf. Es war noch früh morgens, als ich in zartem Nebel auf 3396 Meter einen breiten Bergrücken erreichte. Die kleinen Dörfchen dort erwachten gerade, das Vieh wurde auf die Weide getrieben, und die Kinder packten ihre Schulsachen. Trauben gut gelaunter Menschen sammelten sich um mich. Ich schüttelte Hände, bis meine eigenen nach Schaf, Ziege und Milch rochen. Häufig war es nur einer, der mir alle Fragen stellte. »Bis wohin gehen Sie denn?«

Ich erklärte es ihm. Ein kleines Zwinkern lag in seinen Augen, als er wissen wollte: »Warum? Als Strafe?«

Kleine, dreieckige Felder zerteilten die riesigen Hügelflächen in unaufhörlich wechselnden Mustern. Das Land erinnerte an frische Wäsche, an faltige grüne Bettlaken, die unter ihrem Eigengewicht auf den Boden gesegelt waren. Ein Falke mit langem Schwanz kam über den Kamm geflogen, seine schmalen Flügel wie zwei dunkle Säbel gezückt. Er folgte, umsichtig wie ein Dieb, einer tief liegenden Wasserrinne.

Sonnenuntergang mit Tod

In Peru sind Frühling, Sommer, Herbst und Winter importierte
Konzepte; sie haben keine große Bedeutung. Es gibt zwei genuine
Jahresbefindlichkeiten: feucht und trocken. Jetzt, Mitte Mai,
ging die feuchte Saison mit ihren fünfzehn Zentimetern Regen im
Monat zu Ende. Die trockene Zeit des Jahres mit etwa zweieinhalb Zentimetern Niederschläge pro Monat dauerte bis November. Die Tage wurden heißer; die Regengefahr schien jeden Tag
geringer. Wenn die Sonne einmal die Bergspitzen beschien, stieg
die Lufttemperatur rasch an. Als ich gegen Mittag Guamote erreichte, ein kleines, armes Städtchen, in dem die Eisenbahn mitten auf der Hauptstraße fährt, war es schon heiß. Die Inka-Straße
war erneut unter der Panamericana begraben, und so lief ich auf
den Bahngleisen. Beim ersten Stopp spannte ich das Zelt zum
Trocknen aus, das dauerte nur Minuten. Unter mir lagen grüne,
bewässerte Felder. Über mir hing eine staubtrockene, sandige
Bergflanke, auf der zwei Gestalten in Sicht kamen: zwölfjährige
Mädchen, die nun unter Geschrei herabliefen und dicke Wolken
von Staub und Erde hinter sich aufwirbelten. Sie lachten über beide Ohren, wobei braunschwarze Ränder entlang ihrer Zähne zum
Vorschein kamen. Eine sprach laut wie ein Megafon und wollte
mir nicht glauben, dass es das Land England wirklich gab. Die andere behandelte sie, als hätte sie nicht alle Tassen im Schrank.
　　Sie spazierten mit mir zurück zu ihrem Haus, das oberhalb des
Flusses lag. Die Eisenbahn überquerte den Fluss auf einer hohen
Brücke, wo wir von einer grob gehauenen Schwelle zur anderen
sprangen; jeder Sprung gewährte eine blendende Aussicht auf den
Fluss, der tief unter uns dahinströmte. Sie waren ganz unbekümmert; es war einfach ihr Schulweg hin und zurück. Auf der anderen Seite winkten sie mir zum Abschied und zeigten nach vorn auf
den Weg, den ich einzuschlagen hatte. In einem kümmerlichen

Wäldchen hatten Männer Bäume gefällt, und mir strich ein über-
wältigendes Aroma von Kiefernharz und Eukalyptusöl um die
Nase. Dann kam eine weitere Brücke, länger und höher als die
vorherige, die ich wieder mit kleinen Sprüngen überqueren musste. Frauen, die Kleider wuschen, hielten im frostigen Wasser
inne, um mich zu beobachten.

Auf der anderen Seite angekommen, setzte ich mich auf die
Kante einer Schwelle, ruhte mich etwas aus und trank Wasser.
Doch dann ließen die Gleise ein fast unhörbares Singen vernehmen. Ich erhob mich und trat zurück. Ein handgetriebener Flach-
wagen kam den Hügel heruntergeschossen; fünf Männer drückten sich oben auf Säcke mit Getreide und Gemüse. Sie kamen
vom Markt und flogen jetzt heim nach Guamote, sie winkten und
grinsten das Leben an. Fünf Minuten früher und wir wären uns auf
der Brücke begegnet, und ich hätte den Tod angegrinst.

Das Tal stieg höher, wurde breiter und öder. Bauernfamilien
verbrannten Ballen von Pampagras, das hohe, schmucke Gras, das
Millionen Vorstadtwiesen ziert. Es brannte lebhaft und schnell
und war schwer unter Kontrolle zu halten. Ich war zu müde, um
Lust auf Gesellschaft zu haben. Als ich an einem Pinienwäldchen
nahe einem klaren Bach anlangte, schlug ich das Zelt so weit wie
möglich außer Sichtweite auf, wie ein Sträfling auf der Flucht. Der
Kocher funktionierte zum ersten Mal, und ich kochte Nudeln
und fügte eine Packung lösliche Suppe hinzu, ein einfaches und
leichtes Mahl, ein Genuss nur für den Hungrigen; doch an Hunger mangelte es mir nicht. Es war dunkel, als ich abgewaschen hatte. Ich saß draußen mit einem Becher Kaffee und beobachtete die
Feuerringe, die nun breiter verteilt, aber matter über den Hügeln
zu erkennen waren. Mit der Dunkelheit begann die kehlige
Nachtmusik der Frösche.

Am Morgen erreichte ich rasch eine verlassene Bahnstation
namens Velez, noch bevor die Gleise über eine seichte Wasserscheide mit schwarzem, schlickigem Torf glitten, den das Vieh zu

einem einzigen Schlammloch zerstampft hatte. Es war windig, und die Gräser raschelten in Millionen winziger Klingeltöne, wie rieselndes Wasser. Im Schlick der Tümpel am Rand der Gleise paddelten fleischige Kaulquappen. Sowie die Sonne heißer wurde, dehnten die Gleise sich aus und ächzten in ihren Halterungen. Oben auf dem Hügel sah ich, so weit das Auge reichte, die Gleisspur in schnurgerader Linie fortlaufen, durch den sandigen Boden, der mit Kiefernzapfen gespickt war, so groß wie Grapefruits. Die nächste Station war Palmira Davila, ein schimmernder, bleicher Dachgiebel, der wuchs und wuchs, ohne wirklich näher kommen zu wollen, im Fluchtpunkt der Gleise ein totes Auge, das in der sich kräuselnden Luft zitterte.

Ich marschierte in das Dorf und fühlte mich wie Clint Eastwood im Remake von »Ein Fremder ohne Namen«, nur ohne Pferd. Ein hoch aufgeschossener, dünner Welpe, ein Bündel aus wolligen Büscheln und zusammengeringelten Strähnen, bog sich zu einem schwarzen, Omega-ähnlichen Halbrund und schiss auf die heißen Schienen. Aus dem ersten Haus kam Maria Ana. Sie war eine junge Hausfrau mit einem schönen, runden Gesicht, einem gewinnenden Lächeln und einnehmenden Manieren. Ich fragte, wo ich etwas zu essen kaufen könnte.

»Hier würde ich nichts kaufen. Warten Sie, bis Sie in Palmira sind, dort gibt es mehr Läden.«

»Sie sind nicht von hier?«

»Woher wissen Sie das?«

»Ein Einheimischer würde mir nicht raten, mein Geld im nächsten Ort auszugeben.«

Sie lächelte verlegen. »Ich bin aus Quito, mein Mann ist von hier und meine ganze Familie.«

Der Welpe kam zu mir herüber und knurrte mich an. Über dem rechten Auge hatte er eine offene Wunde. Eine Windbö ließ Staub und feinen Schotter über uns herabregnen. »Gefällt es Ihnen hier?«

»Es ist gut hier, aber so staubig. Letzte Woche hatten wir
Staubstürme, es war furchtbar. Aber es ist nett und ruhig. Quito
ist verseucht mit Chemikalien.« In jedem einsamen Ort, in den
ich komme, sagen sie, er sei sauber und ruhig. Niemand spricht
von der Langeweile und Klaustrophobie, die mir den Atem nehmen und mich ersticken würden. Leiden sie lautlos oder ist es un-
terschwellige Apathie?

Aus den elenden Häusern der Umgebung tauchten ein paar
Mütter mit Kindern auf, die uns anstarrten; sie trauten sich aber
nicht näher heran, um mit uns zu sprechen. »Haben Sie Arbeit?«

Ihr Blick wanderte dorthin zurück, wo die Bahngleise in der
kochenden Luft verschwanden, und nach Quito. »Nein, ich hatte
welche, in der Stadt. Hier gibt es nichts für mich.«

Sie sprach, wie Durstige trinken.

Ich hielt an einem Geschäft mit gewebten Wandläufern. Die
Eigentümerin war eine verdrießliche Frau mit Hüften, die ausladend genug waren, um darunter ein Paar China-Spaniels zu verstecken. Ihre Sprösslinge spielten Spielzeugauto mit einem Hunde-
haufen und kamen von Zeit zu Zeit hereingerannt, um ihre
Händchen in den Eintopf, den sie verkaufte, zu versenken und eine
Kartoffel herauszuziehen. Ich saß auf einem kaputten Sofa, trank
eine Cola und sah einem kleinen Mädchen dabei zu, wie es versuchte, zwei Schafe in den Wind hinauszuziehen. Es war Zeit, die Bahnlinie zu verlassen, wieder einige Kilometer auf der Panamericana zu
gehen und danach in der Nähe von Palmira einen Bergpfad ausfindig zu machen, der irgendwo im Nirgendwo auf die Straße nach
Achupallas führte. Achupallas ist ein Städtchen, das von den Inka
gegründet wurde und von wo aus ich eine atemberaubende, einsame Wanderung zu den besterhaltenen Inka-Residuen von ganz
Ecuador beginnen wollte, der Tempelanlage von Ingapirca.

Palmira war, wie Maria Ana gesagt hatte, größer, dafür hatte
alles geschlossen. Ich sah in meinem Tagebuch nach: Es war Samstag, nicht Sonntag. Unüblich, dass alle Läden zur Siesta dicht-

machten. Ich hatte zwar genügend Trockenfutter bei mir, hätte aber gern noch mehr Brot und Früchte gekauft. Ich fand nur zwei Personen auf der Straße, Vater und Sohn, die Eukalyptusstämme von einem Esel vor ihrem Haus abluden und in den Hinterhof brachten, wo sie einen Anbau errichteten.

»Wo verläuft bitte die alte Straße, hier hinauf?«, fragte ich und zeigte auf die Straße, aus der sie herabgekommen waren.

»Aargnngh« war der Laut, der mir als Antwort entgegenschallte.

»Da oben.« Der Blick des Vaters schweifte über die Gipfel, die einen Kreis um uns bildeten.

»Und dieser Weg führt da hin? Der, auf dem ich jetzt stehe?« Ich dachte, damit das Thema der Unterhaltung entscheidend eingegrenzt zu haben.

»Aargnngh.« Sein Unterarm zuckte grob über drei Berge hinweg. Ich stapfte davon, die Straße hinauf. Ein weiteres erhebendes geistig-kulturelles Zusammentreffen. Ich folgte dem Weg weiter hinunter bis zu einem schmalen Flüsschen und setzte mich ans Ufer, um Kekse, getrocknete Pflaumen und eine Ecke des einheimischen Käses zu essen, der wegen seines hohen Gewichts zum schnellen Verzehr vorgesehen war. Ich war enttäuscht, weil ich nur im Schneckentempo vorankam: Die in den Haarnadelkurven versteckten Kilometer waren ein Grund; das GPS zeigte mir den anderen. Es teilte mir mit, dass meine durchschnittliche Gehgeschwindigkeit bei ordentlichen Straßenverhältnissen nur vier Stundenkilometer betrug. Meine Bestzeit war lediglich gut fünfeinhalb Kilometer in der Stunde. Mein Bündel und die Anstiege bremsten mich weit mehr aus, als ich erwartet hatte.

Eine auf der Karte gerade geführte Strecke erwies sich in Wirklichkeit als serpentinenreich, barg also mehr versteckte Kilometer. Ich übersprang meine nächste Rast, um Zeit gutzumachen. Eineinhalb Stunden lang ging ich in der beabsichtigten Richtung. Doch dann bog die Straße vor einem mächtigen, schmucklosen Berg nach links ab. Karte und GPS sagten mir, ich müsse nach rechts auf den Berg hinaufgehen, aber es war kein Weg zu sehen. Ich beschloss, ins nächste Dorf zu laufen, um zu übernachten und nachzufragen.

Dort, wo die Straße nach links abbog, lag eine kleine Ortschaft, die sich zur Hälfte unterhalb, zur anderen oberhalb der Straße zusammengefunden hatte. Nachdem ich mich an die Verschlossenheit der Landmenschen, selbst wo sie freundlich gesonnen waren, schon gewöhnt hatte, war ich überrascht, als mir ein Mann in orangerotem Poncho schon von Weitem etwas zurief. Er sprang zu mir herab. Ich nahm meinen Wanderstab in die linke Hand, um ihm die rechte entgegenzustrecken. Er schob sie beiseite, ergriff den Stock und schüttelte ihn in wütenden und aggressiven Drohgebärden vor meinem Gesicht, wobei ihm die Spucke vom Mund flog. Sein Atem roch nach Spirituosen. In einem einzigen Augenblick hatte meine Welt die Farbe gewechselt. Er legte zwei Finger in den Mund und pfiff. Männer und Jungs kamen zu uns gerannt. Ich fühlte mich sehr allein. »Das ist hier nicht wie in anderen Gemeinden«, schrie er, »das hier gehört den Einheimischen.« Er schlug sich mit der Faust auf die Brust: »Du musst bezahlen.«

Er machte Anstalten, mir ins Gesicht zu schlagen. Er war kleiner als ich, aber jünger und an körperliche Arbeit gewöhnt. Er mochte also gleich stark sein. Er war von seinen Freunden und Nachbarn umgeben, denen die Verteidigung des Gemeinwesens selbstverständlich war; auf dem Land gibt es keine Polizei. Mit dem Rucksack auf dem Rücken konnte ich nicht kämpfen. Wenn ich ihn abstellte, hätte ich ihn wahrscheinlich die längste Zeit gesehen, wenn ich den Mann verletzte, brächte ich den Rest des Dorfes gegen mich auf. Mir wurde plötzlich klar, dass, solange mich meine Sachen behinderten, es ein Leichtes wäre, mich hier zu erschlagen.

Doch was immer jetzt passieren mochte, ich wollte nicht mit meinem eigenen Stock zusammengeschlagen werden, also baute ich ihm eine Brücke, ihn mir zurückzugeben, ohne dass er das Gesicht verlor. »Ich brauche meinen Stock, ich habe einen schlimmen Rücken.« Das stimmte sogar.

»Nichts da!«

Ich packte den Stock, platzierte meine Hände etwas oberhalb der seinen und begann, ihm den Stock aus den Händen zu winden. Der Stock war nun ein Symbol dafür, wer die Situation kontrollierte. Wir waren von Männern umringt, die alle nach Alkohol rochen. Einer schlürfte irgendein Feuerwasser aus einem rosa Plastikbecher, der einem Spielzeug-Teeservice angehörte. Ich stellte mit mehreren von ihnen Augenkontakt her und stellte fest: »Er hat mir den Stock weggenommen, den ich zum Gehen brauche, denn ich pilgere auf der Königlichen Straße.« Ich wollte ihnen mit Schlichtheit imponieren: Ich stellte also keine Bedrohung dar. Augenblicke verstrichen. Niemand half ihm. Er stand allmählich allein da. Er zog eine Hand zurück und machte wieder Anstalten, mich ins Gesicht zu schlagen. Ich sah ihm fest in die Augen; er startete mehrere Scheinangriffe. Wenn er sie nicht zu Ende führte, wusste ich, dass ich gewonnen hatte. Gewalttätige Männer schlagen erst und reden dann; Männer, die zuerst reden, schlagen nicht zu. Ich schnappte mir den Stock. Es wurde jetzt in jedermanns Augen zur Farce, außer für ihn, der weiterhin vor selbstgerechter Entrüstung schäumte. Mehrmals stürzte er pantomimisch auf mich los, wurde aber von zwei Nachbarn zurückgehalten. Eine Frau, die das Unglück hatte, seine Ehefrau zu sein, kam weinend herzu, hängte sich ihm in den Arm und flehte ihn an, mit nach Hause zu kommen.

»Wer ist der Chef dieses Dorfes?« Ich wollte es mit einem Einzelnen zu tun haben, nicht mit einem Mob. Ein Mann sagte mit ruhiger Stimme: »Ich bin Reynaldo, Sie können mit mir sprechen, was machen Sie hier?«

Ich holte meinen Brief der Ecuadorianischen Botschaft in London heraus, den ich in einer wasserdichten Klarsichtfolie auf-

bewahrte. Ich hatte den Botschafter um ein kurzes Schreiben gebeten, in dem bestätigt wurde, dass ich, wiewohl mit Kamera und
Kassettenrekorder bewaffnet, kein Spion war und man nicht einfach kurzen Prozess mit mir machen durfte. Was er mir mitgege-
ben hatte, wirkte Wunder.

»In Ausübung unserer Konsularfunktion in London
wünsche ich, dass die zivilen, militärischen und polizei-
lichen Behörden dem britischen Staatsbürger John Harrison, der das Land besuchen und dafür von Quito nach
Cuzco über Land reisen wird zu dem Zweck, ein Buch
über den Pfad der Inka zu schreiben, dienlich sind und
jede erforderliche Unterstützung zukommen lassen.
Diese Veröffentlichung ist von großem Interesse für die
Förderung des nationalen Tourismus. Ihm ist daher jederzeit freies Geleit zu gewähren.«

Reynaldo las es Zeile für Zeile. Ich nutzte die Zeit, um mich
umzublicken: Etwas war hier anders. Es war das erste Dorf, in
dem alle Häuser aus Lehmziegeln und mit Grasdächern gebaut
waren. Niemand hatte hier den geringen finanziellen Aufwand er-
bracht, der nötig war, um ein Steinhaus zu errichten, oder Beton,
Ziegel oder eine Metallbeschichtung für das Dach verwendet.
Kinder schlängelten sich nach vorn und schauten mich neugierig
an. Reynaldo gab mir das Schreiben zurück. »Dieses Dorf feiert
gerade, es hat eine Taufe, eine Hochzeit und eine Verlobung gegeben. Alle haben ein bisschen getrunken. Es war ein Missver-
ständnis.«

Ich schlug mir den naiven Gedanken aus dem Kopf, dass sich
vielleicht jemand entschuldigen sollte, und erklärte mein navigato-
risches Problem. Er nahm die Karte in die Hand und sagte: »Geben Sie mir eine Minute, um mich zu orientieren.« Herrlich! Ein
Mann, der das Wort orientieren in den Mund nahm statt *aargnngh*,

könnte mir von Nutzen sein. Er deutete mit dem Finger und meinte: »Das ist Norden«, richtete vorsichtig die Karte aus und teilte
mir dann mit, dass die Straße nach Achupallas, die darauf eingezeichnet war, nicht existierte. Er riet mir, zu der Straße zurückzugehen, auf der ich hochgekommen war. Ich deutete auf der Karte
auf den Berg: »Gibt es keinen Weg über den Berg?«
   »Nein.«
   Ich seufzte und ging weiter den Berg hinauf. Er hatte die Karte verkehrt herum, Nord nach Süd, gehalten. Hinter der Biegung
saß ein Mann, sturzbetrunken, das Gesicht in den Händen. Weiter oben grüßte ich drei Jugendliche auf Pferden ohne Sättel. Sie
kannten die Bezeichnungen der höchsten Gipfel oder die Flüsse
in der näheren Umgebung nicht, und als ich auf die Karte zeigte,
hatten sie keinen einzigen der Namen je gehört. »Sehen Sie, diese
Karte wurde vom Militär erstellt, und als sie hierherkamen, um
sich einen Überblick zu verschaffen, und den ganzen Tag Fragen
stellten, haben die Leute ihnen nicht vertraut. Sie haben viele Namen einfach erfunden.«
   Ich sagte: »Aargnngh.«
   Ich gelangte in ein Seitental, das mich in die angepeilte Richtung führte. Drei Passanten rieten mir unabhängig voneinander,
an der linken Talseite zu gehen. Endlich ein einstimmiger Rat!
Um halb fünf war ich dreieinhalb Stunden lang unentwegt bergauf
gestiegen, besser gesagt, hatte mich hinaufgekämpft. Meine
Schulter- und Nackenmuskeln schmerzten; ich brauchte Lebensmittel, aber in keinem der Dörfer gab es einen Laden. Plötzlich
war das einzige vorhandene Flachland die morastige Talsohle. Es
schien unglaublich, aber über eine Stunde hin gab es kein trockenes flaches Stück Land, das groß genug für mein kleines Zelt gewesen wäre.
   Die Sonne war hinter dem Berg versunken, und ich war neun
Stunden gewandert. Mir blieb noch eine halbe Stunde Tageslicht.
Ich erreichte eine Hütte, die die letzte zu sein schien, bevor es ins

nackte Gebirge ging. Halbhoch über ihr befand sich ein Fleck-
chen Erdreich, von dem ein Mann herabstieg. Er war ganz freundlich, nur seine Kinder machten Radau, versteckten sich hinter
dem Rücken der Mutter oder rannten ins Haus. »Nach Achupallas?«, fragte er und schüttelte den Kopf. »Sie hätten den Weg auf
der anderen Talseite nehmen müssen.« Er nickte beiläufig in
Richtung einer steil abfallenden Talflanke, die sich trichterförmig
verengte und nur schwer zu überqueren sein würde. »Um über das
Tal zu kommen, müssen Sie höher hinauf.« Ich stapfte weiter.
Schließlich sah ich auf einem Felsvorsprung mit etwas ebenem
Boden eine kleine Wiese. Ich tippelte einen schlammigen Pfad
hinunter, wurde aber auf den Trittsteinen über den Fluss von einem Esel aufgehalten, der aus der anderen Richtung kam und einem jungen Paar mit Baby gehörte. Eine Minute später, als der
Esel weder zur Seite gewichen war noch getrunken hatte, sah ich
den Vater an. Er hob den Schwanz des Esels und stach drei steife
Finger in Kopfrichtung. Der Esel zuckte zusammen und ging weiter. Ich tat es ihm nach, wobei ich ähnlicher Ermunterungen
nicht bedurfte.

Die drei Hütten, die auf dem ebenen Flecken standen, sahen
aus wie ein Steinzeitlager. Die betagten Eltern sprachen nur
Quechua, aber ihre jugendlichen Söhne lernten Spanisch in der
Schule. Ich bat sie um Erlaubnis, bevor ich in der hereinbrechen-
den Dunkelheit das Zelt aufschlug. Als der stramme Neunzehn-
jährige näher kam, um mich bei der Arbeit zu beobachten, stand
ich auf und bot ihm die Hand, doch er rannte in panischer Angst
zurück zu den Hütten. Sobald das Zelt stand und meine Sachen
darin verstaut waren, versuchte ich den Kocher anzuwerfen. Er
streikte. Es sah alles danach aus, als würde das Abendessen aus
sechs vergessenen getrockneten Pflaumen bestehen, die sich in
meiner Jackentasche verloren hatten.

Ich machte eine Pause, um meinen schmerzenden Rücken
und die Schultern zu dehnen, warf einen Blick nach Westen auf

den Rand des Hügels und erstarrte. Keine fünfzig Meter von mir
entfernt sah ich im Gegenlicht die Silhouette einer sitzenden Figur in einem schwarzen Kapuzenumhang, die über der Schulter
eine lange Sense trug. Im Schatten der Kapuze des Sensenmanns
schwenkten langsam zwei Augen in meine Richtung und fixierten
mich. Nach wenigen Minuten kam die Gestalt torkelnd auf die
Füße und ging auf mich zu. Die Sense schwang leicht in einer
Hand, seine Lippen verzerrten sich zu einem schiefen Grinsen.
Als er näherkam, rief ihm einer der Teenager etwas zu. Er nannte
ihn Krähe. Der Umhang war ein dunkelblauer Poncho, die Kapuze eine lose sitzende Wollmütze; Mann und Sense waren echt.

Ich sagte Hallo zu Gevatter Tod und äußerte eine letzte Bitte,
denn ich wollte mit vollem Magen sterben. »Ich habe heute Morgen Früchte und ein paar Nüsse gegessen und seither nichts mehr.
Mein Kocher funktioniert nicht, ich kann mir also nichts zu essen
kochen.«

»Magst du Kartoffeln?«, fragte der Tod.

»Ja«, antwortete ich, gerührt von seiner Milde. Der Tag endete
mit einem versöhnlichen Ton.

»Und Fleisch?«

Da ich wusste, dass Fleisch Mangelware war, sagte ich: »Nein,
danke, ein paar Kartoffeln genügen mir vollauf.«

»Ja«, sagte er, »dann bis morgen früh.« Kein Essen erschien. Er
war nur neugierig zu erfahren, was Gringos so aßen.

Ein Hund bellte unter dem Halbmond die ganze Nacht hindurch.

Verloren

Am Morgen gingen zwei junge Männer mit mir durch die Bohnenfelder den Hügel hinauf; hundertfünfzig Höhenmeter auf Lehmstufen. Ein kleines Mädchen in Gummistiefeln hüpfte mühelos hinauf und sah manchmal zu mir herab mit einem besorgten Gesichtsausdruck, der im Laufe des Anstiegs noch besorgter wurde. Als wir einen schmalen Feldweg erreichten, zeigten sie nach rechts und gingen davon. Das Frühstück bestand aus den Resten an Frischkost, die ich noch besaß, einer Limone, einer großen, süßen Zitrone. Ich machte ein Fest daraus, schnitt sie in Hälften, saugte den süßen Saft aus und verspeiste dann rückstandslos jedes einzelne Faserteil des zähen Fruchtfleisches. Alles, was mir nun noch blieb, waren Nudeln und Fertigsuppen, aber heute Nacht wollte ich in Achupallas sein.

Einige Kilometer weiter als auf der Karte angegeben, traf ich auf die Abzweigung, nach der ich gesucht hatte, und folgte einem fernen kleinen Punkt: einem Mädchen, das drei Stricke, an jedem eine Kuh, einen torfig-schwarzen, breiten Weg hinaufzog. Es war bewölkt, und Wind kam auf. Ich wollte unbedingt noch die Wasserscheide überqueren und mit dem Abstieg beginnen, solange das Wetter es zuließ. Ein Stück einfachen Weges brachte mich zu einem breiten Bergsattel, wo aufgrund einer List der Natur der Bewässerungskanal wirkte, als flösse das Wasser fröhlich bergauf. Ich erhaschte einen kurzen Blick auf die Straße, die im Zickzack in das darunter liegende Tal lief, bevor eine Wolkenwand auf mich zuzurasen begann. Ich schulterte mein Bündel und stieg einhundertzwanzig Meter bergab, dann hüllte mich die Wolke ein wie Nebel. Durch das Gewölk drang der Ton eines Nebelhorns. Kurz darauf sah ich einen Mann am Grasrand sitzen, einen Strick in Händen, der oben im Nebel verschwand. Vom anderen Ende her muhte eine Kuh.

Auf halber Strecke hügelabwärts lag Huayllas, das größte Dorf ohne Laden, das ich in meinem Leben gesehen hatte. Als ich an der Schule vorbeiging, löste sich gerade ein Dorftreffen auf und spülte die Menschen zu mir heraus. Der Schulleiter, ein junger und energischer Mann, hieß mich willkommen, und kurz darauf war ich umringt von hundert neugierigen Gesichtern, die mir Fragen stellten und Wegbeschreibungen gaben. Er war ganz ehrlich: »Die Straße vom Dorf hinunter ist schrecklich. Vor zwei Jahren leitete ein Sturm einen Sturzbach auf den Inka-Pfad um und strich ihn von der Landschaft. Wenn Sie zur Gablung kommen, müssen Sie links; verpassen Sie das nicht.«

Wenig später stellte sich heraus, wie recht er hatte: Der Inka-Pfad war jetzt ein Fluss mit Geröll und lockeren, kantigen Steinen, auf denen man fast nicht gehen konnte. Da ich allein unterwegs war, hätte eine Verstauchung oder ein Knöchelbruch fatale Folgen. Innerhalb einer Stunde kam ich keine zwei Kilometer voran. Meine Chancen, Achupallas und seine Lebensmittelläden rechtzeitig zu erreichen, schwanden mit jedem Rutscher.

Da aber jetzt die Wolkendecke aufgebrochen war, konnte ich mir einen Überblick über die Landschaft verschaffen. Dieser Wegabschnitt war steil und eng und aus feinkörnigem Schotter. Der Abhang links von mir war, wenn auch keine Klippe, so doch steil genug, dass ich, bevor ich irgendwo hängen blieb, leicht zu Tode stürzen oder an den Dornen eines Kaktus verbluten konnte. Dann passierte es. Man beginnt nicht auszurutschen. Plötzlich hat man die Kontrolle verloren, und der Zeitpunkt, zu dem man etwas dagegen hätte tun können, ist verstrichen. Mein vorderer Stiefel war zu einem Schlittschuh auf dem Geröll geworden und schoss in gerader Bahn nach vorn weg. Ich fiel auf den Rücken, also auf meinen Rucksack. Ein Arm baumelte im Leeren. Ich fühlte, dass alles in Ordnung war: Ich blieb eine Minute so liegen. Doch als ich aufstehen wollte, hatte ich ein Problem. Der Rucksack war so groß, dass ich mich nirgendwo aufstützen und Fuß fassen konnte. Ich lag da, wedelte mit allen vieren in der Luft herum wie eine Landassel und versuchte, nicht allzu sehr zu lachen, um nicht letztlich doch noch vom Pfad herunterzufallen.

Dann suchte ich nach der alles entscheidenden Weggabelung, die zur einzigen Brücke führte. Der Inka-Weg führte nun am Rand einer Talseite entlang. Die Berge über mir waren sehr hoch, und der Himmel verfinsterte sich. Weit und breit kein Haus und keine Hütte. Ich fühlte, dass Ort und Stunde sich gegen mich wendeten. Ich beeilte mich, die Gabelung zu finden und auf eine weniger exponierte Höhe hinabzugelangen. Aber es gab weiterhin nur einen Pfad, und der stieg jetzt unaufhaltsam an, während die Wolke tiefer sank. Ich riskierte einen letzten Blick auf den Weg vor mir. Sonnenklar, dass ich jetzt auf der anderen Seite des Tals sein sollte, auf der kaum erkennbaren Wegspur, die sich dort links über die Bergschulter krümmte und nach Achupallas hochzog. Die Talschlucht fiel nun wie Klippen unter mir ab; ich konnte nicht hinunter, ohne fast zwei Stunden lang denselben Weg zurückzugehen. Ich entschloss mich, die eingeschlagene Route weiterzugehen; so sollte ich, darin stimmten mein GPS und der Kompass überein, zur Buslinie nach Achupallas zurückkommen.

Eisiger Regen fiel. Ich quälte mich in wasserdichte Hosen, aber meine Beine waren klatschnass, bevor ich sie übergezogen hatte. Dann begann es zu hageln. Ich zog die Schultern hoch, versuchte den fallenden Eisstücken zu entkommen und eilte auf einen Vorsprung zu, um auf seiner anderen Seite einen Unterstand zu finden. Dort stand völlig unbeweglich eine einsame Figur. Der Schäfer trug nur eine leichte Hose, Sandalen, Wollhemd, Mütze und einen blauen Poncho. Er hatte ein Dutzend Schafe um sich geschart, die er auf dem Weg zurücktrieb, den ich gekommen war. Er stand so weltvergessen im Regen wie ein Baum. Als ich ihn ansprach, hob er den Arm, deutete in eine Richtung und stand da wie ein Prophet.

»Nach Achupallas musst du das Tal überqueren.«

»Kann ich auch diesen Weg über den Berg weitergehen, um dann auf die Straße zu kommen?«

Er schürzte die Lippen. »Ja, aber es ist ein Schäferpfad, hart zu gehen.«

»In welche Richtung?« Er krümmte den Zeigefinger und machte eine winzige Bewegung nach oben. Dann lächelte er mich an und wandte sich wieder seinen Schafen zu. Seine nackten Zehen schlurften über den Orchideenteppich, ihre roten, gelben und blauen Hauben nickten, wenn die Regentropfen ihre Köpfchen nach unten drückten. Der Boden war durchweicht. An den nutzbaren Stellen hatte man Mais mit List und Tücke bis zur Erntereife gebracht. Der Wind rauschte grob durch die Blätter. Ein ermunterndes Zeichen. Wo es Felder gab, mussten Wege sein, die zu Häusern hinunterführten. Regen und Hagel prasselten auf meinen breitkrempigen Filzhut. Der Pfad war schmal und der Abstieg steil und felsig; falls ich ausrutschte, war nichts zum Festhalten da außer schlüpfrigem Gras, und irgendwo in den Wolken unter mir warteten die Klippen.

Eine Stunde später kam ich unerwartet an eine Talkreuzung. Entweder handelte es sich um ein Seitental, das auf der Karte nicht vermerkt war, oder ich war im Nebel über die Bergkuppe hinweg in ein ganz anderes Tal geraten. Ich nahm mir Zeit, um Karte, Kompass und GPS zu studieren, kauerte mich in den engen Unterschlupf eines Felsvorsprungs und kam zu dem Schluss, dass ich daraus nicht klug wurde. Die nächste Wolkenlücke rückte ein zusätzliches Problem in den Blick. Auch der Fluss in dem Seitental war tief zwischen hundert Meter hohen Klippen eingeschnitten. Es gab keinen Weg über ihn hinweg. Ich folgte ihm stromaufwärts und hielt nach einem Übergang Ausschau, bewegte mich dabei aber von Achupallas weg. Wieder senkte sich die Wolke herab. Zur Sicherheit ließ ich das GPS eingeschaltet, um meine Route zu markieren und sicherzustellen, dass ich nicht im Kreis ging. Eine mühevolle, fünfzigminütige Ochsentour brachte mich zu einer Brücke aus Baumstämmen. Es war Viertel nach drei, aber schon so dunkel, als bräche die Nacht herein. Ich überquerte den Fluss und ging auf der anderen Seite wieder bergab. Mein GPS blinkte: »Batterie fast leer«; ich wechselte sie umgehend. Der Weg wurde zum schmutzigen Strom. Er lief durch einen Bauernhof. Wasser strömte über Grasvorsprünge in anschwellende Pfützen. Ein Junge kam mit gesenktem Kopf heraus und ging auf mich zu, als wäre ich durchsichtig. Ich rief etwas. Er schien mich nicht zu hören. Don Quijote hatte vollkommen recht: Wenn man reist, bringen Teufel die Welt durcheinander.

Allmählich ging mein Trinkwasser zur Neige. Überall Schlamm und Bäche, aber nirgendwo Wasser, um meine Flasche nachzufüllen. Der Weg wurde steil wie eine Leiter; schon zehn Meter ließen mich nach Luft japsen. An einem Bewässerungskanal kratzte ich eine Mulde aus und gewann einen Liter schmutztrüben Wassers. Ich schien auf einem Bergkamm zu stehen, aber die Sicht war zu schlecht, um mich zu vergewissern. Allerdings meinte ich manchmal durch den trommelnden Regen über und unter mir ein schwaches Dröhnen zu hören. Ich hatte keine Ahnung, ob es sich um Sturzbäche in den anschwellenden Fluss handelte oder, wie ich inständig hoffte, um Lastwagen auf der Straße nach Achupallas.

Es war Viertel nach vier, und alles, was ich den ganzen Tag über gegessen hatte, war eine einzige Limone. Ich war fast vollständig durchnässt und fror, sobald ich anhielt. Eine Gruppe Frauen mittleren Alters kam eseltreibend des Wegs, und ich fragte sie, ob hier ein Dorf in der Nähe sei. Sie hoben kurz ihre wettergegerbten Gesichter himmelwärts und in den Regen: »Weiter unten!« Aus dem Pfad war ein Fluss aus Steinen und Wasser geworden. Ich geriet auf Weideland und Maisfelder, unter denen ein breites Tal lag. Gedämpftes Brüllen drang durch die Düsternis. Noch nie war ich so glücklich, einen kaputten Auspuff zu hören: Es war die Straße nach Achupallas. Ich blinzelte nach vorn und wartete auf ein Fenster in den Wolken. Ein Lastwagen kroch die Serpentinen hoch! Zwischen der Straße und mir befand sich eine unpassierbare Schlucht.

Ein durchgedrehter Kompass

Ich schlug im strömenden Regen das Zelt auf und kroch hinein. Innerhalb einer Minute hörte der Regen auf. Um zu kochen, brauchte ich mehr Wasser. Ich hätte meinen großen Wasserbehälter hundert Meter den Berg hochschleppen und versuchen müssen, dem seichten Bewässerungsgraben nach und nach mehr Wasser zu entnehmen. Dann hätte ich im Dunkeln im nassen Grass auf einem unzuverlässigen Ofen kochen müssen. Mir war jetzt warm, so entschied ich, dass ich Wasser zum Trinken und Schlaf nötiger hatte als Essen. Ich fand einen Suppenwürfel und kaute ihn zwischen Schlucken kalten Wassers. Er schmeckte genau so, wie sich das anhört.

Ich fühlte in der Nacht keinen Hunger, schlief aber schlecht. Am Morgen war das Wichtigste, an Wasser zu kommen, mich zu rehydrieren und den Versuch zu starten, mir etwas zu essen zu machen. Der Tag dämmerte fast wolkenlos, und ich fühlte mich zuversichtlicher, als ich Karte und GPS zückte. Und in diesem Augenblick fiel mir etwas ein, das ich gestern, müde, wie ich war, übersehen hatte. Nach dem Wechseln der Batterien muss man den Kompass des GPS-Geräts neu einstellen, andernfalls greift es sich willkürlich eine Richtung und nennt sie Nord. Ich prüfte nach. Ich hatte mit einer um neunzig Grad verdrehten ›Nord‹-Richtung navigiert.

Zum ersten Mal konnte ich eindeutig sehen, wo ich war. Die Felder um mich herum saßen seitlich einem majestätischen Tal auf. Mit dem Fernglas konnte ich auf der anderen Seite des Flusses mehrere Pfade erkennen, die an der Schlucht zum Ufer hinabführten. Es waren schwer begehbare Viehwege, doch wenn ich den Fluss überquerte und die Straße erreichte, war mein Problem gelöst. Ein kurzer Aufklärungsgang ergab, dass keiner dieser Pfade mit denen auf meiner Seite in Verbindung stand, also konnte man den Fluss vielleicht gar nicht durchwaten: Von so weit oben konnte ich das nicht beurteilen. Schlimmer war, dass er nach den Regenfällen Hochwasser führte. Der Fluss wand sich über ein sehr schmales Flussbett am Grunde der Schlucht. Womöglich stieg ich hinunter und fand mich auf einem isolierten Stück Land wieder. Wenn mich dann eine Sturzflut überraschte, gab es kein Entrinnen. Ich entschied mich dennoch, das Risiko einzugehen und mir einen eigenen Weg in die Schlucht zu bahnen. Unten konnte ich den Fluss taxieren, trinken und zu kochen versuchen.

Blau-grün glitzernde Kolibris schwirrten über dem Feld, darunter eine neue Art mit einem Schwanz, der länger war als der Körper. Als ich mich etwas zu schnell aufrichtete, wurde mir schwindlig; kein gutes Omen, um eine Klippe hinunterzusteigen. Ich trank den Rest meines Wasservorrats. Meine Mundhöhle war verzerrt vor Trockenheit. Ich gelangte in einen weniger beängstigenden Teil der Schlucht und folgte einem Ziegenweg hinab, den ich unter normalen Umständen als zu gefährlich eingestuft hätte. Ich versuchte, nicht nach vorn auf die Abschnitte zu sehen, wo der Weg sich aufgelöst hatte und schlammverkrustet war oder kleinere Bäume quer über ihn gestürzt waren. An einigen Stellen begann der schlammige Boden, auf dem ich stand, auf einen Abhang hin wegzurutschen. Ich versuchte Ruhe zu bewahren und den nächsten Schritt vorwärts zu machen, einen Ast zu fassen und voranzukommen. Die schiere Strecke des Unternehmens war entmutigend, noch immer waren es an die hundertfünfzig oder hundertachtzig Höhenmeter, auf denen jeder Ausrutscher tödlich enden konnte. Meine Beine ermüdeten aufgrund der nervlichen Anspannung schnell. Nach einer weiteren halben Stunde stolperte ich auf das Gestrüpp des Talbodens zu, füllte meine Wasserflasche und starrte zehn Minuten lang auf die Uhr, um die Wirkung der sterilisierenden Tropfen abzuwarten. Ich trank in einer Minute einen Liter und machte mich daran, den Kocher zu reinigen. Der filigrane Draht des Nadelventils war verbogen. Hätte ich versucht, den Kocher im Dunkeln zu reparieren, wäre es gut möglich gewesen, dass ich ihn übersehen, fallen gelassen und verloren hätte. Ich setzte den Kocher wieder zusammen: Er brannte und wärmte meine Seele. Dann ging er aus. Ich ließ ihn abkühlen und probierte es noch einmal; er brannte und kam zu blauer, fauchender Flamme. Von den Nahrungsmitteln, die mir geblieben waren, brauchte das Nudelschnellgericht die kürzeste Zeit. Ich verdrückte zwei Portionen.

Ich wusch ab, packte meine Sachen wieder zusammen und sah lange auf den Fluss. Er plätscherte hurtig über Felsbrocken von gut einem halben Meter Durchmesser und war knapp dreißig Meter breit. Ich suchte mir einen vielversprechenden Übergang aus, richtete mich stromabwärts aus, damit wegrollende Steine meine Waden, nicht die Schienbeine träfen, nahm den Stock in beide Hände und schritt in die Flut. Stehen fühlte sich sicher an, aber sobald ich mein Gewicht verlagerte, bezwang die Kraft der Strömung jede Körperkontrolle. Das Wasser reichte mir bis an die Oberschenkel. Ich schob mich seitlich Stück für Stück weiter wie ein wandelndes Stativ, mit plötzlichen Ausfällen, Taumeln und Verrenkungen, um das Gleichgewicht wiederzufinden. Nachdem ich mich auf der anderen Seite aus dem Wasser geschleppt hatte, feierte ich die Tat mit einem Freudentanz und schüttete dann das Wasser aus meinen Stiefeln.

Nach weiteren zweihundert Metern Klettern stand ich am Straßenrand. Ich schnappte noch immer nach Luft, als ein kleiner Viehwagen herankam. Er war in einer Doppelrolle auch der lokale Bus und kam eben von Achupallas herunter.

»Alausí?« wurde gerufen.

Alausí bedeutete eine zwanzigminütige Fahrt in die verkehrte Richtung, aber dort gab es Herbergen und Cafés.

Ich warf erst mein Gepäck, dann mich auf die Rückbank. Während ich die Straße entlanggeschüttelt wurde, sah ich in den Abgrund hinunter, den ich kurz zuvor hochgeklettert war.

Wir rollten in eine kleine Stadt und fuhren die verschlafene Hauptstraße entlang. Junge Lockvögel aus den verschiedenen Hostels schwänzelten herum. Ich fragte einen Zwölfjährigen, der ein Fußball-Shirt von Brasilien trug: »Wo kann ich eine Zeitung kaufen?«

Er antwortete: »Was ist Zeitung?«

So ging ich zum Imbissstand und kaufte eine Portion gekochter Kartoffeln und vier Tafeln Schokolade. Eine heftige Erkältung, die ich schon überwunden glaubte, hatte mich wieder eingeholt, und meine Lippen waren aufgesprungen und eitrig, was ich schon bei der ersten Berührung mit der Chilisoße, in der die Kartoffeln lagen, zu spüren bekam.

Ich fand eine mit Blumengirlanden geschmückte Herberge, aus Holz errichtet. Ich stellte meinen Rucksack aufs Bett, das einen langen Seufzer von sich gab wie ein Harmonium mit durchlöchertem Blasebalg. Mein Magen war geschrumpft, und obwohl ich eigentlich bis auf Weiteres vier Mahlzeiten täglich brauchte, war Essen lästige Pflicht. Es gab zwei Cafés. Jedes bot nur Huhn mit Reis und Chips an. Fürs Mittagessen entschied ich mich für das Café von Danielita, da sie eine Horde Kinder zu ernähren hatte; sie sprangen auf dem schmutzigen Boden herum. Abends wartete ich auf mein Essen vor einem körnigen Fernsehbild, auf dem ein Astrologe mit pockennarbigem Gesicht zu erstklassigen Telefontarifen Einblicke in die Zukunft gewährte. Ich hätte ihn liebend gern in einen Wasserbottich mit Viechern geworfen, die ihn dann gemächlich beknabbert und verspeist hätten. Nach einem weiteren Nachschlag von Kartoffelstärke und Huhn unternahm ich einen Spaziergang die friedliche Hauptstraße entlang und sandte Elaine aus einem Café eine E-Mail: »Drehe die Zeit zurück, habe eine Figur wie ein Teenager.« Die Antwort traf am nächsten Tag ein: »Geh nicht weiter zurück als zur Pubertät.« Ohne ihren Humor und ihr Zutrauen zu mir fiele mir das Reisen schwerer.

Wir verabredeten, uns in Chiclayo im Norden Perus zu treffen.
Ich musste nur Ingapirca schnell erreichen und dann eine Reihe
von Überlandbussen nehmen. Es gab in Alausí nichts zu tun außer
die Hauptstraße hinauf- und hinunterzulaufen, auf Betonbänken
zu sitzen und anderen Leuten beim Sitzen auf Betonbänken zuzusehen. Ausschreier aus den Kleinbussen riefen »A Quito, a Quito,
a Quito, a Quito!« und »A Ri'bamba, a Ri'bamba, a Ri'bamba,
Ri'bamba!« Zu jeder Tageszeit wurde die Bevölkerung offenbar
lauthals aufgefordert, den Ort zu verlassen und in einen anderen zu
fahren, der größer und schöner war. Auf einer Anhöhe vor der
Stadt stand eine riesige Statue des heiligen Petrus in Farbe. Sie
spornte mich am meisten an, den Ort zu verlassen. Sie wirkte wie
eine Spielfigur aus einem knallbunten Vatikan-Schachspiel. Ach,
führe endlich eine riesige Hand aus den Wolken nieder und räum-
te sie aus dem Sichtfeld! Wenigstens wurde es früh dunkel. Aber
als die Nacht auf sanften Schwingen vom Hügel herabschwebte,
machte es weithin hörbar dreimal »Ping«, und Petrus wurde mit
Flutlicht angestrahlt. Es gab einfach Tage, an denen man gern eine
Panzerfaust dabei hätte.

Ich sah mich an der alten Bahnstation um. Alles war geschlos-
sen, aber ein Angestellter eilte zu mir und fasste mich am Arm:
»Möchten Sie morgen mit dem Zug fahren? Es gibt eine spezielle
Tour hinunter zur Teufelsnase! Kommen Sie früh, wenn Sie ein
Ticket wollen, der Schalter öffnet um neun.«

Die Teufelsnase

Die Teufelsnase ist wahrscheinlich die haarsträubendste Bahn-
konstruktion der Welt, derart gefährlich, dass die Züge sie nur
selten befahren. Ich ließ mich auf der Holzbank vor meinem Zimmer nieder, um überfällige Einträge in mein Tagebuch in Angriff
zu nehmen sowie eine Flasche Zhumir-Zitronenrum. Er schmeckte wie Lufterfrischer. Nach kurzer Zeit musste ich mein Kissen
herausholen: Ich hatte kein Sitzfleisch mehr.

Die Bahnlinie verlief entlang der Straßenmitte und über das
Ende der Hauptstraße hinaus zu einer Station, die im Winkel zwischen der Hauptlinie und einem Abstellgleis lag. Dort standen ein
paar antike Eisenbahnwagen. Ich hatte gehofft, dass es antiquierte
Kuriositäten wären, keine einsatzbereiten Waggons. Um neun
Uhr fünfzehn erklomm ich die Stufen zum Fahrkartenschalter.
Drinnen saß der junge Angestellte, der mir mitgeteilt hatte, dass
sie um neun öffneten.»Hereinspaziert!«Er schob mich in ein Büro,
in dem ein limonengrüner stählerner Tresor stand, den ein billiges
chinesisches Vorhängeschloss verriegelte. Auf dem Schreibtisch
standen eine antiquierte Adler-Schreibmaschine, ein original briti-
sches Telefon aus Bakelit mit Kurbel und noch ohne Wählscheibe
und ein Morse-Taster von Western Union aus Messing.

»Der Zug hat Riobamba mit einem Tag Verspätung verlassen,
weil durch die Überschwemmung ein Gleisabschnitt weggerutscht war. Er wurde repariert, aber der Zug fährt nur langsam,
falls es noch weitere Gleisschäden geben sollte. Er wird hier um
elf abfahren, der Schalter öffnet um zehn.«

Ich dachte, jetzt, da der Schalter geöffnet hatte, es einen Rei-
sewilligen und eine Fahrkartenrolle gab, sollte den Verkaufsver-
handlungen nichts mehr im Wege stehen, doch weit gefehlt. Ich
kam um zehn Uhr wieder, nicht weil ich mit Pünktlichkeit rechnete, sondern weil ich nichts Besseres zu tun hatte. Der junge

Mann erschien um Viertel nach zehn und erörterte Ecuadors
Hoffnungen bei der Fußballweltmeisterschaft mit Paul, einem
vierzigjährigen Engländer, der mit einem Um-die-Welt-Flug-
ticket westwärts unterwegs war, nächster Halt Osterinsel. Wäre
Ecuador gegen die Osterinsel mit ihren dreitausend Einwohnern
ausgelost worden, hätte es eine reelle Chance. Aber wie viele der
Außenseiter hatte es zwar eine passable Verteidigung, war aber
nicht in der Lage, gegen einen erfahrenen Gegner vernünftige
Chancen herauszuspielen. Die entscheidende Waffe seiner Strategie bei der Qualifizierung war einfach. Es setzte alle Qualifizie-
rungsspiele auf dreitausendeinhundertachtzig Metern an, einer
Höhe, in der der Weltverband für Sportmedizin Leichtathletik-
veranstaltungen als zu gefährlich für die Athleten verboten hat.
Die größte Stadt Ecuadors, Guayaquil, die an der Küste liegt,
richtete kein einziges Spiel aus. Bolivien wandte dieselbe Taktik
an und hätte Brasilien, den letztendlichen Sieger, damit beinahe
aus dem Qualifizierungswettbewerb gedrückt.

Elf Uhr verstrich ereignislos. Auf der Straße begann ein
Freundschaftsspiel; das Spielfeld bezog auch die Bahngleise mit
ein. Paul und ich aßen tellerweise köstlichen Käse- und Schinken-
toast. Die Fußballer wurden des Spielens müde und gingen ihrer
Wege. Ein alter Mann mit kurzen und sehr krummen Beinen stolperte vom Hügel herab mitten zwischen die Gleise, er war zu alt,
um an Fahrpläne zu glauben. Kurz nach zwei steckte jemand in einem der oberen Büros den Kopf aus dem Fenster: »Er kommt! In
fünf Minuten.«

Es zitterte, knirschte, brummte und klingelte; ein Horn tute-
te; dann schlich eine silbrige Diesellok mit einer rot-gelb-blauen
Leiste im Wappenschild auf den Gleisen heran. Sie sah aus wie ein
Stier, mit ausgestellten Hufen, Funken sprühend, der von hinten
vorangeschoben wurde. Paul und ich entschieden, wenn wir es
schon mit der gefürchtetsten Eisenbahnstrecke der Welt aufnah-
men, dann wollten wir das auf die gefährlichste Weise tun, und er-

klommen die Leiter zum Waggondach. Sowie uns der erste unkontrollierte Ruck ins Taumeln brachte, hatten wir genug. Ein paar Mädchen aus der Gegend, die schon sechs Stunden Wegstrecke aus Riobamba auf dem Dach hinter sich gebracht hatten, sahen erschöpft und entschieden verunsichert drein.

Der Zug kroch ein Gefälle unterhalb der Stadt hinunter, wo Arbeiter gerade damit fertig geworden waren, eine Schlammlawine von den Gleisen zu schaufeln. Hunde rannten heraus und bellten im Chor mit dem metallischen Kreischen der Bremsen. Wir gewannen an Geschwindigkeit, als wir in eine Schlucht und über einen Fluss fuhren. Dieser Bahnabschnitt wurde 1901 begonnen – von Archer Harman, John Harman und William Shunk entworfen und von ecuadorianischen und jamaikanischen Lohnarbeitern gebaut. Wir näherten uns nun der Teufelsnase. Diese Trasse den Berg Pistichi hinunter hatte zwei Jahre Bauzeit benötigt, eine halbe Million Dollar sowie Dutzende von Menschenleben gekostet; wie viele, weiß niemand genau. Manchmal ging es unter meinen Stiefeln, auf dem Trauf des Waggons, senkrecht in die Tiefe; einhundertachtzig Meter unter uns schäumte der Strom. Aplomadofalken schossen an unseren Köpfen vorbei in den Abgrund; ihnen konnte die Tiefe herzlich egal sein.

Wenig später wurden wir langsamer und kamen an der Verbindung zweier Täler heraus, im spitzen Winkel eines Y. Der Wagemut und die Geschicklichkeit der Ingenieure waren atemberaubend. Die Gleise verliefen auf einem abgerundeten Bergsporn in 1875 Meter Höhe. Er war so steil, dass man den halben Berg hätte abtragen müssen, um Platz für Serpentinen zu schaffen. Stattdessen baute man Spitzkehren. Wo man in einer Haarnadelkurve eine Biegung erwartet, wird die Spur eben und überquert ein paar Weichen. Sobald der Zug den Gleisanschluss passiert hat, werden die Weichen umgestellt, und der Zug fährt zurück und bergab auf einer Trasse, die unter der vorigen verläuft. Das wiederholt sich wieder und wieder innerhalb eines Rangier-

bereichs von fast zweieinhalb Kilometern bis hinab in das zweitausend Meter tiefer liegende Tal. Wir schwangen hin und her bis
in den Talgrund und dann wieder nach oben.

Am nächsten Tag nahm ich erneut meinen Weg in Angriff.
Ich sah mich nach einem Bus um, der mich dorthin zurückbrachte, wo ich die letzte Etappe abgebrochen hatte. »San Luis
Transportes« stand auf dem Kleinlaster, der ohne Sitzbänke und
nur mit mir als Passagier zwei Stunden wartete, dann in der Stadt
herumkurvte, um das Geschäft anzukurbeln. Der Fahrer pfiff jedem drallen Mädel ohne Begleitung hinterher und nahm dann
zwei junge protestantische Prediger, deren Anzüge genau in
dem Braunton gehalten waren, von dem Psychologen sagen, er
signalisiere Unaufrichtigkeit. Sie trugen große Blechbuttons,
auf denen stand: »Wenn du die Bedeutung wahren Glücks wissen willst, frag mich einfach.« Ich beschloss, unglücklich zu bleiben. Nachdem wir noch ein Pärchen mittleren Alters aufgetan
hatten, das gerade mit dem Einkaufen fertig war, ging es in die
Serpentinen. Ein heller Morgen hatte sich in einen grauen Nachmittag verwandelt, und mir wurde augenblicklich kalt. Das Pärchen stieg in einem kleinen Weiler ab, die Verkünder froher
Botschaft am Fuß einer rauen, kargen Anhöhe, die sie unverzüglich hochzusteigen begannen.

Während der letzten halben Stunde war ich allein und verließ
den Wagen in Achupallas auf dem Marktplatz, der die einzige Se-
henswürdigkeit darstellte. Es ist heute nichts weiter als ein winziges Landstädtchen mit einem regen samstäglichen Früchte- und
Gemüsemarkt, war aber zur Zeit der Inka ein wichtiger *tambo*, ein
Versorgungspunkt. Die kleine Kirche am Eck des Platzes wurde
auf den Fundamenten des Sonnentempels erbaut.

Der Inka-Pfad war nur einer der Wege, die von der Stadt aufs
Land führten, trist bei Regen und trübem Licht. Ich kaufte so viel
Essen, wie ich tragen konnte, und kam mit mir überein, dass ich
hart bleiben würde: Wenn jemand um Essen bettelte, würde ich

Nein sagen müssen. Ich konnte nicht zulassen, dass mir selbst die frischen Nahrungsmittel ausgingen und ich von Kocher und Wetter abhing. Als das landwirtschaftlich nutzbare Land in rauere Weide- und Sumpflandschaft überging, wurde das Tal enger und dann gänzlich zwischen zwei bedrohlichen Felsen eingequetscht, während dichte Wolken rasch von den Bergen herabsanken und erhaben-gelassen ins Tal hinunterschwebten. Die Sichtweite fiel auf weniger als fünfzig Meter. Ich sah eine freundliche kleine Uferwiese unterhalb des Wegs liegen und kletterte hinab. Der Boden war tückisch feucht, doch der Regen hatte bereits nachgelassen. Ich fand ein kleines Hügelchen und schlug das Zelt auf. Es stand nur einen Meter über dem Wasser, was weit weniger war, als ich mir gewünscht hätte, aber der Fluss war im Augenblick ein harmloser Bach, der in zwei Armen eine kleine Insel umfloss; falls es zu keinem Wolkenbruch kam, würde er wohl nicht so schnell ansteigen, dass ich nicht noch rechtzeitig das Weite suchen konnte.

Als das Zelt stand, waren meine Finger vom Regen empfindungslos geworden. Der Himmel öffnete sich, und der Strom stieg an. Ich kroch ins Zelt und stopfte hungrig frisches Brot und Käse in mich hinein.

Nachdem ich eine Flasche Wasser getrunken hatte, stellte sich heraus, dass ich Durchfall hatte, was mir durch meinen permanenten Flüssigkeitsmangel bisher nicht aufgefallen war. Als ich vom dritten Besuch am Hügel zurückkehrte, sah ich einen Reiter und einen Mann zu Fuß, die als Silhouetten gegen den Himmel standen und in der trüben Finsternis kaum noch sichtbar waren. Der Fußgänger kam auf einer Seite von mir zur Wiese herunter, der Reiter auf der anderen. Ich fühlte mich unbehaglich, doch als sie näher kamen, sah ich, dass der Reiter an die fünfzehn Jahre jung war. »Mein Sohn«, sagte der Mann und verbeugte sich. Sie waren schlank, nass und froren; abgesehen von ihren dicken Ponchos waren sie ärmlich gekleidet. »Wir überqueren hier den Fluss, weil hier die Insel ist. Ich nehme nicht an ...«

»Natürlich.« Ich gab ihnen zwei Bananen und ein paar Scheiben Brot.

»¡Caballero!«, sagte er und berührte zum Gruß seine Hutkrempe. Die Hand, die ich schüttelte, war rau vom Dreck des Tag-
werks im Feld.

»¡Suerte!« – »viel Glück«, antwortete ich. Sie nahmen den Weg
über den Fluss und stiegen auf der anderen Seite zu den Wolken
auf, ohne sich noch einmal umzusehen.

Es regnete stark, und ich schlief nur wenig. Bei meinen erzwungenen Ausflügen aus dem Zelt konnte ich verfolgen, wie der
Fluss anschwoll, in dem ich meine vom kalten Wasser tauben
Hände wusch, und da wurde mir klar, dass der einzige höher gele-
gene flache Platz, an den ich gegebenenfalls umziehen konnte, der
Ort war, den ich die ganze Zeit als Toilette genutzt hatte. Dann
kämpfte ich um etwas Schlaf und träumte wiederholt, dass meine
Füße nass wären, bis ich erwachte und herausfand, dass das stimmte. Ich stürzte aus dem Zelt, aber noch war der Strom ein sicheres
Stück von mir entfernt. Ich bemerkte, dass die durchweichten
Spannleinen am Zelt schlaff geworden waren und sich auf dem
Zeltdach Wasserlachen gesammelt hatten, die durchtropften. Als
ich das Wasser aufwischte, fiel meine einzige Klorolle aus der Tasche seitlich ins Zelt und dort in die einzige Pfütze. Ich legte mich
wieder hin und stellte die Weckzeit auf zwei Stunden später, um
den Wasserstand des Flusses zu überprüfen. Der Boden unter mir
tanzte: ein neues Schlaflied der Anden.

Zauberfarben

Am Morgen war das Zelttuch noch feucht, dadurch wurde mein
Gepäck noch schwerer. Der Kocher brannte nicht, und ich hielt
dem morgendlichen Nieselregen eine Predigt über die Qualität
amerikanischer Industriegüter. Verstreute Figuren auf dem Hügel über mir kamen und gingen, sie führten das Vieh auf die Weise. Der Pfad war einfach zu finden, aber langweilig zu gehen. Über
einen Kilometer lang führte er durch Moorwiesen, auf denen hy-
pernervöse Pferde grasten und Kühe, deren starre Blicke aus ihren Augen hypnotische Teiche machten. Winzige, strohbedeckte
Bienenstöcke überpunkteten die Hügel. In Hütteneingängen
kochte man Tee über Feuerstellen, Frauen rieben sich die Augen,
und kleine Kinder rannten hin und her, bis sie zu Statuen erstarr-
ten, sobald sie den Fremden erblickten, der sich das Tal hinauf-
quälte. Ich ging weiter ins Offene.

Ich folgte dem Weg auf der anderen Seite des Sumpfbodens
weiter. Es war ein Graben, nur dreißig bis vierzig Zentimeter breit
und knapp fünfzig Zentimeter tief, und ich fühlte mich tollpat-
schig, fiel über die eigenen Füße oder scheuerte an den Seiten entlang. Das war pure Müdigkeit, also machte ich Rast und aß, obwohl es noch immer erst später Morgen war. Ich öffnete eine
Thunfischbüchse, ohne, wie gewöhnlich, das Öl abzugießen. Ich
nutzte die paar zusätzlichen Kalorien und tunkte das Brot ein. Es
schmeckte herrlich. Ich trank das verbliebene Öl aus der Dose.
Normalerweise wäre mir davon schlecht geworden, aber mein
Körper war mittlerweile so fettarm, dass es wie Nektar war. Dem
Thunfisch folgte eine Orange, und als ich sie schälte, sah ich Blumen im Gras. Gelbe Sterne, dem Scharbockskraut ähnlich, übersäten den Boden; mit steigender Höhe werden ihre Stengel kür-
zer, hier liebkosten sie fast den Boden. Eine Pflanze wuchs als
Kissen aus eng aneinandergeschmiegten kleinen Blättern. Sie lu-

den dazu ein, sich hineinzusetzen, hatten aber scharfe Ränder und waren hart wie Plastik.

Als ich aufstehen und weitergehen wollte, ritt ein Mann mit Schafsfellmütze vorüber, der zwei Esel vor sich hertrieb. Wir tippten zum Gruß an die Hutkrempe. Wie ich die Gruppe da so munter fortreiten sah, wurde mir klar, dass der Pfad nicht von Füßen, sondern von Pferde- und Eselshufen festgetrampelt war. Die Einheimischen laufen nicht, sondern reiten auf ihm entlang, und Tiere halten beim Gehen eine genaue Spur ein und machen aus ihr einen Graben, keinen Weg. Das war der Grund, warum nicht genug Platz für meine großen Stiefel war; nur ein durchgeknallter Gringo lief auf eigenen Beinen übers Gebirge.

Hübsche, quirlige, blassgrüne Vögel, die wie kleine Drosseln aussahen, huschten vor mir umher und erbeuteten Nahrung im langen Gras. Der Weg stieg an, bis ich fernab im Tal einen Bergsee erkennen konnte, unter den Gipfeln von Tres Cruces – Drei Kreuze. Der See war graugrün und kalt wie das Mitleid. Das GPS zeichnete meinen Anstieg auf. Auf dreitausendsiebenhundertfünfzig Metern verringerte ich mein Tempo, um mich auf die geringere Sauerstoffmenge einzustellen. Auf dreitausendneunhundert Metern Höhe beschrieb der Inka-Weg eine Linkskurve und leitete mich über die Wand einer Mulde auf die rückwärtige Seite des Sees. Aber wie so oft auf meiner Reise war es zwar die Inka-Route, aber keine Inka-*Straße*. Es waren keinerlei Überreste von ihr zu finden; die Steine lagen unter der Erde, waren für den Bau von Häusern ausgebrochen oder weggeschwemmt worden. Kalter Regen kam auf, und noch immer war der Gipfel nicht in Sicht. Der Pfad schien direkt auf Klippen zuzuführen, wand sich aber dann durch eine Senke und stieg abermals an. Ich überschritt viertausendeinhundertvierzig Meter: wie die Karte mir versicherte, der Scheitelpunkt des Passes. Der Berg erlaubte sich, anderer Ansicht zu sein. Die grauen Vögel verließen mich, und der Regen verwandelte sich in Graupel. Meine Handrücken waren von einem anrührend blassen Violett. Ich hatte in einer Gletscherspalte beim Cotopaxi meine Handschuhe verloren und natürlich nicht damit gerechnet, dass ich neue brauchen würde.

Auf über viertausendzweihundert Metern Höhe flachte der Weg an einer unwirtlichen Biegung, die wie ein verlassener Steinbruch aussah, endlich ab. Kiebitze siedelten an einem Tümpel und bildeten einen schwarz-weißen Zeichencode. Ein vierschrötiger Reiter erschien aus der anderen Richtung und grüßte. Er war nur Poncho, Mütze, Schal und ein Paar dunkle, flinke Augen. Als ich ihm erzählte, wohin ich unterwegs war, sagte er: »Fast alles flach von jetzt an.« Der Weg ging eine Weile lang tatsächlich flach weiter, um dann zu meinem Missfallen an der Flanke des Berges zur Linken anzusteigen. Ein großer Teil des nächsten Abschnitts war blanker, häufig steil aufstrebender Fels. Ich hatte bisher keine Pausen gemacht, nicht zuletzt deshalb, weil mir kalt wurde, sobald ich mich nicht bewegte. Doch jetzt hatte ich keine Wahl; alle halbe Stunde ließ ich mich keuchend zu Boden sinken. Mit jedem Mal wurde das Aufstehen schwerer. Ich blieb sitzen, betrachtete die wunderschönen Blumen, die ihr Leben in den Spalten und Einbuchtungen der Felsen zubrachten; sie wuchsen, wo immer sie eine windgeschützte Nische fanden, eine Felstasche voll Geröll und eine Spur von Erde. Sie gehörten hierher; ich nicht. Ich gelangte auf einen hoch aufragenden Bergrücken, und auf viertausenddreihundertachtzig Metern wand der Weg sich schließlich um eine rötliche, kahle Kuppe und fiel langsam ab. Links von mir, fünfundzwanzig Kilometer entfernt, war ein Ring dunkler Berge mit Schneeteppichen zu erkennen. Darunter lag ein grasbewachsenes Tal, in dem sich ein Regenbogen über einem runden See wölbte. Eine Windbö löste sich von den Bergflanken und raste in meine Richtung. Das baumlose Tal vor mir sah genau so aus, wie ich mir das Land Mordor in »Der Herr der Ringe« vorstellte. Ein gewundener See, umgeben von trüben, leblosen grünen Schatten. Tröstlich nur, dass der Inka-Pfad wieder deutlich

zu erkennen war, er verlief vollkommen eben entlang des Ufers.
Morgen würde es sich erfreulich anlassen.

Das Gewitter traf mich wie eine Faust und riss den elastischen,
wasserfesten Überzug meines Rucksacks los. Der Überzug schlug
im Sturmwind um das Ende des Karabinerhakens, während ich versuchte, ihn wieder an seinen Platz zurückzunesteln. Dann dachte
ich, was machst du eigentlich? – und wickelte mir den Überzug um
Kopf und Schultern. In meinem unverhofften Kokon aus Wärme
und Windschutz ging ich den Berg hinunter, nach Mordor. Vier-
hundertachtzig Meter tiefer brachen die Wolken auf, und der
Wind ließ nach. Vor mir kam eine saftige, grüne Talsohle in Sicht,
als plötzlich zwei durchgedrehte Hunde den Hügel herabschossen,
mich umrundeten, knurrten und bellten. Das ging zehn Minuten
so, bis ihre Besitzer erschienen: ein gepflegtes älteres Paar, das feierlich übers Gras schritt. Der Mann trug sein langes Haar zum Zopf
geflochten, und aus dem Schatten seiner Hutkrempe blickten träu-
merisch seine Augen hervor. Die beiden riefen die Hunde sanft zur
Räson, die sie vollständig ignorierten. Ich grüßte das Paar; ich hatte bemerkt, dass Hunde sich beruhigen, sobald sie sehen, dass ihre
Herrchen mit einem sprechen. Die hier nicht. Ich versuchte, sie
mit meinem Stock von meinen Beinen fernzuhalten. Der Mann sah
auf die Hügel ringsum. Die Sonne warf Lichtspitzen auf ihre Flanken und malte goldgrüne Teiche. »Fünf Uhr«, sagte er und holte
eine Taschenuhr aus der Wollweste: »Zwei Minuten vor.« Das einzige neben dem Geflüster der Grashalme vernehmbare Geräusch
war das Pandämonium seiner Hunde, die weiterhin die Person attackierten, mit der er sich gerade unterhielt.

»Könnten Sie«, hob ich versuchsweise an, als wäre es gänzlich
nebensächlich, »vielleicht die Hunde beruhigen?«

»Ah!«, sagte er, seine Stimme sanft wie ein Schlaftrunk. »Sie
müssen einsehen, dass es Tiere sind. Die verstehen das nicht!«

Ich ging weiter, bevor die Tiere auf die Idee kamen, dies sei die
Chance, mit dem Abendessen zu beginnen. Um die ermüdende

Zickzackroute, die der Weg vollführte, zu vermeiden, kürzte ich
ab, lief den Hügel hinunter und genoss die weichen Graskissen unter meinen Füßen. Ich erreichte die Talsohle und suchte mir unter
all den gemütlichen, von querenden Bächen glitzernden Wiesen
diejenige aus, auf der ich den Abend zu genießen gedachte. Plötzlich gab unter meinen Füßen der Grund nach wie eine Matratze
und kräuselte sich vor meinen Augen. Ich war in ein Hochmoor geraten. Sehr nett von dem Mann, mich zu warnen. Vielleicht kreisten die Träume dieses Alten um Fremde, die hier eingesunken waren und jetzt seine Weidewiesen düngten. Ich machte auf dem Absatz kehrt. Die Talsohle war ein einziger Sumpf. Mit einem Schritt
verwandelte sich das Land von einer Hügellandschaft, zum Zelten
zu steil, in eine Talsohle, die zum Zelten zu nass war. Nach mehreren Anläufen durchquerte ich die tiefen Bäche und erreichte sicher
die ebene Straße, die ich von oben gesehen hatte. Die Böschungen
waren bedeckt mit großen Flächen jener Pflanze, die nadelige Kissen formt und nur wenige Zentimeter vom Moor entfernt prächtig
wächst und gedeiht. Sie waren trocken. Ich fand eine Fläche, die
eben groß genug für das Zelt war, und neben ihr eine zweite, zu der
ich zum Kochen hinüberhüpfen konnte. Das Licht wurde matter.
Ich befestigte das immer noch nasse Zelt und reinigte den Kocher.
Ich vermutete, dass das Problem von verschmutztem Benzin her-
rührte. Immerhin brannte er lange genug, um Zitronen-und-Ing-
wertee zu kochen. Der heiße, scharfe Geschmack war ein Genuss.
Gekochtes Essen musste bis morgen warten. Ich aß Brot und Bananen und kaute noch etwas von dem bleischweren Käse aus Achupallas. Ich saß im Zelteingang und sah über das dunkle Tal hinweg
auf herrliche Anhöhen. Unmittelbar mir gegenüber fiel ein schlan-
ker Wasserfall dreihundert Meter tief in eine Landschaft, der seltsamerweise jedes Detail fehlte. Sie war so abgelegen, dass man das
Vieh des Nachts nicht einzuzäunen brauchte. Als die Dunkelheit
hereinbrach, wurde die fast vollkommene Stille durch Frösche gemildert, die einander Rufe wie Wasserbomben zuwarfen.

Die Nacht war kalt, die Luft dunstig; ich schlief in meinen Kleidern und benutzte meine Ersatzsocken als Handschuhe. Nach kurzer Schlafphase erwachte ich jäh um zehn Uhr. Das Zelt badete im Licht, so hell, dass ich damit hätte lesen können. Ich ging hinaus und sah einen Vollmond, der den ganzen Himmel in Beschlag nahm. Mein Zelt glänzte im Tau wie Metall. Ich zitterte, so schön war alles.

Am Morgen holte ich Kalorien auf: Nudeln und Suppe. Auf halbem Weg las ich die Packungsaufschrift und dachte, dass ein Mann mit zwanzig Toilettengängen pro Tag vielleicht etwas anderes frühstücken sollte als Blumenkohl-und-Brokkolisuppe. Ich war gerade im Begriff, ins Zelt zu gehen, um mich darin umzuziehen, als ich über mich selbst lachen musste. Wessen Gefühle versuchte ich in diesem leeren Land zu schonen? Als ich dann splitterfasernackt draußen stand, kam eine Gruppe Reiter um die Ecke, ließ ein launiges »¡Buenos Días!« vernehmen und ritt weiter.

Ich trocknete das Zelt, bevor der Regen mir einen Strich durch die Rechnung machen konnte. Es verzögerte zwar meinen Aufbruch, aber die Straße, die vor mir lag, versprach die beste seit Langem zu sein. Als ich sie näher kommen sah, spürte ich den Drang, umzukehren und zurückzugehen. Wie viel oder wenig die alten Straßen auch benutzt werden mochten, niemand krümmte auch nur einen Finger zu ihrer Erhaltung. Mit Reparaturen war im Jahr 1532 Schluss gewesen. Angesichts der grenzenlos zur Verfügung stehenden Arbeitskraft der Ureinwohner hatten die Spanier alles, was keinen unmittelbaren Gegenwert in bar versprach, vernachlässigt, einschließlich Acker- und Straßenbau. Der junge spanische Chronist Pedro de Cieza de León, der hierherkam, kaum dass er »das dreizehnte Jahr vollendet hatte«, klagte:

»Es macht traurig, sich vor Augen zu führen, dass diese Götzen anbetenden Inka in ihrer Weisheit wussten, wie man diese abgelegenen Länder regiert und erhält, und dass wir, die Christen, so viele Reiche zerstört haben.

Denn überall, wo die Spanier bei ihren Eroberungen und
Entdeckungen hingekommen sind, ist es, als habe ein
Feuer gewütet und auf seinem Weg alles vernichtet.«

Auf dem Wegstück vor mir hatten kleine Rinnsale, die vom Hügel
herabplätscherten, eine verstopfte Abflussrinne erreicht und spru-
delten nun wild über den Pfad. Zwei Männer würden einen halben
Tag brauchen, einen neuen Abfluss zu legen. Doch niemand war
auf die Idee gekommen. Stattdessen hatten die Bäche die Oberfläche weggespült und den Belag darunter aufgerissen. Dann hatten
Pferde das Durcheinander zu Schlick zertrampelt. Es sah aus, als
hätte man Steine in einen Sumpf geworfen. Doch das Land darunter war Marschland, und das Land darüber bestand aus dichtem
Gestrüpp. So musste ich über diesen Weg stolpern und schlittern.
Eine Stunde später war ich kaum einen Kilometer weitergekom-
men; im strömenden Regen hatte ich einer einsamen Kuh zugeru-
fen, dass ich das eigentlich alles nicht nötig hätte. Die Kuh nickte.

Die flinken Bächlein hatten sich im Haupttal zu einem stattlichen Fluss vereinigt, der nun in Form silbrig tanzender Krummsä-
bel über die braunen Sumpfflächen mäanderte. Es war eine Fan-
tasy-Landschaft, kahl, unlesbar, in Zauberfarben. Der Weg begann
anzusteigen, und ich erreichte den größten See, der düster und
nichts Gutes ausbrütend dalag. Es wurde steiler, aber der Boden
war jetzt begehbar. Weite Ausblicke öffneten sich am Ende eines
Taltunnels, über dem, beidseitig an den Gipfeln befestigt, die Wolken wie ein Deckel hingen. Die Straße wechselte nun ihr Erscheinungsbild. Sie war durchgehend mit Steinen gepflastert und hatte
klar definierte Ränder: ein originaler Abschnitt der Inka-Straße.
Ich ging weiter zu einer Ruine, die am Horizont auftauchte. Sie sah
von Weitem aus wie ein gut erhaltener *tambo*. Als ich näher kam,
sah ich, dass ich recht hatte. Ein paar Schäfer hatten einen kleinen
Vorratsraum neu überdacht und mit Stroh bedeckt. Er war kno-
chentrocken. Dankbar trat ich ins staubige Dunkel.

Fast nichts ist erhalten

In einem Punkt waren sich die Chronisten der Conquista einig: in der sprachlosen Bewunderung des Inka-Straßensystems – wie des Camino Real –, das sich über die gesamte Länge des Reichs erstreckte. Über schwieriges, oft gefährliches Terrain hatten sie die Arterien ihrer Herrschaft angelegt, durch die sie ihre Armeen in ferne Länder führten. Die Bergaufstiege waren haarsträubend; ein Satz war in aller Munde: »Unsere Wege sind für Vögel, nicht für Menschen gemacht.«

Die Spanier bauten nichts, was für ihren Souverän von Nutzen war. Jährlich überquerten die Könige von Kastilien und ihr Hof einen Bergpass nach und von Toledo. Er war nur knapp zehn Kilometer lang, dennoch waren sie nicht in der Lage, die Straße in einem guten Zustand zu halten. Jedes Jahr kam es zu Radbrüchen und umgestürzten Kutschen. Zur selben Zeit trug man einen ›Barbaren‹, den Inka, in seiner Sänfte über glatte Straßen, die mit Blumen und wohlriechenden Blättern geschmückt waren. Hielt er an eigens dafür konstruierten Aussichtspunkten, um auf sein Reich herabzublicken, lobten seine Untertanen ihren Herrn und Gott so lauthals, dass die Vögel starr vor Erstaunen zu Boden fielen und mit bloßer Hand aufgesammelt werden konnten. »Heute«, beklagte Garcilaso de la Vega, Sohn eines Conquistadors und einer Inka-Prinzessin, »ist davon so gut wie nichts mehr übrig.« Er schrieb dies am Ende des 16. Jahrhunderts, nach nur einem halben Jahrhundert der Vernachlässigung.

In regelmäßigen Abständen hatten *tambo* wie dieses hier am Straßenrand gestanden: Lagerhäuser mit Bequemlichkeiten für reisende Gesandte. Die Reichtümer machten die Spanier verrückt: riesige Reserven an Lebenswichtigem für die Armee, Luxusgüter für die Eliten. Es gab Truhen mit irisierenden blau-grünen Kolibri-Federn, um Kleider zu schmücken. Für die feinsten

Stoffe nahm man manchmal nur die winzigen Brustfedern. Die wertvollsten Gebrauchsgüter wie etwa Fledermausfelle waren dem Inka zum ausschließlichen Gebrauch vorbehalten. Einmal hob ein Spanier ein Kleidungsstück auf, das aus einem so feinen Stoff gefertigt war, dass es sich auf Handflächengröße zusammenfalten ließ.

Die Wände dieses *tambo* bestanden aus zwei Schichten grob behauener Steine und Bruchsand, der die Zwischenräume füllte. Teile davon waren bis zu den Dachvorsprüngen intakt, andere bis auf einen Meter über dem Boden zusammengebrochen. Das Hauptgebäude war rechteckig, und an beide Seiten der Hauptfassade schlossen sich kleine Lagerräume an. In einem davon stand ich jetzt. Innen lagen Steine als Sitzgelegenheiten und die Asche einer vor Kurzem noch betriebenen Feuerstelle. Das neue Dach war aus Bambusstäben gefertigt, die man viele Kilometer weit aus dem Regenwald in diese kalten, grauen Höhen heraufgeschleppt hatte. Das Strohdach bestand aus dem drahtigen, fast nylonartigen Moorlandgras namens *ichu*, das mit längs gespaltenen Bambuslatten zusammengebunden wurde. Ich bewunderte, wie dicht das Dach war, abgesehen von einem einzelnen Wassertropfen, der genau über meinem Kopf niederfiel, als ein Untermieter seine Anwesenheit kundtat. Ein Vogel, vielleicht eine Graubauchtimalie, steckte seinen Kopf aus einem Loch in der Wandung über mir, sah herab und beschloss, Reißaus zu nehmen. Seine Flügel streiften mein Haar, als er davonflog, ein junger Vogel, noch unsicher beim Fliegen.

Sobald der Regenguss ein wenig nachgelassen hatte, stapfte ich weiter. Der Regen tropfte vereinzelt in die Pfützen, deren Oberfläche aussah, als höben winzige Nadeln federleichte Kleidungsstücke nach oben. Ich kam auf einer Hochebene heraus, auf der stellenweise kleinblättrige Buschgruppen wie Wäldchen zusammenstanden. Nackte Felsplatten ragten als kleine Buckel aus dem Moosboden. Ein Tal zu meiner Rechten war wie ein mit

Wolken gefüllter See. Ich hielt an, um Brot und Käse zu essen.
Ich hatte aufgehört, die Brocken aufzuheben, die zu Boden fielen:
Ich wollte sie schneller los sein. Mein Magen war geschrumpft,
und es fiel mir schwer, die Flüssigkeitsmengen und Kalorien zu
verdrücken, die ich zu mir nehmen sollte. Ich musste eine Flasche
chemisch behandeltes Wasser hinunterbringen, bevor ich weiterging. Bald war ich froh darüber. Die schon widrigen Bedingungen
wurden immer fürchterlicher.

Die Wolke im Tal zur Rechten begann wie Ebbe und Flut im
Zeitraffer hin und her zu schwingen. Plötzlich kam nur noch Flut.
Die Luft wurde sehr kalt. Ich ahnte, dass ich in weniger als einer
Minute meine Hand nicht mehr vor Augen sehen würde. Es war
leicht, den generellen Verlauf der Straße auszumachen, aber einen
Meter vor mir war kein Weg mehr zu erkennen. Ich hatte bemerkt, dass die Inka-Straßen oft auf bestimmte Orientierungs-
punkte am Horizont zuliefen, einen Knick in der Skyline, einen
auffälligen Felsen. Für Satellitenpeilung per GPS war keine Zeit;
ich zog den Kompass heraus. Achthundert Meter vor mir lag ein
großer Hügel, dessen rechte Flanke für den ungehinderten Durch-
lass der Inka-Straße ausgeschnitten war. Ich orientierte mich daran, just als die Welle über mich kam. Am helllichten Tag wurde
es dunkel wie im finstersten Wald; genau wie im dunklen englischen Dartmoor, nur drei Kilometer höher.

Der Regen folgte umgehend in kalten, markerbsengroßen
Tropfen. Innerhalb von zwei Minuten war meine Jacke durchnässt. Eisiges Wasser rann am Stock hinab auf meine Hand. Meine Lederstiefel waren zwei Tage lang nicht mehr trocken gewesen
und wurden nun wieder klitschnass. Ich konnte nicht weiter als
sechs Meter sehen und die Route nur noch mit dem Kompass er-
raten. Der Orientierungsfels kam nur langsam näher, wie die Dinge es zu tun pflegen, wenn dein Leben in Sechs-Meter-Abschnitte
zerlegt ist. Bald danach machte die Straße, der Karte zufolge, einen Knick nach rechts. Aber ich hatte gelernt, die Karte nicht als

buchstäbliche Repräsentation der Wirklichkeit anzusehen. Oft genug hatte sie sich nicht als reine Wahrheit, sondern als wahrer Reinfall entpuppt. Ich war keineswegs zuversichtlich, die Biegung in dieser Dunkelheit zu finden, aber ich konnte auch nicht unter einem Felsen kauern und warten, bis sie zu mir käme. Als ich an die Stelle gelangte, wo die Biegung eigentlich zu erwarten war, war sie genau dort. Ich sah auf die neue Orientierungsmarke: Sie lag genau richtig. Hinter einem Hügelchen fand ich einen kleinen Unterstand, um das GPS zu befragen. Ich musste zudem einen weiteren Toilettenaufenthalt einlegen. Unwillkürlich dachte ich daran, wie ich jetzt wohl aussah, von Kopf bis Fuß in wasserdichte rote Sachen gekleidet, mein Hintern als bleicher Mond in der Mitte. Der Pfad wurde für eine Weile wieder unsichtbar, dann traf ich auf gleich drei, die aus allen Richtungen kamen. Ich entschied mich, meinen eigenen Weg zu gehen und auf den Kompass zu vertrauen, mich an den Kartenangaben zu orientieren und notfalls die Wege zu ignorieren. Nach einer Stunde wurden Wolken und Regen schwächer, und ich sah deutlich einen breiten Wiesenweg, der nach oben hin zu einer Biegung am Hügel führte. Ein Schäfer zu Pferde ritt am Kamm entlang, er schaute zu mir herunter, beschloss, dass ich harmlos sei, und verschwand. Ich neidete ihm seine flinke Fortbewegungsart. Auf einem Fels, der rittlings auf dem Kamm saß, lauerte ein Raubvogel, ein Anden-Karakara, die schwarzen Flügel zusammengefaltet. Der Wind kräuselte die Wellen seines schwarz-weißen Brustgefieders. Sein gelb-weißer Schnabel öffnete sich lautlos. Er wartete, bis ich etwa knapp zwanzig Meter von ihm entfernt war, bevor er sich in den Luftstrom stürzte.

Der Bergrücken auf der anderen Seite war ein willkommener Anblick. Das Moorland wich kurzgrasigen Schafweiden, und drei bis fünf Kilometer weiter erkannte ich Adobe-Lehmziegelhäuser und bestellte Felder. Weitere Karakaras erschienen und wühlten den Boden nach Larven auf, und als der Regen aufhörte, stellte ich

meinen Packen auf einen Stein und hörte auch auf, sie zu beobachten. Die Vögel sind stehend einen halben Meter hoch und haben eine frisch und adrett gestreifte Brust, die sich gegen die langen, hellgelben Beine abhebt. Sie kommen nur zwischen
eintausendneunhundert und dreitausendneunhundert Metern
Höhe vor: wahre Hochanden-Vögel.

Mein Blick ging auf ein fruchtbares Tal hinunter, das von den
wilden, abgelegenen Mooren wegführte. Ich war nicht sicher, wie
weit es genau bis Ingapirca war; es gab zu wenig Markierungs-
punkte, um meine Position zu bestimmen. Ich vermutete aber,
dass ich es auf einigermaßen ebenen Strecke bis Ingapirca, in ein
Bett und zu einem heißen Essen würde schaffen können. Die
Weideflächen gingen in Äcker über, und der Grasweg wurde zu
einem flachen Schotterweg. Zu beiden Seiten wurde roter Lehmboden für Kartoffeln bearbeitet, eine fröhliche Gruppe von Dorf-
bewohnern, von Teenagern bis zu alten Männern und Frauen,
düngte ihn mit braunen Spänen aus getrocknetem und gehäcksel-
tem Hühnerkot, die wie alte Tannennadeln aussahen. Sie fragten
mich: »Von wo sind Sie losgegangen?« Statt zu sagen, von Achupallas, antwortete ich stolz: »Von Quito!« Die Gesichter der Anwesenden zeigten eine Mischung aus Staunen, Bewunderung, Un-
gläubigkeit und Mitleid: meines auch, glaube ich.

Der Himmel war bedeckt. Um fünf Uhr war es so dunkel, dass
ich dachte, mit meinen Augen sei etwas nicht in Ordnung. Meine
Knie beschwerten sich über den Straßenbelag, es ging durch einen
Abschnitt, der als Modell für eine Kirmes-Achterbahn hätte dienen können. Ich kam oben an ohne den kleinsten Rest an Sauerstoff in meinen Lungen. Während ich mich erholte, bewunderte
ich das sich windende Tal, das vor mir lag, reich an Eukalyptusbäumen und an farbigen Rhomben aus roter Erde, grünen Feldern
und Weiden; und das Beste war, dass sich drei Kilometer weiter
ein Dorf befand, das Ingapirca sein musste. Ich ging noch einen
Kilometer und sah die Straße links verschwinden. Ein verborge-

nes Tal war zu überqueren, hundertfünfzig Meter Fußabstieg und
ein entsprechender Aufstieg auf der anderen Seite. Im Sinne ausgleichender Gerechtigkeit öffnete sich die Wolke ein wenig, aber
die Sonne ging unter, und Ingapirca schien wegzusinken. Die
Schulter eines Hügels vor mir bildete gegen den Sonnenuntergang
eine Silhouette. Dann verlief der Weg unter den Bäumen einer
Allee entlang und tauchte mich in Dunkelheit. Der Sicht beraubt,
hielt mein Geist sich wach, indem er mich an meine erschöpfte
Beinmuskulatur und meine schmerzenden Schultern erinnerte,
aber immerhin war mein Rücken in Form. In den Lücken zwischen den Bäumen erhaschte ich einen Blick auf die wenigen
Lichter der Dorfstraße, als würden ein paar Kerzen in der Luft
hängen. Sie waren nur vierhundert Meter entfernt, bis der Pfad
nach links in ein anderes Seitental abdrehte.

Zwanzig Minuten später streifte meine Taschenlampe seitlich
von mir etwas: gut erhaltenes Mauerwerk. Ich stand in einer In-
ka-Anlage, die aus dem kurzgeschnittenen Rasen aufragte. Ich
war mitten in die alten Ruinen von Ingapirca gestolpert. Sterne
übersäten den aufklarenden Himmel. Ich schritt ehrfürchtig umher, berührte die Steine und fand den alten Inka-Weg nahezu perfekt restauriert vor, einschließlich des ausgekleideten Steinka-
nals, der den Reisenden zur Labsal mit Frischwasser versorgte.
Vor mir erhob sich der Sonnentempel, und seine dunklen Steine
waren getupft vom Sternenlicht.

2.
TOD
DEM KÖNIG:
VON INGAPIRCA
BIS CAJAMARCA

Ingapirca

Während der Nacht genoss ich es, aufzuwachen und den Regen aufs Dach prasseln zu hören, und rollte mich noch fester zusammen – ich war froh, mehr als nur zwei dünne Stoffschichten zwischen mir und dem Himmel zu wissen. Im Morgengrauen lag ich in langen Unterhosen auf dem Boden des Hotelzimmers und absolvierte Rückenübungen, als das Zimmermädchen hereinkam, errötete und auf dem Absatz kehrtmachte. Ich hoffe, sie wird darum jetzt nicht Jungfrau bleiben. Mein Rücken hielt sich gut, obwohl mein Körper insgesamt erschöpft war. Nach zwei Frühstücken bummelte ich durchs Dorf und fühlte mich ohne Rucksack leicht wie Luft. Das Städtchen war als gitterförmiges Straßennetz mit nur vier oder fünf Häuserblocks angelegt. Straßenverkäufer entfachten in alten Öltonnen Holzscheite, um darüber Schmorgerichte zu garen, oder entzündeten Kohle in eisernen Grills. Irgendwo pfiff ein Junge eine helle Melodie und machte mit einer Schleuder Jagd auf Singvögel. Eine stattliche Sau kratzte sich genüsslich an einem ausgefransten Stahlkabel, das einen Telefonmast aufrechthielt. Er tanzte und schwankte rhythmisch mit ihr mit. Ein blinder Bettler kam den Hügel herauf, blies eine Plastikpfeife und bahnte sich seinen Weg mittels zwei dünner Stecken, was aussah, als stochere ein Retter nach einem Lawinenunglück nach Überlebenden. Gegenüber der Marienfigur hielt er inne, bekreuzigte sich und ging weiter.

Über Ingapirca gibt es nicht viel Literatur, nicht einmal auf Englisch oder Spanisch; dabei ist seine Existenz seit Langem bekannt. Es war, anders als Machu Picchu, kein wohlgehütetes Geheimnis. Der junge Pedro de Cieza de León war kaum zwanzig Jahre nach der Conquista hier. Die La-Condamine-Expedition besuchte es 1748 und Humboldt 1801. Alle bewunderten die Terrassenanlage, das massive Mauerwerk und seine machtvolle Verteidigungsposition und schlossen daraus, es müsse eine Festung gewesen sein. Mittlerweile aber wissen wir, dass die Wahrheit komplizierter ist und interessanter. Ingapirca wurde nicht von den Inka gegründet; sie hatten die Gegend erst drei Generationen vor der spanischen Conquista im Zuge ihres Sieges über die Kañari erobert, die heftige Gegenwehr übten, bevor sie einsahen, dass sie die Schlacht nicht mehr gewinnen würden, und in Friedensverhandlungen eintraten. Die Kañari hatten schon lange hier gelebt. Neuere linguistische Untersuchungen legen nahe, dass sie aus Mittelamerika stammten (und einen gemeinsamen Ursprung mit den Tolteken haben, die großartige Steinmetze waren). Sie waren León zufolge dunkelhäutig und neigten zum Herumschreien. Ihre südliche Hauptstadt war das heutige Cuenca, als ihren Nord-Stützpunkt aber, den sie Hatun Kañar nannten, wählten sie diesen faszinierenden Ort, wo sich der natürliche Weg aus dem Hochland auf alte, fruchtbare Vulkanböden hinunterschlängelte. Ein Felsvorsprung beherrscht das unter ihm liegende reiche Ackerland, und der Fluss Kañar tritt seine lange Reise hinunter zum Meer an. Auf der Spitze dieses Felsvorsprungs steht der Inka-Tempel, und auf dem verbindenden Landrücken darunter befinden sich die Häuser der Wohlhabenden und die Lagergebäude für die Reichtümer der Inka. Wenn man von dort in das kleine Tal hinabgeht, kommt man an einer Treppe von in Stein eingefassten Becken zum Baden und für rituelle Reinigungen vorbei. Das Ganze ist nach Norden hin von hohen Bergen mit zerklüfteten Flanken umgeben.

Wir besitzen keine vollständig erhaltenen Zeugnisse der Kañari-Architektur, weder hier noch andernorts. Ein hüfthoher heiliger Stein ruht neben einem Oval aus großen Flusssteinen, die ein Kañari-Grab markieren. Diese dürftigen Überbleibsel werden heute von kreisförmigen Inka-Vorratsgruben flankiert, Sammel- und Verteilstelle für die Reichtümer. Die Kañari waren abenteuerlustige Händler, die Waschgold aus dem Amazonas erwarben und mit Stämmen vom Regenwald Handel trieben, etwa mit den

berüchtigten Jívaro, die das Ansehen eines Mannes nach der Zahl
der Schrumpfköpfe bemaßen, die er besaß: Sie schnitten im
Kampf getöteten Feinden die Köpfe ab, nähten die Lippen zu
und führten das Garn dann durch die Nasenlöcher nach außen.
Die Kañari unterwarfen sich der Inka-Herrschaft – vergaßen aber
nicht –, und wurden, als die Zeit kam, zu willigen Verbündeten
der Spanier: gegen Atahualpa.

Prächtige Lamas, das Fell dunkelbraun mit Schattierungen
von leicht violettem Schwarz, grasten auf dem Platz. Irgendein
Geräusch, unhörbar für mich, kam aus dem Dorf. Der Alphabulle
rannte furchtlos und in Sorge um seine Familie auf die höchste
Terrasse und lauschte. Die anderen folgten, blieben aber respektvoll hinter ihm und starrten an seinen bebenden Flanken vorbei in
Richtung des Geräuschs. Ich ging zum Tempel. Die Inka struktu-
rierten bewusst den Raum, um ihre Macht auszudrücken und aus-
zuüben. Ich wollte daher das Innere des Tempels in der Reihen-
folge zunehmender Sakralität erkunden und zum Schluss den
kleinen Sonnentempel erreichen, der auf einer Konstruktion ruhte, die wie ein niedriges, ovales Verlies aussah. Zunächst besuchte
ich das gitterförmig angelegte Wohnareal der Inka-Elite; danach
überquerte ich einen kleinen Platz, zu dem die Öffentlichkeit
einst nur an wichtigen Feiertagen zugelassen war, und gelangte an
ein drei Meter hohes, trapezförmiges Tor. Die Steine im Türsturz
trugen Bohrungen für die Verriegelung. Jeder meiner Schritte
kam einem zunehmend schlimmeren Sakrileg gleich. Hätte ich
vor fünfhundert Jahren als gemeiner Schreiberling hier einzutreten versucht, wäre ich hingerichtet worden. Dies hier waren die
Quartiere der Sonnenjungfrauen. Unter den neun oder zehn Jahre
alten Mädchen des Reiches wurden die schönsten und liebrei-
zendsten ausgesucht und – um der Einfachheit halber christliche
Termini zu verwenden – in Klöster wie dieses gebracht, wo Nonnen sie in Religion und allen erdenklichen haushälterischen Ob-
liegenheiten unterrichteten. Hatten sie das Alter von vierzehn

oder fünfzehn Jahren erreicht, kamen Gutachter aus Cuzco, um die schönsten unter ihnen auszusuchen und in die Hauptstadt zu senden, wo sie dem Inka vorgestellt wurden. Der wählte aus, welche er für seinen eigenen Haushalt, als Dienerinnen oder Konkubinen, zu haben wünschte. Andere hatten die Ehre, seiner Gefolgschaft in der gleichen Weise zu Diensten zu sein; alle Übrigen traten in religiöse Institutionen ein, vorzugsweise in den Sonnentempel, und einige von ihnen wurden dazu ausgebildet, die nächste Generation von Nonnen-Erzieherinnen zu stellen.

Ein Vater konnte sich nur weigern, seine kleine Tochter ins Kloster zu geben, wenn er nachwies, dass sie keine Jungfrau mehr war; das half freilich wenig, da auf Ehebruch und Unzucht die Todesstrafe stand. Wurde ein Mädchen eines dieser Verbrechen für schuldig befunden, endete ihr Leben neben dem ihres Geliebten: Sie wurden beide nackt an den Haaren aufgehängt und starben vor Durst oder durch die Angriffe von Raubvögeln. Trotz dieser drakonischen Strafen übertraten Liebende die Regeln. Eine Klage ist uns überliefert; ein Gedicht, gesungen von verurteilten Unzüchtigen:

> Vater Kondor, hole mich,
> Bruder Falke, hole mich,
> Sag' der kleinen Mutter, dass ich komme,
> Denn fünf Tage habe ich nichts gegessen
> und keinen Tropfen getrunken,
> Vater Bote, Träger der Zeichen, blitzschneller Bote,
> Trag' mich fort, ich bitte dich:
> kleiner Mund, kleines Herz,
> Sag' meinem kleinen Vater und meiner kleinen Mutter,
> darum bitt' ich dich, dass ich komme.

Ich sah mich in den schlichten Gemächern um, in denen die Mädchen ihren Dienst getan und am Fuß der Tempelmauer hoffend oder fürchtend den Ruf ins Bett des Inka erwartet hatten.

Die Stätte wurde bis zum Jahr 1966 wiederholt geplündert, dann riefen die Regierung und das Museum der Bank von Ecuador endlich eine örtliche Kommission ins Leben, um sie zu bewahren. Heute erhält er wenig bis keine staatlichen Zuwendungen, und der Eintrittspreis von umgerechnet vier Euro für ausländische Touristen trägt maßgeblich zu seinem Schutz bei. Das die Stätte dominierende Gebäude stellt eine Rarität in der Inka-Architektur dar: eine ovale Struktur. Sie findet üblicherweise für sakrale Räume Verwendung, und diese zweiundvierzig Meter lange Einfriedung bildet da keine Ausnahme. Ihre Wand weist das beste steinerne Mauerwerk der Anlage auf: Es ist noch besser als beim Tempel oben. Im Laufe der Zeit ist der Boden stellenweise abgesunken, das daraus resultierende Auf und Ab der Steinreihen besaß die Eleganz einer schwungvoll gebogenen Hutkrempe. Vom Ende her gesehen wirkte die Anlage wie der Sockel eines mächtigen Leuchtturms, gekrümmt, um über die Jahre dem Ansturm der endlosen Wellen standzuhalten: Wunden der Zeit. Die Vorderseite des Steins platzte schon etwas ab, kleinere Bröckchen lösten sich, doch an sehr vielen Stellen passte noch immer keine Messerschneide zwischen die Steine.

Auf der Seite, die dem Haus der Sonnenjungfrauen gegenüberlag, erinnerte die Landschaft fast an eine Klippe. Sie fiel in vier hohen Terrassen ab, jede nur einen knappen Meter breit und auf einen fünfundvierzig Meter tiefen Abhang zulaufend. Auf der höchsten jätete ein alter Gärtner mithilfe einer schmalen Sichel, deren zersplissener hölzerner Griff mit Draht zusammengehalten wurde, unbekümmert Unkraut. Hinten, nahe dem Eingang ins Haus der Jungfrauen, befand sich eine breite Treppe, die nach rechts zu einem weiteren trapezförmigen Tor abbog. Nachdem ich es durchschritten hatte, stand ich vor einer schmaleren, zur flachen Kuppe des Ovals hinaufführenden Steintreppe. In der Mitte ragte ein kleiner, rechtwinkliger Tempel auf, der, jetzt schlicht, einst vor Gold strotzte. Das Allerheiligste war gerade groß genug, damit die Priester ihre Opfer darbringen und das Geheimnis der sich wandelnden Jahreszeiten und der dahinfliehenden Jahre bewahren konnten.

Die Aufzeichnung der Sonnenbewegung durch die Inka ist bestens bekannt. Grundlegender noch für ihre Himmelskarte war die Bewegung eines anderen Himmelsphänomens: der Milchstraße. Sie nannten sie *Mayu*, Himmelsfluss. Die Milchstraße ist jene zarte Schleppe aus unzählbar vielen Sternen, die wir sehen, wenn wir in die Mitte unseres Spiralnebels und weiter in größere Tiefen des Sternenmeers blicken. Der Äquator der Erde liegt nicht parallel zur Ebene unserer Galaxie, sodass wir sie, während die Erde sich dreht, aus fortwährend anderen Winkeln sehen. Aus unserer Perspektive scheint die Milchstraße am Himmel zwischen Nordost-Südwest bis Südost-Nordwest hin und her zu schwingen und dabei jeden Tag eine andere Stellung am Firmament einzunehmen. Jedes Jahr vollendet sie einen Bewegungszyklus, der ein X in den Himmel zeichnet und vier Quadranten definiert. Die Wendepunkte dieser Bewegungen liegen am Beginn der Trocken- und der Regenzeiten. Dieses X lieferte den Inka den Rahmen für ihre Himmelskarte und das Reich des Himmelssohns, das sie *Tawantinsuyu* nannten, Reich der Vier Weltgegenden. Die Inka waren derart genaue Beobachter, dass sie nicht nur Sterngruppen identifizierten, sondern auch dunkle Formationen in der Milchstraße, hervorgerufen von interstellaren Gaswolken, die das Licht der dahinterliegenden Sterne verdeckten. Sie nannten sie Lama, Kröte, Fuchs und Schlange. Mondzyklen bestimmten, wann man anpflanzen musste, und weitere Himmelskörper gaben den Terminkalender für verschiedene andere bäuerliche Aufgaben vor. In einer heutigen Gemeinde bei Cuzco entdeckte der Völkerkundler Gary Urton, dass die Bauern das Jahr noch immer genauso wie ihre Vorfahren bemaßen, indem sie die Bewegung der Schlüsselsterne relativ zu Hügeln und Gebäuden bestimmten, die diese bei ihrem Umlauf berührten. Junge Männer beschwerten sich, dass

die Ernte auf den Feldern verrottete, weil angesehene Dorfälteste
die Ernteerlaubnis erst erteilten, wenn die entsprechende Himmelskonstellation erreicht war.

    Draußen wurde die Wolkenschicht dünner, die den ganzen
Tag über das Licht gedämpft hatte, sie riss an manchen schmalen Stellen sogar auf. Der Bernsteinglanz, der die Spätnachmit-
tage oft durchflutet, verwandelte die umgebenden Hügel und
tief eingeschnittenen Täler in Landschaften von so formaler
Schönheit wie auf einem Gemälde Claude Lorrains. Widerstrebend riss ich mich los und verließ auf einer wenig begangenen
Straße die Stadt. Ich fand eine riesige Steinplatte, deren Oberfläche körnig und von Flechten verfärbt war. Die spröden, was-
sergrünen Flocken einer Art bildeten den Hintergrund für die
orangefarbenen Flammen einer anderen: Das Resultat glich der
Spur einer verwundeten Kreatur. Absätze, gerade groß genug,
um Opfergaben darauf zu stellen, waren in den Stein gehauen.
Tierformen, Zickzack-Muster und andere einfache geometrische Figuren waren kunterbunt gemischt, bis zur Unkenntlichkeit verwaschen und verwittert, weichkantig, und lösten sich allmählich wieder im Stein auf. Am Fuß des Hügels traf ich ein
Pärchen in den Sechzigern, das seine Arbeit im Maisfeld beendet hatte. Wir saßen mit seinem kleinen, langhaarigen Hund auf
der grasbewachsenen Bank. Sie trugen beide verbeulte Filzhüte;
sein Pullover war hier in der Gegend aus schwarzer, weißer und
grauer Wolle in einem traditionellen geometrischen Muster ge-
strickt worden. Sie hörten auf, miteinander Quechua zu sprechen, und begrüßten mich auf Spanisch. Ich zeigte auf die Mauern von Ingapirca auf dem Felsvorsprung über unseren Köpfen.
»Wie fühlt es sich an, dieselbe Sprache zu sprechen wie die Inka,
die diesen alten Tempel erbauten?«

    Er pochte mit den Knöcheln seiner Faust sanft auf seine Brust.
»Das ist ganz natürlich, diese Leute sind meine Vorfahren«, antwortete er stolz.

»Sprechen Sie zu Hause immer Quechua?«

Sie nickten zufrieden. »Ich nehme an, es war Ihre Muttersprache, bevor Sie Spanisch gelernt haben?«

»Nein!«, erwiderte er. »Wir wurden nur in Spanisch erzogen, unsere Eltern konnten kein Quechua.«

»Und in welchem Alter lernten Sie es?«

»Als wir siebzehn oder achtzehn waren.« Sie sahen einander an, um sich ihrer Erinnerungen zu versichern, doch er führte das Gespräch. In Anwesenheit von Männern sprachen Frauen nicht.

»Warum dachten Sie, dass das für Sie wichtig sei?«

»Wir fingen an, unsere Erzeugnisse in der Stadt zu verkaufen und in den Bergen, wo kein Mais angebaut werden kann. Ohne Quechua hätten wir in den Bergen keine Geschäfte machen können. In den Städten sprachen alle Spanisch, aber diese Kultur ist nichts für mich. Die Indios sind denen egal. Wussten Sie, dass Quechua erst 1975 als offizielle Sprache anerkannt wurde? Sie wollten Menschen wie uns nicht in ihrer Kultur haben. Ich beschloss, nicht mehr vorzugeben, dass die spanische Kultur die meine sei. Meine Kultur war da oben«, erklärte er und zeigte mit dem Daumen über die Schulter auf den Berg und das Moor, die ich überquert hatte, »bei den indigenen Völkern. Ich wollte meine Kultur leben, und Menschen, die mich nicht wollten, den Rücken kehren. So lernte ich Quechua. Jetzt mache ich Geschäfte, mit wem ich will.«

Sie sangen mir ein Lied auf Quechua vor und kicherten danach.

»Wovon handelt es?«

»Das kann ich Ihnen nicht sagen!«

Nach kurzer Beratung in Quechua erklärte er schließlich: »Es geht um einen jungen Mann, der ein junges Mädchen bittet, mit ihm in die Felder zu gehen, und nach einer Weile stimmt sie zu!«

Auf dem Rückweg wurde ich von einer Frau angehalten, die eine Kiste mit mehreren inkrustierten Metallobjekten und eine

Inka-Axt aus Basalt mit sich führte. Es war das sternförmige Blatt einer Streitaxt, mit einem Loch in der Mitte für den Schaft. »Wo haben Sie die gefunden?«

Prompt kam die Standardantwort: »Als wir ein neues Haus bauten, entdeckten wir sie beim Graben.« Ich war scharf auf die Axt, wollte sie aber nicht kaufen. Ganz zu schweigen vom zusätzlichen Gewicht – falls sie echt war, sollte sie in Ecuador verbleiben, war sie eine Fälschung, so war der geforderte Preis von zwanzig Dollar zu hoch. Der Preis wollte und wollte aber nicht fallen – also war sie wahrscheinlich ein Original. Ich ging meines Wegs und wusste, dass sie alsbald an einen Touristen verkauft und das Land verlassen würde. Ich tröstete mich mit einem Bier an einer Dorfbar, von der aus man freien Blick auf die Ruine hatte. Dabei dachte ich über den hartnäckigen, verbissenen Widerstand nach, den dieses Paar noch fünfhundert Jahre später Spanien entgegenbrachte. Ich fragte die Barbesitzerin, eine Frau Mitte dreißig, die im Sonnenlicht vor der Tür strickte: »Fühlen Sie sich noch als Inka?«

»Nein, natürlich nicht! Ich bin eine Kañari. Wir waren schon da, bevor die Inka einfielen.«

»Aber Ihre Kañari-Sprache spricht doch heute niemand mehr. Wurden Sie nicht absorbiert, genau wie die Inka das geplant hatten?«

»Ich nicht. Ich werde immer eine Kañari bleiben, das ist das, was ich bin, das kann ich nicht ändern und will es auch nicht. Zuerst jagen wir die Spanier zum Teufel und dann die Inka!«

Als ich ins Hotel zurückkehrte, traf ich auf einen blonden Schweizer Anfang zwanzig, der sich das Panorama durch stahlgerahmte Brillengläser ansah. Er war teuer gekleidet und so sauber und schick, als wäre er eben aus dem Herrenbekleidungsgeschäft gekommen. Er beurteilte die Szenerie wie ein Rechnungsprüfer, den man hingeschickt hatte, um den Ausblick zu bewerten.

»Sie waren dort?«, nickte er.

»Ja, ich habe den ganzen Tag dort oben verbracht, wunderschön, nicht?«

»Sieht ganz gut aus, aber der Eintrittspreis von fünf Dollar ist für Ecuador ziemlich happig. Also bin ich mal um die Anlage herumgegangen. Ich glaube, ich habe alles Sehenswerte gesehen.«

Ich hoffe, er kam nach Hause und stellte fest, dass Heidi gestorben ist.

Die Sechura-Wüste

Von nun an würde ich meine Reisearten mischen: die besten Abschnitte der Inka-Straße zu Fuß gehen und den Rest per Bus zurücklegen. Die nächsten Tage fuhr ich mit Bussen quer durch den Süden von Ecuador bis nach Peru, zur auf dem Küstenstreifen gelegenen Stadt Piura. Der gesamte Ort wurde mehrmals verlegt, ohne wirkliche Verbesserung. Ich fühlte mich merkwürdig unruhig, als ich im zunehmenden Dunkel der Abenddämmerung umherging und die Truthahngeier über die Dächer gleiten sah. Es waren nicht der Betrieb und die Hetze der Grenzstadt, nicht die Geldwechsler auf den Straßen, deren Augen beim Anblick eines Gringos aufleuchteten. Es war auch nicht, nach der langen Zeit in den kühlen Bergen, die lähmende, feuchte Hitze, die selbst in der Dämmerung nicht abklang, noch war es die Kakophonie der Autohupen. Diesem Pandämonium entfloh ich durch einen Spaziergang auf der San-Miguel-Fußgängerbrücke, die einen breiten, grünbraunen Fluss überspannte. Für seinen Geruch nach einem seit Wochen verwesenden Pferd entschädigten ein wenig die hübschen Gleitlandungsmanöver der endlosen Geschwader neotropischer Kormorane, die das angeschwollene Gewässer zum Tanzen brachten. Stellenweise waren zwischen den dunklen Haufen fischgemästeter Vogelkörper grazile Schmuckreiher zu erkennen und sogar ein einzelner Silberreiher, so groß wie ein Fischreiher: ein gewundener weißer Dolch. Jetzt, da meine Augen von der Stadt weg und auf die Felder blickten, bemerkte ich, was an mir nagte. Ich hatte die ganze Zeit über das Gefühl gehabt, dass jemand mich stützte, mir die Hand vor die Brust haltend. Jetzt hatte er die Hand weggenommen, und ich fiel. Sie waren weg: die Berge, die meinem Leben zwei Monate lang Halt gegeben hatten, sie waren hinter dem Hitzeschleier verschwunden. Es gab nichts mehr, das meinen Augen Einhalt gebot: Da war nur dieser schwe-

lende, metallische Himmel, der unaufhaltsam auf die glühende
Ebene zu stürzen drohte.

Piura war die erste Stadt, die Francisco Pizarro in Südamerika
gründete, und sie wurde zur peruanischen Basis der Conquista.
Ich ging zur Plazoleta Pizarro, um mir Pizarros Statue und sein
Wappen anzusehen, das die goldenen Ketten zeigt, mit denen er
den Inka-König unterwarf. Ich war niedergeschlagen. Ich hatte
angefangen, Tabletten gegen Malaria zu nehmen; die heißen Küs-
tenniederungen sind malariaverseuchter als der Amazonas. Wie
immer verursachten die Pillen mir Alpträume. Vergangene Nacht
war ich in der Mathe-Prüfungsklausur beim Schummeln erwischt
worden.

Die Gesichter in den Straßen waren deutlich hispanischer als
die in der Sierra. Die ursprüngliche Küstenbevölkerung war von
der spanischen Conquista praktisch ausgemerzt worden. Sie hatten in abgeschiedenen, durch Seen aus Wüstensand voneinander
getrennten Flusstälern gelebt, und zum Ackerbau benötigten sie
soziale Strukturen, mittels derer sich Bewässerung im großen Stil
organisieren ließ. Die Inka verstanden das und sogen diese kleinen Nationen auf, ohne dass es zu ernsthaften Brüchen kam.
Doch der Einfall der Spanier wirkte verheerend. Sie ignorierten,
wie der Reichtum, den sie plünderten, entstanden war. Das Be-
wässerungssystem wurde vernachlässigt und die Bevölkerung für
Kriege eingezogen, in Gold- und Silberminen vergiftet oder einfach nur als Packesel missbraucht. Um das Jahr 1500 wohnten ungefähr eine Million Menschen an den Küsten von Peru und Ecuador; 1630 waren es nur noch fünfundsiebzigtausend.

Die Straße nach Südosten in Richtung Chiclayo führte zwei-
hundertzehn Kilometer durch die Sechura-Wüste. Um der
schlimmsten Hitze zu entgehen, nahm ich den Frühbus. Dreieinhalb Kilometer außerhalb von Piura fuhr der Bus durch fruchtbares, ebenes Ackerland mit grünen Feldern. Palmen säumten die
Bewässerungsgräben, und ein vor einen hölzernen Karren ge-

spannter Esel machte eine Ruhepause, stand bewegungslos da, offenbar in der Hoffnung, von der Welt vergessen zu werden. Ein Reiher, der an einem Flussbecken patrouillierte, gefror zu einer weißen Hieroglyphe mit aufgespritztem buttergelbem Schnabel. Wir passierten üppige Zuckerrohr- und Baumwollplantagen. Ich hätte auch in Ägypten sein können; doch die Arbeiter auf den lichtdurchfluteten Feldern, gebeugte, von der sengenden Sonne ganz benommene, an Vogelscheuchen erinnernde Gestalten, trugen westliche Kleidung. Auf ihren Köpfen thronten auch keine Turbane, sondern weiße Kapuzen, wie Kapuzinerbrüder sie tragen. Der Übergang vom bewässerten Grün zum Wüstensand war derart abrupt, dass das vordere Ende eines Esels eine Feldfrucht fressen konnte, während das andere den Wüstenboden düngte.

Baumwolle war eine einheimische Pflanze, Zuckerrohr wurde importiert. Beide waren zu der Zeit, als Lateinamerika und die Karibik kolonisiert wurden, in Europa Luxusgüter. Europas Baumwolle kam über Land, aus China und dem Nahen Osten, über Routen, auf denen die Zwischenhändler die Preise nach oben trieben. An der peruanischen Küste dagegen war Baumwolle eines der Haupterzeugnisse, Baumwollstoff war Standard, und man wusste dort so fein zu weben, dass man nicht einmal mehr die Fäden sah: Die Spanier verwechselten ihn mit Seide. Als religiöse Opfergabe galt er den Inka als ebenso wertvoll wie ein Lama. Sie besaßen Lagerhäuser, die bis zu den Dachsparren mit diesen Stoffen gefüllt waren. Den Webstühlen, auf denen sie hergestellt wurden, schrieb man gar ein Eigenleben zu. Bei Mond- oder Sonnenfinsternissen mussten sie bewacht werden, um zu verhindern, dass sie sich in Bären oder Pumas verwandelten, während die Spindeln womöglich zu einem zischelnden Bündel Schlangen wurden.

Auf seiner zweiten Reise, 1493, brachte Kolumbus von den Kanarischen Inseln jene Pflanze mit, die wenige reich, viele jedoch arm machen und versklaven würde: Zuckerrohr. Zucker war in Europa ein so wertvolles Gut, dass er zum Bestandteil der Mitgift reicher Mädchen avancierte und eigens, neben Geld und Juwelen, als gesonderter Posten aufgeführt wurde. Diego de Mora pflanzte Zuckerrohr zuerst in Peru, bereits 1540, und die peruanische Küste erwies sich als perfekte Umgebung für den Anbau. Die Arbeitskräfte steuerte ein System bei, das die Spanier andernorts entwickelt hatten. Der Gewinn aus der Conquista versprach zwar keine Rechtstitel auf Landbesitz, schloss aber die Nutzung des Landes ein und das Recht, über die Arbeitskraft aller darauf lebenden Einheimischen zu verfügen. Die Einheimischen gaben jedoch keine guten Plantagensklaven ab, und, was noch schlimmer war, in Spanien waren Rechtsanwälte bemüht, die Exzesse einzudämmen, die gegen diese verübt wurden. Der große Held und Hoffnungsträger der Ureinwohner war ein Mann, nach dem die Schule in Salasaca benannt war, wo ich mich mit den Jungen in traditioneller bolivianischer Kleidung unterhalten hatte. Er hieß Bartolomé de Las Casas und war der Sohn des Abenteurers Pedro de Las Casas, der mit Kolumbus und seinem Zuckerrohr herübergesegelt war. Anno 1502 segelte der Sohn im Alter von achtzehn Jahren in die Neue Welt, erlebte die Eroberung Kubas und verbrachte danach lange Zeit in Venezuela und Mexiko. Die Gräuel, die dort vor seinen Augen im Namen von Spanien und Gott begangen wurden, ließen ihn für den Rest seines Lebens zum Priester, Anwalt und Vorkämpfer für die Rechte der *indígenas* werden, bis zu seinem Tod im Alter von zweiundneunzig Jahren. Doch hatte auch er als feudaler Landbesitzer mit Leibeigenen auf Hispaniola angefangen und war vierzig, als er seine humanitären Feldzüge begann. Er stieß auf puren Zynismus – auch von Seiten der kampfesmüden Indios, die ihn wissen ließen, sie zögen die Hölle vor, wenn sie dadurch die Begegnung mit Christen im Himmel vermeiden könnten. Obwohl die Debatte nicht zur Befreiung der Ureinwohner führte, war schon ihr Zustandekommen bemerkenswert. Es wird oft die Unterscheidung gemacht, dass England religiöse, von ihrem Gewissen geleitete Andersdenkende und

hochwohlgeborene Gentlemen zur Kolonisierung nach Nordamerika entsandte, wohingegen Spanien Strolche und Verbrecher
nach Südamerika fahren ließ. Doch auch die englischen Dissiden-
ten taten nichts für das Wohlergehen der indigenen Bevölkerung,
und die englischen Gentlemen debattierten nicht über Menschenrechte.

Las Casas' Gegenspieler, der die Rechte der *indígenas* leugnete,
hieß Juan Ginés de Sepúlveda und war ein gleichermaßen gelehr-
ter Mann – und Aristoteles-Experte. In einer Abhandlung von
1547 argumentierte er wie Aristoteles, manche Menschen seien
Sklaven von Natur aus. Der Ausgang des Disputs wurde im Allgemeinen als Remis eingeschätzt, aber Las Casas war ein talentierter Stratege mit guten Verbindungen und gewann die Auseinan-
dersetzung auf dem Feld der Politik. Sepúlvedas Arbeiten wurden
unterdrückt, nachdem Las Casas' Freunde an der Universität die
darin zum Ausdruck gebrachten Thesen als unvertretbar verurteilten.

Doch was die Ureinwohner betraf, war sein Sieg so akade-
misch wie die Debatte selbst. Menschenrechte belegten gegenüber Staatseinnahmen schon immer Platz zwei. Königliche Erlas-
se über die Rechte der *indígenas* trafen in Peru zusammen mit
Vermerken darüber ein, in welchen Fällen sie außer Acht gelassen
werden konnten. Die Ausführung war halbherzig und willkürlich.
Las Casas ließ sich zudem auf einen furchtbaren Kompromiss ein.
Um die Auslöschung der Ureinwohner Amerikas zu verhindern,
nahm er den Import afrikanischer Sklaven für die Arbeit auf den
Plantagen hin, ein Kompromiss, den er später bitter bereute.
Zehntausende kamen und litten. Um das Jahr 1636 stellten Skla-
ven ein Drittel der Bevölkerung Limas. Sogar Nonnen aus reichen
Familien hielten sich im Kloster weiterhin Sklaven.

Ich musste niesen. Im Bus schwebte feiner Wüstenstaub. Der
Gang war voll mit stehenden Passagieren. Als die Hitze größer
wurde, begannen sie einzunicken, und sobald der Bus schlingerte

oder abrupt anfuhr, wurden ihre hängenden Köpfe wieder wachge-
rüttelt. Rechts von mir sank die Sonne in eine metallische Pfanne.
Geier hoben von der Straße ab, ganz Winkel, Haken und gespreiz-
te Federn gegen die weichen Wände aufgewühlter Lichtschichten.
In dieser unwirtlichsten aller Umwelten schossen neuerdings Sied-
lungen aus dem Boden. Die Häuser bestanden, was Wände und
Decke anging, nur aus Matten. Wenn es hier regnet, sucht man
keinen Unterschlupf, man steht draußen und genießt es. Ich litt
unter einer anderen Trockenheit; doch morgen flog Elaine los, für
einen Monat. Einen Tag später würde sie bei mir sein.

Der Bus bog in einen mit staubigen Bäumen gesäumten Boule-
vard ein und entließ uns in den Hof des Busunternehmens. Ich
kaufte eine Zeitung und ging zu einem Hotel auf der anderen Seite des Blocks. Der Wind wehte die Eingangstür auf. Während ich
darauf wartete, dass der traurig dreinblickende Mann an der Rezeption den Eintrag ins Hotelbuch vervollständigte, las ich die
Schlagzeile: »Tod eines anständigen Präsidenten«.

»Muss Belaunde sein«, sagte der Empfangschef, »er ist der Einzige, der das Amt ärmer verließ, als er es angetreten hatte.«

»Ja, er ist es«, sagte ich.

Der alte Belaunde gehörte einer in Südamerika seltenen Gat-
tung an, und auf der Straße war aufrichtige Trauer zu spüren. Das
Fernsehen zeigte die Menschenschlangen in Lima, die sich um
viele Häuserblocks wanden, um ihm am offenen Sarg die letzte
Ehre zu erweisen.

Kabelfernsehen! Zum ersten Mal nach zwei Monaten hörte
ich meine Muttersprache im Fernsehen. Ich duschte unter
richtig heißem Wasser und lag nackt auf sauberen Laken und
schaute einen europäischen Spielfilmkanal. Nach »Die Geliebe-
te des französischen Leutnants« und »Barry Lyndon« hätte ich
mir fast noch einen dritten Film angesehen, beendete aber
stattdessen die köstliche Wellnessanwendung, die meine Sprache fürs Gehirn war. Als »Halloween 5« anfing, war Schluss. Zu

viel Kultur macht das Hirn weich. Es fühlte sich seltsam an,
sauber und adrett zu sein, *Señor* und nicht *Gringo* und zehn Dollar für ein Meeresfrüchtegericht samt zwei Gläsern Wein auf
den Kopf zu hauen.

Ich ging früh schlafen, fantasierte mir Elaine an meine Seite,
schlief aber mäßig: Wieder Ärger in der Prüfung ...

Der Herr von Sipán

Elaines Flugzeug sollte um ein Uhr nachmittags eintreffen. Ich war wieder der unruhig-ängstliche Teenager, der die meiste Zeit des Morgens mit dem Versuch zubringt, nicht zum Flughafen zu fahren. Auf dem Markt erstand ich einen Arm voll roter Rosen und Gladiolen, um herauszufinden, dass sie im Hotel keine Vase hatten. Im Supermarkt kaufte ich Bier, Wein und eine hohe Vase. Das Mädchen an der Rezeption nickte zur Vase hinüber und sagte: »Sie haben wohl Durst.«

Im Flughafen wurde es ein Uhr und später. Ich sah zu, wie Luftwaffenpiloten Jets aus niedrigen Hangars herausrollen ließen, die Maschinen voll aufdrehten, bis das Fahrwerk vom Boden abhob und das Flugzeug heulend in den Himmel schnitt. Plötzlich war Elaines Maschine gelandet, und ich sah sie die Gangway herunterkommen. Sie hatte einen neuen Haarschnitt, neue Treckingkleidung und – ja, einen neuen Körper. Sie hatte drei Monate im Fitnessstudio trainiert und an Gewicht verloren. Wenig später lehnte ich über der Absperrung, um sie zu umarmen, während sie auf ihr Gepäck wartete. Meine jetzt dünnen Arme fühlten sich, gelegt um ihre neuen Muskeln, irgendwie merkwürdig an. Sie warf die Hände hoch und kippte den Kopf nach hinten: »Sonne!« Sie sah blendend aus. Nach zweimonatigem Alleinsein streckte ich in dieser Nacht die Hände nach ihr aus und testete, ob es Wirklichkeit war: meine mahagonibraunen Finger gegen ihren weißen Rücken, mit den dunklen, wie Efeu verästelten und gewundenen Venen auf meinen Handrücken. Ich streichelte sie sanft. »Morgen«, sagte sie. »Ich muss schlafen.« Nebeneinander liegen und wissen, dass ich sie nicht berühren durfte, war wieder Einsamkeit. Trennungen enden nicht einfach dadurch, dass man am selben Ort ist.

Dass wir uns in Chiclayo trafen, hatte einen Grund. Im November des Jahres 1986 saßen ein bisschen landeinwärts von der

Stadt drei Männer auf einem alten Friedhof. Einer stieß widerwillig seine Schaufel in die Erde. »Diese Gräber hat doch jeder schon durchwühlt, da ist nichts mehr übrig.« Sie sahen zu Boden und lauschten dem Wind, der durch die Zuckerrohrfelder strich und die langen Blätter zum Rascheln brachte. Ein rotes Glimmen wanderte von Hand zu Hand, ihre letzte Zigarette.

»Und die Pyramiden?«, meinte einer. »Wir arbeiten wieder nachts, so halten wir uns die Polizei vom Leib.«

In der nächsten Nacht begannen sie, einen Tunnel in den kleineren, aus zerbrochenen Lehmziegeln bestehenden Hügel zu graben. Wochen vergingen, ohne dass sie viel Wertvolles fanden. Peru ist eine der am vollständigsten geplünderten Gegenden des Planeten; die Spanier errichteten im Moche-Tal eine Schmelzhütte, obwohl es dort gar keine Goldvorkommen gab, einzig um die archäologischen Kulturgüter einzuschmelzen. Die drei neuzeitlichen Räuber legten eine Grube nahe dem Gipfel an und brachen überraschend zu einer noch unberührten Kammer durch. Nachdem sie Krüge zerbrochen und Knochen zur Seite geworfen hatten, füllten sie drei Säcke bis zum Rand mit seltenen Gold-, Silber- und Kupfergerätschaften.

Innerhalb weniger Tage überschwemmte eine Flut qualitativ hochwertiger Kunstgegenstände den Markt. Händler in Lima telefonierten hektisch miteinander. Waren die Sachen echt? Waren sie legal? Wusste irgendeine Menschenseele, woher sie stammten? Eine wusste es. Sie wurde auf der Polizeistation vorstellig. »Guten Tag, ich bin einer der Plünderer. Die beiden anderen betrügen mich.« Zwei Brüder wurden festgenommen. Ein Großteil der Beute war verschwunden, aber was in Umlauf geraten war, gewährte verlockende Einblicke. Der junge, bärtige Direktor des nahen Lambayeque-Museums, Dr. Walter Alva, begutachtete durch seine Stahlrandbrille die Gegenstände, die auf der Polizeistation auslagen. Mit größter Sorgfalt untersuchte er jede Gold- oder Silberverzierung und die vergoldeten Kupferteller und

-glocken. Er war, wie er sich später erinnerte, fassungslos: »Diese Kunstfertigkeit überstieg alles, was bisher von der Moche-Kultur entdeckt worden war. Ein Blick verriet mir, dass wir alle Ansichten über diese Zivilisation revidieren mussten.«

Die Polizei fuhr mit ihm zur Pyramide hinaus, wo schon Dutzende Schatzsucher, Männer, Frauen und Kinder, mit Küchensieben und Fliegengittern bewaffnet umherschwärmten. Es dauerte Stunden, sie zum Gehen zu überreden. Diese Geschenke ihrer Vorfahren gehörten ihnen, argumentierten sie, nicht den geschniegelten Anzugträgern aus der Stadt. Vier Polizisten mit Maschinengewehren waren erforderlich, um die Stätte rund um die Uhr zu bewachen und die Leute fernzuhalten. Dr. Alva und seine Kollegen hoben die Grabkammer, fanden aber nur noch wenig, das unzerstört geblieben war. Es war bitter, so viel so knapp verpasst zu haben. Im Juni tauchten weitere Gegenstände auf Limas Antiquitätenmärkten auf; die Räuber hatten die Beute erfolgreich versteckt, und ihre Familien begannen nun, sie zu verkaufen. Vieles konnte wieder herbeigeschafft werden.

Der Bus, der mit uns über die harte Erdpiste holperte, hatte sogar für peruanische Verhältnisse Minimalqualität. Elaine zuckte vor Schmerz zusammen: »Verstehe, du willst mich wohl möglichst schnell abhärten.« Über die Jahrtausende hinweg war der Talboden so lange bearbeitet worden, bis er billardtischflach war. So weit wir sehen konnten, wuchs hier nur eine Frucht: Zuckerrohr, das viereinhalb Meter hoch emporschoss. An den Plantagenrändern standen Pferde, die sich brüderlich den spärlichen Schatten teilten, Fahrräder lagen verstreut im Gras herum, und Männer, die mit ihrer Arbeit in der grauen Kühle der Morgendämmerung begonnen hatten, ruhten sich auf den Dämmen der Bewässerungsgräben liegend aus und drückten die Klingen ihrer Macheten gegen ihre Daumenballen, um die Schärfe zu testen. Ihre Arbeit ist hart und schweißtreibend. Die Kratzer, Bisse und Infektionen sind ihnen selbstverständlich geworden, und sie halten ein scharfes Auge auf Schlangen. Der Bus füllte sich mit schüchternen Schulkindern in Uniform und deren Müttern. In einem Ort stand eine stillgelegte Zugmaschine auf dem sandigen Dorfplatz, ein anderes Dorf hatte eine winzige Dampflok vorzuweisen. Früher war sie in die Wüste hinausgefahren, wo man Nitrat abbaute, das noch in den ausgetrockneten Becken früherer Seen lagerte.

Der Bus hielt zwischen zwei grünen Wänden aus Zuckerrohr, und der Busfahrer rief: »Die Ruinen!« Wir betraten die Stätte. Sie lag zwischen zwei aus nichts als trockenem Sand bestehenden Hügeln, die wie die Stümpfe zweier gigantischer Termitenbauten aus dem grünen Talboden wuchsen. Sie wirkten wie natürliche Hügel, waren aber Überbleibsel eines gewaltigen Tempelkomplexes aus Lehmziegel-Pyramiden.

Wir erkletterten die ehemals massiven offiziellen Aufgänge, die von einem weiten Platz zu der erhöhten Zeremonien-Plattform hin anstiegen. Hier und da kamen wir an tief in die Erde reichenden Spalten vorüber, wo Schwadronen riesenhafter Wespen aus und ein brummten. Sie hatten dieses effizient-böse Aussehen von Kampfflugzeugen und Militärhubschraubern. Wann immer sich eine von ihnen näherte, war ich sofort schweißgebadet. Die Sonne brannte erbarmungslos, aber auch die Inka kannten Augenblicke, in denen sie deren Macht als eigenständiges Wesen anzweifelten. Tupac Inca Yupanqui sagte einmal: »Wäre die Sonne ein Lebewesen, würde sie ermüden wie wir, und wäre sie frei, besuchte sie andere Himmelsgegenden, mit denen sie noch nie in Berührung gekommen ist. Sie ist ein festgebundenes Tier, das immer im Kreis um den Pflock läuft. »Das Volk der Moche ist außerhalb von Peru wenig bekannt, doch bis zur Moderne waren nicht die Inka oder die Azteken, sondern die Moche die größte Zivilisation in Gesamtamerika. Das am luxuriösesten ausgestattete Grabmal, das man je auf dem amerikanischen Kontinent ausgegraben hat, war nicht das eines Inka-Fürsten, sondern das eines Mannes aus dem

Dorf Sipán. Er war der Tutanchamun Perus. Die Moche-Kultur
blühte von der Zeit um Christi Geburt bis 800 nach Christus. Die
Moche kamen auf einem über fünfhundertsechzig Kilometer langen Küstenstreifen im nördlichen Peru, in einer der rauesten Le-
benswelten der Erde, zu Macht und Wohlstand. Die Brandung des
Pazifiks bildete die Westgrenze ihres Gebiets, die nur vierzig Kilometer entfernte Ostgrenze lag in einer Gegend, in der die größten Flüsse der Anden aus ihren ariden Schluchten heraus- und in
die Küstentäler hineinflossen. Die Moche unterhielten weitrei-
chende Handelsbeziehungen. Tukane und Schlangen vom Amazonas finden sich in ihren Kunstwerken in naturgetreuer Nachbil-
dung. Sie sind berühmt für ihre Keramikwaren, besonders für ihre
erotischen Plastiken. Im Archäologischen Museum Rafael Larco
Herrera von Lima sind ganze Räume mit in Ton ausgeführten
Kopulationszenen angefüllt: Kleine, kupferfarbene Männer und
Frauen geben sich genussvoll der Unzucht hin, in Variationen von
Fellatio, Analverkehr, Cunnilingus, 69-Stellung, Triolismus und allen erdenklichen Spielarten schwul-lesbischer Sexualität. Ich fand
sie äußerst charmant, weil sie alle so glücklich wirken; manchmal
sehen sie lächelnd zu einem hoch, wie in einer Peepshow, als wollten sie sich vergewissern, dass man auch Spaß hat.

Wenn ich ein Stück mitnehmen dürfte, würde ich mich aller-
dings für etwas Anrührenderes entscheiden, für eines der fast le-
bensgroßen keramischen Modelle des menschlichen Kopfes. Es
handelt sich um realistische Porträts einzelner Personen, fast nur
Männer. Der Lehm kommt farblich der kupferfarbenen Haut der
Peruaner sehr nahe, und die unterschiedlichen Porträts drücken
Ausgelassenheit, Hochmut, Macht und auch Unsicherheit aus.
Einige blicken mit Besorgnis in die Zukunft, mit angespannten
Falten um die Mundwinkel und zusammengekniffenen Augen. Es
wirkt, als sähe man jemanden an, der einmal ebenso warmes, le-
bendiges Fleisch und Blut war wie man selbst. Genau denselben
Eindruck hatte ich, als ich die Terrakotta-Armee im chinesischen

Xi'an betrachtete, die dicht stehenden Reihen individuell gestalteter Soldatenfiguren. Das war nicht mehr Kunst, das war Menschlichkeit, eingefroren in einem Augenblick. Hier sprach die Vergangenheit: »Ja! Wir waren wie ihr.«

Aber die Kunst der Moche ist manchmal noch irritierender. 1974 entdeckten Archäologen in bestimmten Figuren, die wiederholt in Zeichnungen und Gemälden auftauchten, ein Muster. Die Wissenschaftler entschlüsselten eine Geschichte: Eine Schlacht wird geschlagen, dann werden Gefangene gemacht und zu den Tempeln gebracht, wo drei Priester und eine Priesterin sich auf einer Plattform zeigen. Einer der Priester wirkt, als sei er halb Vogel, halb Mensch. Ein weiterer ist als Krieger und Priester gekleidet und scheint immer die Leitung innezuhaben: Oberpriester und Herrscher über die Menschen. Die Gefangenen werden ihnen präsentiert; ihre Kehlen sind durchschnitten, und man hat ihnen die Glieder abgetrennt. Die Erzählungen stimmten überein, ergaben ein in sich schlüssiges Bild. Der Vogelpriester ließ zunächst vermuten, dass es sich um mythologische Szenen handelt. Dann aber wurde ein scheinbar nebensächliches Detail untersucht und lenkte die Forscher auf eine makabre Spur.

Auf dem Hintergrund dieser Zeichnungen finden sich, manchmal als Umgrenzung zum Rand hin, tränenförmige Objekte. Mit europäischen Augen betrachtet wirkten sie zunächst rein dekorativ, doch Einheimische erkannten in ihnen eine besondere Papaya-Frucht wieder, die *ulluchu* genannt wird. »Hat sie besondere Eigenschaften?«, fragte der Archäologe.

»Ja, sie verhindert die Blutgerinnung.«

Dr. Walter Alva setzte die Arbeit im Bereich des Fundortes fort. Bald entdeckte man in derselben Pyramide weitere Kammern und dann eine große Holzkiste mit Metallspangen. Nur die Mächtigsten konnten sich Metallobjekte leisten. Alva schrieb: »... falls es sich um einen Sarg handelt, könnte es der

wertvollste Moche-Grabfund sein, der je gehoben wurde. Zu jener Zeit ahnten wir noch nicht, dass er die reichhaltigsten Grab-
beilagen enthielt, die überhaupt jemals auf der westlichen Halb-
kugel ausgegraben wurden, und damit eine der bedeutungsvollsten
archäologischen Entdeckungen unserer Generation war.«

In einem der Gräber fand man eine Gruppe von fünf Toten.
Einer von ihnen war ein Mann um die vierzig, er maß gut einen
Meter fünfundsechzig, war für einen Moche recht groß. Klei-
dungsreste, Flamingo-Schmuckfedern und sonstige Beigaben lagen unberührt um ihn herum, darunter auch silberne und goldene Messer und Barren. Alle Gegenstände waren mit Juwelen
verziert. Etwas an diesen Insignien schien vertraut. Ein Siegel,
ein einzigartiges Goldszepter mit schachtelartigem Oberteil,
kennzeichnete sie. Solche Insignien konnten nur einer Person
gehören: dem allmächtigen Kriegerpriester, der über die Menschenopfer gebot, die auf die Schlacht folgten. Man hatte das
Grab des Herrn von Sipán entdeckt. Die Banner zu seiner Seite
waren mit vergoldeten Kupferplatten versehen, an deren Rändern Papayafrüchte aufgeprägt waren. Unter jeder geprägten
Papaya war eine echte Frucht eingenäht, getrocknet und zusam-
mengeschrumpft, aber immer noch erkennbar. Es waren allesamt *ulluchu*, jene Früchte mit den antikoagulierenden Substan-
zen, dank derer das Blut den Göttern zu Ehren ungehindert
fließen konnte.

Der vorrangige Zweck ihrer Kriege war es, Menschen für die
Opferung habhaft zu werden. Auf dem erhöhten Platz, auf dem
wir standen, wurden die gefangenen Krieger entkleidet, ihre
Hände auf den Rücken gebunden und ihre Kleider und Waffen
der Siegerbeute zugeschlagen. Der Gefangene trat, ein Seil um
den Hals, vor seinen Ergreifer. Sobald der Kriegerpriester mit
dem Töten begann, erzeugten Trommeln und Flöten eine Atmosphäre, in der sich religiöse Ehrfurcht und Siegestaumel nach
erfolgreicher Schlacht mit dem Schrecken der Gefangenen

mischten, die darauf warteten, im Dienste einer fremden Religion zu sterben. Dann wurden sie dem Kriegerpriester, dem Herrn von Sipán, vorgeführt und ihre Kehlen feierlich durchschnitten. Der Priester und sein Gefolge sammelten das Blut in Gefäßen, vermengten es mit dem Saft der magischen *ulluchu*-Papayas und nahmen große Schlucke davon zu sich. Den Körpern wurden alsdann die Glieder abgetrennt und Köpfe, Hände und Füße entfernt und als gesonderte Trophäen zusammengebunden. Es gab einen speziellen Gott der Enthauptung; er wurde als Spinne dargestellt, weil auch Spinnen ihre Beute fangen, sie fesseln und ihre Körperflüssigkeit trinken. Für die Opferung wurde eine besondere, axtartige Klinge verwendet. Sie hatte die Sichelform des zunehmenden Mondes, in deren innere Öffnung der Griff hineinragte. Im Grab des Herrn von Sipán fanden sich eine aus Silber und eine aus Gold. Sämtliche seiner Grabbeigaben waren ausersehen, den Betrachter mit Prunk zu blenden. Der Stoff des königlichen Mantels war mit vergoldeten Kupferplatten bedeckt, die in der Sonne glänzten. Über dem Haupt des Herrschers blitzte ein goldener Spiegelteller, von tanzenden rosafarbenen Andenflamingofedern umkränzt. Von seinen Ohren hingen türkisfarbene und goldene Scheiben von zehn Zentimetern Durchmesser, und auf jeder war, in exquisiter Detailgenauigkeit gearbeitet, ein goldener Miniaturkrieger zu sehen. Das Ergebnis der Restaurierung verschlägt einem den Atem. Diese und andere Schmuckstücke im nahen Lambayeque-Museum funkeln, als wären sie gestern hergestellt worden. Aber die ursprüngliche Handwerksarbeit ist schier unglaublich. Der fünf Zentimeter hohe Krieger auf dem Ohrring trägt um seinen Hals eine winzige Kette aus goldenen Eulenköpfen. Wenn solche Halsketten mittels eines einzelnen Fadens geschnürt wären, würden die Köpfe sich in verschiedene Richtungen drehen, also wurde jede winzige Köpfchenperle doppelt befestigt, wobei ein Faden oben, der andere unten hindurchgeht.

Je länger man den großen Hügel betrachtete, desto sichtbarer wurden die subtilen Belege dafür, dass es sich in Wirklichkeit um ein Bauwerk handelte. Stellenweise Einbrüche gaben hier und da den Blick auf intaktes Mauerwerk oder Stützpfeiler frei. Bald würden die Wespen einmarschieren und die Nischen der Toten kolonisieren. Die kleine Pyramide ist viel weniger gut erhalten, aber sie barg die reichhaltigsten Gräber. Die größte Grube war mit Lehmziegeln ausgekleidet und bei fünf Metern Seitenlänge mehr oder weniger würfelförmig. Archäologen hatten Repliken der Skelette und Grabbeigaben hergestellt, sodass es heute noch aussieht wie während der Ausgrabung. Wir blickten auf die fünf Erwachsenen und ein Kind hinunter, die in Korbsärgen um den hölzernen Sarg des Herrn von Sipán herum ausgestellt waren. Die beiden Männer gehörten zu seinem Gefolge und wurden geopfert, um ihrem Herrn im Jenseits Gesellschaft zu leisten. Das Grab wurde mittels Radiokarbonmethode auf etwa 260 nach Christus datiert, was es in jene Zeit versetzt, in der die Goten bereits an den Grenzen des Römischen Reiches rüttelten und die Zähne fletschten. Irgendwann um 800 nach Christus muss dann ein außergewöhnliches El-Niño-Ereignis die Moche ausgelöscht haben. In der Wand über den Gräbern befand sich eine schmale Nische. Darin hockte ein männliches Skelett, blickte hinab und wachte über sie. Mehr als eintausendsiebenhundert Jahre lang hat es seine Arbeit gut gemacht.

Ich wurde ungeduldig und wollte wieder ins Herz der Sierra zurück. Es war nur eine Tagesreise nach Cajamarca: jener Stadt, in der das damals größte Reich auf Erden an einem einzigen Nachmittag zusammenbrach, als eine Sänfte kippte und ein Fürst zu Fall kam.

Ein Freund und Bruder

Der Weg verlief zwischen grauen Sicheldünen, jenen klassischen halbmondförmigen Wüstendünen, die eine nahezu gleichbleibende Windrichtung anzeigen. Die auflandigen Winde treiben sie wie Krebse vor sich her, die mit den Scheren voran über die sandbeflüsterte Ebene flitzen. Der Bus nach Cajamarca fuhr, in der brütenden Hitze kochend, siebzig Kilometer weit die Küste entlang durch einen südlichen Ausläufer der Sechura-Wüste, um sich dann landeinwärts zu wenden und hundertdreißig Kilometer weit die kühlen Berge hinaufzuklettern.

Im Jahr 1532 hatte Francisco Pizarro die Sechura-Wüste auf dem Landweg umgangen – ein weiser Schachzug. Weiter nördlich, im heutigen Ecuador, hatten sie furchtbar gelitten. Fliegen und Hitze waren so unerträglich geworden, dass sie sich gegenseitig bis zum Hals im Sand eingruben, um dem Elend zu entkommen. Viele fingen sich die Carrión-Krankheit ein, eine seltene, damals scheinbar auf einige wenige nach Westen ausgerichtete Täler beschränkte Infektion, welche die Bildung von blutgefüllten Warzen (Peru-Warzen) verursacht, die zu furchtbaren Schmerzen, Entstellungen und letztlich zum Tod führen können. Malaria und andere Fiebererkrankungen forderten bis zu drei oder vier Menschenleben pro Woche. Möglicherweise waren obendrein Nahrungsmittel und frisches Wasser knapp geworden. Beim Versuch, Fische zu angeln, wurden sie von bissigen Kaimanen empfangen. Drei Männer fingen und aßen eine Schlange; zwei starben, und der dritte siechte dahin und verlor all seine Haare. Sie schätzten sich glücklich, trübe Wasserlöcher noch vor den mitgebrachten Schweinen zu erreichen, die sie sonst zu untrinkbarem Brei zerwälzten.

Ihre Pferde waren ein Quell höchster Verwunderung; die amerikanischen Urpferde waren in prähistorischer Zeit ausgestorben.

Bei einer Kampfhandlung zog ein Spanier den Kürzeren; ein normalerweise unbesiegbarer Rittersmann in Rüstung fiel vom Pferd. Er erwartete nun, dass sie ihn ohne Umschweife zu Tode prügeln würden, doch stattdessen konnte er aufstehen und sah, wie die Einheimischen schreckerfüllt zurückwichen. Sie hatten geglaubt, dass Mann und Pferd ein Tier seien, wie ein Kentaur. Mit unbeschreiblichem Abscheu verfolgten sie nun die Auferstehung und Wiedervereinigung der beiden Hälften des zerteilten Tiers.

Auch Hühner waren eine Neuheit, und wenn sie auch nicht furchterregend waren, so muteten sie die Einheimischen doch ebenso fantastisch an. Als ein Hahn krähte, fragten sie die anwesenden Spanier: »Was sagt er?« Einige Händel mit aggressiven *indígenas* spitzten sich zu und hatten böse Folgen. In einem zog sich Diego de Almagro, Pizarros Mitstreiter, eine Wunde nahe dem Auge zu, das er durch eine nachfolgende Infektion verlor. Nicht jeder Stamm ließ sich von den ungebetenen Gästen beeindrucken. Sie verspotteten sie: »Ihr seid nichts als der Abschaum des Meeres, das euch ausgespien hat. Ihr könnt überhaupt keine Vorfahren haben. Warum streift ihr durch die Welt? Ihr könnt nur nichtswürdige Vagabunden sein, wenn ihr nicht irgendwo hingehört und die Erde bestellt.«

Insgeheim konnten viele der kranken und erschöpften Männer dem nur zustimmen. Sie hatten wohl goldene Schmuckstücke und Steine gesehen, die vielleicht Smaragde waren, vielleicht auch nicht, jedenfalls nichts, das ihnen diese furchtbaren Entbehrungen vergelten konnte. Auch die Reichtümer, derentwegen Almagro und Pizarro ihr Vermögen aufs Spiel gesetzt und Hypotheken auf ihre Ländereien aufgenommen hatten, blieben Illusion, eine Fata Morgana dieses fürchterlichen Landes, die mit jedem Schritt in immer weitere Ferne rückte. Hier irgendwo muss Pizarro sich von der Küste landeinwärts gewandt haben, in diesem Tal, dem der heutige Straßenverlauf folgt, oder im nächsten, das nach Norden führte.

Wo die Straße die Küste verließ, lag ein dreieckiger Landstrich, voll mit Ständen, Cafés und Toilettengestank. Truthähne
auf dem Weg zum Markt steckten in Plastiktüten mit einem kleinen Loch, aus dem der Kopf herausschaute und rhythmisch auf
eine Handvoll Körner einpickte. Wir setzten unseren Weg in ein
beschauliches Tal fort und stiegen dabei allmählich auf, was fünf
Stunden lang so weiterging. Schafe litten unter der Hitze auf ihren Weiden zwischen Feldern mit Chilipfefferbüschen, von denen die scharlachroten Kommas der Früchte hingen. Zunächst
war der bewässerte Talboden auf ganzer Fläche bestellt, doch
bald war nur noch das Land innerhalb der Flussmäander grün. Das
Flussbett war ein hundertvierzig Meter breites Geröllband, doch
dieses breite Becken hatten die Fluten der nassen Jahreszeit gegraben. Jetzt, in der weit fortgeschrittenen Trockenzeit, füllte das
Wasser gerade noch einen zweiundzwanzig Meter breiten Kanal,
der sich zwischen den weißen Steinen hindurchschlängelte und
von feinem Schwemmsand türkis glänzte. Wir überquerten das
Tal unterhalb eines Wasserkraftwerks, das einen langen See auf-
staute. Nach so viel Wüste hatte der Anblick von Wasser hypnotische Wirkung. Der ganze Bus starrte es an.

Pizarro erstieg diese endlosen Anhöhen, den Inka-Straßen folgend, mit einhundertzwei Fußsoldaten und zweiundsechzig Rei-
tern. Eine Zeitlang begegneten ihm keine Befestigungsanlagen,
doch sprach dieses tadellos erhaltene Straßennetz nicht weniger
eloquent von Macht, Organisation und Gehorsam. Ansässige
Dorfoberhäupter erzählten Pizarro, dass Atahualpa seinerzeit wie
ein Feuersturm durch ihr Land getobt sei; sie flüsterten seinen
Namen nur, manchmal hasserfüllt, aber immer in Furcht. Die
Spanier erfuhren von Atahualpas Nachfolgekrieg gegen seinen
Bruder Huáscar. Im Nachhinein versuchten sie, wenig überzeu-
gend, ihren Anschlag auf ein Reich zu rechtfertigen, das ihnen
bislang lediglich die Höflichkeiten erwiesen hatte, die eben Bot-
schaftern zustanden, die sie zu sein vorgaben. Die Spanier argu-

mentierten, dass auch die Inka sich das Gebiet gewaltsam ange-
eignet hätten und Atahualpa zudem nicht der älteste Sohn und
ergo ein Usurpator sei. Ein Vizekönig von Peru beauftragte sogar
einen der wenigen des Lesens und Schreibens mächtigen Soldaten, Pedro Sarmiento, zum Beweis die passende Geschichte zu
entwickeln. Er hatte nur ein Problem: Sämtliche europäischen
Monarchen einschließlich Philipps von Spanien konnten für die
Inanspruchnahme ihrer Throne auch keine besseren Legitimatio-
nen vorlegen. Aber selbst Sarmientos verzerrte Geschichtsschrei-
bung enthüllt ein Nachfolgesystem, das sehr viel konkurrenzbe-
tonter und effizienter war als das Erstgeburtsrecht. Priester und
Königssöhne – und derer konnte es Dutzende geben – einigten
sich entweder auf einen Nachfolger oder führten Krieg um den
Thron. Potenzielle Rivalen konnte man ermorden, bevor sie Unterstützung hatten organisieren können. Dieser Kopf-ab-Darwi-
nismus der Paläste brachte eine lange Reihe von talentierten und
skrupellosen Herrschern hervor, die zwei Zielen huldigten: Stabilität drinnen, Eroberung draußen.

Als die spanischen Expeditionen zum ersten Mal die Küste
hinunterkrochen, war Atahualpas Vater, der hübsche, blasshäu-
tige Wayna Capac, König. Er war der jüngste von drei legitimen
Söhnen und hatte sich seiner beiden Brüder entledigt, um sich
den Weg auf den Thron zu ebnen. Seine lange Herrschaft ging
zu Ende, als ein Meuchelmörder aus der Karibik das Land heim-
suchte und Tod und Vernichtung brachte. Der Mörder war nur
0,3 Millionstel Millimeter groß: der Pockenvirus. Europäer
schleppten ihn in Amerika ein, und die Einheimischen waren
dagegen nicht resistent. Die Sterblichkeitsrate betrug möglicherweise bis zu siebzig Prozent. Vor den Pocken waren alle
gleich, in Quito machten sie auch vor den Königen nicht halt;
Wayna Capac erkrankte daran und ernannte seinen Sohn Ninan
Cuyoche zum Nachfolger, vorausgesetzt, dass die Priester güns-
tige Vorzeichen fänden. Andernfalls sollte der Thron an seinen

Bruder Huáscar gehen. Im Tempel wurde ein lebendes Lama-
lamm mit dem Kopf nach Osten ausgerichtet. Lamas haben
dunkle Mäuler, und so wählte man ein durchgehend dunkelbrau-
nes Lämmchen, weil ein solches als unbefleckt galt. Der Priester
Cusi Tupac Yupanqui durchschnitt unverzüglich die Rippen an
der linken Flanke und zog Herz und Lungen heraus. Sie pochten
nicht mehr: Er runzelte die Stirn. Er blies in die Lungenflügel
und beobachtete das Muster, das das Blut erzeugte, als es sich in
den Venen verteilte. Die Zeichen waren schlecht. Die Adligen
und Generäle wurden nervös. Der Priester wiederholte das Ritual für Huáscar. Die Zeichen waren genauso dürftig.

Nicht willens, einen der beiden Erben zu bestätigen, und zugleich in Furcht vor Inka Wayna Capacs Zorn kehrten sie zurück,
um ihm Bericht zu erstatten. Sie hätten sich nicht zu ängstigen
brauchen: Er war tot. Der Priester Cusi Tupac Yupanqui verlangte von ihnen, den ersten Wunsch des alten Königs zu beherzigen
und seinen Mantel über Ninan Cuyoches Schultern zu legen, der
in den luxuriösen Königspalästen im südlichen Cuenca weilte. Als
sie dort eintrafen, war auch er bereits an den Pocken verstorben.
Um Aufstände zu vermeiden, wurde Wayna Capacs Leichnam in
einer verhängten Sänfte, so als wäre er noch am Leben, quer durch
sein Reich nach Cuzco zurückgebracht und im Triumph empfangen. Huáscar bekam den Thron. Huamán Poma, eine indigene
Quelle, lässt kein gutes Haar an ihm und beschreibt ihn als dunkel, langgesichtig, reizlos und hässlich, ergänzt durch einen dazu
passenden Charakter, unerschrocken, aber nichtswürdig. Bald geriet er mit Atahualpa aneinander, den die besten Generäle seines
Vaters unterstützten und der die Herrschaft über den Norden be-
anspruchte. Genau wie sein Vater ermordete Atahualpa zwei andere Brüder, um für sich die Bahn frei zu machen. Zwischen Nord
und Süd – Atahualpa und Huáscar – wurde der Bürgerkrieg ausge-
rufen. Armeen mit Zehntausenden von Soldaten prallten aufein-
ander. Das Kriegsglück wechselte. Als Atahualpa gerade dabei

war, die Oberhand zu gewinnen, kamen ihm in seinem geschwäch-
ten und instabilen Reich einhundertvierundsechzig spanische
Soldaten in die Quere. Atahualpas Spione beobachteten sie lange.
Seine Generäle verfolgten sie, waren sich aber zu schade, ein solches Gesindel anzugreifen.

Hauptmann Hernando de Soto, zweiunddreißig Jahre alt,
klein und waffengewandt, ähnelte unter allen in Pizarros Reihen
noch am ehesten einem Gentleman. Er wurde als Bevollmächtig-
ter ausgesandt, Atahualpas Räte zu treffen und sie der friedlichen
Absichten der Spanier zu versichern. In der Stadt Cajas begrüßte
sie der Gestank des Todes – und Indios, die an den Füßen von
Bäumen herabhingen. Ein Mann, der auf der Suche nach Sex das
Haus der Jungfrauen betreten hatte, hing gerade kopfüber vom
Baum, neben ihm die Wachen, die er bestochen hatte.

Hauptmann de Soto kehrte mit einem Inka-Oberen zurück,
den Atahualpa geschickt hatte, um Pizarro zu treffen. Der Inka
überreichte ihm zum Geschenk zwei Trinkgefäße und sagte, sein
Herr erwarte ihn in friedlicher Absicht in Cajamarca. Der Chronist Zárate vermerkte, wie der clevere Pizarro ihn in seiner Antwort mit Worten umgarnte. »Ich bin entzückt, Euch als Bote
Atahualpas empfangen zu dürfen. Ich hörte derart viel Gutes über
Euren Herrn, dass ich mich sehr darauf freue, ihn kennenzuler-
nen. Mir wurde gesagt, er führe Krieg gegen seine Feinde. Ich
habe mich daher entschlossen, ihn zu besuchen, als Freund und
Bruder, und ihn gemeinsam mit den Christen in meiner Begleitung bei der Bezwingung seiner Feinde zu unterstützen.« Hätte
Pizarro gewusst, wie die Brüder einer königlichen Familie sich
verhalten, hätte dies seine wahren Absichten völlig korrekt beschrieben. Er nahm die Trinkgefäße an. Sie waren aus Stein geschnitten und hatten die Form von Burgen. Die Männer reichten
sie im Kreis herum und studierten sorgfältig die Miniaturmauern;
es entstand ein nervöses Schweigen. Viele dachten, es seien ver-
schleierte Warnungen vor dem Kommenden.

Ein zweiter Adeliger erschien und stellte sich als Atahualpas Bruder Atauchi vor. Er brachte Lamas, Guanakos, Alpakas und Vikunjas: die vier südamerikanischen Mitglieder der Kamelfamilie. Ströme von Dienern brachten nun Hirsche, Rotwild, Hasen, Rebhühner, Enten, Wildvögel, Papageien, Affen, getrocknetes Fleisch, Mais, Mehl, Honig, Pfeffersorten, Körner und Bier. Den Soldaten in ihrer abgerissenen Kleidung wurden Rollen feiner Wollstoffe, Vasen, Krüge, Servierplatten, Schalen und Becher aus Gold und Silber, Smaragde und Türkise überreicht. Für Pizarro selbst gab es goldene Sandalen und Armreife. Der Chronist Garcilaso de la Vega, ein Halb-Inka, bemerkte treffend: »Alles, was Peru zu bieten hat, wurde in diesen Geschenken dargeboten.« Sie dienten dazu, Atahualpas Macht und Größe zu demonstrieren und die Spanier sich arm und kraftlos fühlen zu lassen, besonders, als Letztere im Gegenzug ihre Gegengeschenke zusammensuchten: ein paar venezianische Gläser und ein Leinenhemd.

Atauchi gab eine hübsche Rede zum Besten, worin er die Spanier Atahualpas Freundschaft versicherte. Pizarro log: »Wir sind im Namen des Papstes gekommen, um den Peruanern die Leere ihrer Götzenverehrung aufzuzeigen und sie die wahre Religion der Christen zu lehren; desgleichen treten wir im Namen des Kaisers und Königs von Spanien vor den Inka-Herrscher und sein gesamtes Reich, um dauerhafte Friedens- und Freundschaftsverträge zu unterschreiben; und dass sie keinen Krieg gegen den Inka führen werden.« Doch als Atauchi ging, studierten sie den Mikrokosmos des Reiches, das zu ihren Füßen ausgebreitet lag, und erschauerten.

Atahualpa erreichten sowohl die Nachrichten seiner Gesandten als auch die Berichte seiner Spione.

>   »Die Christen sind weiß wie Leichen.
>   Sie reiten auf großen Schafen, die sie Pferde nennen.
>   Sie leben wie Brüder, und alle sind gleich.
>   Nachts sprechen sie mit ihren Papieren.

Sie tragen nichts selbst und müssen,
sich an den Pferden festhaltend,
auf die Berge hinaufgezogen werden.
Die Pferde fressen Eisen.
Sie haben Angst vor den Pferden,
denn sie binden sie jede Nacht fest.«

Über Atahualpas Gesicht breitete sich allmählich ein Lächeln aus. »Von diesen Leichen haben wir nichts zu befürchten, aber das große Schaf, das sie Pferd nennen, interessiert mich.« Er sandte Gold und Silber. Die Boten legten es wie angewiesen den auf ihrem Zaumzeug kauenden Pferden vor. »Lasst euer Eisen und fresst dieses Futter, das weit besser ist.« Die Spanier amüsierten sich hinter vorgehaltener Hand köstlich.

In den Dörfern auf ihrem Weg entdeckten sie, dass der freundliche Empfang nur Fassade war und die meisten Bewohner sich bewaffnet hatten und landeinwärts flüchteten. Hernando Pizarro, ein Halbbruder Franciscos, folterte einen Dorfoberen. Man erzählte von Hernando, »nie habe auch nur eine Spur von Mitleid seine Hand aufgehalten«. Das Dorfoberhaupt bekannte, dass Atahualpa zum Krieg rüste und geprahlt habe: »Alle Christen werden umgebracht.« Wenn Pizarro und Atahualpa etwas gemeinsam hatten, dann ihr Talent zur Doppelzüngigkeit.

Die Spanier hatten nun eine Höhe erreicht, auf der ihnen nachts in den dünnen Baumwollzelten die Kälte zu schaffen machte. Ihre Pferde waren die heiße und feuchte Küste gewöhnt und erkälteten sich. Das eisige Flusswasser verursachte den Männern Bauchschmerzen. Wo der Weg sich zwischen den Bergen verengte und die Pferde auf den steinigen Stufen wegrutschten, wuchs bei den Männern die Angst vor einem Hinterhalt. Es wäre ein Leichtes gewesen, ihre Kolonne mit von oben herabgestürzten Felsbrocken zu zermalmen, trotzdem wollte Pizarro die Straße nicht verlassen, weil er fürchtete, dann für ängstlich gehalten zu werden.

Pizarros Übersetzer, ein Mann von der Küste, kein Inka, kundschaftete das Gelände aus und bestätigte, was der Gefolterte verraten hatte: »Atahualpa trifft Kriegsvorbereitungen und hat seine Armee bereits versammelt. Ich fand Cajamarca verlassen vor und ging zum Lager hinaus, wo ich eine große Armee und viele Zelte entdeckte. Alles ist kriegsbereit.« Ihre nächste Nacht verbrachten die Spanier in einer baumlosen Ebene. Am Freitagabend, dem 15. November 1532, marschierten sie in die leeren Straßen von Cajamarca ein.

Unser Bus erreichte den baumgesäumten obersten Kamm auf etwas mehr als dreitausend Metern und dröhnte nun in plötzlicher Eile die endlosen Haarnadelkurven hinunter. Die heutige Stadt beherbergt siebzigtausend Menschen, wirkt aber kleiner. Ihre Lage stellt in den Anden eine Seltenheit dar: Obwohl der ursprüngliche Quechua-Name des Ortes Stadt in einer Schlucht bedeutet, liegt Cajamarca in einer ausgedehnten, einladenden und, wie es scheint, fruchtbaren Ebene. Durch das ruckelnde Busfenster blickte ich nach unten auf ein Meer von Terrakotta-Dächern. Das Zentrum besteht immer noch fast nur aus ein- oder zweistöckigen Gebäuden, die schmucken Kirchtürme und Kirchturmspitzen ragen wie in einer mittelalterlichen Stadt über sie hinaus. Die Stadt, die die Spanier betraten, hätte normalerweise zweitausend Menschen Schutz geboten, doch die meisten von ihnen hatten sich den Streitkräften des Inka jenseits des Tals bei den heißen Quellen von Baños angeschlossen.

Der Bus fuhr auf einen mit grobem Schotter bestreuten und mit Wellblech umzäunten Hof. Wir schulterten unsere Rucksäcke, waren froh, die Beine wieder einmal ausstrecken zu können, und marschierten hinunter auf die heutige Plaza de Armas: die Arena, wo an einem Nachmittag ein Reich erobert wurde.

Cajamarca

Das Hotel Plaza ist ein altes zweistöckiges Kolonialgebäude an einer der unteren Ecken des Platzes. Durch die Tür traten wir ins 17. Jahrhundert. Die Wände unseres Zimmers waren tiefgelb und orangebraun: Es war, als lebten wir in einem Gemälde von Mark Rothko. Es gab einen schmalen Balkon, gerade groß genug, sich zu zweit draufzusetzen und mit Blechbechern voll Zuckerrohrrum anzustoßen, nach links hin, wo die Sonne hinter den Laternentürmen der Kirche San Francisco unterging. Die kolonialen Zivilbehörden besteuerten Kirchen erst, wenn ihr Bau vollendet war, daher ließ die Kirche zwar auf den Bauplänen einen Glockenturm einzeichnen, baute ihn aber nie. Die niedrige Kathedrale auf der anderen Seite des Platzes hat noch immer keinen, eine Taktik, die lange Zeit sicherstellte, dass weder Kaiser noch Gott Tribut gezollt werden musste. Ich beobachtete, wie das warme Licht allmählich auf Elaines Wange verlosch, und küsste es sanft.

Gegenüber, auf dem Hügel Santa Apollonia, führte ein steile Steintreppe zu einem gewaltigen weißen Betonkreuz hinauf. Apollonia war die Lieblingsheilige des spanischen Königs Philipp II., von dem ein Zeitgenosse sagte: »Er bliebe noch unbewegt, wenn man ihm eine Katze in die Hose steckte.« Sie wurde gefoltert, indem man ihr alle Zähne ausriss, und wurde zur Schutzheiligen der Zahnärzte. Philipp, den das Thema Tod obsessiv verfolgte (er verlor drei Frauen und die meisten seiner Kinder), war ein fanatischer Sammler von Reliquien. Bei seinem Tod besaß er nicht weniger als zweihundertneunzig ›echte‹ Zähne der heiligen Apollonia.

Zu unseren Füßen umschloss ein Rechteck von Straßen einen streng formalen Garten, in dem grüne Affen und Olmekenköpfe als Formschnittkunstwerke unter schlanken Palmen hervorstarrten. Liebespaare drückten sich gegen die hüfthohen Hecken, die die Beete eingrenzten. Freunde reichten die feuchten Ränder brüderlich geteilter Bierdosen an durstige Lippen weiter und summten die Lieder, die sie für den Rest ihres Lebens singen würden, um abwesende Freunde und verlorene Lieben, die ewig siebzehn blieben, heraufzubeschwören. Als die Dunkelheit hereinbrach, wurden die wuchtigen Hügel zu flachen Silhouetten und rückten näher an die Stadt heran. Der Hügel Santa Apollonia verschwand in der Finsternis, bis auf das von Flutlichtern beschienene Kreuz, das wie in die Luft gehängt wirkte.

Wir aßen im Salas, einer Institution in Cajamarca, nur ein paar Türen weiter, ebenfalls an der Plaza de Armas. Der gesamte Innenhof ist überdacht, und in der riesigen, tief nach hinten reichenden Küche werden traditionelle Gerichte zubereitet. Ich bestellte Meerschweinchenbraten, Elaine wollte Schweinefleisch. In Ländern, wo Fleisch als Delikatesse gilt, bleibt das Fett dran.

Ich warnte sie: »Es wird dein ganzes Fitnesstraining zunichte machen.«

»Schau' dir lieber mal deine Rippen an, ich brauche eine Grundlage, wenn das die Folgen deiner landesüblichen Diät sind. Und wo wir gerade von Knochen reden, wie geht's deinem Rücken?«

»Ausgezeichnet.«

»Freut mich zu hören, meiner spielt verrückt, und ich hätte ungern erfahren, dass das Rucksacktragen ihm den Rest geben wird.«

»Nein, keine Sorge, der Rucksack tut deinen Schultern so weh, dass du den Rücken gar nicht mehr bemerkst.«

Ein sintflutartiger Regenguss fing an, auf das Dach zu trommeln. Lachend verschoben die Essenden ihre Stühle, um den Lecks im Dach aus dem Weg zu gehen. Wenn man gebratenes Meerschweinchen von hinten betrachtet, ohne dass die Hasenzähne es gleich verraten, sieht es aus wie ein Hühnchen mit vier Flügeln. Das Fett war kross gebraten wie Schweinekruste – es kann sonst ziemlich ekelhaft sein –, aber das Fleisch war schwer zu finden; man musste es in kleinen Häppchen zusammensuchen.

Es schmeckt wie Federwild. Nach dem Essen lassen sich die scharfen Rippen hervorragend als Zahnstocher nutzen, und zu Hause kann man sich einen Spaß daraus machen, kleinen Kindern zu erzählen, wie ihre Lieblingshaustiere schmecken.

Später im Hotelzimmer öffnete ich wieder die schmalen, deckenhohen Balkontüren, rückte den kleinen Tisch dahin, wo ich den Platz überblicken konnte, und schrieb Tagebuch. Kerzen in Flaschen machten den Schein einer Vierzig-Watt-Birne, die alles in Teefarbe tauchte, etwas behaglicher. Elaine lag auf dem Bett und las. Ich war restlos zufrieden; heimelig, fühlte mich mehr zu Hause als in meinen eigenen vier Wänden. Das Leben war auf die Dinge reduziert, die ich liebte. In meinem Hinterkopf rührte sich nur eine Sorge: War das so, weil ich diese Reise nur für mich unternommen hatte? War mein Glück nur eine Form der Selbstsucht?

Die Gebäude, vor denen sich damals die Begegnung zwischen Atahualpa und Francisco Pizarro abspielte, sind sämtlich verschwunden. Ich beschloss, bei den heißen Quellen zu beginnen, an denen Atahualpa lagerte, als die Spanier in Cajamarca eintrafen. Ein spottbilliger, frühmorgendlicher Bustrip brachte uns durch das Tal zum Dorf Baños (wörtlich: Bäder), wo wir für umgerechnet etwas mehr als einen Euro einen privaten Baderaum mieteten, der sich aus jenen heißen Quellen speiste, in denen der Inka am Vorabend seiner Gefangennahme badete. Jetzt, auf sechs Grad Süd, wirbelte das Wasser wieder in fröhlichen Spiralen in den Ausguss. Im Geist zählte ich, wie viele weitere Möglichkeiten wir im nächsten Monat haben würden, ein heißes Bad für uns allein zu nehmen, kam auf eine Zahl, die extrem nahe bei null lag, und schnurrte verführerisch: »Wasche ich dich zuerst oder du mich?«

Energisch seifte sie ihren Waschlappen ein. »Ich will mich einfach nur wie ein patschnasser, junger, weiblicher Schwamm fühlen.«

»Im Gegensatz zu einem alten, trockenen, männlichen Lappen?«, schmollte ich; aber sie war zu sehr damit beschäftigt, den

Waschlappen zwischen ihren Zehen durchzuziehen, um zu antworten.

Anschließend durchquerten wir die Gärten und gingen zu den
Wasserbecken hinauf, deren Ränder besorgniserregende, orange
und grün aufblühende Algenbeläge säumten, die in dem still vor
sich hinblubbernden Wasser prächtig gediehen, während gleichzeitig schwefelhaltige Dampfwolken sanft über den Boden
schwebten. Ein Totenkopf mit gekreuzten Knochen warnte: Le-
bensgefahr: achtundsiebzig Grad Celsius. Die heißen Quellen von
Kónoj speisten einen von zwei Steinkanälen, die Atahualpas Bad
mit heißem und kaltem Wasser versorgten.

Stellen wir uns Atahualpa vor: Er war in den Dreißigern, »besaß
einen sehr scharfen Verstand und vermochte außerordentlich
schlau und taktvoll zu sein, jedenfalls unter gewöhnlichen Umständen.« So urteilt ein gegnerischer Chronist, der Huáscar-Parteigän-
ger Garcilaso de la Vega. Atahualpa hatte eine Reihe Schlachten gewonnen und Rückschläge verwunden, nun war sein Rivale Huáscar
auf der Flucht und würde schon bald von Atahualpas Truppen ergriffen werden. Das Reich gehörte praktisch bereits ihm, und ein
paar tapfere und höchst nützliche Tiere sollten demnächst in seine
Hände fallen. Er würde die Spanier gefangen nehmen, die meisten
davon dem Sonnengott opfern und ein paar weitere kastrieren lassen und zur Pflege der Pferde bestimmen, die er unbedingt züchten
wollte. Er stand am Ende einer religiösen Fastenperiode, während
der er auf Beischlaf, Fleisch und gewürzte Speisen verzichtet hatte.
Diese Nacht würde er das Fasten beenden und morgen den Fremden gegenübertreten. Jetzt, da Huáscars Kraft gebrochen und seine
Streitkräfte versprengt waren, hatte er Zeit, Unmengen von Zeit.
Auf der Grundlage der eingehenden Nachrichten war Atahualpas
Einschätzung vernünftig, doch hatten seine Spione die Spanier nur
in ihrer schwächsten Phase beobachtet.

Am nächsten Morgen, wieder in Cajamarca, kletterten wir die
steile Treppe zum Gipfel des Santa Apollonia hoch. Das Licht

strahlte grell von den weißen Steinen und schnitt uns in die Augen. Man konnte von hier aus das gesamte Panorama der Stadt überblicken. Kindermusikgruppen marschierten in einem Wettbewerb um den Platz; wir sahen Schulkinder, die ihre Notenblätter an die Zöpfe der vorausgehenden Mädchen geheftet hatten. Den Rhythmus schlug jeweils eine markerschütternde Basstrommel, die gewöhnlich dem dicksten Kind der Klasse um den Bauch hing. Der Artillerierhythmus drang deutlich bis zum Gipfel des Hügels hinauf, die Melodien kamen indes nur sporadisch an, abhängig von launischen Winden.

Die Tragödie, welche die Inka zu Fall brachte, spielte sich auf der Bühne ab, die jetzt vor mir ausgebreitet lag. Wenn ich einen Ort besuche, über den ich gelesen habe, fällt es mir im Allgemeinen nicht schwer, die Zeit zurückzudrehen und die Geschehnisse vor meinem inneren Auge noch einmal Revue passieren zu lassen; als Schriftsteller erschaffe ich immerzu Welten in meinem Kopf. Wir saßen auf einem Steinhügel, in den Inka-Hände kleine Simse, Sitze und Aushöhlungen geschlagen hatten, lauschten dem Lied eines Vogels und dem süßen Summen der Bienen und fühlten, wie die Sonne über unseren Hemdkragen eine Lücke mit nacktem Fleisch suchte, um es zu braten. Ich sah hinunter auf die Stadt und ihren Verkehr, der aus der Distanz ruhiger wirkte. Ihre sauberen, immergleichen Straßen sahen viel zu selbstgefällig aus, um die Bühne für Heißblütigkeit, Metzeleien und das Beben zusammenstürzender Reiche gewesen sein zu können, wo die Furcht so lange in den Brustkörben der Männer schlug, bis sie sich leer wie Mumien fühlten. Das Wummern der Basstrommel erreichte uns ein paar Takte lang und erstarb.

Doch diesmal brachte ich das Alte und Neue nicht auf einen Nenner. Die genaue Lage des alten Inka-Platzes ist nicht bekannt. Er war viel größer als heute, größer als jeder Platz in Spanien, schrieb der Chronist Zárate, und umgeben von schönen Unterkünften und sechs Meter hohen Lehmziegelmauern. Wasser wur-

de in den Innenhof jedes Hauses geleitet, ein in den spanischen
Herrenhäusern unbekannter Luxus. Francisco Pizarro traf hier am
Abend des 15. November 1532 ein und fand die Umgebung auf eine
schon unheimliche Weise verlassen vor. Die Wohnhäuser und der
Platz boten keine ideale Verteidigungsbasis, aber seine Späher fanden keine bessere. Er schickte eine Schwadron aus, befehligt von
dem ihm ergebenen, ruhigen Ehrenmann Hauptmann de Soto, um
das jetzt zu unserer Rechten abfallende Tal zu durchqueren und
den Inka zu fragen, wo sie Unterkunft nehmen könnten. Pizarro
beobachtete, wie die kleine Kolonne von zwanzig Pferden sich
über die Ebene bewegte. Atahualpas Wachposten sahen sie auch,
und eine große Gruppe von Männern sammelte sich nach und
nach in der Mitte des Inka-Lagers. Nach erneutem Überlegen entsandte Pizarro seinen Bruder Hernando mit einer weiteren Kavallerie von zwanzig Pferden und strikten Anweisungen, die dessen
hitziges Temperament im Zaum halten sollten. Die Inka bemerkten die Nervosität ihrer Widersacher.

Das Lager mit den verschneiten Baumwollzelten erstreckte
sich über zweieinhalb Kilometer beidseits der Unterkunft des In-
ka-Herrschers. Pizarro fragte einen einheimischen Dorfoberen,
wie viele Soldaten mit Atahualpa kampierten. Seine Antwort
schien lachhaft – eine absurd riesige Zahl. Pizarro beauftragte den
Dolmetscher, zu klären, wie die Inka zählten. Der tat, wie ihm ge-
heißen, und bestätigte: »Es sind fünfzigtausend Krieger auf dem
Hügel, und das ist noch nicht einmal die ganze Armee.«

Regen und Hagel setzten ein. Francisco zog sich in seine Unterkunft zurück und befahl seinem Artilleristen Candía, sich mit
vier der kleinen Kanonen in einem Turm auf der den Platz um-
schließenden Mauer zu verstecken.

Mittlerweile war Hauptmann de Soto in einen Innenhof geführt worden, den eine in der Wiese eingelassene Badeanlage
schmückte, umgeben von einfachen, aber schönen scharlachrot
und weiß getünchten Wohneinheiten. Ein auffallend zarter, he-

rabhängender Gazestoff schirmte eine sitzende Figur ab. Sowie sich de Sotos Augen an den schwachen Schein der Binsenlichter gewöhnt hatten, vermochte er einen kräftigen Mann zu erkennen, der unbeweglich und wortlos wie eine Statue auf einem niedrigen Stuhl saß und zu Boden starrte. Scheinbar ohne die geringste Handbewegung wurde die Gaze zurückgezogen, und de Soto erkannte, dass der Stuhl aus gediegenem Gold war. Um die kräftigen Schultern des Mannes hing ein Pelzmantel, fein wie Seide, gefertigt aus den Fellen von Vampirfledermäusen. Um sein Haupt war ein rotes, wollenes Band gelegt. Diese weiche Krone war die Insignie des Königs aller Inka, Atahualpa. Er war *Capac Apu*, reicher und mächtiger Kriegskaiser; *Sapa Inca*, einzigartiger Inka; *Intip Cori*, Sohn der Sonne; *Capac Titu*, freiheitlicher und mächtiger Herr; *Huacchacuyac*, Freund und Wohltäter der Armen.

Getränke wurden gereicht, die die Spanier allerdings in Maßen genossen, aus Angst, berauscht oder vergiftet zu werden. Der fastende Atahualpa nahm nichts zu sich. Vom Chronisten Zárate wissen wir, welche Worte de Soto wählte: »Ich bin ein Hauptmann des Gouverneurs [Francisco Pizarro]. Er sendet mich, Euch zu besuchen und zu versichern, wie sehr er sich wünscht, Eure Bekanntschaft zu machen. Er wäre in höchstem Maß erfreut, wenn es Euch gefiele, ihn zu besuchen.« Mit einer Hybris, dass es einem die Sprache verschlägt, lud er einen Kaiser, der im Schoße seines eigenen Königreichs thronte, dazu ein, zerzausten Soldaten seine Aufwartung zu machen. Atahualpa sagte nichts. Er hob den Kopf nicht einmal, um sie anzusehen. Einer seiner Hauptleute sagte: »Der Herr der Inka fastet, er wird bis morgen weder sprechen noch essen noch Bier trinken.«

Der Inka-Hauptmann berichtete von Anschuldigungen, die Spanier hätten einen Dorfoberen von der Küste misshandelt. De Soto berief sich auf Notwehr. Atahualpa flüsterte seinem Sprecher etwas ins Ohr, der darauf sagte: »Dieser Dorfobere war ungehorsam. Die Streitkräfte des Inka-Königs werden mit Euch kommen und gegen ihn kämpfen.«

Hernando Pizarros leicht erregbares Naturell wurde durch die Unterstellung provoziert, sie bedürften fremder Hilfe, um einen Haufen Wilder zu besiegen. Meisterhafter Reiter, der er war, ließ er sein Ross auf den Hinterbeinen hochsteigen und galoppierte dann den Hof hinunter, stoppte, das Pferd stieg wieder, verhielt und trat mit den Hufen in die Luft, unmittelbar vor den Gesichtern der kaiserlichen Wachen. Dann raste er über den offenen Hof und wiederholte das Wagestück. Niemand von ihnen hatte zuvor ein Pferd aus so unmittelbarer Nähe gesehen; viele schreckten panikartig zurück. Schließlich durchritt er die gesamte Länge des Innenhofs und stoppte, eine Staubwolke aufwirbelnd, wenige Zentimeter vor dem sitzenden Inka-Herrscher. Er kam ihm so nah, dass Atahualpa Tropfen von Pferdeschweiß trafen und der Atem des Tieres die weichen Fransen des Stirnbands kräuselte; Atahualpa aber bewegte nicht einen Muskel oder sah auch nur auf.

De Soto sagte: »Ihr Indios braucht gegen gar keinen Dorfoberen vorzugehen. Wie groß seine Armee auch sein mag, die Christen werden ihn mit ihren Pferden vernichten.«

Atahualpa hob den Kopf. Immerhin hatte der Spanier eine Reaktion provoziert. Seine Mundwinkel hoben sich, er blickte de Soto in die Augen und lachte ihn aus. Atahualpas Hauptmann schickte die Spanier weg.

Dann herrschte lange Stille, bevor Atahualpa sprach. »Finde alle heraus, die vor den Pferden zurückschreckten. Schneide ihnen die Köpfe ab. Töte ihre gesamten Familien.«

Als sie schweigend zurückritten, durchquerten die Spanier zwei Flüsse, dann erst blickte de Soto zurück. Die nächtlichen Feuer der Inka verteilten sich weit über die gesamte Hügelkette und übertrafen an Helligkeit und Zahl alle Sterne am Himmel.

Es wird kein Übel dir begegnen
und keine Plage deinem Hause nahen

»Der unstillbare Eroberungsdurst, der die Spanier kennzeichnete, sobald sie die Neue Welt entdeckt hatten, ist sattsam bekannt. Nichts entmutigte sie, vor nichts schreckten sie zurück, und nichts erschöpfte sie.« Dies sind die Worte des Halb-Inka Garcilaso de la Vega. Er wuchs als Spanier auf, und entsprechend wohlwollend ist seine Betrachtungsweise. Eine genuine Inka-Stimme, die Huamán Pomas, klingt anders: »Die Eroberer waren an einen Punkt gekommen, wo sie aus purer Gier nach diesen Reichtümern alle Todesangst verloren hatten.« Es liegt nahe, aus den Hauptakteuren des Dramas Figuren eines Puppentheaters zu machen: der mittellose, blutrünstige Schuft Pizarro, der nichts zu verlieren hat; der herrlich wilde König Atahualpa, durch Heimtücke überwältigt; der scheinheilige Mönch Valverde, der feine, aber unübersetzbare Reden hält und dann das Zeichen zum Angriff auf unbewaffnete Männer gibt, in deren Land sie ungebetene Gäste sind.

Pizarro war ein merkwürdiger Fall. Er war aus eigener Kraft zu einem der reichsten Bürger Panamas aufgestiegen und hatte dann alles auf dieses Unternehmen gesetzt. Religion interessierte ihn nicht, er stellte keiner Frau nach und wurde erst in mittlerem Alter Vater. Sein erstes Kind war eine Tochter, Francisca, von einer fünfzehnjährigen Einheimischen; doch auch diese Liaison löste in ihm keinerlei Interesse am Wohlergehen der Urbevölkerung aus. Er schien von einem richtungslosen Ehrgeiz getrieben. Er hatte sagenhaften Reichtum erworben und starb mittellos. Manchmal wirkt er wie ein Symbol des verlöschenden Mittelalters – wie er das Spiel von Rittertum, Suche und Eroberung spielt. Als das Ritterideal längst tot und die Zeit für die rührend menschlichen

Parodien eines »Don Quijote« reif war, versuchten Pizarro und seine Gefährten noch immer, in einem unbekannten Kontinent auf der anderen Seite der Welt diese Fantasie auszuleben.

Atahualpas Psychogramm erscheint da vergleichsweise simpel: Er war schlau, berechnend, rücksichtslos, zielstrebig und entschlossen – die Jobbeschreibung für den Kaiserthron. In dieser Novembernacht in Cajamarca war er sich seines Reiches und Besitzes so gewiss, dass er nackt und ganz entspannt ein heißes Bad nahm und sich dann kaum die Mühe machte, die Aufschneider, die ihn besuchten, überhaupt anzusehen. Die weißen Körper waren ohnehin schon halb in der Hölle. Morgen würden sie tot oder Eunuchensklaven sein.

Als Pizarro seine Männer in den Wohnanlagen um den Platz herum postierte, stand nur wenig zwischen seiner großen, hageren Gestalt und einem raschen, erbärmlichen Tod. Er hatte bis jetzt noch keine Ahnung von der erniedrigenden Behandlung, die siegreiche Inka den Körpern ihrer Besiegten zukommen ließen. Bald würde er den Horror der rituellen Demütigung, der *runa tinya,* erleben. Seit er die Küste verlassen hatte, hatte er keinerlei Anzeichen von Reichtum gesehen, das es rechtfertigen würde, seine Lebenskraft im Streben nach Besitz und Wohlstand zu vergeuden. Morgen würden sie aller Wahrscheinlichkeit nach sterben, und wofür?

Für Atahualpa stellte sich nur die Frage, wie lange er die Spanier noch hinhalten würde. Nach einigem Hin und Her beschlossen seine Minister, dass es nicht einmal nötig sei, die Truppen zu bewaffnen.

Pizarro dachte, es gebe nur einen vernünftigen Plan. Er kannte die Taktik seines Cousins Cortés in Mexiko-Stadt. Plan A: Ergreife das Staatsoberhaupt, und der Staat ist dein. Ironischerweise hatte das in Mexiko nicht funktioniert, wo die Menschen von Moctezumas zögerlichen diplomatischen Versuchen rasch ernüchtert waren und ihn kaltstellten. Cortés fand sich daher in

Plan B wieder: einem schmutzigen Zermürbungskrieg, in dem benachbarte Stadtstaaten als Alliierte benutzt wurden. Als er am Ende Mexiko-Stadt aushungerte und überwältigte, kämpfte er gegen wandelnde Gerippe, wie aus einem Konzentrationslager, die nur von ihrem unglaublichen Fanatismus am Leben gehalten wurden. Aber Pizarro, dem weniger als zweihundert Mann zur Verfügung standen und keine Zeit, Alliierte aufzutreiben, war noch verletzlicher als Cortés. Schon morgen würde Atahualpa bemerken, wie armselig seine Streitkräfte waren. Es gab nur einen Weg, das Heft des Handelns in der Hand zu behalten: Atahualpa zu ergreifen. Ein Unterfangen, das fast mit Sicherheit zum Scheitern verurteilt war. Es gab aber keinen Plan B, nur den Tod.

Ein Frontalangriff beim ersten Treffen war das Einzige, womit Atahualpa nicht rechnete. Er postierte seinen höchsten General Rumiñavi hinter Pizarro, um ihm den Fluchtweg zur Küste abzuschneiden. Atahualpa bat Pizarro, als Unterkunft ein Haus vorzubereiten, auf dessen Stein eine Schlange graviert war: das Haus der Schlange. In Krisenmomenten erwies sich Francisco Pizarro, nun Mitte fünfzig, als scharfsinniger General, der aus harter Erfahrung gelernt hatte. Er kannte seine Leute. Ein Appell an persönliche Werte würde bei ihnen viel eher fruchten als jeder fromme Slogan. »Macht eure Herzen zu Festungen«, schärfte er ihnen ein, »ihr habt kein anderes.« Er verbarg sie alle in den Wohnungen, außer sich selbst und einem Beobachtungsposten. Seine Männer verstanden den Grund nicht, Pizarro aber wusste, dass er nur durch Überraschung und blitzschnellen Zugriff Angst und Panik auslösen konnte. Wenn er seine Leute als Truppe Aufstellung nehmen ließe, würde das ihre Schwäche augenfällig machen. Die gesamte Nacht und die meiste Zeit des folgenden Tages harrte die Kavallerie, aufgesattelt, in den Häusern entlang des Platzes aus.

Am kalten frühen Morgen kam allmählich, ohne jede Eile, Leben in Atahualpas Lager. Sie feierten und tranken, um das Ende der Inka-Fastenzeit zu begehen. In der Zwischenzeit sahen die

Spanier immer wieder massenhaft Männer auf den sanften Anhöhen unterhalb der heißen Bäder von Baños sich zu geordneten Schlachtreihen aufstellen. Die Angst bohrte sich in ihre Eingeweide, als sie beobachteten, wie ein großes Bataillon sich durch das Tal auf sie zubewegte. Die Disziplin der Einheimischen war unverkennbar: Sie standen so, dass ihre farbigen Federbüsche sich zu einem karierten Muster ordneten. Dann hielten sie an. Weitere Tausende rotteten sich auf den frei gewordenen Flächen hinter ihnen zusammen. Sie marschierten wieder weiter und verbanden sich mit einem dritten Bataillon. Erst um Mittag war die kolossale Streitmacht komplett.

Die Spanier begingen die heilige Messe und überantworteten sich ihrem Gott.

Die Inka-Armee schritt währenddessen unter Gesängen vorwärts und säuberte Atahualpas Weg bis zum letzten Steinchen. Als sie abbogen, glitzerte und funkelte ihr gold- und silberbehangener Kopfschmuck in der Mittagssonne.

Als die Spanier ihr Herz prüften und versuchten, Mut für ihr selbstmörderisches Unternehmen zu fassen, hielten sie sich für die am besten ausgerüstete und erfahrenste Armee, die Europa je hervorgebracht hatte. Nach acht Jahrhunderten waren die andersgläubigen Mauren durch Waffenkraft aus Spanien vertrieben worden. Spanische Armeen suchten daraufhin ihr Glück in Italien, wo sie Siege und Königreiche errangen. Ihr Gott, ihr König und ihr Land standen im Aszendenten. Jetzt hatte sich ihnen die Neue Welt erschlossen, rechtmäßig zuerkannt durch Papst Alexander IV., der selbst Spanier war und die dortigen Seelen ihrer Fürsorge anvertraut hatte. Himmel und Erde fielen ihnen in den Schoß.

Aber sie waren auch Normalsterbliche. Pedro Pizarro, ein Cousin Franciscos, war noch ein Teenager. Einen ersten Vorgeschmack vom Krieg bekam er, als er beobachtete, wie die Veteranen um ihn herum sich während des Wartens vor Angst vollpissten und nicht einmal merkten, was passiert war. Da standen sie in ihren nassen Hosen und zitterten im Schatten. Im Lauf der langen Nacht festigte dann die Gefahr ihre Kameradschaft. Cristóbal de Mena erinnerte sich:»Es gab keine Unterschiede mehr zwischen Groß und Klein oder Infanterie und Kavallerie. Rundum hielt einer nach dem anderen in dieser Nacht in vollem Harnisch und Bewaffnung Wache. So auch der gute alte Pizarro, der umherging und seinen Leuten Mut machte. An diesem Tag waren alle Ritter.« Sowie Atahualpa sich näherte, gab Francisco seinen Leuten letzte Anweisungen:»Sprengt im Augenblick des Angriffs grimmig heraus, aber kämpft ruhig und kraftvoll, und wenn ihr angreift, passt auf, dass die Pferde nicht zusammenstoßen.«

Die Spannung stieg. Als der Nachmittag sich unerträglich dahinzog, hielt Atahualpa plötzlich auf einer Wiese, achthundert Meter vor der Stadt, und die Inka begannen, Zelte aufzuschlagen. Pizarro sandte einen Boten hinaus, um die Inka zu bitten, doch weiterzugehen: Kein Übel wird dir begegnen und keine Plage deinem Hause nahen.

Während die Sonne allmählich unterging, setzte sich Atahualpa wieder in Bewegung.

Vielleicht ist das nun Folgende der größte Augenblick der Weltgeschichte: Die Geschichte zweier Kontinente, zweier Welten, kulminiert in einem Punkt, kreuzt sich auf dem großen Platz einer kleinen Stadt in dem Moment, als zwei große Männer einander Auge in Auge gegenübertreten. Sie sprechen kaum miteinander, und schon ist es vorbei. In wenigen Augenblicken ist alles gewonnen und verloren.

Schwer zu sagen, schrieb Garcilaso de la Vega, auf welcher Seite das Erstaunen größer gewesen sei. Beide Seiten nahmen ihr Gegenüber als unwirklich-fantastisches Wesen wahr. Sie müssen das erlebt haben, was Descartes »ein plötzliches Ergriffensein der Seele im Angesicht des Neuen« nannte; für Momente paralysiert, fühlt man Begierde, Unwissenheit und Furcht, alles auf einmal. In der rätselhaften Figur, die ihn ansah, dürfte jeder der Führer auch etwas Merkwürdiges und zutiefst Verstörendes erkannt haben: Jemanden, der unaussprechlich fremd ist und dennoch den beunruhigenden Verdacht hervorruft, dass er etwas von einem selbst enthält. Es ist jener Moment, wenn der Spiegel schimmert und wir hernach nicht mehr wissen, ob wir noch immer auf derselben Seite stehen. Im Bild des ›anderen‹, der dich betrachtet, befindet sich jetzt ein Splitter deines eigenen Selbst. Jeder Reisende kennt es: Wir alle sind Fremde.

Atahualpa kam durch das einzige schmale Tor, das auf den großen Platz von Cajamarca führte, unter Gesang und Tanz und getragen von achtzig Edelleuten in prächtigen blauen Gewändern. Mit einer Fingerbewegung befahl Atahualpa Stille: augenblicklich und absolut. Der Staub, den ihre Füße beim Hereinkommen aufgewirbelt hatten, schwebte langsam zu Boden. Der Sand im Stundenglas fiel langsamer. In der Zeit klaffte ein Riss.

Da er keine Christen ausmachen konnte, fragte Atahualpa einen Berater: »Was ist aus den Bärtigen geworden?«

Der antwortete: »Sie haben sich versteckt.« Atahualpa dachte, sie fürchteten sich, herauszukommen, und rief: »Sie sind unsere Gefangenen.« »Jawohl!«, brüllten seine Männer. Aber sie griffen nicht an.

Zu einem bestimmten Zeitpunkt mag ein Rechtsdokument namens *Requerimiento*, Aufforderung, auf Spanisch verlesen worden sein, das von den Inka verlangte, sich zu ergeben und zum christlichen Glauben überzutreten. Spanien legalisierte damit sein Vorgehen und beschwichtigte sein schlechtes Gewissen bezüglich der Frage, ob es rechtmäßig sei, in diese wohlregierten Königreiche einzufallen. Las Casas schrieb, er habe nicht gewusst, ob er lachen oder weinen solle über die Absurdität dieser Verlesung vor den der Sprache nicht mächtigen Eingeborenen, bevor man diese abschlachtete. Passenderweise war es von Königin Johanna der Wahnsinnigen unterzeichnet. Eine abgrundtiefe Tragödie, durchsetzt mit Elementen einer Farce. Der Mönch Valverde trat vor, begleitet von einem zweiundzwanzigjährigen Mann aus Tumbes im fernen Norden an der heutigen Grenze zu Ecuador. Felipe war von den Spaniern als Übersetzer verpflichtet worden. Quechua war seine Zweitsprache, und er redete einen fürchterlichen Provinzdialekt. Sein Spanisch, von Soldaten erlernt und von Schimpfwörtern und Flüchen verunstaltet, war um keinen Deut besser. Er war zwar getauft, hatte aber nicht die mindeste Ahnung von jenem Glauben, den er Atahualpa nahezubringen beauftragt war. Garcilaso de la Vega, der fließend beide Sprachen beherrschte, wusste, dass Quechua kein Vokabular für die Dreifaltigkeit besaß, und hatte Mitleid mit Felipe, der krampfhaft versuchte, zu erklären: »Es gibt drei, die einer sind, das macht zusammen vier.«

Atahualpa versuchte zu helfen und wechselte in Felipes erste Sprache, Chinchasuyu, die Atahualpa von seiner Mutter, einer Prinzessin von Quito, erlernt hatte. Valverdes Darstellung des Christentums vermittelte sich trotzdem noch immer als vollendeter Unsinn, aber als er dann damit fortfuhr, die Macht der Waffen zu beschreiben, die gegen Atahualpa ins Feld geführt würden, falls dieser die Forderungen nicht erfüllte, lief Felipes Soldatenspanisch zu Höchstform auf. Sein Ton war klar und kriegerisch.

»Mein Vater gewann ein Königreich und hatte nie etwas von Jesus Christus gehört«, wandte Atahualpa ein und forderte Valverde auf, seine Behauptungen zu beweisen. Valverde hielt eine Bibel oder ein Brevier hoch und rief: »Die Wahrheit spricht aus diesem Buch.« Die Inka kannten keine Schrift. Atahualpa nahm das Buch, blätterte darin und bewunderte die einzelnen Seiten, dann hielt er es an sein Ohr. »Mir sagt es nichts, eigentlich spricht es überhaupt nicht.« Und schleuderte es zu Boden.

Es gibt nun drei gern kolportierte Versionen, wie Valverde reagiert haben soll: »Auf sie! Auf sie!«, schrie er, oder: »Christen, ich rufe euch an, diese Beleidigung des Glaubens an Jesus Christus zu rächen«, oder, die unverfrorenste von allen: »Fallt über ihn her.

Ich erteile Absolution.« Letztlich spielte es keine Rolle, welche Worte er gewählt hatte, denn die Inka verstanden ihn ohnehin nicht und blieben daher ruhig. Es kam zu keiner plötzlichen Aktion, es gab nur eine sehr unheimliche Lücke in der Schichtenfolge des Geschehens. Valverde hob sein Buch auf, machte auf dem Absatz kehrt und ging zurück zu Francisco Pizarro, der seinem Bruder Hernando einen Befehl erteilte. Eine weitere geisterhafte Stille entstand. Dann brach die Hölle los. Kanonen feuerten in die Menge, Trompeten ertönten. Und mit dem alten Kreuzfahrerschlachtruf »Santiago!! – auf sie!« preschte Francisco Pizarro mit seiner Infanterie und sechzig Pferden, die Reiter in voller Rüstung samt Kettenhemd, auf die unbewaffnete Entourage des Inka los. Sie brachen an allen Seiten des Platzes aus den Hauseingängen hervor und ritten auf einen einzigen Punkt zu. Der beste Stahl Europas fuhr in die Arme, die die kaiserliche Sänfte trugen. Hände und ganze Arme fielen in den Sand. Es herrschte ein Pandämonium; der Thron wankte unter dem Schock des Angriffs.

Pizarro plante dreist, eine königliche Geisel inmitten ihres Hofstaats zu nehmen. Absurd. Zu glauben, wackere Ritterheldentaten hätten einen Platz in einer Welt der Gewehre und Kanonen, war ein Anachronismus, der sich nur in der Isolation der Neuen Welt erhalten konnte. Als die Berichte über diesen Angriff Spanien erreichten, riefen sie bei Hofe mildes Lächeln hervor. Welch amüsanter Bauernschwank! Innerhalb weniger Jahrzehnte war das Geschehen Stoff für Parodien: Sancho Panza warnt Don Quijote vor überstürztem Vorgehen und sagt: »Es geht nicht überall mit ›Santiago!! – auf sie!‹«

Aber an diesem Nachmittag auf dem Platz in Cajamarca ließ ein Mann, der seinen eigenen Vertrag für die Expedition nicht hatte unterzeichnen können, unwissentlich und bar jeder Ironie das Mittelalter zum letzten Mal glorreich erblühen, und heute schmückt seine Ritterstatue eine Hundertschaft öffentlicher Plätze.

Gefangen auf dem Platz wie Fliegen im Glas, ergriff viele Inka-

Soldaten die blanke Panik. Im verzweifelten Versuch, dem Blut-
bad zu entkommen, warfen sie sich derart heftig gegen die sechs
Meter hohe und knapp zwei Meter dicke den Platz begrenzende
Adobe-Mauer, dass diese auf Mannshöhe zusammenbrach. Wer
zu ihren Füßen stürzte, wurde erstickt oder zu Tode gedrückt.
Spanische Reiter sprengten die Rampe aus menschlichen Körpern hinauf, um Flüchtende auseinanderzutreiben und niederzu-
mähen. Währenddessen boten die Edlen des Inka ein morbides
Schauspiel grandioser Disziplin. Trotz blutüberströmter Arm-
stümpfe drückten sie ihre Schultern unter die Sänfte, um sie oben
zu halten. Fiel ein Edelmann, sprangen zwei herbei, um seinen
Platz einzunehmen. Einer der Spanier war es allmählich leid und
stach frustriert auf Atahualpa ein. Pizarro wollte den Inka aber lebendig, parierte den Hieb und wurde dabei selbst am Arm verletzt. Sieben oder acht Reiter erzwangen sich ihren Weg bis zur
Sänfte und kippten sie um. Als Atahualpa um seine Balance
kämpfte, griff eine Hand nach ihm und riss ihn zu Boden. Später
wollten viele Besitzer dieser Hand gewesen sein. Sowie er fiel, ergriffen ihn die Spanier, und jeder Widerstand der Inka erstarb.

Wie konnte das passieren? Achtzehn Jahre zuvor war in Itali-
en ein dünnes Büchlein von einem gewissen Nicolò Machiavelli
veröffentlicht worden; wir kennen es als »Der Fürst«. Diese erste
Bibel der Realpolitik warnt: »Menschen tun dir Böses, weil sie
dich fürchten oder hassen.« Atahualpa hatte an jenem Tag im November keines der beiden Motive, Pizarro aber gewaltige Angst
vor Atahualpa. Pizarro entschied sich für einen Akt der Verzweif-
lung, Atahualpa dagegen litt unter fataler Trägheit. Hätten die
Inka ihre Speere getragen, wäre Atahualpa ringsum geschützt gewesen. Die Spanier wären vernichtet worden. So aber erhob sich
nicht eine Inka-Waffe gegen Spanien. Pizarros Schnittwunde war
an diesem Tag die einzige Verletzung auf spanischer Seite.

Atahualpa wurde im Sonnentempel in einen sicheren Raum
gebracht. Vielleicht liegt die heutige Kathedrale über dieser Stät-

te; es war übliche Praxis, sich der alten Heiligtümer zu bemächti-
gen. Am späten Nachmittag, zur gleichen Stunde, in der Atahualpa ergriffen wurde, gingen Elaine und ich auf die reich skulptierte
Fassade der Kathedrale zu. Die alten Steine schimmerten im Sonnenlicht rötlich wie glühende Kohlen, hier und da lag Schatten
wie Asche auf ihnen. Auf Säulen, gedreht wie Zuckerstangen,
grinsten Affen aus sich emporwindenden Weinreben, und über
diese unbändige Natur wachten strenge Heilige in kühlen, jakobs-
muschelförmigen Mauernischen. Ruhe und Gewissheit: Hier gab
es keine Jahreszeiten. An einem Portalpfeiler saß eine uralte Frau,
ihr Gesicht sah aus wie ein durch getrockneten Lehm verknitter-
tes Tuch, ihre Augen waren milchige Murmeln, ihre ausgestreck-
te Hand ein Vogelnest aus schmutzigen Falten. Am anderen Pfeiler lehnte eine junge Frau, die ein drei Wochen altes Baby an ihrer
kupfernen Brust stillte, die Haut um die Brustwarze herum schien
wie mit einem Sternenregen mahagonifarbener Sommersprossen
eingesprüht. Die alte Frau stand auf, um zu gehen. Sie ergriff die
Hand des Babys. Das Kind war ein Bündel aus weichem, vollem
Fleisch, mit cherubinischen Schmolllippen und Wangen. Es sah
aus, als sei es geradewegs einem Bild entsprungen, wo es eben
noch dickbäuchige Schiffe in die aufgerissenen Mäuler von Levi-
athanen gepustet hatte. Sie küsste das Baby: ein vertrockneter
und ein frischer Pfirsich.

Im leeren, dunklen Kirchenschiff glänzten die kühlen Wände
vom Abrieb Zigtausender Fingerspitzen, die seit mehr als vier
Jahrhunderten Segen und Gnade erflehten. Um viel wird gebeten,
vielleicht nur wenig gegeben.

Der Gesang der Vögel erstarb

Auf halber Höhe des Platzes geht eine Allee, die Amalia Puga, ab. Nach Südosten hin steht rechter Hand ein schmales Gebäude, dessen Natursteinfassade mit den verputzten Kolonialfronten zu beiden Seiten kontrastiert und über dessen Tür ein eingemeißeltes Wappen prangt. Das ist El Cuarto de Rescate, die Lösegeldkammer. Alexander von Humboldt besuchte sie im Jahr 1802, Astopilca, ein direkter Nachfahr von Atahualpa, führte ihn herum. Auch ihm wurde, wie seit vierhundert Jahren jedem Besucher, der falsche Raum gezeigt. Dies hier war Atahualpas Gefängnis, nicht die Schatzkammer. Das als Gefängnis missbrauchte Lagerhaus soll das einzig verbliebene Haus aus der Zeit der Inka-Stadt sein. Ich habe kein anderes gesehen.

Als ich von der Straße die Stufen hinaufstieg, erwartete ich, direkt in ein Inka-Gebäude zu kommen, befand mich aber in einer hohen, engen Passage rein kolonialer Bauart, mit Treppen, die auf der Rückseite zu einem Innenhof führten. Der Boden war mit kreisförmigen Vorratsgruben übersät, und ein Abflussrohr verlief von einer verriegelten Tür zur Mitte der schmucken Inka-Mauer. Das einfache, rechtwinklige Lagerhaus maß etwa zwölf auf sieben Meter. Seine Mauern bestanden aus sechs Schichten von Steinquadern, die heute mit einer Lehmziegelwand zu einem flach ansteigenden Terrakotta-Dach fortgeführt werden. Die Inka verwendeten keine Dachziegel. Atahualpa hätte in seiner Zelle beim Blick nach oben vielmehr auf Stroh geblickt.

Vor dem Eingang hing ein Seil als Absperrung. Die fünfhundert Jahre alten Steine haben unter der verschmutzten Luft, den Fett und Säure hinterlassenden menschlichen Berührungen und dem schieren Alter gelitten. Der Stein weist Abplatzungen auf; die Farbe blättert ab. Tourismus ist das einzige der drei Probleme, auf das die Archäologen Einfluss nehmen können. Bis sie eine Strategie ausgearbeitet haben, um den Zerfall zu bremsen, wird die Öffentlichkeit ausgeschlossen. Ich zeigte meinen Brief von der Peruanischen Botschaft vor und erhielt die Sondergenehmigung, den Raum für zehn Minuten zu betreten. Das Gebäude hat sich ein wenig verändert, die Türen stehen anders, steinerne Türstürze sind gestohlen und durch hölzerne ersetzt worden, die nun gefährlich morsch sind. Einige der ursprünglichen Steinplatten liegen unterhalb des jetzigen Fußbodenniveaus. Eine Tafel aus rosabraunem Stein lehnt an der Wand, sie misst über eineinhalb Meter und hat die Form eines Schaufelblatts, dem eine Schulter fehlt. Sie stammt, heißt es, vom alten Inka-Platz und ist angeblich jener Stein, auf dem Atahualpa getötet wurde – obwohl er an einen Pfosten gebunden und mit dem Würgeeisen erdrosselt wurde. Chronisten berichten von Ureinwohnern, die Schmutz von den Stellen abgetragen haben sollen, auf denen seine Hände und Füße ruhten. Große Geschichten lassen auch im Überfluss Legenden entstehen.

Das Berühmteste in diesem Raum ist eine rötliche Stelle an der Wand, auf einer Höhe, die ein etwa ein Meter fünfundsechzig großer Mann mit über den Kopf ausgestreckter Hand erreichen könnte. Kurz nach seiner Gefangennahme unterhielt sich eine Gruppe von Spaniern in Atahualpas Unterkunft. Er wandte sich an sie: »Ich weiß, wonach ihr euch sehnt. Ihr wollt Gold.« Sie drehten sich halb um und sahen ihn an. »Wenn ihr mich freilasst, zahle ich euch ein Lösegeld, das diesen Raum mit Gold füllt: vom Boden aus so hoch, wie meine Hand reicht.« Die Spanier setzten ihr Gespräch fort. Eine Minute später bat Francisco Pizarro ihn, sein Angebot zu wiederholen. Atahualpa bestätigte, der Raum würde bis zu der roten Linie, die er oberhalb seiner Fingerspitzen zog, einmal mit Gold und zweimal mit Silber gefüllt werden. Pizarro schickte nach einem Sekretär, um es niederzuschreiben. Das Papier war in den Augen des cleveren jungen Pedro Pizarro Atahualpas Todesurteil, eines, das er aus freien Stücken und in aller Naivität unterzeichnete.

Atahualpas Bereitschaft, sich von seinen Schätzen zu trennen, machte Sinn. Er dachte, die Spanier würden sie an sich nehmen und abziehen. Gold und Silber würden ihm Zeit erkaufen und seinen Hals retten. Der Verlust des Schatzes würde seine Macht nicht beeinträchtigen; wertvolle Metalle verliehen zwar Status und symbolisierten politische Macht, aber anders als in Europa waren Gold- und Silberbarren hier kein Zahlungsmittel. Die Inka benutzten kein Geld, sie sammelten und verteilten; Schätze wegzugeben würde die auf Landwirtschaft gründende Realwirtschaft nicht gefährden. Außerdem war noch reichlich weiteres Gold vorhanden.

Wie ein Unterweltboss operierte Atahualpa wirkungsvoll aus der Zelle heraus. Seine Männer ergriffen Huáscar und nahmen ihn gefangen. Um Pizarros Reaktion zu testen, begann Atahualpa zu weinen, als Pizarro ihn besuchte. Er gab vor, seine Männer hätten seinen Bruder getötet; er sagte, er sei außer sich und fürchte die Wut der Spanier. Als Pizarro ihn wegen des Verlusts tröstete, ordnete Atahualpa umgehend an, Huáscar zu exekutieren. Es geschah so schnell, dass die Spanier nie auf die Idee kamen, sie könnten hereingelegt worden sein. Nach seinem Tod wurde Huáscar die grauenhafteste aller Inka-Erniedrigungen zuteil: Er wurde gehäutet und zu einer Trommel verarbeitet. Sie wurde so angefertigt, dass das Geräusch, wenn man sie schlug, von seinen eigenen ausgestopften Händen und Armen verursacht schien, die den eigenen Bauch schlugen. Aus einem Oberschenkelknochen wurde eine Flöte geschnitzt und an seinen Lippen befestigt. Das nannten sie *runa tinya*, Menschentrommel; genau das wäre, hätte Pizarro versagt, sein Schicksal gewesen.

In drei Wochen erlernte Atahualpa das Schachspiel und Grundkenntnisse in Spanisch. Er war fasziniert von der Schrift, verstand, anders als Moctezuma in Mexiko, rasch ihr Prinzip und ihre Macht und begriff, dass und wie sie ihm beim Herrschen von Nutzen sein würde. Er ließ einen Soldaten ein D auf einen Fingernagel, ein I auf den nächsten, O und S auf den dritten und vierten malen. Er zeigte seine Hand einem anderen Spanier, der korrekt *Dios*, Gott, vorlas. Er zeigte sie dem Analphabeten Pizarro, der nur mit den Schultern

zuckte und sich wegdrehte. Danach hatte Atahualpa niemals mehr
denselben Respekt vor Pizarro.

Allmählich traf das Edelmetall ein. Die Spanier hatten noch immer kaum eine Vorstellung von der Ausdehnung des Reiches, der
Länge der Reisen, die unternommen werden mussten, um die Schätze nach Cajamarca zu bringen. Sie wurden ungeduldig. Sie dachten,
Atahualpa betreibe eine Verzögerungstaktik. Fünf Monate später,
kurz vor Ostern 1533, erschien Pizarros Partner und Atahualpas Nemesis, Diego de Almagro. Er war kurz, hässlich, schlimm vom Krieg
gezeichnet und ein weiteres analphabetisches Findelkind. Vulgär
und hitzköpfig, war er Pizarros Partner aus Kalkül, wegen des Geldes, nicht aus Zuneigung. Er mochte keinen von Pizarros Brüdern,
und am meisten verabscheute er bezeichnenderweise den besten unter ihnen, Juan. Almagro kam und stellte fest, dass der ganze Schatz,
der da hereinströmte, vertraglich nur den Spaniern zugesichert war,
die in Cajamarca gekämpft hatten. Diese Gleichung verstand sogar
ein Analphabet: Solange Atahualpa lebte, war Diego de Almagro
vom Schatz ausgeschlossen. Er musste in Cajamarca sitzen und zusehen, wie die Pizarros und ihre Spießgesellen sich die Beute unter den
Nagel rissen. Also streuten Almagros Männer Gerüchte von einer
großen, von Atahualpa herbeigerufenen Inka-Streitmacht. Es war
dieses Klima der Angst, in dem Atahualpas Freiheit erodierte: Man
legte ihm ein goldenes Halsband und eine Kette um den Hals. Obwohl der anständig gesinnte de Soto im Land nachforschte und die
Lüge aufdeckte, wurde ein heuchlerischer Prozess abgehalten und
Atahualpa verurteilt, bei lebendigem Leib auf dem Hauptplatz verbrannt zu werden. Zuerst bettelte und schluchzte er, dann schien er
es plötzlich zu akzeptieren und trug es mit großer Würde. Schließlich sagten sie ihm, falls er zum Christentum überträte, würde man
ihn stattdessen nur erdrosseln. Er weigerte sich.

Auf dem Scheiterhaufen wurde er von Bruder Valverde noch
einmal gefragt und stimmte nun doch der Taufe zu. Es gibt viele
Gründe, die ihn zu diesem Sinneswandel bewogen haben mochten,

doch einer verlieh seinen Anhängern Mut und Hoffnung. Würde Atahualpas Körper unversehrt beerdigt, so könnte er unter der Erde seine Lebenskraft wieder zurückerlangen. Am Ende eines großen Zeitalters der Menschheit, zur *pachakuti*, der Zeitenwende, wenn die Welt in regelmäßigen Abständen auf den Kopf gestellt wird, würde sich der Gebieter Atahualpa dann wieder erheben, um sein Volk zu führen. Atahualpa konvertierte vom Gottsein in seiner eigenen Religion zum armen Sünder in einem fremden Glaubenssystem. Dann erwürgten die Spanier ihren Konvertiten.

Zwei von Atahualpas Schwestern kamen trauernd zu den ehemaligen Gemächern ihres Bruders und baten Pedro Pizarro um Erlaubnis, einzutreten. Der junge Mann war gnädig und führte sie hinein. Sie gingen in Atahualpas Lieblingsraum und gurrten, erinnert sich Pedro, wie Tauben»und riefen ihn in den Ecken sehr leise an. Dann, als sie merkten, dass er ihnen nicht antwortete, verließen sie unter großem Gejammer den Raum.«

Als ich die schlichten Räumlichkeiten betrachtete, die Atahualpas Gefängnis geworden waren, erkannte ich, dass all meine Versuche, vom Hügel Santa Apollonia aus den weit größeren, älteren Platz im heutigen Straßenverlauf auszumachen, vergeblich sein mussten. Das einzige erhaltene Inka-Gebäude steht in einem Winkel von zwanzig Grad zur heutigen Straßenrichtung und dem kolonialen Innenhof, in dem es sich befindet. Der Winkel ist wie ein Stoß gegen den Geschichtsseismografen; ein kulturelles Erdbeben erschütterte das Land, und das Leben sollte in einer rigoros anderen Richtung weitergehen, als es bis hierher verlaufen war. In diesem Winkel trennen sich zwei Zivilisationen, mit Atahualpa im Scheitelpunkt dieser Umwälzung.

Lange noch nach seinem Tod strömte der Schatz herein, das Lösegeld, das ihm das Leben hätte erkaufen sollen, und es übertraf alle Versprechungen. Zwischen den kalten Steinen der Lösegeldkammer rührt der verklungene Vogelgesang der Schwestern für ihren Bruder noch immer ans Herz.

3.
LAND DER VERLORENEN: VON CAJAMARCA BIS CUZCO

Ein neues Eden

Von Baños aus wanderten wir siebzig Kilometer nach Süden zu
der kleinen Stadt Cajabamba, auf einem Weg, der von Eukalyptusbäumen und beeindruckenden Cabuya-Agaven gesäumt war.
Roter, mit Stroh vermischter Lehm diente als Material für die
prächtigen Adobe-Lehmziegel: Die Mauern dieser Häuser glänzten in der Sonne wie altes Gold. Wir stiegen auf einen herrlichen
Hügel und kauften auf halbem Weg in einem kleinen Laden Orangen.

Ich fragte die Verkäuferin: »Wie viele Touristen kommen hier
jährlich ungefähr vorbei?«

»Im Durchschnitt?«

»Genau.«

»Ungefähr?«

»Ja.«

»Alle zusammen genommen?«

»Ja.«

»Keiner.«

Es war Elaines erste richtige Trekkingtour, und sie hielt sich
gut. Auf dem ersten Sattelpunkt war ein kleines Fußballfeld angelegt, das alles an verfügbarer ebener Fläche nutzte und daher rau-
tenförmig war. Ich versuchte mir vorzustellen, welche Spieltaktik
hier umsetzbar wäre. Der Blick zurück von hier oben verdeutlich-
te, dass das kleine Baños in etwa die Größe Cajamarcas zur Zeit
der Eroberung hatte: Kaum vorzustellen, dass auf einem solchen
Dorfplatz Geschichte geschrieben wurde. Blickten wir nach vorn,
konnten wir viele Kilometer weit den vor uns liegenden Weg
überschauen, der durch ein hübsches Tal hinauf zu einem Ein-
schnitt im Bergrücken führte. Um die Mittagszeit rasteten wir an
einem pittoresken Flüsschen und aßen Brot und Käse. In der
Nähe saß eine Frau zwischen ihren dunkelbraunen Schafen und

spann dunkelbraune Wolle. Der Wasserlauf grub sich seinen Weg durch das satte Erdreich. Direkt über einer neu entstandenen Abbruchkante hing ein Haus, das in der nächsten Regenzeit abstürzen würde. Verständlich also die schlechte Laune des Schäferhundes, der es bewachte. Auch der Weg war zum größten Teil weggebrochen und bestand nur noch aus einer brüchigen, knapp fünfundzwanzig Zentimeter breiten Kante. Mit schwerem Gepäck war er unpassierbar. Wir kletterten also hoch in die Felder und kamen zu einem heruntergekommenen Haus, wo ein mindestens ebenso heruntergekommener Mann, mit einem Unterhemd und einer schäbigen, offenen Hose bekleidet, seinen abgemagerten Windhund zurückpfiff, dessen Rippen sich wie ein gesplitterter Lattenzaun abzeichneten. Elaine zog eine Hundescheuche hervor; eine kleine Büchse, die Ultraschallsignale abgab. Wir mussten mit drei verschiedenen Reaktionen rechnen und hatten Glück: Der Hund hielt inne, schaute leicht gequält drein und trat den Rückzug an. Der Mann nagte an einem weißen Maiskolben und zeigte uns, wie wir den Erdrutsch umgehen konnten.

Der Weg ließ sich vergleichsweise einfach bis zu einer zweiten Wasserscheide emporwandern, wo er zu einer echten Inka-Straße mit Steineinfassungen und Bewässerungskanälen wurde. Wir stießen auf halbmondförmige Inka-Terrassen, die Fundamente großer Speicher und ein ehemaliges *tambo*, ein Rasthaus. Um vier Uhr erreichten wir ein großes, altes Landhaus und sprachen mit dem Neffen des Besitzers.

»Dürfen wir hier zelten?«, fragte ich und zeigte auf ein ebenes Feld, um das ein sauberer, betonierter Bewässerungsgraben verlief. Es war ein langweiliger, aber praktischer Platz.

»Könnt ihr machen. Aber weiter oben liegt ein kleiner See, der sehr schön ist.«

Ich hatte auf der Karte keinen See bemerkt. »Wie weit ist er weg?«, fragte ich. Seine Antwort war lediglich jener merkwürdig abwesende Blick, den ich bereits kannte, wenn es um genaue Entfernungen oder Zeitangaben ging, ganz so, als hätte ich ihn gebeten, jedes einzelne Molekül einer Kuh aufzuzählen. Wir riskierten es und wanderten weiter. Es war unser erster schwerer Marsch an diesem Tag. Ein trockener Abflussgraben endete jäh im Brachland, doch oben wartete schließlich ein mit Schilf umwachsener See von einem knappen Kilometer Durchmesser auf uns. Ein Fisch sprang übers Wasser, ein Jagdhund trottete zwischen den Bäumen umher und akzeptierte uns für die Nacht. Der Kocher funktionierte brav, der Untergang der Sonne war herrlich, und hinter ihr stieg der Mond auf, gefolgt von Venus. Kindergeschrei echote über das Wasser: Sie wollten nicht hinnehmen, dass der Tag zu Ende ging. Wir lagen am Kocher, hielten Händchen, und die Milchstraße zog über unseren träumenden Augen dahin.

Es war eigenartig, das Zelt mit Elaine zu teilen, sie in ihrem Schlafsack eingehüllt neben mir zu haben, daliegend wie eine geschmeidige Odaliske. Um fünf Uhr dreißig krähte ein junger Hahn und weckte sämtliche Hunde im Umkreis, die sich daraufhin um den Verstand bellten, unser Jagdhund eingeschlossen. Wir brauchten also keinen Wecker. Um sechs Uhr tranken wir Kaffee, aßen Brot und Bananen und betrachteten das goldfarbene Licht, das sich über die rote Erde ausbreitete. Maispflanzen zitterten in der eisig-süßen Morgenluft. Alles war klar und friedlich, wie ein unberührter Pool, in den an diesem Tag noch niemand und nichts eingetaucht war. In ihren ersten Beschreibungen wurde die Neue Welt oft als das Neue Eden oder sogar als Paradies auf Erden bezeichnet. Die Neuankömmlinge brachten ihre eigenen Vorstellungen mit und hegten und pflegten sie. So auch Bischof Vasco de Quiroga, der in den 1530er-Jahren in Michaocán im Westen Mexikos eintraf, eine Abschrift von Thomas Morus' »Utopia« im Gepäck. Er gestattete den Tarascan-Indios kein Privateigentum und erklärte ihnen, das Land heiße »nicht deshalb Neue Welt, weil es neu entdeckt worden ist, sondern weil es, seine Menschen und überhaupt alles darin, dem Goldenen Zeitalter gleicht«. Eine Sichtweise, die ihren Weg in beide Richtungen, auch zurück nach Europa, fand. Der Griechischgelehrte John Layfield war entzückt von seinem Besuch als Schiffsseelsorger in Puerto Rico, eine Erfahrung, die sein bekanntestes, 1611 erschienenes Werk beeinflusste: Layfield übersetzte die ersten Kapitel des Buches Genesis für die King-James-Bibel. Die uns geläufige Beschreibung der Schöpfung und des Paradieses wurde also von Augen gefiltert, die die Neue Welt gesehen hatten.

Morgenstimmungen wie diese hielten diesen Traum lebendig. Wir waren etwas Besonderes, die Symmetrie des Tages ordnete sich um uns herum. Enten schalten einander im jungen Schilfrohr, das die gläserne Oberfläche des Sees kitzelte. Als ich mich darin wusch, sah ich beim Hinunterbeugen den Himmel in einer derart vollkommenen Spiegelung, dass ich das Gefühl für oben und unten verlor und die Hände ausstrecken musste, um nicht kopfüber in den See zu fallen. Ich schöpfte Wasser aus dem Himmel, um mein Gesicht zu benetzen. Dann folgten wir einem sandigen Weg und wirbelten mit unseren Füßen mentholhaltige Eukalyptusblätter auf.

Als Pizarro Cajamarca hinter sich ließ, gelangte er auf genau diesem Weg nach Süden. Ironischerweise erleichterte der gute Zustand der Inka-Straßen die Conquista ungemein. Er verbrachte die erste Nacht in der nächsten Ortschaft, Namora. Als wir dort ankamen, war es elf Uhr dreißig, doch wir verspürten bereits Lust auf ein Mittagessen. Das Zentrum des Städtchens war ein dreieckiger Platz mit einem Pavillon in der Mitte. Im einzigen Café taten wir uns an Gemüsesuppe und Spaghetti mit hauseigener Ziege und Kartoffeln gütlich. Eine spindeldürre schwarze Katze patrouillierte auf dem Boden und raufte mit einem Welpen darum, wer als Erster an die Reste kam. Wir ließen gezielt kleine Essensbröckchen auf den schmutzigen Boden fallen, sodass auch der Hund eine Chance hatte, etwas abzubekommen. Im Lebensmittelladen beäugten wir die jämmerlichen Vorräte und kauften

Obst. Derweil bekam ein riesiger Köter einen gebratenen
Schweinskopf zu fassen, der draußen auf einem kleinen Holztisch
lag, und rannte damit auf und davon. Während der ergatterte
Kopf der zahnlosen Alten zugrinste, jagte sie den Hund unter wilden Flüchen die Straße hinunter.

Wiesen voller Wasser trennten uns nun von der Inka-Straße.
Zwei Hunde gaben ihr vergnügliches Herumtollen im blühenden
Gras auf und griffen uns an. Mit einem nichts Gutes verheißen-
den Gesichtsausdruck griff Elaine zur Hundescheuche und schaltete sie ein. Das machte die Tiere vollends wild. Ich warf Steine
und machte Elaine aus einem eineinhalb Meter langen Eukalyptusstängel eine zweite Hundescheuche. All unsere Versuche, wieder zur Inka-Straße zu gelangen, schlugen fehl; einmal wegen der
ungewöhnlichen Wassermengen, dann wegen der durch Bodenerosion entstandenen Rinnen, die zum Durchqueren zu tief waren. Jeder neue Versuch kostete uns Energie, ohne uns voranzubringen. Wir stiegen einen langen, gewundenen Pfad durch
üppige Vegetation hinab und schütteten literweise eisiges Wasser in unsere überhitzten Körper. Wir hatten gehofft, möglichst
den ganzen Tag wandern und rechtzeitig haltmachen zu können,
um das Zelt vor Einbruch der Dunkelheit aufzubauen. Doch es
schien ein Gesetz zu geben: Bis vier Uhr kommt man an endlosen,
wunderbar flachen Campingstellen am Ufer bildschöner Flüsse
vorbei, später jedoch gibt es entweder keinen geeigneten Zeltplatz und kein Wasser mehr, oder beides kommt in Form von
Morast zusammen. Ich fühlte mich unglaublich müde. Elaine versicherte, sie sei okay. Als wir aber den Talgrund erreichten, kam
der Schmerz. Beine, Schultern und Rücken taten ihr unsäglich
weh. Ich ließ sie am Wegrand ausruhen und machte mich allein
auf die Suche. Nahe einer Flussbiegung gab es eine ebene Stelle
unter einem schlanken Abedul-Baum, einer Erlenart. Die alte
Frau, Maria Segunda, der das Land gehörte, meinte, es sei zu
feucht zum Zelten. Ich fand einen Platz mit verlassenen Ameisen-

haufen, der trocken und gerade groß genug für unser Zelt war. Wir kochten Eier und aßen dazu Zwiebeln, Früchte und Thunfisch. Ich war so hungrig, dass ich die Dose am liebsten mitgegessen hätte. Ich verlor immer noch an Gewicht. Hatte mein Brustbein denn immer schon so hervorgestanden? Als ich es das letzte Mal so hervortreten sah, war ich sechzehn.

Wir schliefen wie Tote, und am Morgen wuschen wir uns nackt in einem Bewässerungsgraben. Wir stiegen über Äcker aufwärts, in denen von Jungen geführte Ochsen lange Holzpflüge zogen. Oben machten wir auf einem Feld Pause. Riesige, wunderbar braun, weiß und schwarz gezeichnete Schmetterlinge mit einer Flügelspannweite von beinahe acht Zentimetern flogen um unsere Schultern. Ein Stein wirkte, von unserem Rastplatz aus betrachtet, wie ein menschliches Profil, doch aus jedem anderen Blickwinkel entpuppte er sich nur als rissiger Brocken: bloßer Zufall also. Die Straße war von kleineren Gebäuden gesäumt, dennoch sah einiges nach Landflucht aus. Viele Anwesen standen zum Verkauf, darunter ein ehemaliges Café. Auf dem dunklen, nackten Adobe hatte jemand weiße Linien rund um Fenster und Türen gezeichnet: ein Geisterhaus, direkt neben einer menschlichen Behausung aus Lehmziegeln. Der Boden war ausgetrocknet. Das verbliebene Getreide zu unserer Rechten war gesprenkelt, als wären Platin und Gold ineinandergeflochten. Ein Esel beobachtete uns und schrie wie durch ein Megafon. Ich zeigte auf ihn und sagte: »Das reicht!« Er hörte augenblicklich auf.

Elaine kicherte.

Ich erklärte: »Ich bin eins mit dem Land. Du bist bei mir in Sicherheit.«

Cochamarca entpuppte sich als Straßenkreuzung mit zwei Läden und sechs Häusern. Im Laden, gleichzeitig ein Café, bedauerte der junge Mann, kein warmes Essen anbieten zu können, brachte uns dann aber eine Schüssel Reis, Bohnen und grüne Chilisoße – eine Portion vom Mittagessen der Familie. Eine junge Frau in ei-

ner grasgrünen Wolljacke traf gerade mit dem Bus aus Lima ein,
aber sie schien nur widerwillig nach Hause zu gehen. »Obwohl ich
schon vor einem Jahr hierher gezogen bin, kann ich mich noch
immer nicht daran gewöhnen, auf dem Land zu leben«, erzählte
sie. Während sie sprach, krempelte sie pausenlos die Ärmel bis
zur Achselhöhle hoch und wieder runter. »Oben in Manzanilla
findet ein Stierkampf statt«, sagte sie, und der Mann zeigte uns
ein Plakat dazu. Rituelles Blutvergießen hat in den Anden große
Bedeutung. Ich war äußerst interessiert daran, einen Stierkampf
in einer entlegenen Andengemeinde zu sehen und zu erfahren,
welchen Stellenwert er für die Leute hat. Die Inka hatten regelmäßig Tieropfer dargebracht, und wurde ein Inka gekrönt, opferte man mindestens zweihundert Kinder: Sie wurden erwürgt, man
durchtrennte ihnen die Kehlen oder schnitt ihnen die noch schla-
genden Herzen aus dem Leib. Viele Beobachter sind überzeugt,
dass es auch heute noch Menschenopfer gibt. Mit Sicherheit war
das unter dem Terrorregime der Guerillabewegung Leuchtender
Pfad in den 1980er- und 1990er-Jahren der Fall. Davon wollte ich
mir in zwei Monaten weiter im Süden, in Ayacucho, ein Bild machen. Nach Manzanilla fuhr kein Bus, und der einzige Lastwagenfahrer des Dörfchens musste in die andere Richtung. Ich wollte
zu Fuß laufen. Gehen oder nicht gehen? Elaine und ich hatten keinen ernsthaften Streit darüber, aber eine anhaltende, laute, emo-
tionale Diskussion, in der wir uns scharf unsere Standpunkte zu-
brüllten, wobei keiner von uns bereit war einzuräumen, dass der
andere auch nur einen Funken Recht darauf habe, auf seiner Position zu beharren. Widerstrebend gab ich auf.

Ein nur aus Haut und Knochen bestehender Dobermann-Welpe
mit kupierten Ohren spielte am Rand einer Schlucht mit ein paar
Kindern. Er rannte zu uns herüber und lief zwischen unseren Beinen umher. Wir wollten nicht, dass er uns folgte und sich verlief,
konnten ihn aber auch nicht davonjagen. Wir versuchten es mit

»Ashi, ashi!«, einem Ausdruck der Quechua-Sprache, mit dem man Tiere verscheucht. Es wurde ein Mordsspaß, ein neues Spiel entstand: Der Hund wedelte jedes Mal mit dem Schwanz und kam zurück. Elaines Dobermann war erst vor Kurzem gestorben, deswegen gewann dieser hier sofort unsere Herzen. Er könnte ein guter Gefährte sein, nachts das Zelt beschützen und wäre bald groß genug, um uns gegen andere Hunde zu verteidigen. Er würde von uns auch gut gefüttert und behandelt werden. Ich schielte zu Elaine hinüber: Wenn ich so dachte, musste sie das Gleiche denken. Und da war definitiv ein Hundeblick in ihren Augen zu sehen. »Er gehört ganz bestimmt den Kindern da oben«, sagte sie tapfer und scheuchte ihn halbherzig weg. Keine Reaktion. Vielleicht war er taub. Wir warfen kleine Steine nach ihm. Er duckte sich weg, blieb uns aber auf wunden Pfoten humpelnd weiter auf den Fersen.

Beim morgendlichen Studium der Landkarte hatten wir gehofft, das Dorf San Marcos zu erreichen. Aber das war nicht zu schaffen, es sei denn, wir würden im Dunkeln weiterlaufen. Also schlug ich vor: »Wir bleiben an der nächsten Stelle, an der es Wasser gibt.« Elaine nickte. Hinter der nächsten Kurve jedoch entfernte sich unser Pfad geradewegs vom einzigen Wasserlauf der Gegend, und das Land wurde trocken: Die Vier-Uhr-Regel schlug also wieder voll zu. Eine Stunde später, eine halbe Stunde vor Einbruch der Dunkelheit, fanden wir ein Rinnsal und gruben ein Loch, um unsere Wasserbehälter aufzufüllen. Oberhalb des Wegs lag ein grüner, von Gestrüpp umgebener, versteckter Platz. Kolibris sogen Nektar aus den Spitzen der golfballgroßen Blüten von Benediktenkraut-Büschen, die hüfthoch um uns herum wuchsen. Ich überredete Elaine zu zehn Minuten Rast, während ich mit bloßen Händen den Platz von dornigen Akazienzweigen säuberte. Der Boden war betonhart: Ich schlug zwei Aluminiumheringe krumm. Mückenschwärme fielen über uns her, stachen uns durch die Hosen und in die frisch mit Insektenspray besprühte Haut.

Im Sitzen machte sich Elaine daran, den Hund nach Flöhen abzu-
suchen, und fand Eier. Als sie ihre Hand hob, um ihm über den
Kopf zu streicheln, zuckte er zurück, offenbar Schläge erwartend.
Fünf Minuten später bereitete sie einen Kochplatz vor. Als das
Zelt schließlich stand, musste ich blitzschnell hinter einem Busch
verschwinden: erneuter Durchfall. Plötzlich rief Elaine: »Großer
Gott! John! Komm' ganz schnell!«, in einer Dringlichkeit, die ich
nicht von ihr kannte. Schnell zu kommen war aus der Stellung heraus, die ich gerade einnahm, nicht so einfach. Als ich bei ihr war,
zeigte sie mit der Hand auf den Boden.

»Ameisen?«, fragte ich.

»Schlimmer, viel schlimmer«, antwortete sie.

Ich folgte ihrem Finger bis zu einem kleinen, lilabraunen Etwas, kaum zweieinhalb Zentimeter groß; sein weicher Körper
sah aus, als sei er geschält worden. Ein Skorpion. Wir hatten den
Boden mit bloßen Händen sauber gemacht, nicht ahnend, dass
hier die Gefahr eines schmerzhaften und womöglich gefährli-
chen Stiches lauerte. Als ich mich bückte, um das Tier näher zu
betrachten, krümmte es den Schwanz, in dessen Spitze der Gift-
stachel sitzt, und ging mit seinen Miniaturgreifern vor mir in
Kampfstellung: beeindruckend. Ich schnippte den Skorpion mit
Zweigen fort. »Wir müssen das Zelt anderswo aufbauen«, sagte
Elaine.

»Warum?« Ich hatte das Gefühl, mir sei etwas entgangen.

»Haben die nicht Nester?«

Ich öffnete den Mund, aber es kam nichts heraus. Ich wusste
es nicht. Ich wusste nicht einmal, dass sie in diesen Höhenlagen
lebten. Wir suchten den Boden ab, fanden aber keinen weiteren
Skorpion. »Lass' uns hier bleiben und vorsichtig sein, vor allem,
wenn es dunkel wird.«

»In Anbetracht dessen, was du vorhin gemacht hast, kannst du
mir dankbar sein, dass ich ihn entdeckt habe und nicht du.«

Ich fand, dass sie das weit mehr amüsierte als nötig.

Wir kochten Eier und aßen sie zum Thunfisch, gaben aber dem Hund nichts davon. Er sollte heimlaufen. Nur wenige Hunde hier waren Haustiere. Jemand musste ihn aufgezogen haben, damit er für ihn arbeitete. Nachdem wir uns schlafen gelegt hatten, drang ein merkwürdiges Geräusch von draußen durch die Zeltwand. Ein dunkles Knurren, zwischendurch von dünnem Geheul unterbrochen. Unsere Nerven lagen blank von den Insektenstichen und dem Skorpion. Ich zog die Stiefel an, griff nach dem Stock und der Taschenlampe und kroch hinaus. Wieder das Geknurre. Trotz der Abendwärme trocknete der Schweiß in meinem Nacken, und ich bekam Gänsehaut. Die Taschenlampe leuchtete in zwei Augen. Dort in der Dunkelheit, der Inkarnation des ägyptischen Schakalgottes Anubis nicht unähnlich, saß unser Welpe mit knurrendem Magen. Ich seufzte und machte eine Schale mit rohen Eiern, dem restlichen Thunfisch und einem Stück Brot zurecht. Als ich sie ihm hinstellte, rührte er sich nicht. Ich fragte mich, ob er überhaupt jemals etwas Anständiges zu fressen bekommen hatte. Plötzlich kapierte er: Das ist für mich! Innerhalb einer Minute war nichts mehr davon übrig. Wir legten uns wieder hin. Unsere müden Augen freuten sich auf den Schlaf. Doch die ganze Nacht begleitete uns das Darmbullern eines Hundes mit Verdauungsstörung. Und im Stundentakt ertönten deutlich hörbare ›Dongs‹: Unser Welpe drehte als guter Wachhund unaufhörlich seine Runden um das Zelt und brachte dabei jede einzelne Spannleine zum Erklingen.

Cajabamba

Mit dem tiefen Summen der Kolibris erwachte die Morgendämmerung zum Leben. Schon wieder unterwegs und mit unserem Welpen Pups im Schlepptau, trafen wir eine winzige Frau, die sagte, sie sei siebzig Jahre alt, aber den Eindruck machte, als lebe sie hier seit der Sintflut. Ihr rechtes Auge war vom grauen Star getrübt. Vier geschmeidige Geißen folgten ihr wie Hunde. Sie trug einen dünnen Eukalyptusstängel, doppelt so groß wie sie selbst. »Aah!«, sagte sie und hob die Arme in die Höhe, »Ihr seid von der Rasse der Gringos! Gott behüte euch! In der Stadt leben Deutsche, die haben mir eine Brille geschenkt.« Sie machte eine Pause, um der Ziege neben sich übers Fell zu streichen und mit dem Stängel Akazienhülsen abzuschlagen. »Die Gringos sind sehr freundlich. Ich bin ein Waisenkind, ich habe nie geheiratet, habe keine Familie und lebe allein. Diese vier Ziegen sind meine einzigen Freunde.« Sie sprach voller Warmherzigkeit, da war kein Selbstmitleid.

Vierzig Minuten später standen wir in San Marcos. Wir waren auf ein verschlafenes Nest gefasst, doch als wir um die Ecke bogen, trafen wir auf die Kakophonie eines wöchentlichen Viehmarkts, der sich über knapp einen Hektar ausbreitete. Die Lastwagen fahren von den Fleischmärkten in Lima siebenhundert Kilometer entlang der Küste nach Norden bis Trujillo und biegen von dort aus ab, hoch in die Berge. Fünfzehn von ihnen luden Rinder, Schafe, Ziegen, Pferde, Maultiere und Esel auf. Der Geruch von Holzkohle, gebratenem Fleisch, heißer Kartoffelsuppe und brutzelndem Fisch vermischte sich mit den Aromen von Seilen, Leder und Tieren, deren Felle und Häute von der Sonne aufgeheizt wurden. In den Straßen wimmelte es vor Menschen, die sich zwischen den Ständen drängten. Ausliegende Tücher strotzten vor Tomaten, Limetten, Orangen, gebündelten Lauchzwiebeln,

runzeligen Phallussen der Kartoffelsorte Pink Fir Apple alias
Rosa Tannenzapfen sowie mehrfarbigen, wie Plastik glänzenden
Chilisorten.

Elaine sah die Straße hinunter. »Warum bleiben wir nicht ein
wenig?«

Sie hatte völlig Recht. Man wurde allzu leicht davon besessen,
Kilometer zu machen. »Nur«, fragte ich, »was wird mit Pups?«

Wir sahen uns um. Er war weg! »Super, er ist also heimgelau-
fen«, sagte Elaine pflichtbewusst.

Ich gab zu: »Mir fehlt er jetzt schon.«

»Mir auch.«

Zehn Minuten später waren unsere Rucksäcke im Hostal Sol
Nasciente, in der Herberge Zur Aufgehenden Sonne, und wir
tranken etwas in einer der Bretterbars auf dem Viehmarkt. Ein
paar ärmliche Bauern rutschten mit ihren Familien zur Seite, um
uns auf ihrer Bank Platz zu machen: »Wir kommen aus den Bergen«, erklärte ein Rotäugiger mit einer Zahnlücke und schwenkte
seine Hand in Richtung der Berggipfel, die man durch die offene
Seite des Stands sehen konnte. Seine Frau aß für zwei, er hingegen
trank für mehr als drei. »Ihr seid reich«, meinte er und zeigte auf
die Flasche Bier. »Drei Sol.« Er schlug mit der flachen Hand auf
den Tisch. »Wir hier trinken *chicha*, ein Sol. Wir können uns nur
auf diese Art betrinken.«

Die meisten der Tiere waren um halb zwei verkauft; sie würden noch an diesem Abend die Schlachthöfe der Stadt erreichen
und am folgenden Morgen auf den Märkten ausliegen. Die Stra-
ßenstände wurden bald darauf abgebaut. Am späten Nachmittag
war alles weg – wie im Musical: Brigadoon war verschwunden –,
und wir einfach nur zwei Steppenwanderer auf einer Hauptstraße.
Ein Café offerierte Lammfleisch, das so zäh war, dass ich nur die
Hälfte aß, weil ich die Stücke, die ich auf dem Teller beiseite
schob, nicht für Fleisch, sondern für Knochen hielt. Wir kehrten
in unser Zimmer zurück, wuschen Kleider, schrieben Tagebuch

und tankten auf: eine Flasche Anisschnaps namens Superior Ani-
seed. Elaine nahm ein Schlückchen, und als sie sich wieder unter
Kontrolle hatte, flüsterte sie kehlig: »Wie war gleich der Alkohol-
gehalt?«

Ich studierte das Etikett. »Steht nicht drauf. Ich fand das Logo
interessant, es zeigt einen Kondor, der sich in eine Felsklippe
stürzt.«

Wir blieben noch einen Tag, doch ohne den Markt war es
nicht mehr dasselbe. Die wenigen Leute, die man sah, liefen traurig umher, als suchten sie die Stadt nach etwas Verschwundenem
ab. Am Tag darauf kehrten wir San Marcos den Rücken und schlugen uns ins Hochmoor, bis wir den Sattelpunkt des Wegs erreichten, der ins nächste Tal führte. Man konnte ungeheuer weit sehen, wie nur an wenigen Orten der Erde. Acht Kilometer vor uns,
noch immer im Vordergrund, strömten die Flüsse Cajamarca und
Crisnejas zusammen; beide flossen durch riesige, trogförmige Täler. Die Berge, die den Cajamarca-Fluss flankierten, schienen sich
endlos hinzuziehen, in blasse Wasserfarbentöne verlaufend. Halb
schlitterten, halb stürzten wir, als es einen steilen, rauen Stein-
pfad hinunterging. Die Bergschulter schnitt uns von der frischen
Brise ab; es war ein strapaziöser, heißer und unbequemer Wegabschnitt. Schließlich ruhten wir uns an einem Tümpel aus, neben
uns schwarze und violette Schmetterlinge, die ebenfalls Wasser
tranken. Im Gras lauerte eine olivfarbene Gespensterheuschrecke
mit ihrer Ku-Klux-Klan-Kapuze.

Zu unserer Erleichterung erreichten wir endlich den Talboden
nahe einem Feld, auf dem ein Mann in einem himmelblauen
Hemd ein hellgraues Pferd im Kreis auf Weizengarben trampeln
ließ, um die Spreu vom Korn zu trennen. Wir folgten der langen,
staubigen Straße nach La Grama – die verstörendste Stadt, die ich
je besucht hatte. In meiner Erinnerung ähnelte ihr nur ein Ort,
ein Flecken im Norden von Pisagua in der chilenischen Wüste:
ein Friedhof, auf dem verschrumpelte Leichen aus eingebroche-

nen Gewölben grinsten. In La Grama hatte Pizarro seine dritte
Nacht verbracht; die Einheimischen schienen ihm das heute noch
übel zu nehmen. Leute, die in Türöffnungen gestanden hatten,
gingen ins schattige Innere; eine Gitarre, die eine leichte Melodie
spielte, verstummte allmählich. Wir machten an einem kleinen
Laden halt, in dem uns eine Mutter Flaschen mit Limonade brachte. Wir fragten sie nach ihren drei Kindern, die uns aus schattigen
Ecken heraus musterten. Als wir den Laden verließen, kletterten
noch zwei aus Früchtekisten, in denen sie sich aus Angst versteckt
hatten.

Die Straße führte am Fuß einer nackten Felsklippe vorbei.
Eine Handvoll Häuser stand verstreut auf der anderen Seite; unter ihnen lag eine staubverwehte, öde Ebene, eine baufällige Ansammlung halb verdrehter Stangen, die an die Astgabeln und Stützen bei Salvador Dalí erinnerten. In der Mitte befand sich das
Hotelrestaurant La Casona, leblos wie die Hülse einer Wespe, die
man vor einem heißen Fenster am Boden findet. Ein ziegelge-
deckter Schuppen neigte sich wie ein Betrunkener, dessen ausgestreckter Arm den rettenden Pfosten verfehlt hat. Rechts davon
befand sich ein Baumfriedhof: durch die Hitze aufgeplatzte Stämme, die man in hässliche Knüppel zerhackt hatte. Wenn jemand
auf die andere Seite des Platzes musste, machte er einen Bogen
und ging außen herum.

Wir überquerten den Fluss auf einer hohen Stahlbrücke. Unter uns schwamm ein nacktes Mädchen mit dem Strom, ihre Haut
schimmerte wie eine frische Rosskastanie. Die Erde war unwirt-
lich, ausgetrocknet, kahl und brüchig. Wir fragten eine Frau, wie
viele Gewässer auf den nächsten Kilometern noch vor uns lägen.
Sie schüttelte den Kopf. Wir deckten uns mit Wasser ein, so viel
wir tragen konnten. Am nächsten Tag wurde die Landschaft allmählich wieder grüner. Es war herzerfrischend, mit anzusehen,
wie ein paar fette, blaugraue Ferkel, glänzend wie Elefantenbabys,
von einem Teich wegrannten. Die Sonne sank auf die Berge zu,

die viele, viele Kilometer weit entfernt, jenseits des Condebamba-
Tals, aufragten. Die Szenerie war von zarter Harmonie: wie eine
Landschaft auf einem japanischen Fächer. Da waren Eukalyptusbäume und die scharf umrissenen Klingen der Cabuya-Agaven,
von denen die eine oder andere kurz vor ihrem Tod einen alles
überragenden, sechs Meter hohen Blütenstand hochtrieb und damit ihr hundertjähriges Leben mit einem finalen Fortpflanzungs-
furioso beendete. Die einheimische Spezies, *Furcraea andina*, ist
grün, aber diese schönen blaugrünen Monster der Art *Agave ame-*
ricana wurden aus Mittelamerika importiert. Sie liefern die Fasern
für Seile und Sandalen und den Grundstoff für Seifen, Arzneimit-
tel und einen teuflischen Schnaps. Der Feldweg wurde zur Straße;
wir waren in Cajabamba.

Die Stadt liegt auf einem Felsvorsprung und ist von Berggipfeln eingekreist wie eine Theaterbühne vom ersten Rang. Auf
dem kleinen Platz stand ein Hostel, und wir nahmen ein Eckzim-
mer mit Gartenblick. Am Morgen entdeckten wir, dass man von
hier aus auch die Haltestelle des um zwei Uhr dreißig nach Cajamarca fahrenden Busses sehen konnte. Der einzige weitere Gast
war eine junge Amerikanerin, die ihren eigenen Toilettensitz mit
sich herumschleppte. »Man braucht ein Klo, dem man vertraut.«
Wir sahen sie zwei Tage später noch einmal; sie war bleich und
gelb im Gesicht. »Ich glaube, es ist die Ruhr.«

Wir sahen uns auf dem überdachten Markt um. Draußen waren
drei Pferde an ein »No Parking«-Schild angepflockt. Wir frühstück-
ten frisch gepresste Fruchtsäfte. Die Luzerne wurde wegen ihrer
Vitamine wärmstens empfohlen, schmeckte aber dann doch so, wie
sie aussah: nach frisch gemähtem Gras. Der Fleischbereich des
Marktes begeisterte uns. Viele Menschen hier können nicht lesen,
daher wird zur Kennzeichnung des Fleisches neben dem Schlacht-
körper ein leicht erkennbarer Teil des Tieres abgebildet: ein Schafs-
kopf, ein Rinderhuf oder ein Ziegenschwanz samt fliegenwedelarti-
gem Haarbüschel am Ende. Ein Schweinskopf hatte ein ordinäres

Grinsen aufgesetzt und einen Kringel am Mundwinkel, als hätte er soeben eine fette Zigarre aus dem Maul genommen.

In einer Gesellschaft, in der sich nur wenige einen Arztbesuch leisten können und viele noch nicht vom alten Aberglauben abgerückt sind, bestenfalls einen neuen hinzugenommen haben, spielt die traditionelle Medizin nach wie vor eine große Rolle. Jahrtausende haben die Andenvölker mit Amazonien Handel getrieben, dem weltweit größten Vorratslager an Naturheilmitteln. Kurz hinter dem Drogisten kam man zu einem Stand mit Flaschen, Kräutern, Dufthölzern, roten Körnern für Halsbänder, getrockneten, phallischen Pilzen und dreizehigen Tapirfüßen. Niemand wusste, wo sich der Standbesitzer aufhielt. Eine Frau mit einem breitkrempigen, blumentopfbekrönten Strohhut meinte, sie könne uns weiterhelfen. Ich zeigte auf einige braune Steine, auf denen ein feiner Pelzbezug schimmerte. »Hämatit«, sagte sie. »Das Pelzige sind Eisenspäne, um zu zeigen, dass er magnetisch ist.« Elaine hob den traurigen toten Körper eines kleinen Tukans in die Höhe, kaum größer als sein grau-gelber Schnabel. »Wozu sind die hier gut?«

Die Frau zuckte mit den Schultern. Es wusste auch sonst niemand. Da lag ein Stapel von zehn dieser sagenhaften Waldvögel. Man geht hier zum Medizinmann, wie wir zum Arzt gehen, nicht um etwas zu kaufen, sondern um Rat einzuholen: Er wird sagen, was einem fehlt. Elaine nahm eine Kammmuschel in die Hand, in der ein Samen lag, ähnlich einer Muskatnuss, das Segment einer Halskette, eine Ranke, zwei rote Bohnen und zwei Hämatitstücke mit Igelschnitt.

Eine Männerstimme ertönte: »Das sind Glücksbringer!« Es war der zurückgekehrte Besitzer, der in Teig frittierte Hackbällchen aß. Er war jung und westlich gekleidet.

»Was kostet das Glück?«, fragte Elaine. »Fünfundzwanzig Sol«, – knapp sechs Euro. »Kein Wunder, dass die Einheimischen kein Glück haben.« Uns fehlte der Glaube. Er verlor das Interesse.

Es war eine nette kleine Stadt, die am Abend zum Leben erwachte. Am Fuß einer hohen Mauer spielte ein alter Mann Gitarre. Seine bebende Stimme erzählte Geschichten von jungen Liebenden. Wir setzten uns neben ihn und plauderten zwischen den Liedern. Auf dem Platz erklang nun eine weitere Stimme, die eines Mannes, der seit über fünfzig Jahren tot war, die ich aber überall erkennen würde: des italienischen Tenors Beniamino Gigli. Wir gesellten uns zu den Kindern unter den offenen Türen eines Balkons in der zweiten Etage und lauschten Massenets »O dolce incanto« in einer alten Schellackaufnahme.

»Wer wohnt hier?«, fragte ich die Horde.

»Eine junge Person.«

»Quatsch! Eine alte Omi, der das Haus gehört.«

»Don Miguel. Er ist sechzig. Niemand kriegt ihn zu Gesicht.«

Schließlich: »Frag' die da, sie wohnt auch hier.«

Ein etwa elfjähriges Mädchen stand bei anderen Gleichaltrigen, aber irgendwie auch nicht. Sie ließ einen goldenen Engel am Ende eines Fadens herumwirbeln. Sie hielt ihn sich an den Hals, als wäre er ein Juwel, das sie zu kaufen erwog. Die anderen Mädchen durften zusehen, aber nicht anfassen. Ihre Kleidung war eine Spur edler als die ihrer Freundinnen, wenngleich ein wenig altmodisch, wie von konservativen Großeltern ausgesucht. Gigli ließ die großartigen Noten dieser lyrischsten aller Arien, Ponchiellis »Cielo e mar«, zu vollem Leben erwachen.

»Das ist eine sehr schöne Musik«, sagte ich zu ihr, »kennst du Don Miguel?«

»Ich bin seine Tochter.« Sie senkte den Blick und drückte den Engel an ihre Brust. Durch die offenen Balkontüren vermochte ich nur die blaue, von lackierten Querbalken gekreuzte Decke erkennen und einen Mann, der auf und ab ging.

»Ich würde ihn gern sprechen.« Als ich jedoch wieder hinunterblickte, war sie bereits in einen schmalen Türspalt geschlüpft und schloss das schwere alte Eingangstor, wumm, hinter ihren glänzenden, schwarzen, auffälligen Schuhen. Ich hörte zu, wie die letzten Takte verklangen: »Ah! Vien! Ah! Vien!« Wir wollten uns wieder auf den Weg machen, hatten aber ein Problem. Nach Süden durch die Sierra gab es keinerlei Busverbindung mehr. Wir hatten unsre liebe Not, all unsere Habseligkeiten zu tragen, und nirgends waren Lasttiere verfügbar. Der nächste Abschnitt der Inka-Route war weder leicht nachzuverfolgen, noch schien er landschaftlich besonders reizvoll. Wir entschieden uns, per Bus ins isoliert liegende Bergstädtchen Huari zu fahren, dort wieder auf den Königspfad zu wechseln und dann die beiden kommenden Wochen zu Fuß zu gehen. Die Reise führte also zunächst wieder zurück nach Cajamarca, von da aus mit einem anderen Bus zum Hafen von Trujillo, danach mit einem dritten Bus die Küste entlang und schließlich in einem letzten hinauf nach Huari, was zusammen drei Seiten eines Rechtecks beschrieb.

Der Bus war selbst für landesübliche Verhältnisse schaurig. Das gesamte Interieur glich einem Dinosaurier, der während der Häutung den Geist aufgegeben hatte. Der Straßenbelag war hart und rau. In gerader Linie waren es sechzig Kilometer, aber die Fahrt dauerte fünf Stunden. Auf dem Busparkplatz fielen wir regelrecht die Stufen hinunter und harrten unserer Rucksäcke. Sie wurden zuletzt ausgeladen. Das Vorletzte waren zwei völlig verängstigte Schafe. Unsere Rucksäcke waren in Schafsurin getaucht. Ein freundlicher Putzmann ließ sie uns mit einem Schlauch abspritzen.

Wir kauften Fahrkarten für den Nachtbus nach Trujillo und bereiteten uns auf eine weitere Knochentour und eine schlaflose Nacht vor. Um zehn Uhr abends erschienen wir auf dem Parkplatz und gingen an Bord. Äußerlich ein Bus, entpuppte er sich innen als Club-Klasse-Bereich einer 747. Monitore in Digitalqualität gaben das Video mit John Lennons »Imagine« in Hi-Fi-Ton wieder. Es war überhaupt der luxuriöseste Bus, in dem ich in meinem ganzen Leben gesessen hatte. Wir kippten die Sitze nach

hinten in Astronautenposition, ließen uns vom Rhythmus der
Haarnadelkurven in den Schlaf wiegen – und schliefen die gesamte Strecke bis Trujillo.

An der Busstation in Trujillo lösten wir die Fahrkarten für den
Sechs-Uhr-morgens-Bus, der uns die Küste entlang bis zum Fischer-
hafen von Chimbote bringen sollte. »Dort kaufen Sie die Tickets
nach Huaraz und von Huaraz nach Huari«, erklärte der hilfsbereite
Schalterangestellte. Ich drehte mich zu Elaine: »Chimbote ist ein riesiger Fischereihafen, vielleicht sollten wir eine Nacht dort bleiben
und uns frische Meeresfrüchte gönnen.«

Der Bus nach Chimbote fuhr uns durch die Stadt und hinaus
in die Wüste. Elaine zeigte auf eine braune Silhouette, die einer
halben Zikkurat ähnelte und sich durch die heiße, vom Sand aufsteigende Luft hindurch bereits zu wellen begann. Wir hatten vor
zwei Jahren den Sonnentempel, Huaca del Sol, besucht. Unterhalb von ihm stand der kleinere, aber besser erhaltene Tempel des
Mondes, Huaca de la Luna. Sie waren Werke der Moche-Kultur,
und bis zu deren Niedergang um 800 nach Christus war diese
Stätte die glanzvolle Hauptstadt jener Zivilisation, die den Herrn
von Sipán hervorbrachte. Der Sonnentempel war das größte indigene Bauwerk des amerikanischen Kontinents, es bedeckte eine
Fläche von mehr als fünf Hektar. Hundertdreißig Millionen Adobe-Ziegel ließen den Tempel einst auf eine Höhe von weit über
dreißig Metern ansteigen. Das spanische Goldfieber zerstörte
ihn. Der Tempel war zu groß, um ihn abtragen zu können, also leiteten die Spanier einen Fluss seitlich in das Bauwerk, der die
Lehmziegel zu Schlamm wusch, und durchsiebten den Schutt.
Gefunden wurde nur wenig. Klugerweise lebten die Moche in der
Wüste und betrieben auf der Küstenebene Ackerbau. Das heutige Trujillo breitet sich über die gesamte Ebene aus, und so versucht man inzwischen, auch die Wüste zu bewässern. Man nutzt
bereits alle bekannten Wasservorkommen, und niemand weiß,
woher man noch mehr Wasser nehmen könnte.

Wir rollten nach Süden und hielten uns dicht an der gerade verlaufenden, sandigen Küste. Strand, Meer und Himmel zitterten in einem grauen Schleiertanz. Gewaltige aschgraue Maschinenhallen und Schmelzhütten kündigten Chimbote an. Es liegt an der Küste dessen, was ehemals die reichsten Fischgründe der Welt waren. Schimmernd wie Kettenhemden ergossen sich Ströme zitternder Sardellen in eisbestückte Holzkisten. In den Sechzigerjahren begann die Überfischung der Meere ihren Preis einzufordern. Im Jahr 1970 machte ein Beben die Stadt dem Erdboden gleich.

Der erste Anblick war vielversprechend, ein in vollem Saft stehender Waldpark mit Bougainvilleen, die über die Einfriedung wucherten. Auf der anderen Straßenseite suchten Familien in einem gärenden Müllhaufen nach etwas Essbarem. Der Wiederaufbau war überstürzt worden. Es sah aus, als hätte man eine gigantische Kettensäge zwischen dem ersten und zweiten Stockwerk quer durch die Stadt geschwungen und so oben aufgerissene Gebäude hinterlassen. Überall streunten Wachhunde mit ihren gestutzten Ohren und breiten Brustkörben umher, kerngesund und gelangweilt, wie sie waren, würden sie uns allein der Abwechslung halber umbringen. Fischgeruch lag faulig und unverwechselbar über der Stadt, wie ein schmutziger Mantel auf einem Landstreicher. An diesem Geruch würden ganze Ziegel abprallen.

»Verstehe ich das richtig«, sagte Elaine, »halten wir hier wegen dieser unnachahmlich authentischen Meeresfrüchte?«

Ich ersparte mir eine Antwort.

Der Weg zurück zur Sierra, den Cañón del Pato hoch, ist nicht die kürzeste aller Routen, aber eine der großartigsten Panoramastraßen in Peru. Wenn wir im Laufschritt mit unseren Rucksäcken zum Fahrkartenschalter und gleich zur Haltestelle rannten, konnten wir vielleicht noch den nächsten Bus schaffen – und drei Stunden Zeit sparen. Völlig außer Atem erreichten wir das Fahrzeug der Busgesellschaft Moreno. Es war klein und in einem noch fürchterlicheren Zustand als die Klapperkiste, die wir in Cajabamba bestiegen hatten. Als wir uns setzten, steckten die Sitze so eng beieinander, dass niemand über eins sechzig hineinpasste, ohne schräg sitzen zu müssen. Ich bin fast eins achtzig. Also am besten gleich einen Termin für die Rücken-OP anfragen ... Aber immerhin – wir bewegten uns schneller, als wir zu hoffen gewagt hatten, durch den Cañón del Pato, die Entenschlucht, nach Huaraz.

Cañón del Pato

Der Bus ruckelte um den Block und hielt eine Stunde lang an einer Reifenwerkstatt. Ein Reifen mit wenig Restprofil und einer sich weit herauswölbenden Beule wurde durch einen vollends profillosen ersetzt. Ich beruhigte Elaine: »Stell' dir einfach vor, es wären die Slicks eines Rennwagens.«

Die V-förmige Schlucht begann über dem staubverwehten Fernfahrerlokal in Chuquicara, wo Sedimentgestein in einem Winkel von siebzig oder achtzig Grad zuerst aufgefaltet und dann vom Druck zusammengepresst worden war. Die Straße verlief häufig einspurig, schlug sich zwischen Stützpfeilern hindurch und pendelte über den Fluss hin und her, immer auf der Suche nach flachen Streifen Land. Manchmal gab es keine, dann tauchte sie in ein Seitental und schnitt sich von da aus in engen Haarnadelkurven bis in dreihundert oder sechshundert Meter Höhe empor, bevor sie sich wieder in die Schlucht hinabwand. Der mit silbrigem Geröll gefüllte Fluss plätscherte sauber und flink mit gekräuselten Wellen zwischen vegetationslosen Ufern dahin. Enten: Fehlanzeige. Die Sonne prallte auf die Abhänge und wurde durch die Schlucht geschleust. Wir entkamen ihr nur in den kurzen Tunneln. Gelegentlich kam uns ein Bus entgegen, und die Fahrer hielten an und erkundigten sich besorgt nach dem Straßenzustand.

Die Landschaft beeindruckte durch ihre Extreme: den gewaltsam gefalteten Felsen, die völlige Kahlheit, den prekären Straßenverlauf, den blendenden Lichteinfall, das blaue Band wolkenlosen Himmels über uns, die schwindelnde Höhe, in der über uns Bussarde kreisten. Sie wussten, irgendwann wird hier jemand sterben, wenn nicht heute, dann morgen oder übermorgen.

Während der Fahrt sank die Temperatur im Bus auf fünfunddreißig Grad Celsius. Wenn wir anhielten, drängte die rote Linie meines Thermometers steil nach oben. Unsere Insektenstiche

juckten wie verrückt; meine Muskeln fühlten sich breiig an. Elaines
Haut war ein Schweißmeer. Wir tranken unaufhörlich Wasser.
Hinter und hoch über uns brannten Feuer auf den Gipfeln über der
Schlucht, so als hielte auch die Erde die Hitze nicht aus und schwitz-
te nun Rauch und Feuer. Die Einheimischen wischten sich nur
über die Brauen und legten ein Lächeln auf: Es gab kein Entrinnen.

Wieder in der Schlucht, kroch der Bus unter einer Felsnase
durch, die ins Nichts ragte und eigentlich nur von den Stoßgebe-
ten der Fahrgäste oben gehalten wurde. Plötzlich war da, im
Herzen des Hochofens, eine Ansammlung von Adobe-Einfas-
sungen, ein schäbiges Höllenloch von einem Dorf. Alle Männer
trugen billige Fußballhemden. Ihr Haar war dicht und mit dem
Messer in grobe Garben kurz geschnitten. Frauen lehnten an
den Türen, nur ihre Gesichter waren im Licht, und ihre Augen,
mit den Händen abgeschattet, prüften unsere vorbeifahrenden
Gesichter. Das Leben hier ist nicht das, was tagsüber passiert,
wenn es thermisch bedingt aussetzt, wenn der Körper durch das
überschäumende Quecksilber zur Unbeweglichkeit verdammt
ist. Man schnappt in kurzen Momenten und kleinen Lücken danach, in der frischen, mitternächtlichen Brise, in den Minuten
morgendlicher Kühle, wenn man Zeuge wird, wie die Sterne verblassen und sich gegenseitig verschlucken. Die stählernen Strahlen der Sonne pinnen die Menschen zwölf Stunden lang auf die
Erde, während unten das Flusswasser lacht. »Was machen die
Leute hier?«, fragte ich einheimische Passagiere. »Wovon leben
sie?«

Sie zuckten mit den Schultern. »Das da, das sind die Ärmsten
der Armen.«

In Huanallanca fläzten sich schwer bewaffnete Posten vor einer luxuriösen Bungalowanlage mit Swimmingpool und Basket-
ballfeld. Ein Stückchen Nordamerika, bewohnt von Amerika-
nern, die im Wasserkraftwerk der Firma Duke arbeiten. Ein
Schild mahnte: »Do not stop here!« – »Hier nicht anhalten!«

Wir erklommen die Wasserscheide unserer Bustour. Links von uns lag die Cordillera Blanca, die Weiße Gebirgskette, die immer eine Schneekappe trägt. Über sechzehn Kilometer breit und hundertachtzig Kilometer lang, kann die Cordillera mit fünfzig über fünftausendsechshundert Meter hohen Gipfeln aufwarten: Ganz Nordamerika hat davon nur drei. Die Mitte unseres Panoramas dominierte das gewaltige Felsplateau von Huascarán. Mit sechstausendsechshundertsechzig Metern ist es der höchste Gipfel Perus und aller tropischen Regionen der Welt. Wir kamen durch die kleine Stadt Yungay, die einst von einer Naturkatastrophe jenes Typs dem Erdboden gleichgemacht wurde, auf den sich die Berge hier spezialisiert haben und der *aluvión* genannt wird. Mächtige Gletscher bringen Geröllmoränen hervor, die hinter sich das Wasser zu Seen aufstauen. Die Moränen sind massiv, aber weich. Ein *aluvión* entsteht, wenn ein See diesen Damm durchbricht und sich eine Flut aus Felsbrocken, Schlamm und Wasser losreißt. Doch 1970 ereignete sich etwas noch Schlimmeres. Ein furchtbares Erdbeben der Stärke 7,7 auf der Richterskala erschütterte die Region. In Peru starben siebzigtausend Menschen. In Yungay erholten sich die Überlebenden gerade von dem Erdbeben, ohne zu ahnen, dass es am Huascarán einen gigantischen Berg- und Gletschersturz ausgelöst hatte. Die Geröllmassen brachten einen See zum Überschwappen und erzeugten einen *aluvión*, der die Stadt zermalmte. Ihren Platz nahm eine drei Meter hohe Schlammschicht ein. Nur die hohen Palmenstämme auf dem Hauptplatz standen noch und erzählten den bedauernswerten Überlebenden, wo sie sich befanden. Fast alle achtzehntausend Einwohner der Stadt kamen ums Leben.

Ich fiel regelrecht aus dem Bus, da mein Rücken sich interessanterweise spiralförmig verbogen hatte. Elaine zog das Gepäck heraus und tat, solange ich nicht wenigstens auf eigenen Beinen stehen und die Hände vom Boden nehmen konnte, so, als gehöre sie nicht zu mir. Auf dem Dach unserer Herberge Residencial Los

Jardines konnten wir zur einen Seite hin die Sonne dabei beobachten, wie sie ihr erdbeerfarbenes Licht auf dreizehn schnee-
mützenbedeckte Gipfel warf, die sich entlang der Cordillera Blanca emporstreckten. In der anderen Richtung stieg ein voller
Mond über der Stadt auf. Feuer, die tote Vegetation vernichte-
ten, stachen auf weit entfernten Hügeln aus der Dunkelheit hervor. Auf der anderen Seite der Cordillera lag ein außergewöhnli-
cher Ort. Allein über ihn zu lesen hatte mir Schauer über den
Rücken gejagt. Älter als die Inka, älter auch als die Moche, zu einer Zeit, da weder die eine noch die andere Kultur auch nur in Gedanken bestand, war der berühmte Tempel Chavín de Huántar in
die Felsen der Anden gehauen worden. In ihm knieten Könige,
um dem Orakel zu lauschen, das aus dem Herzen der verbotenen
Kammer raunte. Ihre und die nachfolgenden Kulturen, die von
ihnen beeinflusst wurden, formten eineinhalb Jahrtausende lang
die Glaubenssysteme der Anden. Obwohl der Tempel eine der
wichtigsten archäologischen Stätten der Anden ist, liegt er versteckt in einem entlegenen Tal hoch in der Cordillera und wird
nur selten besucht. Konnten wir dort hingelangen? Wir falteten
die Karten auf unseren Knien auseinander und markierten die
Strecke.

Huaraz

Der Mann vor mir in der Warteschlange zum Bankschalter trug
einen prächtigen grünen Schal. Eine Minute später erwachte der
Schal, drehte sich und lag nun andersherum da. Es war ein Legu-
an. Unmittelbar vor Huaraz liegt Wilkawaín, die Ruine einer
weiteren frühen Kultur: der Wari oder Huari. Das Bauwerk wird
auf 1100 nach Christus datiert und soll eine Kleinausgabe eines
Teils des Tempelkomplexes von Chavín sein. Der Busfahrer
setzte uns auf einem kleinen Feld ab, wo ein frisch getötetes
Schwein auf den brandschwarzen Steinen eines flachen Reisig-
feuers lag. Die beiden Ehepaare, die mit ihm beschäftigt waren,
winkten uns zu sich. »Bevor wir es ausnehmen, sengen wir die
Haare ab, das ist das, was ihr vor euch seht«, erklärte Ladislao. Er
nickte seiner Frau zu, die sorgfältig Wasser über die Haut goss.
Er wartete eine Minute ab und begann dann, mit einem kleinen
Schabmesser dem Schwein über die Schultern zu kratzen, was
glatte cremefarbene Flecken auf der verbrannten Haut hinterließ. Der Rüssel der Sau, im Leben weich und empfindlich zum
Aufspüren von Wurzeln und Knollen, war nun schwarz und steif
gebrannt. Ein kupierter brauner Welpe zerrte daran und verbrannte sich das Mäulchen. Oben auf dem Feld lagen Bruder
und Schwester des Schweins ausgestreckt und mit den Gesichtern nach unten auf ihren Schweinsfüßen. Wir heuerten einen
scheuen Führer an, dessen Vater vor zwanzig Jahren hierher gekommen war, um sich bei den Ausgrabungen als Lohnarbeiter
zu verdingen. Wilkawaín stellte sich als gedrungenes, schweres
Rechteck aus Stein heraus, das ebenerdige sowie höher gelege-
ne, über Außentreppen erreichbare Eingänge aufwies. Hier hatte man verstreut herumliegende Menschenknochen aller sozialen Klassen gefunden. Es ist ein unglaublich robustes Bauwerk.
Bei dem Erdbeben von 1970, das Huaraz dem Erdboden gleich-

machte, erlitt Wilkawaín nur einen Riss in einem der steinernen
Türstürze und einen kleineren Deckeneinbruch.

Wir warteten auf den Bus für die Rückfahrt und lernten Marco Barreicochea und seine Frau Marcela kennen, beide Mittfünf-
ziger, er Lehrer, sie Krankenschwester. Elaine sagte:»Sie müssten
das Erdbeben im Jahr 1970 doch miterlebt haben.«

»Am Nachmittag des 31. Mai um 15.35 Uhr«, erinnerte sich
Marco, ohne nachzudenken.»In achtundvierzig Sekunden veränderte sich unser Leben und das unserer Stadt für immer. Alle
alten Häuser waren aus Lehmziegeln, nur ein- oder zweistöckig
und mit Stroh- oder Ziegeldächern. Ihre Balkone berührten
sich beinahe über der Straße: Damals hieß es, wenn du eine Af-
färe mit deiner Nachbarin willst, kannst du sie küssen, ohne
aus dem Haus gehen zu müssen! Die engen Sträßchen machten
die Sache noch gefährlicher, weil man den herabfallenden
Mauertrümmern und Dachziegeln nicht entfliehen konnte.
Als das Zittern anfing, rannten viele in die Kirche; sie brach
zusammen und tötete fast alle.« Er hatte ein Gesicht wie ein
Bootskapitän, graumelierter Bart, wettergegerbt, mit wachen
Augen; doch mit der zurückkehrenden Erinnerung schienen
sich seine Augen zu verdunkeln.

»Waren Sie zu Hause?«, fragte ich.

»Ja, wir hatten kleine Kinder. Wir liefen hinten auf den Hof
hinaus, und hinter uns brach das Haus zusammen.«

»Wie war das für Sie, da zu stehen, gefangen im Hof?«

Marcela war sehr dunkelhäutig, mit welligem dunkelbraunem
Haar, adrett in Westernmanier direkt über dem Kragen abge-
schnitten.»Ich dachte, jetzt muss ich sterben. Die Stadt stand nur
noch zu zehn Prozent. Im Zentrum flüchteten die meisten in die
engen Straßen, wo sie von Balkonen, Dächern und Mauerstücken
erschlagen wurden. Wir verloren engste Familienangehörige und
manche Freunde, aber all unsere Kinder haben überlebt, Gott sei's
gedankt. Als wir wussten, dass es vorbei war, gingen wir alle in das

Krankenhaus, wo ich arbeitete, weil es ein moderner Stahlskelett-
bau war. Es war kaum beschädigt.«

»Es war ein Erdbeben, wie wir es uns niemals ausgemalt hatten; das Epizentrum befand sich genau unter uns. Ich arbeitete
die ganze Nacht durch. Mehr als an die Verletzten erinnere ich
mich an die Leichen, die hereingebracht wurden. Ich hätte nie gedacht, dass ich die Menschen aus der Stadt einmal zu Hunderten
und Tausenden so daliegen sehen würde. Wir konnten nichts tun,
nirgends war Platz, aber die Menschen trugen immer mehr und
mehr Leichen herbei, weil sie nicht wussten, wo sie sie sonst hin-
bringen sollten. Niemand wollte mehr in der Stadt bleiben. Die
Menschen flohen aufs Land und suchten Freunde und Familien-
mitglieder auf oder zelteten einfach. Das alles passierte an einem
einzigen Sonntag; am Montag traf allmählich Hilfe ein. Die Rus-
sen waren als Erste hier; sie flogen ein komplettes Militärlazarett
ein. Ihre Mitarbeiter saßen alle in derselben Maschine, dann
stürzte die ab, und alle wurden getötet. Die Kubaner sandten ihre
besten Kleider und Schuhe her. Wir hatten während dieser Zeit
eine Militärregierung und dachten, dass die Verteilung der Hilfs-
güter organisiert und effizient vor sich gehen würde. Das tat sie
auch, nur kam nichts bei uns an. Schon innerhalb von vierundzwanzig Stunden wurde alles in Lima auf dem Schwarzmarkt ver-
ramscht. Es war leicht zu erkennen; es war die einzige anständige
Ware, die es dort gab.«

Marco nahm den Faden auf. »Ein Jahr nach dem Erdbeben
hatte sich das Stadtzentrum wenig verändert. Einige hatten am
Landleben Gefallen gefunden, andere gingen an die Küste, in
Chimbote gab es damals noch viel Fischerei. Keiner konnte sich
vorstellen, jemals wieder hierher zu kommen.«

Chavín

Der Expressbus nach Chavín verließ das Depot zögerlich wie eine Seepocke mit Platzangst. Wir rumpelten längs der Cordillera nach Süden in Richtung des Städtchens Catac, um von dort in die Berge abzubiegen. Der Wind jagte Schaumkronen über den Querococha-See und raute die indigoblaue Wasseroberfläche unterhalb der verschneiten dreieckigen Gipfel des Yanamarey und Pucaraju auf. Ein Tunnel durchbricht die vordere Wand des Tals und führt zum Flusssystem des Mosna, an den sich Chavín schmiegt. Ein Regentropfen, der hinter uns herabfiele, würde die Wüste durchqueren und achtzig Kilometer weiter in den Pazifik fließen. Ein Tropfen vor uns flösse den ganzen Weg durch die Tropenwälder in den Amazonas und sechseinhalbtausend Kilometer weiter mit ihm in den Atlantik. Es waren vierundzwanzig Kilometer bis zum Sockel des Tals, durch eine Bergkette, die wilder und einsamer war als alles, was ich bis dahin gesehen hatte. Eiszapfen stachen in die Schatten. Meerschweinchen und Hühner rannten aus strohbedeckten Steinzeithütten und wieder hinein. Kleine Kinder starrten zu uns herauf, weiße Augäpfel in schmutzigen kupferroten Gesichtern. Ich konnte mir nicht vorstellen, was es bedeutete, dieses Leben zu führen. Später fand ich es heraus, als ich allein war und die Dinge sich zum Schlechteren entwickelten.

Die Abenddämmerung brach herein, als der Bus nach Chavín hineinzuckelte, das heute nicht mehr ist als ein Dorf im Schatten antiker Tempel. Am Ende einer engen, kaputten Straße öffnete sich ein kleiner Platz, der in die eindrucksvolle Toreinfahrt des kolonialen Hotels Inca führte. Wir ließen uns auf saubere Laken fallen, schliefen tief und erwachten zeitig. Im schwachen Morgennebel brachte eine alte Frau, waagerecht gebückt unter ihrem mit taunassem Wiesengras beladenen Tragetuch, ihrem Pony das

Frühstück. Es wartete, ruhig, mit gesenktem Kopf und schnaubte Wölkchen in die frostige Luft. Chavín de Huántar befindet sich an der Stelle, wo die Wasser des Mosna und des Huacheksa vom heiligen Berg Huantsán herabstürzen und sich unter einem riesigen Zuckerhut von Felsen vermengen. Die Küste liegt sechs Tage Fußweg in westlicher Richtung, der Urwald sechs Tage in östlicher. Der Vater der peruanischen Archäologie, Julio Tello, entdeckte diesen Scheideweg auf dem Dach der antiken Welt. Tellos Lebensgeschichte war so erstaunlich wie die Geheimnisse, die er der Erde entriss. Er war ein reinblütiger *indígena* aus dem winzigen Dörfchen Huarochirí, in dem jedes Jahr der Mord an Atahualpa inszeniert wird. Tello war das zehnte von dreizehn Kindern, die in dem Glauben aufwuchsen, direkte Nachfahren einer Gottheit zu sein, die einst im Gipfelschnee des majestätischen Paria Kaka lebte.

Eines Tages erhielt sein Vater, der Bürgermeister, die Aufforderung, einige Schädel, die in der Gegend gefunden worden waren, einzupacken und nach Lima zu schicken. Er zeigte dem kleinen Julio, wo antike Chirurgen zur Senkung des Gehirndrucks kleine Löcher in die Schädel getrieben hatten. Angesichts der Frühreife, die er an dem Knaben beobachtete, verkaufte sein Vater silberne Familienerbstücke, um ihn auf eine Schule in Lima zu geben. Bald darauf starb er, und Julio war in der Hauptstadt allein. Er war zwölf Jahre alt, wollte aber seine Ausbildung nicht aufgeben. Er verkaufte Zeitungen und arbeitete als Gepäckträger am Bahnhof. Einer der Männer, deren Koffer er trug, war Ricardo Palma, der Direktor der Nationalbibliothek. Als er hörte, dass der Junge arbeitete, um sich seine Schulausbildung zu verdienen, bezahlte er ihn dafür, ihm jeden Mittag die Post vom Postamt zu holen. »Viele Jahre später«, erinnerte sich Tello, »wurde mir klar, dass er diese Stunde wählte, damit ich um die Mittagszeit bei ihm ankam und etwas Vernünftiges zu essen erhielt.« Er wurde Bibliotheksassistent. Sein Einkommen reichte für die Ausbildung an der Universität, wo ihm seine Doktorarbeit ein Stipendium in

Harvard bescherte. Er schrieb darin über die trepanierten Schädel, die sein Vater mit seiner Hilfe nach Lima geschickt hatte.

1919 entdeckte der besonnene indigene Forscher aus dem
Hochland diese Stätte bei Chavín de Huántar und enthüllte nach
und nach, welch fundamentale Bedeutung sie für die Geschichte
der Anden besaß. Um 1500 vor Christus hatte sich ein System von
Ritualen, Überzeugungen und Glaubensmustern herausgebildet,
ein Gottesstaat, der allmählich die Region beherrschte. Die Pilger kamen nicht mit leeren Händen. Chavín exportierte Kultur
und importierte Huldigungen und Tribute. Mit dem neuen Wohlstand erbaute es einen der größten Tempel auf dem amerikanischen Kontinent.

Tello erkannte, dass Chavín sehr alt war; doch solange die Radiokarbonmethode noch nicht erfunden war, konnte er das relati-
ve Alter seiner Stätten nicht genau bestimmen. Er favorisierte –
unzutreffenderweise – Chavín als Wiege der andinen Zivilisation.
Wir wissen heute, dass um 500 vor Christus ein gigantisches
El-Niño-Ereignis die herrschenden Küstenzivilisationen vernichtete und ein Vakuum schuf, das die Chavín-Kultur bis 200 vor
Christus stetig und friedlich ausfüllte.

Wir folgten demselben Weg, den wohl einst die Pilger nahmen, die das Orakel befragen wollten. Vielleicht fragten sie nach
den Gründen für die Brüche in der natürlichen Ordnung der Dinge: Was hat den kürzlichen Frosteinbruch verursacht, der all die
junge Saat vernichtete? Hat jemand, womöglich ehebrecherisch,
die Götter beleidigt?

Die Pilger wurden zur Rückwand des Tempels geleitet. Gewöhnt an eine Landschaft, in der die größten baulichen Strukturen
kleine, niedrige Hütten waren, krochen sie unter einer einhun-
dertvierzig Meter langen Mauer entlang, die über ihnen vier Stockwerke hoch und mit grotesken, bis zu einer halben Tonne wiegen-
den Steinschädeln bestückt war. Das menschliche Antlitz, das auf
dem ersten Kopf noch zu erkennen war, verwandelte sich auf dem

zweiten bereits in eine weniger menschliche, eher katzenartige Fratze. Aus dem Dritten glotzten weit vorstehende Augen, die Eckzähne wurden zu Fängen, und die Nüstern verströmten einen schleimigen Dunst, der vom Meskalin des San-Pedro-Kaktus stammte. Manchmal verwendeten die Priester die noch giftigeren Cebil- oder Ebena-Samen, die Tryptamine enthalten, und verwandelten sich selbst in Jaguare. Sie sprangen in jene andere Welt, in der über die irdischen Angelegenheiten entschieden wird und wo man mit himmlischen Kräften in Beziehung trat und mit dem Übernatürlichen verhandelte.

Die Pilger versammelten sich auf einem großen, rechteckigen Platz, der an drei Seiten geschlossen und in dessen Mitte ein Innenhof eingelassen war. Hier wurden sie von den Armen einer heiligen U-förmigen Anlage umfangen, die die Kräfte der Natur, des Himmels und der Erde bündelte und mithilfe der priesterlichen Fürsprachen und der Opfergaben der Pilger in Harmonie vereinte. Nachts sahen sie, wie sich die Plejaden neigten, um bei 13,5 Grad Nordwest unterzugehen, also genau über jenem leuchtenden weißen Granit, an dem die linke Seite des Tempels mit der rechten Kante des schwarzen Kalksteins zusammentraf. Auf Quechua heißt der Sternhaufen *qolqa* oder Kornspeicher, und sein Aufgehen stand in Bezug zur Anpflanzung von Feldfrüchten. Erschienen diese Sterne deutlich und klar am Himmel, wie Samen in der Handfläche, so fiel die Ernte gut aus. Wir wissen das von dem Hexenjäger, der Geißel der Götzenverehrung, Francisco de Ávila. Seine sorgfältigen Aufzeichnungen von Fällen von Ketzerei haben die alte Religion für alle Zeiten bewahrt. Er zeichnete dieses Detail in Huarochirí auf, dem Dorf, in dem dreieinhalb Jahrhunderte später Julio Tello zur Welt kam. Vielleicht war das auch schon alles, was vielen der Pilger jemals zu sehen vergönnt war: so, als dürfe man zwar ins Innere des Kirchenschiffs treten, sich aber nicht dem Altar nähern oder an der Kommunion teilnehmen. Edelleuten war mehr gestattet. Nach dem Fasten konnten sie noch weiter in einen

viel kleineren, kreisförmig abgesenkten Hof gehen, den ein Jaguarfries zierte und der auf eine mittig aufsteigende Treppe zulief. Diese führte ins Herz des alten Tempels, in eine Kammer, in die nicht
einmal Könige ihren Fuß setzen durften.

Den Höhepunkt, die Besichtigung der Lanzón-Kammer,
schoben wir noch ein wenig auf, um zunächst die im Untergrund
arbeitende Maschinerie zu erforschen, die den Gott so furchtein-
flößend wirken ließ. Halb im Gras versteckt, führte eine enge
Treppe unter die Erde. Wir zwängten uns in den schmalen Durchgang, woraufhin an unseren Körpern kein Tageslicht mehr vor-
beikam. Es tat sich ein Labyrinth aus sorgfältig gearbeiteten,
niedrigen Steintunneln auf – über achthundert Tunnelmeter wurden unter dem Gebäude entdeckt. Rechts von uns mündete einen
Meter über dem Boden des Haupttunnels ein Abflussrohr. Auf
halber Höhe waren Steinlippen angebracht, um die Wucht des
herabfallenden Wassers zu mindern. Nach dem Bau wurde der
Großteil dieses Netzwerks in massives Mauerwerk eingeschlossen und konnte nicht einmal mehr für Wartungsarbeiten betreten werden. Aber selbst nach zweieinhalb Jahrtausenden stürmi-
schen Andenwetters sind so gut wie keine Schäden zu erkennen.
Elaine bemerkte: »Hoffen wir also, dass es nicht regnet.« Und
auch wenn ich wusste, dass keine Wolke am Himmel stand, lief
mir doch ein kleiner klaustrophobischer Schauer über den Rücken. Wir folgten dem schmalsten Tunnel hinunter in eine lange,
exakte Linkskurve. Wo immer es steiler wurde, gab es Stufen oder
vertikale Absätze, welche die Energie des Wassers verteilten und
die steinerne Einfassung des Tunnels schützten. Wir gelangten an
eine Verbindung zu einem weiteren Haupttunnel. Ein schwarzer
Käfer mit furcherregenden Klauen trippelte über den bläulichen
Lehmboden. »Ich kriege in dieser gekrümmten Gehhaltung keine
Luft«, japste Elaine.

Ich nickte. »Ich werde gerade von Fliegen und Stechmücken
angefallen. Mach' die Lampe aus und lass' uns durchatmen.«

Untertage ist die Dunkelheit so tief, dass man fast die Hand ausstrecken und sie greifen kann. Dann hörten wir ein Geräusch. Wir hielten den Atem an. Es war etwas Lebendiges, das sich sehr leise bewegte. Ohne die Finsternis und die absolute Stille der Tunnel hätte ich es nicht wahrgenommen. Ein Lufthauch streichelte mein Gesicht, ein kaum spürbarer Wirbel kam durch den Tunnel auf uns zu. Er strich zwischen uns durch und weiter in den anderen Tunnel. Ein weiterer folgte. Wir knipsten gleichzeitig unsere Lampen an. Mit einer Spannweite von fünfzehn bis achtzehn Zentimetern konnten die Fledermäuse sich gerade so zwischen uns hindurchfädeln und flogen derartig nah an uns vorbei, dass wir den Luftzug auf unseren Gesichtern spürten. Wir folgten ihnen zu der Stelle hinunter, wo ein Deckeneinbruch alles außer den oberen dreiundzwanzig Zentimetern des Tunnels blockiert hatte. Sie schlüpften mühelos hindurch. Wir hätten nicht hindurch gepasst, ohne uns schmutzig zu machen. Außerdem war ich nicht sicher, zu welcher Art Fledermäuse die hier gehörten. In wenigen Tagen sollte mich noch etwas anderes bezüglich unseres Aufenthalts hier unten ziemlich beunruhigen ... Wir krochen zurück, aber die Tunnelverbindungen kamen uns auf dem Rückweg erschreckend unbekannt vor. Ich entwickelte die unangenehm reale Vorstellung, dass wir uns hier unten verirrt hätten und der Regenwasserpegel an den Wänden immer höher stiege. Als wir wieder im Freien standen, atmeten wir erleichtert auf.

Die Lanzón-Kammer wartete auf uns. Wir passierten den Jaguarfries und traten in einen unbehauenen Durchgang. Hinter einer engen Biegung führte eine lange, schmale Passage in die Dunkelheit. Auf halbem Weg machte der Zugang einen Linksknick und wurde zu einem Hohlweg, so eng, dass meine Schultern beide Mauern zugleich streiften. Mit Vorhängeschlössern verriegelte Stahlgitter versperrten den Weg. Durch die Stäbe hindurch sah ich eine große, weiße Granitklinge. Sie stand in der Mitte einer kreuzförmigen, aus zwei Durchgängen gebildeten Kammer. Ebenso wie selbst Fürsten und Machthaber wurden wir auf Abstand gehalten und durften nur einen verstohlenen Blick auf jene Mysterien werfen, derer sie damals im flackernden Schein der in heißes Tierfett getauchten Binsenkerzen ansichtig geworden waren.

Direktor der Anlage in Chavín war der Archäologe Juan B. Lopez Marchena, ein Mann in den Dreißigern mit langen Kinnladen und einem Blumentopfhut auf dem Kopf. Er hatte sein Büro auf der Grabungsstätte.

»Sind Sie derzeit mit Ausgrabungen beschäftigt?«

Er runzelte leicht die Stirn: »¡Bueno! Nein, ich habe keine Erlaubnis. Der Ort ist Weltkulturerbe, da muss man ein lückenlos ausgearbeitetes Konzept darüber vorlegen, was man zu tun beabsichtigt. Aber eins ist sicher: Wir haben kein Geld, um zu graben.«

»Auch keines von der UNESCO?«

»¡Bueno! 1998, nachdem heftige Regenfälle die Stätte heimgesucht hatten, stellte sie uns zweihunderttausend US-Dollar zur Verfügung. Wir hatten das Geld auch verzweifelt nötig, um weitere Schäden zu verhindern, aber das meiste dieses Geldes blieb in Lima hängen.« Er klopfte sich auf die rückwärtige Hosentasche. »Wir hatten gerade noch genug für diese neuen hölzernen Stützen und um die Lecks im Dach, durch die Wasser getropft ist, mit Plastikplanen zu verschließen. Beizeiten werden wir es auf traditionelle Weise abdichten, mit gebranntem Lehm.«

Wir unterhielten uns noch ein wenig, dann holte ich tief Luft. Ich wusste, dass ich um ein großes Privileg bat. »Ich habe so viel über Chavín und den Lanzón gelesen, ich würde schrecklich gern hineingehen, um ihn genauer anzusehen.« Er schürzte die Lippen. Diesmal begann er nicht mit *¡Bueno!* Es war also einen Versuch wert gewesen, zu fragen. »Celestino!« Er drehte sich wieder zu uns: »Wir können keine Beschädigung riskieren. Er ist einmalig, ganz einmalig. Der menschliche Schweiß enthält Säuren, die den Stein angreifen. Wir haben ein solches Glück, dass er unbeschädigt überlebt hat.« Ein kleiner, schüchterner Mann erschien. »Celestino ist mein Assistent. Bitte zeige den beiden Besuchern die Lanzón-Kammer für zehn Minuten, sie dürfen aber nichts berühren.«

Ich nahm seine Hand und schüttelte sie heftig. »Herzlichsten Dank! Danke!«

Chavín war Celestinos Lebenswerk. Er entriegelte die Gitter, und wir schlüpften in den heiligsten aller Räume. Der Lanzón, zu deutsch die Lanze, ist eine schlanke Steinklinge von viereinhalb Metern Höhe, vom Boden zur Decke gemessen, die er beide durchsticht und auf diese Weise Himmel und Erde vereint, eine Verbindung zur Sphäre des Heiligen herstellt. Ein Maßwerk feiner Gravierungen, die eine einzelne Figur zeigen, bedeckt ihn. Celestino hatte die Angewohnheiten seines Chefs übernommen. »¡Bueno! Wir fanden über dem Lanzón eine kleine Kammer, in der ein Mann sich verstecken und dem Orakel seine Stimme leihen konnte. Sehen Sie diese Rinne? Er konnte in einen hier oben befindlichen Hohlraum Blut einfüllen, das dann hinablaufen würde, so ungefähr.« Er zeichnete mit dem Finger in der Luft über dem Stein den Verlauf der Rinne nach, bis hinunter zu dem zähnefletschenden Antlitz der Gottheit. »Überall um uns herum verlaufen Wasserkanäle in den Wänden. In einer Reihe von Experimenten haben wir Wasser durch sie geleitet. Die Kammer verstärkt den Effekt, wodurch das Geräusch zu einem überwältigenden Brausen anschwillt. Wir haben es nur mit ein paar Hundert Litern ausprobiert. Wir glauben, sie konnten hier das Flusswasser irgendwie verteilen. Stellen Sie sich das einmal vor! Ein Gott, der spricht, brüllt, blutet, das war dann schon ziemlich schreckenerregend!«

Huari

Bald würden wir wieder auf dem Königsweg wandeln, in einem Städtchen namens Huari. Unsere nächste Etappe würde uns dann von dort gut einhundertfünfzig Kilometer weit in eine sehr entlegene Gegend führen. Wir beschlossen, uns ein Lasttier zuzulegen, das den Großteil unseres Gepäcks tragen sollte. Mieten schien uns wenig sinnvoll, denn wir wollten es ja nicht mehr zurückbringen. Lamas arbeiteten nur in Gruppen gut und waren womöglich schwer im Zaum zu halten, ein Pferd wiederum war teuer und nicht hinreichend zäh. Es musste also ein Esel sein. Ich hatte auch schon einen Namen für das Tier. Ich wollte ihn Rucio nennen, nach Sancho Panzas geliebtem Esel in »Don Quijote«.

Während wir am späten Morgen auf den Bus warteten, der uns die vierzig Kilometer nach Huari bringen sollte, näherte sich uns ein etwa zehnjähriger Knabe und bettelte höflich; er hatte einen schlimmen Klumpfuß. Ich suchte etwas Wechselgeld zusammen und hielt es ihm entgegen. Er sah mich klagend an und zeigte mit den Armstümpfen auf die Hosentasche auf seinem Knie. Ihm fehlten beide Hände.

»War das ein Unfall?«

»Nein, ich wurde so geboren.« Er schien sich zu schämen. Ich versuchte, ein Gespräch einzufädeln. Ich erschien ihm physisch und ökonomisch über die Maßen begütert. Als er davonging, kam eine alte Frau vorbei. »Er ist ein netter Junge, dieser Alejandro. Haben Sie ihm Geld gegeben?«

»Ja.«

»Das ist gut, er wird alles seiner Mutter geben. Das tut er immer. Es gibt hier drei Familien, die an verschiedenen Erkrankungen der Gliedmaßen leiden, immer schon. Ich ging mit einem kleinen Mädchen ohne Füße zur Schule. Sie heiratete und hatte drei Kinder, alle gesund. Es ist Gottes Wille.«

Der Bus fuhr in Huari um den Platz herum, als wolle er nur widerstrebend anhalten. Wir stiegen aus, was sich alsbald als Fehler erwies. In einer kleinen Stadt ist die Plaza jener Ort, wo man am ehesten intakte Gebäude und öffentlichen Raum vorfindet. Nicht hier. Am Hauptplatz findet man immer irgendeine Art Herberge. Nicht so in Huari. Es gibt auch immer irgendein Café, in dem man zumindest einen *mate de coca,* einen Kokatee, bekommt, um die Müdigkeit zu betäuben, und wo man um Rat fragen kann. Nichts. Überall findet man hingegen einen einheimischen Betrunkenen – und der kam auch prompt des Wegs. Er nahm die Mütze ab und verbeugte sich: »Señora und Señor, willkommen in Huari.« Seine Haut war kupfern, doch seine Augen erstrahlten in reinstem Meeresblau: genetisches Strandgut aus Europa.

Kaum etwas war gestrichen, überall fiel der Putz herab. Am frühen Morgen und bei Sonnenuntergang wirkte das pittoresk, voller Charakter und Atmosphäre: Das waren die alten engen Straßen, für die Huaraz vor dem *aluvión* bekannt war. Ansonsten war Huari nur trist und verarmt: ein Ort, an dem man einen Esel erwarb und sich dann schnellstmöglich aus dem Staub machte. Jeder war felsenfest davon überzeugt, dass wir im Handumdrehen ein schönes Tier finden würden, freilich kannte niemand tatsächlich jemanden, der eines verkaufte. Nahe einem weiteren Platz stießen wir auf eine kleine koloniale Herberge mit leuchtendem Blumenschmuck und gleich darauf auf einen jungen Restaurantbesitzer, der eifrig bemüht war, uns zu gefallen. Elaine nahm die Karte zur Hand: »Schau' mal an, eine ganze Seite voll lokaler Gerichte, prima! Nie mehr Hühnchen und Pommes, solange wir hier sind! Ich wollte schon nachsehen, ob mir Federn unter den Armen wachsen.«

Die Karte war auf Quechua. Der Besitzer setzte sich zu uns und erklärte die Zutaten und Zubereitungsmethode jedes einzelnen Gerichts, dann ließ er uns allein, damit wir uns entscheiden konnten. Wir wählten, und das Wasser lief uns im Mund zusammen. Bald kam er zurück. »Ihre Lieblingsgerichte«, rang er zerknirscht die Hände, »stehen unglücklicherweise im Augenblick nicht zur Verfügung.« Kein Problem, wir blätterten weiter. Aber kein Gericht, für das wir uns entschieden, gab es. Am Ende fragte ich ihn: »Was haben Sie denn nun?«

»Gemüsesuppe und Hühnchen mit Pommes.« Elaine ließ die Karte auf den Tisch sinken. »Kikeriki.« Ich kaufte Brennstoff für den Kocher. Der Schuhmacher schnüffelte an den Resten und erklärte, die vorher benutzte Flüssigkeit sei Benzin gewesen, auch wenn ich Petroleum verlangt hätte. Ich hätte die falsche Düse benutzt, daher die Probleme. Wir spazierten durch die Stadt, plauderten mit allen möglichen Leuten und erzählten ihnen, dass wir einen Esel kaufen wollten. In der Zwischenzeit reinigten wir unsere Kleider und uns selbst unter der Dusche, die am ersten Morgen noch warm war und dann nie wieder. Tagelang zogen wir durch die Dörfer der Umgebung, nahmen Busse zu Weilern und Dörfchen, um dort herauszufinden, dass der angekündigte Eselverkäufer nicht daheim oder der in Aussicht gestellte Esel bereits verkauft war oder nie zum Verkauf gestanden hatte – oder ein Pferd war. Es war Elaines erste wirkliche Erfahrung aneinandergereihter Enttäuschungen in puncto Landleben und Schwierigkeiten, an die simpelsten Dinge zu kommen. Hierzulande trug man sich offenbar zuerst ein halbes Jahr mit dem Gedanken, ein Tier zu kaufen, bevor man Ehefrau oder Gatten in Kenntnis setzte, es danach Freunden erzählte, sich monatelang umsah, viele Wochen verhandelte und am Ende seine Meinung änderte. Wir wollten Esel Tesco: ihn *jetzt* in den Einkaufswagen legen und ab zur Kasse. Bislang hätten wir es aber auch bei guter Arbeitsmoral bestenfalls zu einem Schaf gebracht. Jedes Mal, wenn wir dem Platz zu nahe kamen, verbeugte sich der blauäugige Betrunkene und frischte seinen Willkommensgruß auf. Am vierten Tag hatte ich nicht übel Lust, ihn auf eine Flasche *caña* zu begleiten. Wir waren den halben Tag zu einem Dorf gelaufen, wo es vier Eselsverkäufer gab – außer an dem Tag, an dem wir kamen, denn da waren sie gerade alle unterwegs. Wir begannen jeden, der einen Esel mit sich führte, anzuhalten, uns mit ihm anzufreunden und ihm schließlich ein Angebot für den Esel zu unterbreiten. Eine alte Frau sah mich an, als hätte ich ihr vorgeschlagen, ihr Baby gegen ein Ferkel einzutauschen.

»Verkaufen! Ich habe ihn nun schon sechsundzwanzig Jahre«, sagte sie und tätschelte ihm den Kopf. »Er blieb bei mir, als alle meine Kinder das Haus verlassen hatten.« Sie nahm es als Zeichen von Treue, dass er nicht geheiratet oder sich sonstwo niedergelassen hatte. Ich versuchte, dem Gespräch eine andere Richtung zu geben: »Woran erkennen Sie denn, wie alt das Tier ist?«

»Sie müssen sich seinen Zustand ansehen und an den Zähnen ziehen«, sagte sie und drückte seine Lippen zurück, um ein sabberndes Maul und die langen, hauerförmigen Zähne bloßzulegen, die gut und gern einem *Megatherium,* sprich Riesenfaultier, gehören konnten. »Mit etwa zehn Jahren zeigen sich die ersten Abnutzungen.« Sie zwickte so fest in das schlaffe Nackenfleisch, dass der Esel zusammenzuckte. Die Falte zog sich erst allmählich wieder zusammen. »Bis zu fünfzehn Jahren wird sie gleich wieder glatt. Hier«, ergänzte sie, »legen Sie zwei Finger unter den Kiefer.«

Endlich ein Test, der weder unhygienisch noch grausam war.

»Diese Lücke hier wird größer, wenn sie älter werden. Wenn Sie zwei Finger auf einmal hineinbringen, so wie hier, ist er wahrscheinlich über zwanzig Jahr alt.«

Elaine befasste sich mit der Akribie eines Tierarztes mit dem Maul und zeigte auf ein paar Kariesstellen.

»Du bist ein Naturtalent«, sagte ich und betrachtete den schleimigen Speichel, der ihre Hand jetzt bedeckte.

»Ich kenne das von meinen Katzen und Hunden.«

»Du hast den Job«, versicherte ich.

Wir kamen erst nachmittags nach Huari zurück. Es war höchst entmutigend, vor allem Elaine lief die Zeit davon. »Ich werde es

nicht mehr schaffen, die nächste Etappe zu laufen.« Sie war den
Tränen nahe. Ich sagte: »Lass' uns in die nächstbeste Bar gehen, an
der wir vorbeikommen. Vielleicht fühlt sich beduselt ja alles ganz
normal und vernünftig an.« Freilich hatte ich, als ich es aussprach,
die Bar noch nicht gesehen. Die einzigen Gäste außer uns waren ein
alter Mann ohne Schuhe (vielleicht hatte er sie schon vertrunken)
und ein Lastenträger vom Hauptplatz, der mit dem Säcketragen offenbar nicht zurechtkam. Sie tranken einen Krug *chicha*, hausge-
machtes Maisbier. *Chicha* ist ein karibisches Wort, das die Conquistadoren mitbrachten und das den ursprünglichen Quechua-
Begriff *azua* ersetzt hat. Desgleichen hat *maize* den Quechua-Be-
griff *zara* verdrängt. Wenige Spanier lernten anständig Quechua.
Der erfrischend grantige Inka-Historiker Huamán Poma fragte
sich, wie die Priester den Inka bitteschön die Beichte abnehmen
konnten, wenn die einzigen einheimischen Sätze, die sie kannten,
lauteten: »Nimm das Pferd«, »Es ist nichts zu essen da« und »Wo
sind die Frauen?«

Unsere reichlich angeschlagenen Mittrinker waren Stamm-
kunden. Die Besitzerin, eine Frau, Typ Ringerin, kippte vier
Schuss *caña* in jeden Krug, um die Stimmung etwas zu beleben.

Ich wandte mich Elaine zu: »Du willst hier nicht wirklich etwas trinken.«

»Gibt's irgendwo was Besseres?« Sie ließ sich auf eine Holzbank fallen und wollte sich eben gegen die Wand flegeln, als sie
deren Farbe sah. Ich nahm einen Krug *chicha* ohne *caña*; sie wollte
Kokatee.

Ich trank einen großen Schluck.

»Und, wie ist das *chicha*?«

»Probier's.«

»Das ist doch das Zeug, dessen Gärprozess dadurch in Gang
kommt, dass sie den Mais durchkauen und anschließend in eine
Schüssel spucken?«

»Jap.«

»Sag's mir einfach.«

»Es schmeckt wie – Sch...leim.«

»Gib her.« Elaine nippte. »Tatsächlich, warum trinkst du das?«

»Du steckst die Hand in Eselsabber, ich kann Sachen trinken, die so aussehen. Egal, *chicha nicht* trinken hat auch nicht funktioniert. Ich hab' die Nase voll von ›Wir schaffen es‹ und Leistung zeigen und den Anforderungen gewachsen sein. Ich probier' jetzt mal schmollen und aufgeben. Wenn ich umkippe«, ergänzte ich und nickte zu dem Lastträger hinüber, der jetzt bereits bei seinem zweiten extra gespritzten Krug war, »der Kollege hier hat eine Schubkarre.«

Die Barbesitzerin und ihre Tochter rösteten etwas Mais für uns – als Imbiss. Sie waren sehr nett. Auch sie kannten niemanden, der einen Esel verkaufte. Wir gingen wieder ins Restaurant, tranken Flaschenbier und warteten auf Hühnchen und Pommes. Der Eigentümer vertraute uns an: »Morgen gibt es in Cajay einen Stierkampf.«

»Ist das weit von hier?«

»Nur über das Tal.«

Elaine äugte dem nächsten abfahrenden Kleinbus hinterher. »Ich habe den merkwürdigen Eindruck, dass mehr Busse von hier wegfahren, als ankommen.« Eine religiöse Prozession nahm den kleinen Platz in Besitz, die Leute scharten sich zu einer kleinen Gruppe zusammen und trugen Christus in einer Sänfte mit sich. Dann ließen sie Raketen steigen; ich sah ihnen nach, wie sie im Himmel verschwanden. »Das ist wahrscheinlich der einzige funktionierende Fluchtweg.«

»Sie landen sicher in irgendeinem Feld und töten dort den letzten lebenden Esel.«

Stierkampf

Der Bus spuckte uns zwischen einer Heerschar von Kirchgängern auf den Zement der Plaza von Cajay. Die einzigen anderen Außenseiter waren zwei schottische Bergsteiger, die einen freien Tag hatten, um sich anzusehen, auf welche Weise andere ihr Leben aufs Spiel setzten. Sie verschwanden in einer Bar. Antike Dachziegel lagen auf Adobe-Häuschen wie sich selbst überlassene Kartenspiele. Ein Betrunkener mit frisch eingeschlagenem Gesicht lag auf einer Bank. Ein junger Mann, dessen Gesicht vom Alkohol glühte, zog heftig an seiner Zigarette und zündete damit selbstgebastelte Raketen an, die er mit der anderen Hand mehr oder weniger in Richtung Himmel hielt. Sie hinterließen keine malerische Spur oder explodierten zu diversen Leuchterscheinungen; sie explodierten einfach nur wie ein Gewehrschuss und lösten sich in einer kleinen Wolke auf, die nach Kordit und faulen Eiern roch und nun über die sich versammelnden Tänzer strich. Zwei Geiger sägten Stanzen ohne Refrain in die dünne Luft: einer mit zahnlückigem Grinsen und dünnem Schnurrbart, der andere als geisterhaft dünner Henry Fonda und auf einem Auge blind. Eine peruanische Harfe unterstützte den blechernen Klang. Der ortsansässige Priester stammte aus der deutschsprachigen Schweiz. Er bewegte sich mit selbstbewusster Würde in seiner Herde, sowieso war er einen Kopf größer als alle Einheimischen. Die Frauen brachten ihre Kinder zu ihm, auf dass er sie segne. Seine große Hand teilte die Luft vor ihnen, um dann auf ihren apfelbraunen Wangen und flaumigen Kinnen zu verweilen.

Eine zweite Musikgruppe traf ein, die farbige Karnevalskleider und goldene Kronen trug und ihre Gesichter so maskiert hatte, dass sie wie Afrikaner oder wie Spanier mit gezwirbelten Schnurrbärten aussahen. Teenager begannen einen langsamen Tanz, höfisch und geziert wie in Versailles. Allmählich scharte sich die

Menge hinter einem zwergenhaften Mann in dunklem Anzug, der einen schwarzen Homburg mit oben eingewobenen roten und weißen Rosen aufhatte. Er trug ein scharlachrotes Banner, das ihn selbst ankündigte, Dr. Emiliano Salas, Stierkampfpräsident. Seine Gattin, Doña Carola, die ihn in ihren Stöckelschuhen weit überragte, war in seinen Arm eingehakt. Üblicherweise besteht Andenmusik bei öffentlichen Anlässen nicht aus wehmütigen Panflöten, auch wenn »El Cóndor Pasa« eine Art andine Nationalhymne geworden ist und überall ertönt. Das einzige unverzichtbare Instrument ist die Trommel. Eine von der Größe eines Gasometers begann einen durch Mark und Bein gehenden Rhythmus zu hämmern. Sie führte eine Prozession an, die zu einer schattigen Baumgruppe hinunterschritt, wo fässerweise *chicha* wartete. Dr. Salas kam mit Bechern voll *chicha* herüber. Wir verneigten uns; ich stellte Elaine vor und dann mich selbst. Als die Gruppe sich zum Gehen erhob, nahm Dr. Salas' Bruder Elaine beim Arm. Eine Studentin, die das Haar hochgebunden hatte, nahm meinen Arm, sagte: »Ich bin Lari!«, und wir begannen unter dem Donner der Trommel durch die Stadt zu tanzen, die Arme eingehakt, fünf Schritte vor, einer zurück. Zu etwa dreihundert wirbelten wir den Staub auf. Volle Bierkästen wurden auf Schultern gehievt. Ein betrunkener Träger taumelte derart, dass eine Schar Männer sich zu ihm hinabbeugte, um die wertvolle Last von seinen Schultern zu nehmen. Die einzigen funktionierenden Muskeln in seinem Körper waren die der Finger, die den Kasten festhielten. Fünf starke Männer waren vonnöten, um ihn davon zu trennen. Die Prozession fädelte sich in den viereckigen Innenhof der lokalen Landwirtschaftsschule ein, wo Sponsoren für freie Verpflegung und Getränke gesorgt hatten. Die Bands nahmen die Galerie in Beschlag, wir wurden in die VIP-Nische geleitet, auf hölzerne Bänke hinter einer Pergola, über der zurechtgestutzte Weinreben hingen und Schatten spendeten. Dr. Salas überschüttete uns mit Weltläufigkeit. »Betrachten Sie sich heute als unsere Gäste.«

»Sie sind der Bürgermeister?«, fragte ich.

»Gott, nein! Ich bin einer der Sponsoren. Ich bin aus Cajay, habe aber eine Ausbildung zum Arzt gemacht und bin nach Lima gezogen, um mich als Gynäkologe zu spezialisieren; das ist jetzt meine Heimat. Und Sie sind Touristen und besuchen unser Land? Und was halten Sie davon? Nur hier, auf der nördlichen Hochebene, ist man so gastfreundlich.« Er machte eine Pause, um seinem Bruder zu bedeuten, er möge einen alten Mann von seinem schattigen Platz am Ende der Bank weg in die Sonne schicken. »Was arbeiten Sie?«

»Ich bin Schriftsteller, ich recherchiere für ein Buch über das Inka-Straßensystem durch die Sierra, von Quito nach Cuzco.« Wenn ich in England erzähle, dass ich Schriftsteller bin, ruft das nur bescheidenes Interesse hervor. In seinen Gesichtsausdruck hingegen, typisch für Peru, stahl sich ein Ausdruck von Respekt. »Und wie gefällt Ihnen unser Land?«

»Wir mögen es sehr, es ist schon unser zweiter Besuch hier.«

Sein Bruder kam mit seinem kleinen Sohn zu uns. »Und worüber schreiben Sie heute?«

»Über meinen ersten Stierkampf.«

»Den ersten!« Er wandte sich an den Jungen. »Stell' dir vor, diese junge Dame und der Herr kommen aus England und haben noch nie einen Stierkampf gesehen! Erzähl' ihnen, wie viele du schon gesehen hast.«

»Das wird mein fünfter!« Er musterte die unwissenden Ausländer. »Haben Sie in England keine Stierkämpfe?«

»Sie sind seit über einhundertfünfzig Jahren verboten. Wir hatten nie Kämpfe im spanischen Stil, stattdessen wurden große Hunde auf die Stiere gehetzt.«

»Hunde?«, fragte der Junge mit offenkundigem Entsetzen.

Ich nickte. In diesem Augenblick war ich in seinen Augen ein Barbar geworden. Der Bruder stand auf, verbeugte sich und ging, um ein Wort mit seiner Gattin zu wechseln, einer schönen Frau mit langen, theatralischen Zügen, einem unendlich großen und roten Mund, dunklen Augen und imposant hervortretenden Wangenknochen. Er kehrte zurück. »Wir haben gerade festgelegt, dass Sie die Freude haben werden, mit meiner Frau den Tanz zu eröffnen, während ich mit Ihrer Frau Gemahlin tanze.« Seine Gattin band uns rote und gelbe Halstücher und Schärpen um. Dr. Salas winkte mit einer Hand, und die Musikkapelle legte los. Es war der Augenblick, da ich Señora Salas in die Mitte der Arena zu führen hatte und alle anwesenden Augenpaare auf uns ruhten. Die Tradition wollte es, dass man ein glänzend weißes, bis zur Perfektion gebügeltes Taschentuch entfaltete und aufwarf, damit der Partner es an einem Zipfel festhielt. Nach zwei, drei Monaten Rucksackleben glich mein Taschentuch eher einem gescheiterten Biokultur-Projekt. Also faltete ich mein brandneues Halstuch auseinander, und wir betraten feierlich die Mitte des Hofs, wo zwei Ränge Stierkampfbegeisterter uns mit ohrenbetäubenden Anfeuerungen bejubelten, und fingen an zu tanzen. Elaine folgte in glänzender Manier.

Da Señora Salas an der Küste von Lima lebte, war sie schon bald außer Atem. Ich wurde von Arm zu Arm weitergereicht, und man gab mir das scharlachrote Präsidentenbanner, das ich tanzend zum höchsten Punkt der Stadt hinauftragen sollte, wo das Fußballfeld vom Schutzgitter befreit und jetzt von behelfsmäßig errichteten Ständen gesäumt war. An die zwölfhundert Menschen begrüßten uns frenetisch im Ring. Süßigkeiten prasselten und in Grand-Prix-Stil geschütteltes Flaschenbier sprühte auf uns nieder. Die VIP-Kurve bestand aus einer Handvoll hölzerner Stühle auf einem Podest am Kopf der Arena. Wir kletterten hinauf, setzten uns, um schicker gekleideten Leuten Platz zu lassen, auf die Kante der Podests und ließen die Füße hinunterbaumeln – wie ich hoffte, noch knapp außer Reichweite der Stierhörner. Die Präsidentengattin Doña Carola hatte ein silberfarbenes Kaninchen als Glücksbringer dabei. Ein Lebendiges. Seine Hinterbeine

waren mit einem rosa Band zusammengebunden, und sie hielt es
den ganzen Nachmittag bei den Löffeln. Bevor irgendjemand darauf vorbereitet war, entwischte der erste Bulle aus dem Wagen
und hielt die Menge bei Laune, indem er einen Polizisten von hinten aufs Korn nahm. Der war der Einzige, der nicht wusste, dass
ein Stier auf ihn zuraste. Erst das Gelächter der Menge machte
ihn misstrauisch. Er sprintete davon und hechtete über den Zaun
mitten in die Stände. Man brauchte zwanzig Minuten, um den
Stier in die Ecke zu treiben und wegzubringen. Doña Carola beugte sich zu uns herunter und runzelte die Stirn. »Wir haben einen
berühmten Matador angeheuert, David Gamarra aus Spanien.
Aber er ist abgesprungen, angeblich wegen einer Erkrankung. Der
wahre Grund ist natürlich, dass sie ungern in größeren Höhen
kämpfen. Niemand weiß etwas über die Männer, die sie uns statt
seiner geschickt haben. Hoffen wir, dass sie gut sind.«
     Ich hatte den Eindruck, wenn der Kampf nicht zu ihrer Zu-
friedenheit ausfiele, würde der zweite Bulle zurückgehalten und
sie höchstpersönlich in die Arena gehen und die Matadore durch-
bohren. Alle drei Stierkämpfer waren um die dreißig Jahre alt und
hatten einen schlanken, aber muskulösen Körper. Der Hauptma-
tador lehnte am Zaun, sah umwerfend aus in seinem Goldbrokat-
kostüm und wagte sich von Zeit zu Zeit ein bisschen auf den Platz,
um zu sehen, wie der Bulle reagierte. Sobald der Bulle ihn angriff,
schlüpfte er hinter die Absperrung, jeder Schritt jetzt Alarmbereitschaft, seine Haltung die eines Tänzers. Die Wolken verdich-
teten sich, und es wurde dunkler. Der Zeremonienmeister signalisierte den Männern im Ring: »¡A la muerte!«, und strich sich mit
der Handkante über die Kehle.
     Das nächste Tier war San Pedrito, ein schon schwererer, gut
vier Jahre alter Bulle. Er war kompakt gebaut, wirkte argwöhnisch
und trug lange Hörner, die sich aus elfenbeinfarbenen Basen in
dunkle, graue Spitzen emporschwangen. Er wurde korrekt losgelassen, die Gehilfen des Matadors waren jetzt *banderilleros* und

stachen massive Metallspieße in die massigen Nackenmuskeln, um die Kontrolle des Kopfes zu beeinträchtigen. Der Matador kam einige Male hinzu, um das Befinden des Tiers abzuschätzen, das den Umständen entsprechend war. Dazwischen erstarrte er zu einem Goyaporträt, nichts an ihm bewegte sich – außer seinen Augen, die dem Bullen jede Sekunde folgten. Als der Matador übernahm, brachte er den Stier mit einigem Geschick bald an den Rand der Erschöpfung, mitunter kniete er auf einem Bein und wandte dem Tier den Rücken zu. Dann wechselte er den Umhang und ergriff die rote *muleta*, die er über sein schmales Schwert breitete, das auf den letzten fünfzehn oder achtzehn Zentimetern leicht abwärts gebogen war. Er versuchte den Bullen in eine Position zu drängen, wo er ihm den Rest geben konnte. Doch es misslang ihm immer wieder, den Stier an Ort und Stelle zu halten. Der rannte entweder auf ihn zu oder wich zur Seite weg. Das Gesicht des Matadors war angespannt, verriet Druck und Verärgerung. Als er schließlich zustach, geschah es aus Ungeduld, nicht Gelegenheit. Der Bulle hob seinen Kopf und vereitelte den Stoß. Die Klinge fuhr, auf die Aorta zielend, an der rechten Schulter hinein. Der Stich ging komplett daneben, und die Klinge trat vorne tief unten an der Brust wieder aus. Der Matador warf seinen Umhang über den Kopf des Stiers, woraufhin der endlich stillstand, und zog sein Schwert. Die Wunden begannen zu bluten. Mehr als ein Dutzend Mal brachte er den Bullen in Position, aber der stand nie frontal zu ihm, sodass er nicht zuschlagen konnte. Er stieß zu und verfehlte ihn komplett. Die Menge begann zu pfeifen und zu buhen. »Er leidet!«, schrie ein Mann neben mir. Der Matador brachte den Stier endlich wieder in die richtige Position, aber in einer Ecke. Aus dem Publikum, dem das zu billig war, gellte der Ruf: »In die Mitte!« Der Matador lenkte ein und bemühte sich, den Stier in die offene Arena zurückzutreiben. Dann stieß er zu. Es war noch schlimmer als zuvor. Die Klinge kam auf halbem Weg unten bei den Rippen des Tiers wieder zum Vorschein. Die Austrittswunde blutete heftig. Dr. Salas stand auf: »Leiter, Leiter!« Ein untersetzter Mann hinter uns entnahm einem Beutel ein Messer und einen Schleifstein, den er befeuchtete, bevor er hinunter in den Ring kletterte. Das Gesicht des Matadors war unaufhörlich auf den Bullen gerichtet: die Maske der Entschlossenheit. Er wollte ihn mit eigener Hand erledigen und nicht durch Lasso und Messer entehrt werden. Aber er schaffte es nicht, den Bullen und die Zuschauermenge im Zaum zu halten. Das Gelächter über den ersten Bullen, der nicht eine Sekunde lang gekämpft hatte, wurde bei diesem zweiten hier, der partout nicht sterben wollte, zur tragischen Farce. Ein paar Einheimische gingen am Matador vorbei und fingen den Bullen am hinteren Ende der Arena mit dem Lasso ein, knieten auf seinem müden Kopf und hielten ihn am Boden für den Mann mit dem Messer, der nun zwischen zwei Wirbeln nach einer Lücke suchte und das Rückenmark durchtrennte. Der Stier fiel auf die Knie. Die Männer, die seinen Kopf gehalten hatten, sprangen zurück. Er wollte noch immer nicht sterben. Mehrere Männer stachen ihm in den Hals und hielten Becher hin, um das Blut zu trinken. Die Hinterbeine wurden zusammengebunden. Sie zogen ihn vom Platz. Die Vorderhufe schlugen ermattet aus, während sie im Sand zwei lange Spuren hinterließen. Der Messermann kam zurück und setzte sich wieder zu uns, auf seiner Hutkrempe glänzte ein Blutspritzer, und seine Hand war dunkel vom geronnenen Blut.

Den nächsten Stier trieben sie fleißig bis zur Erschöpfung und brachten ihn dann zum Wagen zurück. Die Darbietung wirkte schal. Ich verstand jetzt, dass der ›Kampf‹ ohne Töten bedeutungslos war. Es war nicht dramatischer, als wenn jemand eine Kuh neckte. Der Kämpfer konnte nur einen Negativerfolg verbuchen: nicht verletzt zu werden. Wir waren jedoch gekommen, um den Tod zu erleben. Auch der folgende Stier wurde schnell mürbe gemacht und sauber von einem der Gehilfen getroffen. Er trabte noch lässig zum anderen Ende der Arena und hielt an. Wie betäubt bemerkte er, wie seine eigenen Beine weich wurden und sein massiger Körper in den Staub plumpste. Der letzte Stier war Burgomaestre. Sobald er losgelassen war, starrte er die Bretter und die dahinter sitzenden Menschen an und raste los. Sie schwangen Stiefel, spritzten Bier und warfen mit Orangenschalen auf ihn. Er hielt an, schwang die Vorderhufe über die untere Umzäunung, senkte den Kopf und flüchtete. Die Menge teilte sich wie ein Vorhang, und wir konnten sehen, wie das Tier draußen locker auf dem Parkplatz umhergaloppierte.

Die Matadore falteten ihre Umhänge zusammen und packten ihre Sachen. Die Menge zerstreute sich; der jeweilige Aufenthaltsort des getürmten Bullen ließ sich durch plötzlich sternenförmig auseinander stiebende, vor ihm fliehende Menschen nachverfolgen. Die Männer bauten schon die Stände ab. Nächste Woche: Fußball. Irgendjemand lief in die Mitte der Arena und betrachtete einen braunen Fleck auf dem Boden.

Die Busse waren hoffnungslos überfüllt. Wir gingen im Dunkeln den Hügel hinunter und hofften, in einem der leeren Busse mitfahren zu können, die von Huari zurückkamen. Sie hielten aber nicht, weil in Cajay bereits Passagiere warteten. Wir wechselten von der Straße auf einen Pfad, um die lang gezogenen Haarnadelkurven abzuschneiden. Zehn Meter weiter schrie Elaine auf und brach zusammen. »Ich bin auf einen losen Kiesel getreten, plötzlich ist mein Fuß weggerutscht.« Sie sagte nicht, wie schlimm es war, also war es schlimm. Ein Einheimischer trat in den Lichtkegel unserer Taschenlampen und fragte, was los sei. Er spülte den Knöchel mit kaltem Wasser und legte seine Hände auf die schmerzende Stelle. Ihr Gesicht entspannte sich. »Schon besser jetzt.«

»Ziehen Sie den Stiefel an, Señora.«

Sie ertrug es kaum, den Fuß auf den Boden zu setzen. Eine Menschenmenge versammelte sich um uns und kam überein, dass sie in den nächstbesten Bus gesetzt werden müsse, was immer der

Fahrer dazu meine. Ich lockte den nächsten herannahenden Bus
in den Hinterhalt, indem ich in der Mitte der Straße direkt auf
ihn Kurs nahm, und lief dann zur Mauerhecke, um Elaine zu stützen. Als wir uns umdrehten, war der Bus randvoll. Ich erinnerte
ein paar sitzende Frauen daran, dass sie eben noch alle dafür gewesen seien, die Señora in den nächsten Bus zu setzen. Sie sahen
mich beschämt an und machten eine kleine Lücke für Elaine frei,
indem sie sich einander auf den Schoß setzten. Ich kletterte aufs
Dach und zwängte mich in den Gepäckträger. Kein Mond schien.
Ich fühlte mich schuldig, weil ich die Schönheit des sternbedeck-
ten Himmels genoss, während Elaine verletzt war, aber die Milchstraße glänzte so hell, dass ich ganz verzaubert war. Der Fahrer
hielt vor dem Krankenhaus. Elaine sagte: »Sie werden mir nur eine
Spritze geben wollen, ich will aber keine Spritze.«
    »Ich habe saubere Spritzen.«
    »Bring' mich einfach in eine Bar.«
    Sie schaffte es humpelnd zu einer, konnte danach aber ein paar
Tage nicht gehen. Wir tranken starkes Dunkelbier und sahen die
Stierkampf-Nachrichten im Fernsehen. Die Kamera zoomte auf
einen der beiden schottischen Bergsteiger, die wir im Bus getroffen hatten. Sie schlenderten über den Parkplatz. Der entflohene
Bulle galoppierte vorbei, und eines seiner Hörner verfehlte nur
um Zentimeter zwei schottische Nieren. Vielleicht hätte die letzte E-Mail des Schotten gelautet: »Wir hatten mehrere Gipfel der
Cordillera Blanca bezwungen, ich hatte einen Tag frei, verließ
vorzeitig einen Stierkampf, um noch einen Platz im Bus zu ergat-
tern, und wurde auf dem Parkplatz von den Hörnern eines flüch-
tigen Stiers aufgespießt. Hoffe, bei euch ist alles bestens, Ross.«

Rucio

Mit der Abenddämmerung kam das Fußballweltmeisterschaftsfinale. Ich zog mir etwas an und holte einen Stuhl heraus, um mich zu den dick vermummten Einheimischen zu gesellen, die in der Mitte des Innenhofs an einem Schwarz-Weiß-Fernseher klebten. Sie verhielten sich mir gegenüber kühl, bis Brasilien vor dem Sieg stand und ich darauf anstieß.

»Hey, wir dachten, du als Europäer würdest zu Deutschland halten.« Noch vor dem Entscheidungstor klärte ich sie über ein gefühltes Jahrhundert an Fußballvorurteilen auf, und wir saßen in freundschaftlicher Stimmung beieinander und sahen Brasilien gewinnen.

Elaines Fußknöchel war nicht so stark gestaucht wie befürchtet. Sie bandagierte ihn und humpelte in der Stadt umher. Uns gingen die Ideen aus, wie ein Esel in unser Leben treten könnte. In einem eisigen Café zusammengekauert, beobachteten wir vier Männer, die den Preis dafür vereinbarten, hinten auf dem leeren Müllwagen mitzufahren. War das auch unser Schicksal? Elaine trank Kokatee; ich riskierte Milchkaffee, auch wenn frische Milch Mangelware war.

Sie machte eine Kopfbewegung in Richtung des Milchkaffees: »Wie schmeckt der?«

»Es ist mit paralysierter Milch gemacht.«

»Wie bitte?«

»Ich meine sterilisiert. Es sollte am Stadteingang ein Schild für Touristen geben: ›Huari – ein günstiger Ort zum Altwerden und Sterben‹.« Ein Allradfahrzeug kreuzte auf, bremste scharf und rammte einen Laternenpfahl. Der Fahrer torkelte heraus, das Gesicht vom Alkohol rot aufgedunsen. An seiner Seite saß eine modische junge Frau in einem figurbetonten grauen Wolldress. Ihre Locken fielen in losen Ringeln herab. Sie sah uns, winkte, lief mit

breitem Lachen auf mich zu und umarmte mich. Ich hatte keine
Ahnung, wer sie war. »Ich bin Lari, wir haben gestern beim Stierkampf miteinander getanzt!« Die ›Studentin‹, mit der ich getanzt
hatte, war eine Geschäftsfrau.

Wir kamen ins Gespräch und erklärten unser Eselproblem.
»Ihr könntet auf dem Fleischmarkt fragen«, sagte sie. »Ich will ihn
nicht essen!« Sie lachte: »Die Metzger kennen alle Viehverkäu-
fer.« Auf dem Kopf des Metzgers saß ein vertrauter Hut – mit einem Blutspritzer an der Krempe. Es war Ricardo, der Messermann vom Stierkampf. Er tätschelte zwei gehörnte Schädel. »Das
sind die beiden, die ihr gestern sterben saht.«

Ich stellte die Eselfrage. Er strich sich übers Kinn. »Ihr müsst zu
Victor Jarra gehen, er verkauft Tiere. Er lebt in einem Dörfchen namens Huamántanga.« Es dauerte eine Stunde, eine Transportmög-
lichkeit zu finden, die Reise selbst eine halbe. Victor Jarra, einen
Geist von einem Mann mit kaltem Händedruck, finden und erfahren, dass alle Tiere bereits verkauft waren: dreißig Sekunden. Elaine
verzweifelte. Ihre Chance, die Einhundertsechzig-Kilometer-Etap-
pe zu bewältigen, war längst vertan. Sie saß vor unserem Zimmer im
Freien und studierte den Reiseführer. »Es gibt nur eine kleine Stadt
auf unserer Route, La Unión, von der aus ein Bus nach Lima fährt.
Wenn ich ihn kriegen will, muss ich die ersten achtzig Kilometer
rechtzeitig schaffen, ergo müssen wir übermorgen los.«

Wir gingen in die Bar, in die nie zu gehen wir geschworen hatten. Sie war voller ›Charaktere‹, wenn man unter Charakteren
Gäste versteht, die vor Sonnenuntergang über ihren Getränken
einschliefen. Drei Männer saßen an einem Tisch im Schatten hinter der Tür. Ein weiterer Mann bestellte soeben noch mehr Bier.
Die große Frau hinter dem Tresen weigerte sich, die Flaschen
herauszurücken, bevor sie sich darauf geeinigt hatten, wer bezahlte. Der Nüchternste stand auf und grüßte mich: »Ich bin José
Ramírez, Journalist, die anderen hier sind Lehrer.«

Zwanglos drängte ich die Konversation in Richtung Esel. José Ramírez, der Journalist, sagte: »Geh' morgen früh zu Radio Colcas.« Er schrieb mir eine Adresse und den prächtigen Namen Prosculo Sifuentes Huerta auf. »Ich werde euch für ein Interview morgen früh um acht Uhr ankündigen. Als Aufruf an alle, die einen Esel verkaufen, zu euch ins Hotel zu kommen.«

Am nächsten Morgen lief ich um zehn vor acht durch die langsam erwachenden Straßen. Die erste Sonne beschien, vom Nebel gefiltert, den Atem der Männer, die vor dem Lebensmittelladen Ponys beluden. Dünne Zigarettenrauchsäulen stiegen von den kalten Händen der Männer auf, die an abblätternden Wänden lungerten, um die erste Wärme des Tages zu erhaschen. Eine Frau folgte ihrem zehn Meter langen Schatten auf den glänzenden Pflastersteinen den Hügel hinauf. Alles war in Sepia getaucht. Einer schlief offenbar nie: Der Alkoholiker von der Plaza der Stadt verneigte sich: »Willkommen in Huari, Señor.« Er begann früh mit der Arbeit, war zeitig voll und ertrank in seinen eigenen meerblauen Augen.

Der Sitz von Radio Colcas war in Funktionseinheit die Ein-Zimmer-Wohnung von Ramírez Villacorta, einem Mann mittleren Alters, der nach Schlafanzug roch, Kassetten und CDs über seine heimische Musikanlage abspielte und sie in die Stadt und ein paar benachbarte Täler ausstrahlte. Er bat mich auf einen Stuhl neben dem Tisch, zückte ein hitchcockartiges Rasiermesser und verpasste sich eine Trockenrasur, dieselbe Rasur, die er sich gegönnt hätte, wären da heißes Wasser und ein weicher Rasierpinsel gewesen, um Seife aufzuschäumen, und ein weicher Lederriemen, um das Messer abzuziehen. Anschließend spritzte er sich Alkohol auf die Wangen, kämmte sein Haar vom Scheitel zur Seite, es sah aus, als habe er es mit schwarzer Tinte übergossen, und griff sich das Mikrofon.

»Meine verehrten Damen und Herren, heute haben wir einen besonderen Gast im Studio und appellieren an Ihre Mithilfe.«

Ich beschrieb unsere Reise, gab Tipps für die Jugendlichen von Huari und wies auf die Lücke in meiner Existenz hin, welche die Form eines Esels hätte. Der Radioappell war unsere letzte Hoffnung. Wir mussten am nächsten Morgen weiterziehen, mit oder ohne Lasttier. Den ganzen Tag über schwirrten Gerüchte, Männer kamen zum Hotel, als wir ausgegangen waren, und kehrten nie wieder. Wir hatten sechs Tage in einer Stadt verbracht, die für einen Tag gut war, und noch immer war kein Esel in Sicht.

Am Morgen sahen wir ein, dass wir unsere eigenen Lasttiere spielen mussten, und begannen von unserem Gepäck Ballast abzuwerfen. Ich verabschiedete die Karten, die ihren Dienst bereits getan hatten und die ich dennoch gern aufgehoben hätte. Elaine schlug im Bad um sich, aufgewühlt vom Schmerz im Knöchel und dem täglichen Kick, in eiskaltem Wasser die Haare waschen zu müssen. Sie spülte teure Hygieneartikel, Cremes und Reisewaschmittel die Toilette hinunter, um zweihundert Gramm Gewicht einzusparen. Um halb zehn waren wir fertig, da klopfte es an der Tür. Ein scheuer Mann stellte sich vor: »Ich bin Erfanio Jésus Trujillo. Mein Bruder lebt im Dorf Colcas und verkauft einen kräftigen männlichen Esel für fünfhundertfünfzig Sol, ein sehr schönes Tier.« Das waren umgerechnet einhundertdreißig Euro; in dieser Gegend war das ein hoher Preis, aber für ein gutes Tier nicht überhöht.

»Bitte bringen Sie das Tier, damit wir es uns ansehen können. Wenn es so gut ist, wie Sie sagen, kaufen wir es. Aber um zwölf Uhr brechen wir nach Castillo auf.«

Er kam um halb eins zurück. Wir hatten natürlich gewartet. Auf der Straße stand ein etwas kurz geratenes, untersetztes Tier. Unverzüglich gaben wir mit unseren jüngst erworbenen Kenntnissen die Kenner. Während Elaine vorn beschäftigt war, zeigte ich zwischen die Hinterbeine: »Keine *cojones*, also ist es ja, anders als versprochen, wohl eine Stute und kein Hengst.«

Er lächelte ein mildes Kann-ja-mal-passieren-Lächeln und erklärte: »Das ist das Tier, das mein Bruder verkaufen will.« Und sein Bruder, der, wie ich bei mir dachte, eine verhandlungstechnische Erfindung darstellte, wolle dafür jetzt sechshundert Sol.

Um uns hatte sich mittlerweile eine Traube Menschen versammelt, die alle an der Eselin herumprüften und -stocherten. Einig waren sie sich darüber, dass sie zwischen sieben und neun Jahre alt war. Ich bat Elaine: »Geh' mal ein bisschen mit ihr auf und ab.« Die Eselin kam nur widerwillig in Bewegung, doch als die Idee einmal Fuß gefasst hatte, trippelte sie freundlich weiter. Das Sattelzeug auf ihrem Rücken war das älteste und nutzloseste, das er hatte zusammenstückeln können. Die Decke war aus alten Kleidern genäht; ich erkannte den Hosenschlitz einer alten Jeans, inklusive kaputtem Reißverschluss. »Fünfhundert Sol«, sagte ich.

»Er ist mein Bruder, ich muss ihm sechshundert Sol bringen, sonst ist er mir böse.«

»Sie wollten fünfhundertfünfzig für einen kräftigen Eselhengst, jetzt wollen Sie sechshundert für eine schmächtige Stute. Ich kann nicht mehr für weniger zahlen.«

Er lächelte verschämt. »Sechshundert Sol.«

Zehn Minuten später hatte ich den Esel samt Sattel und Zaumzeug für fünfhundertfünfzig Sol erstanden. Es war vermutlich kein guter Handel, aber jeder weitere Tag in Huari war noch schlechter. Wir fühlten uns als stolze Besitzer einer leidlich hübschen Eselin. »Hallo Rucio«, sagte ich und ging mit ihr zum Markt, um Futter zu kaufen. Die ganze Stadt hielt Maulaffen feil.

»Wieviel haben Sie denn dafür bezahlt?«, fragte eine Frau hinter einem Marktstand.

»Fünfhundert Sol«, log ich.

»Wie bitte! Ich könnte Ihnen morgen sofort einen für zweihundert Sol besorgen! Man hat Sie bestohlen! Hört alle her! Der Gringo hier hat fünfhundert Sol für den Esel bezahlt!«

»Was! Meine Schwester hat einen, den sie jederzeit für hundert Sol hergibt!«

Ricardo, der Stiermetzger, tauchte auf. »Sie haben einen gekauft?« Er betrachtete die Stute. »Sie ist ein freundliches Tier-
chen, nicht zu teuer.«

Die Leute gaben nach. »Ein schönes Tier und eigentlich ein
recht guter Preis«, stimmten sie zu. Außer einer Frau, die weiterhin rief: »Hundert Sol ist das Höchste, was ich dafür gäbe. Fünfhundert? Nie!«

Ich kaufte haufenweise Heu, und, da wir ja nun ein Transportmittel hatten, reichlich Obst und Gemüse für uns selbst. »Noch
eins«, rief Ricardo, »binde sie in der ersten Woche gut an, sonst
rennt sie dir bei der ersten Gelegenheit nach Hause zurück!«

»Na super«, sagte Elaine, »ein Esel mit Heimkehrprogrammie-
rung.«

In den Bergen haben Lasttiere die Gewohnheit, am äußeren
Rand des Wegs nahe dem Abgrund zu gehen, um nicht mit der
Last an die Überhänge zu stoßen. Das bedeutet, dass sie bei einem
Stolperer regelmäßig in die Tiefe stürzen und man ein paar Tage
und Nächte mit dem Nötigsten auskommen muss. Wir sortierten
wieder um und packten nur das Notwendigste und Unverzicht-
barste in unsere Tagesrucksäcke: warme und wasserdichte Kleidung, Essen für einen Tag und einen Liter Wasser. Dann mussten
wir herausfinden, wie man zwei Rucksäcke an einem runden Tier-
körper befestigt. An Ratschlägen herrschte kein Mangel, die freilich alle verschieden lauteten. Zwei Frauen aus dem Restaurant
nahmen die Sache in die Hand.

»Ist das zu schwer?«, fragte ich und zeigte auf unser Gepäck.

»Nein! Sie kann mindestens fünfzig, vielleicht siebzig Kilo tragen, den ganzen Tag.« Ich fragte später bei einem Tierarzt nach:
Fünfzig sei der empfohlene Höchstwert. Dies war beruhigend,
denn unser Gepäck wog zusammen nicht mehr als vierzig Kilogramm.

Die Frau vom Eckcafé sagte: »Noch eins: Hier sind die Leute anständig, aber in Castillo gibt es haufenweise Diebe, sehen Sie sich vor.«

Wenigstens kamen wir hier weg. Wenige Minuten später wanderten wir auf Weideland in Richtung der Brücke nach Cajay. Ein Einäugiger winkte fröhlich von der anderen Straßenseite: der Fiedler von der Stierkampf-Tanzmusik. Wir bogen um eine Ecke und sahen einen riesigen, mit scharlachroten Blüten bedeckten Baum, der in einer gelben Trockengraswiese vor ausgedehnten roten Lehmböden als Hintergrund stand. Es tat gut, wieder unterwegs zu sein.

»Mir fällt gerade auf«, sagte ich, »dass wir einem Mann namens Jesus eine Eselin abgekauft haben.«

Der nächtliche Besucher

Wir folgten einer unbefestigten Straße oberhalb des von Bäumen gesäumten Huari-Flusses. Das Erste, was sich über die Eselin Rucio sagen ließ, war, dass Anhalten kein Problem darstellte: Das leichteste Bremsen oder Zögern veranlasste sie, wie tot zu verharren. Ricardos Rat über die Neigung zur Heimkehr in Erinnerung, achteten wir darauf, nie das Seil aus der Hand zu geben. Als wir eine Pause einlegten, band ich sie an einen kleinen Baum zu Füßen der Böschung. Sie drehte eine Runde, verhakte das Seil, erblickte oben längeres Gras und versuchte hochzuspringen. Das Seil war aber dazu jetzt zu kurz, sie strauchelte, und das Gepäck löste sich.

Unsere Rucksäcke hielten nicht auf ihrem Rücken, sodass wir sie an den Flanken befestigten, was zu dritt nicht schwer gewesen wäre. Unser Sattelgurt war ein gewobener, zweieinhalb Meter langer und zehn Zentimeter breiter Wollstreifen. An beiden Enden war er über Eisenringe mit zwei Lederbändern verbunden, und die hatten sich gelockert. Meine Finger arbeiteten sich an dem steifen, hausgebeizten Leder ab, aber ich konnte sie lösen und wieder festzurren.

Das Tal verengte sich zu einer dunklen Schlucht, in der sich zwei Flüsse und zwei Wege vereinigten. Eine Ansammlung unverputzter, trostloser brauner Adobe-Häuser duckte sich unter drei Bergschultern: Die armen Leute lebten wie in einem Kerker.

Unser Weg bog links ab, über den Fluss auf eine Straße, die nach Tingo María und zum Amazonas ausgeschildert war. Es war die Pforte ins berüchtigte Tal Huallaga: das Land des Kokains.

Wir kamen an einer alten Dame vorüber, deren eines Auge vom grauen Star chinaweiß glänzte. Sowie sie meinen ausländischen Akzent vernahm, hielt sie an und lauschte aufmerksam. Ihr Mund öffnete sich wie ein Mauseloch, das man in ihre Pergamenthaut geschnitten hatte und in dem eine dunkle Zunge lautlos tänzelte. Den ganzen Nachmittag folgten wir dem breiten Fluss stromabwärts, fanden aber keine Stelle, um das Zelt aufzuschlagen. Wir überquerten den Fluss und verließen die Straße, die in ausgedehnten Haarnadelkurven weiter den Berg hochlief: Das würde unser morgiger Weg sein. Wir nahmen einen Pfad durch kleine Obstgärten, bewirtschaftete Felder und Weideland. Steine waren aufwändig entfernt und zu großen, festen Hügeln aufgeschichtet worden. Wir hatten nur noch eine halbe Stunde Licht, als wir auf ein großes, modernes Haus mit einem glänzenden Wellblechdach stießen. Im Hof stand ein hoch aufgeschossener Mann Mitte vierzig mit blasser Haut, offenen Gesichtszügen und sorglosen Kinderaugen. Seine Frau, die jünger war als er, stand mit einem Baby im Arm bescheiden hinter ihm. Dem Gesicht nach stammte sie nicht aus den Anden.

Mein Großvater hatte in den 1920er-Jahren in Australien Schiffbruch erlitten und eine Weile vom Betteln gelebt. »Man musste«, erinnerte er sich, »den Leuten zuerst klarmachen, dass man kein Herumtreiber ist, sondern arbeiten will. Ich begann immer so: ›Mein Herr, ich bin ein britischer Seemann, über den harte Zeiten hereingebrochen sind.‹« Jetzt war ich dran, auch ich musste den Leuten klarmachen, dass wir keine Herumtreiber waren und sie nichts zu befürchten hatten: »Wir sind zwei britische Touristen, die entlang der Inka-Straße wandern, und würden gern auf einem kleinen Stück Land unser Zelt für die Nacht aufschlagen.« Ich ließ ihm genug Zeit, um uns zu mustern und einzuschätzen, aber noch während ich sprach, bemerkte ich, dass er das schon getan hatte. »Ich heiße Juan, kommen Sie bitte herein.« Er führte Rucio zu hüfthohem Weidegras, wo er sie, als er hörte, dass wir sie erst kürzlich gekauft hatten, sorgfältig an einen Baum band. Seine Gattin knickste vor uns: »Ich bin Senya, seid uns willkommen bei Gott, der euch segne.« Ein kleines Mädchen, Madelene, stand schüchtern, aber ohne Furcht hinter ihr. »Bitte setzt euch hierher«, deutete Senya auf eine Bank an der Wand der Veranda. Eine Minute später wurden ein Krug köstlicher, kühler Kräuterlimonade und zwei Gläser gereicht. Während ich trank, sah ich um mich herum eine glückliche und zufriedene Familie, unabhängig in den wichtigen Dingen des Lebens, die dafür arbeitete, ihre eigenen Lebensmittel anzubauen und Vieh zu halten. Elaine war Mitte dreißig, ich Ende dreißig, als wir uns kennenlernten, und wir wünschten uns sehnlichst Kinder. Fehlgeburten und gescheiterte In-vitro-Fertilisationen folgten. Vor Kurzem mussten wir uns mit der Tatsache anfreunden, dass wir keine Kinder haben würden. Diese Erkenntnis warf nach wie vor noch ihren Schatten. Babys und Kleinkinder sind daher ein bittersüßes Vergnügen – aber heute Nacht verspürten ich und, wie ich glaubte, auch Elaine, keine Traurigkeit. Wir standen vor etwas Seltenem: einer glücklichen Familie.

»Die Limonade war wunderbar«, sagte Elaine, »wir brauchen nur ein kleines Eckchen, auf dem wir unser Zelt aufstellen, dann werden wir Ihnen nicht mehr zur Last fallen.«

»Keinesfalls«, entgegnete sie und führte uns in einen sauberen, trockenen Vorratsraum, der direkt auf den Hof hinaus ging, mit einem Bett darin. Sie machte uns das Bett zurecht, während Juan Kartoffelsäcke ordentlich entlang der Wand aufreihte, um den Raum gemütlicher zu machen. Elaine berührte die Moos- oder Flechtenbüschel, in die sie gepackt waren. »Sieht aus wie die grauen Winterflocken von Wildclematis«, sagte sie.

»Es ist ein Parasit, der auf unseren Bäumen wächst und etwas giftig ist«, sagte Juan, »er schadet den Bäumen, aber verhindert Kartoffelfäulnis.«

»So«, sagte Senya, »Essen ist fertig.« Sie waren gute Samariter, die seit frustrierend langer Zeit keinen glücklosen Reisenden mehr hatten helfen können. Ein großer Raum diente als Küche und Esszimmer. Wir saßen bei Kerzenlicht, während Senya das Tischgebet sprach und die dreijährige Madelene die Schatten be-

obachtete, die hinten an der Wand tanzten. Senya brachte süße
Suppe aus Haferflocken und *quinoa*, auch Peru- oder Inkareis genannt, einer getreideähnlichen, auf großen Höhen wachsenden,
mit dem Buchweizen verwandten krautigen Pflanze. Der Haupt-
gang bestand aus gefüllter *kaywa* oder Inkagurke, einem süßen,
grünen, kürbisartigen Gemüse, das wie Wein rankt und das sie
selbst anbauten.

»Sind Sie aus dieser Gegend?«, fragte ich Juan.

»Ich bin aus Huari, aber meine gesamte Familie zog vor zehn
Jahren nach Lima, um Arbeit zu suchen. Senya ist aus Tingo María
im Regenwald. Als wir heirateten, lebten wir in Tingo María. Ich
machte einen Laden auf. Vom Kokaanbau kam viel Geld in die
Stadt: Die ansässige Datsun-Lizenzfabrik gewann den Preis
Händler des Jahres. Wir eröffneten neue Geschäftszweige und
sparten eifrig, aber ich traute den Banken nicht. Eines Tages über-
fielen von Drogenbossen bezahlte Paramilitärs mein Haus und
verlangten Geld. Ich wollte vermeiden, dass irgendjemandem etwas passierte, und gab ihnen, was ich besaß: siebzigtausend Dollar. Weil ich es so schnell herausrückte, glaubten sie, ich müsste
noch viel mehr haben. Sie banden mich an einen Stuhl und schlugen mich. Sie zwangen Senya zuzusehen. Jeder in der Stadt wusste, was im Haus vor sich ging, aber niemand wagte, etwas dagegen
zu unternehmen, auch die Polizei nicht, einfach niemand. Auf
diese Weise hielten sie mich vier Tage lang gefangen und schlugen mich immer wieder. Aber da war nichts mehr, das ich ihnen
hätte geben können. Schließlich hatten sie keine Lust mehr und
gingen. Aber ich konnte nicht mehr dableiben. Also kamen wir
hierher zurück, meinen Brüdern gehörte dieses Land am Fluss,
das sie nicht nutzten. Wir pflanzten Obstbäume, kauften ein paar
Tiere und Bienenstöcke.«

Senya legte die Hand auf Elaines Arm. »Gott hat uns nicht im
Stich gelassen. Als wir den ersten Stock kauften, starben alle Bie-

nen. Juan und seine Brüder gingen auf die Felder, beteten neben
den Stöcken und fragten Gott, was sie tun sollten. Während sie da
knieten, erschien eine schwarze Bienenwolke und fuhr schnur-
stracks in die Stöcke, und seither gedeihen sie prächtig.« Sie schob
uns einen Honigtopf zu. Wir strichen die bernsteinfarbene Masse auf das frische Weißbrot und bissen hungrig hinein.

Ihre Geschichte brachte die Probleme auf den Punkt, denen
Tingo María ausgesetzt war. Auf den kühleren Berghängen über
dem tropischen Regenwald blüht ein unauffälliger Busch: *Ery-
throxylum coca*. Die Blätter ähneln kleinen Lorbeerblättern, nur
mit abgerundeter Spitze. Töpferarbeiten aus frühesten Zeiten
zeigen Männer, deren Backen mit büschelweise Kokablättern
aufgebläht sind. Wenn man sie kaut, setzen sie eine Droge frei,
die Schmerz und Hunger betäubt. Die Inka-Elite hatte sie sich
zum eigenen Gebrauch vorbehalten, doch die Spanier demokrati-
sierten und benutzten sie, um ihre unterernährte einheimische
Dienerschaft so lange gefügig zu halten, bis sie sich zu Tode gearbeitet hatte. So wurden die Blätter wertvoller als jede andere
Frucht, abgesehen von Gewürzen.

1860 extrahierte ein deutscher Chemiker das für die Wirkung
verantwortliche Alkaloid $C_{17}H_{21}NO_4$ und gab ihm den Namen Ko-
kain, das erste Mittel für örtliche Betäubung. Erstmals wurde
Koka exportiert. Das reiche Huallaga-Tal produzierte außerdem
Naturkautschuk, Kaffee, Chinin und die Pflanze Barbasco, deren
Wurzeln das Insektizid Rotenon liefern. Der Zweite Weltkrieg
führte zu einem massiven Bedarf an Chinin für die Truppen, die in
Malariagebieten kämpften, und an Kautschuk für die Militärfahr-
zeuge. 1945 begannen diese Märkte einzubrechen; synthetischer
Kautschuk ersetzte den Naturlatex, und DDT löste das Rotenon
ab. Die Erzeugung von Molkereiprodukten, Rindfleisch und Tee,
die von den US-amerikanischen Beratern vorangetrieben worden
war, machte wirtschaftlich nur auf großen Gütern Sinn. Kleinbauern setzten weiterhin auf Koka zum herkömmlichen Gebrauch –

und auf illegales Kokain. Um 1960 bestritt das Huallaga-Tal sechzig Prozent der Welt-Kokaproduktion. Von 1961 an zwangen die
USA die peruanische Regierung, den Koka-Anbau, zu welchem
Zweck auch immer, völlig auszumerzen. Wirtschaft, Kultur und
das Traditionsgefüge der Kleinbauern in den Anden wurden haft-
bar gemacht, um Wirtschaftskriminalität via Drogenmissbrauch
und die Probleme nordamerikanischer Jugendlicher in den Griff
zu bekommen. Diese Politik hält unverändert an. Ecuador hat sich
einverstanden erklärt, dort ist der Verkauf von Kokablättern, zu
welchem Zweck auch immer, illegal. Peru hat sich widersetzt:
Koka nimmt in seiner Kultur einen zentraleren Stellenwert ein;
außerdem finanzieren Drogen den Löwenanteil dessen, was die
Regierungen in die eigenen Taschen stecken.

Beim ersten Tageslicht ging ich in den Garten, um nach Rucio
zu sehen. Das Seil war straff um Hals, Baum und sämtliche Beine
gespannt. Es sah aus wie ein aus dem Ruder gelaufenes Fesselspiel.
Ich lehnte mich an ihre Schulter, um sie zu befreien, und fühlte
plötzlich etwas Nasses an der Hand, noch nicht geronnenes Blut,
das von oben zum Bein herablief. Ich suchte die Stelle, an der sie
sich verletzt haben konnte. Es gab keinen Nagel oder Draht an
dem Baum. Als ich ihr Fell säuberte, konnte ich keine Wunde finden. Ich band sie wieder an und ging in den Hof, um mich zu waschen. Juan war schon da.

»Gibt es hier Vampirfledermäuse?«

»Ja! Sie fallen das Vieh an und übertragen Tollwut.«

»Das hat mir noch gefehlt, ein tollwütiger, heimwehkranker
Esel.« Ich musste an die unterirdischen Gänge von Chavín denken. Später prüfte ich das nach: Wir waren mit Vampirfledermäusen zusammen gewesen.

Juan musterte seinen Obstgarten: »Ich hätte gern mehr Bienenstöcke, aber seit vor drei Monaten Shirley geboren wurde, leidet Senya an einer Blutinfektion, und die Medikamente zehren
unser gesamtes Geld auf. Sie ist immer noch sehr schwach.«

Ich gab Senya etwas Geld: »Für einen weiteren Bienenstock,
wenn wir euch wieder besuchen kommen.« Ich überreichte Juan
eine Packung Angelhaken. Senya warnte uns: »Trinkt kein Wasser aus dem großen Fluss, er ist mit Quecksilber aus der Mine vergiftet.«

Um halb neun waren wir auf dem Weg zu der kleinen Stadt
Castillo. Juan hatte Rucio die Rucksäcke auf den Rücken gebunden, einen auf den Schultern, den anderen entlang des Rückgrats.
Ich wusste nicht so genau, ob ich der neuen Variante vertrauen
sollte. Senya gab uns Früchte aus ihrem Garten mit und blickte
zur sengenden Sonne hoch. »Heute sind viele Schlangen unterwegs.«

Ich wurde hellhörig; wir hatten bisher ohnehin noch recht wenig von der Tierwelt gesehen. »Ja, ihr müsst sie mit euren Stöcken
erschlagen!« Die Temperatur war schon auf siebenundzwanzig
Grad Celsius geklettert, und als wir die aufsteigenden Haarnadelkurven hochliefen, regte sich in der Gluthitze kein Lüftchen.
Nach zwanzig Minuten rutschte Rucios Gepäck zur Seite. Ich
schob es ihr wieder auf den Buckel und schnallte den Sattelgurt
enger. Wir trotteten weiter. Elaine ging sehr langsam, aber ich
merkte an ihrem Atem und ihrem blass malvenfarbenen Gesicht,
dass es nicht Faulheit war. Ich reichte ihr den Beutel mit den Kokablättern. Sie wählte etwa zehn, rollte sie zusammen und stopfte
sie sich in die Backe. Sie würgte scherzhaft: »Ich hatte schon vergessen, wie scheußlich sie schmecken.«

»Trink' etwas.« Sie nahm einen Schluck Wasser und tauchte
dann den Finger in den Beutel mit weißem Pulver, das dem wirk-
samen Alkaloid auf die Sprünge hilft. Rucio wurde zur Belastung.
Sie wollte einfach nicht Schritt halten. Hätte ich meinen Rucksack selbst getragen, ich wäre schneller vorangekommen. Die Serpentinen wanden sich eineinhalb Stunden lang weiter, bis sie um
eine Bergflanke bogen und nichts mehr vor uns lag als ein zweihundertfünfzig Meter tief stürzender Abgrund. Ich ging ein paar

Meter höher und sah, dass ein massiver Erdrutsch weiter oben den Pfad weggefegt hatte. Es gab keine andere Möglichkeit, als eine halbe Stunde lang denselben Weg zurückzugehen und direkt zur Talsohle vorzustoßen. Einer der Schäferpfade führte vielleicht nach Castillo. Elaine, deren Gesicht jetzt eine erfreuliche Pflaumenfarbe angenommen hatte, war noch etwas höher hinaufgegangen als ich und rief: »Ist das hier vielleicht der Weg, den sie nach dem Erdrutsch gemacht haben?«

Ich stolperte zu der Stelle, an der sie stand, und küsste sie. Wir befanden uns im Nu auf einem neuen, allerdings viel engeren Pfad; er ließ nicht einmal genug Platz, um aneinander vorbeizugehen. Das Gelände fiel jetzt viel steiler neben uns ab. Man dachte unwillkürlich den Ein-Ausrutscher-und-ich-falle-dreihundert-Meter-tief-Gedanken. Meine Augen klebten auf dem Pfad, und ich vermied jeden Blick in die Tiefe. Auf einem besonders schmalen Abschnitt löste sich Rucios Gepäck. Ich wäre für mein Leben gern bis zu einer sicheren Stelle weitergegangen, um es wieder festzuzurren, doch wenn wir jetzt eine Tasche verloren, würden wir sie niemals wiederfinden. Wir beluden den Esel nun das erste Mal ohne Hilfe – und das an der denkbar gefährlichsten Stelle der gesamten Strecke. Ich spürte, dass Elaine nervös wurde. Ich wurde es auch, aber ich dachte, das Beste wäre, so zu tun, als sei dies nichts Außergewöhnliches.

»Versuchen wir, die beiden Rucksäcke am Boden zusammenzubinden, sie Rucio dann beidseits umzuhängen und mit dem Sattelgurt festzumachen.« Als wir sie auf ihren Rücken hievten, interpretierte Rucio etwas, das ich auf Englisch sagte, in Quechua als »Hopp! Hopp!« und lief davon. Ich sprang neben ihr her und versuchte, unser Gepäck mit der einen Hand festzuhalten, während ich mit der anderen hinuntergriff, um den Lederriemen zu fassen zu bekommen. Eine Viertelstunde später hatten wir wieder alles oben, und jetzt saß es viel besser. Nach weiteren zwanzig Minuten erreichten wir wieder die Straße, noch immer zittrig in den Knien. Wir kamen durch ein verfallenes Dorf und gingen

über einen heruntergekommenen Platz hinauf zu zwei Läden, deren Fassaden im Schatten einer engen, steilen Gasse lagen. Sie erinnerte fatal an eine klassische Räubergasse. Das also war Castillo.
Wir kauften Limonade, tranken sie in einem Zug aus, kauften
mehr davon und tranken es ebenfalls, während sich Einheimische
um uns scharten, auf Quechua über uns sprachen und lachten; ab
und zu ertönte das spanische Wort *carga*, Last. Machten sie sich
darüber Gedanken, was sich im Gepäck befand, oder amüsierten
sie sich nur heftig darüber, wie es festgebunden war?

Diese Gasse war die alte Inka-Straße. Stellen Sie sich vor: Sie
setzen einen Fuß vor ihr Haus und treten auf einen Inka-Pflaster-
stein. Wir trafen auf Familien, die am Ende des Tages ihre Tiere
in ihre Dörfer heimbrachten. Ich fragte eine alte Frau, ob es einen
Flecken ebenen Landes für unser Zelt gebe. Sie antwortete auf
Quechua. Ich zeichnete ein Zelt in meinen Notizblock und fragte auf Spanisch: »Flache Erde?« Sie zeigte, wegen ihrer steifen
Schulter mit viel Mühe, höher hinauf und machte Zeichen für etwas Geld für Medizin. Wir gaben ihr ein wenig, und sie küsste unsere Hände und segnete uns. Wir kamen durch ein Dorf, in dem
die Frauen und Kinder sich vor uns versteckten und die Männer
sich zu Gruppen zusammenrotteten und heimlich über uns redeten. Stirnrunzelnd sah ich zu Elaine. »Unfreundliche Menschen
rauben einen eher aus, und Juan warnte mich heute Morgen vor
Dieben.« Wir erreichten ein paar kleinere, von nackten Steinmauern umfriedete Felder und entfernten so viele Steine wie nötig, um uns hineinzuzwängen. Wir überließen Rucio einen Arm-
voll frisches Getreide und befestigten das Zelt an der höchsten
Ecke des Feldes neben Felsblöcken, die als Sitze und Tische Verwendung fanden und uns gegen die Straße abschirmten. Wir hörten Kühe, Schafe, Esel und Pferde, die den Weg hinabgetrieben
wurden, aber niemand behelligte uns. Wir konnten fast bis nach
Huari sehen, das eineinhalb Tagesreisen entfernt und viel tiefer
lag. Unten im Dorf sangen Kinderstimmen. Elaine kochte Eier

und Nudeln, und es gab Zwiebeln, Tomaten und Chilipaprika. Später setzten wir uns nebeneinander auf einen Stein und beobachteten, wie Sternschnuppen ihre Linien, wie mit Silberstiften gemalt, durch die Sternbilder zogen. Satelliten glitten über uns hinweg, und der aufgehende Mond überstrahlte die Milchstraße. Aus der Dunkelheit drangen erbarmungslos Kaugeräusche.

Stadt der Toten

Am nächsten Tag schien zunächst alles reibungslos zu laufen. Um zwanzig vor acht glaubte ich, wir wären so gut wie reisefertig, aber Rucio nutzte ihre Verwandlungsfähigkeit zu einer Performance als Teflonoberfläche, von der alles abrutschte, bevor man es festbinden konnte. Um Viertel vor neun betraten wir die Straße, neben uns ein Junge, der mir nur bis zur Hüfte reichte, sich aber die Hacke eines Erwachsenen über die Schulter gelegt hatte. Er war auf dem Weg, die Felder umzugraben. Seine kleine Schwester, die ihr Gesicht zwischen der heruntergebogenen Krempe eines großen Hutes und einem roten Rock verbarg, den sie über die Brust hochgezogen hatte, trieb mit einer Rute eine Kuh neben sich her. Sie war winzig genug, um unter der Kuh hindurchgehen zu können, ohne sich zu bücken, gestattete der Kuh jedoch keinerlei Zögern. Es war ein heller, kühler Morgen, zum Wandern wie geschaffen.

Wir machten gegen elf Uhr Rast und studierten eine Inka-Treppe, die unverkennbar auf der Bergflanke über dem Tal aufstieg. Sie sah aus wie ein kurzer Zwanzig-Minuten-Anstieg zum Pass, mit nur einem steilen Abschnitt. Wir befanden uns auf viertausend Metern Höhe, und Rucios gemächliches Schritttempo war kein Problem mehr, da wir selbst auch nicht schneller vorankamen. Zunächst folgten auf die niedrigen Steinstufen jeweils ein paar Meter Gras, was einer recht gemütlichen Steigung gleichkam. Weiter oben waren die Stufen aber durch den Frost zu Geröll verwittert. Das Gehen wurde schwieriger und ermüdender. Ich hatte mich bemüht, Rucio auf halbem Weg entgegenzukommen und ein paar Quechua-Ausdrücke zu erlernen, um wenigstens *qishta,* stopp, und *ripuna,* los, sagen zu können. Sie hielt weiterhin abrupt an. Jedes Mal verlor ich Schwung, Gleichgewicht und Atem. War sie taub? Die Höhe macht die meisten Menschen reizbar. Auch ich war da-

gegen nicht immun. Schließlich zeigte ich auf die Hindernisse, die
sie als unüberwindlich einschätzte: »Das hier ist Peru, du lebst hier.
Das ist ein zwanzig Zentimeter hoher Schritt auf flaches Gras. Wo
liegt das Problem?« Elaine amüsierte sich großartig. »Der erfahrene
Andenwanderer greift zu Sarkasmus im Umgang mit Tieren, für die
bereits ›Geh'!‹ eine lange, komplizierte Anweisung darstellt.« Rucio
wiederum hatte ihre ureigene Art zu antworten. Nach jeder Er-
mahnung blies sie ein Tubasolo langgezogener Fürze.

Zu unserer Rechten öffnete sich ein riesiges, U-förmiges Tal,
das noch vor Kurzem vereist war. Entsprechend dünn war die Erd-
schicht, sodass die Maserung der Steine durchschimmerte. Offenbar war hier die Eiszeit noch lebendig. Nach einer Stunde erreichten wir den kahlen Gipfelpass auf viertausenddreihundertzwanzig
Metern Höhe. Links von uns ragte ein Steilhang auf, rechts ein
etwa zehn Meter hoher Felsbrocken, und zwischen beiden blies
der Wind sein Sägelied. Es war kein Ort zum Verweilen. Wie
schon oft, änderte sich nach Überquerung der Wasserscheide die
Landschaft grundlegend. Wir stiegen zügig in ein Tal hinab, das
ein Teppich aus langen, drahtigen Gräsern bedeckte, zwischen
schwarzen Klippen lag ausgestreckt ein großer Teich, dessen Wasser von einem dunklen Stechpalmengrün war. Unten bog der
Wind die Gräser tief zur Erde, wodurch kräuselnde Lichtspiele
jede Böe begleiteten. Weit weg, jenseits des grünen Sees, riefen
Mädchen rostrote Hunde zur Räson. Sie preschten über die Weide und trieben die Schafe vor sich her, dahingleitende Lichtwellen,
die an einer Steinplattenbrücke über einem Fluss zusammentra-
fen. Die Schafreihen vereinten sich zu einer kreisenden Masse, einem weißen, sich ständig verändernden Wirbel.

Wir hockten auf einer Böschung über absteigenden Serpenti-
nen, verschlangen Brot, Kekse und Obst und tranken Wasser.
Links beherrschten bedrohlich aufragende Berge die Aussicht.
Das Land bestand aus großen, schlichten Formen, als wäre die
Schöpfung soeben am Ende des vierten Tages angekommen –

noch bevor Wale durch Ozeane fegten, Vögel die Luft durchschnitten oder Menschen die Bäume niederbrannten oder Pflüge
in die Erde senkten. Es war verführerisch, hier zu bleiben, eine Angel in den See zu werfen und ein paar Mußestunden zu verbringen.
Aber es hätte Zeit gekostet, die wir nicht hatten, wenn Elaine ihren Flug bekommen wollte. Der Inka-Pfad war noch immer deutlich zu erkennen, wenngleich er beschädigt war. Er verlief auf halber Höhe und ließ sich eine Stunde lang gut gehen. Unten sahen
wir verstreute, aus unbehauenen Felsblöcken erbaute und notdürf-
tig mit Stroh gedeckte Steinhütten: ein kurzer Blick zurück in die
Eisenzeit. Wir blieben auf etwa derselben Höhe, während der
Fluss sich eine steil abfallende Schlucht schnitt. Dahinter floss er
eilig nach links in einen finstern Canyon ab, an dessen Flanken
Stützpfeiler wie ein sich schließendes Gebiss ineinander griffen.
Unser Weg machte eine Rechtskurve bis hoch zu einer Einker-
bung im Bergrücken. Er sah schwierig aus. Wir füllten unseren
Wasservorrat für den Fall auf, dass wir ermüden und es nicht mehr
bis ins nächste Tal schaffen würden. Schwerfällige, stierköpfige Fische glotzten uns aus Blasenaugen an. Der Aufstieg war steil, und
es folgten Abschnitte, auf denen die Stufen brüchig waren und wir
drei nur im Schneckentempo vorankamen. Wolken zogen auf, die
Temperatur fiel, und der Wind wurde schneidend. Aus der trüben
Suppe tauchten Ruinenmauern auf, ein Inka-*tambo* mitten auf
dem Pass. Ein Aplomadofalke glitt nur wenige Meter entfernt an
uns vorbei: Rückenfedern in warmem Braun und schiefergraue
Flügeldecken. Ein paar wonnige Sekunden lang entrückte mich
seine Schönheit und ließ mich die Schmerzen vergessen. Unterhalb des absteigenden Wegs befand sich ein kleines Gehöft mit
dem Hinweis: »Wir verkaufen.« Es war verlassen. Weit oben auf
dem Berg sah ich einen Mann und rief: »Wir kaufen!«

Aus einem winzigen Vorratsraum holte er Toilettenpapier,
Kekse, Anisschnaps und Minzlikör. Auf jeder Flasche stand dreißig Prozent. Er deutete darauf: »Das ist der Prozentsatz der Über-

lebenden.« Ich kaufte beide. Er verkaufte uns auch Getreide und ließ es sich nicht nehmen, es selbst aufzubinden – indem er ein Knie in Rucios Flanke stemmte, um das Seil festzuziehen.

»Wir müssen uns beeilen«, drängte ich Elaine, »und tiefer kommen, bevor wir Rast machen, das Wetter schlägt um.« Wind kam auf, es wurde stürmisch. Der Duft eines blühenden Erbsenfeldes stieg uns in die Nase. Wir kletterten den nächsten steilen Abschnitt in ein kleines Dorf hinunter. Erst als Regen und Hagel einsetzten, fanden wir einen Flecken Land, ausreichend groß für unser Zelt. Es war kaum genug Platz, um es zu zweit aufbauen zu können. Als die äußere Plane stand, schlug ich vor: »Geh' doch schon mal rein, mach' die Innenhaut fest und Betten und Essen fertig. Es bringt nichts, wenn wir beide draußen nass werden.« Es herrschte bereits Dunkelheit, als ich fertig war, und ein graupeliger Schneeregen fiel. Der Wind blies bitterkalt. Ich band Rucio unter einer von Sträuchern überwachsenen Böschung an, damit sie wenigstens nicht völlig im Regen stand. Wenn sie mit ihren Kiefern das Getreide zermalmte, hörte es sich an, als träte ein schwerer Mensch auf überfrorenen Schnee. Ich tauchte dankbar ins Zelt. Elaine sagte: »Ich hab' das restliche Futter unter die Innenschicht des Zelts gepackt. So bleibt es trocken, und sie kann es nicht stibitzen.« Das Zelt war mit einem luxuriös gepolsterten Boden eine Oase der Zuflucht und Ruhe. Es gab keine Möglichkeit zu kochen; wir mampften Kekse und nippten an dem Anisschnaps. Ich glaube, vor allem der Zucker in den Keksen tat uns gut und gab uns Kraft. Auf dem gegenüberliegenden Hügel kläfften die ganze Nacht Hunde, die das Vieh bewachten. Die Luft gefror. Wir schliefen in Schal und Sturmhaube.

Kurz vor Morgengrauen ging ich hinaus, um Wasser zu kochen. Unser Hauptwasserbehälter war gesprungen, wahrscheinlich, als der Mann aus dem Laden Rucio das Getreide umschnallte, aber das verbliebene Wasser reichte noch für ein heißes Morgengetränk. Ich bearbeitete den Kocher, bis er eine wilde blaue Flam-

me von sich gab, und bereitete Limonen- und Ingwertee. Ich
drückte die heiße Tasse an mein Gesicht und beobachtete, wie die
Morgendämmerung gefrorene Regentropfen zum Vorschein
brachte; locker über das Zelt verstreute Perlen. Das scharfe Aroma
des Ingwertees war köstlich. Zwei Falken kreisten über unserem
Zeltplatz und folgten uns ins Tal zu einer kleinen Stadt namens
Ayash, die eine Stunde weiter abwärts lag. Schon von hier oben war
klar: »Hier hat jedes Haus ein Dach aus glänzendem Metall, also
steht irgendwo in der Nähe eine neue Mine.«

Wir kamen in die Stadt, beobachtet von kalten, kriegerischen
Augen, als wären wir Söldner unter unbekannter Fahne. Die Mine
hatte das bewirkt. Im Geröll am Straßenrand saß ein Mädchen im
Teenageralter und grinste wie ein Halloweenkürbis. Ihr Haar war
schmutzig und schlecht gebunden. Sie trug einen abgetragenen
traditionellen Rock und ein Baumwollhemd, das mit sinnentleer-
ten englischen Phrasen bedeckt war: »Top Sport Disco«, »World
Quality Number One«.

Eine neue Brücke über den Fluss wurde von einem Kran her-
abgelassen. Ich steckte meinen Kopf versuchsweise in eine Fer-
tigbauhütte für die Arbeiter. »Gibt es im Ort ein Café?«

»Willkommen in der Stadt der Toten«, sagte eine junge Frau
vergnügt, »das ist die Bedeutung von Ayash. Eine der Inka-Jung-
frauen kam auf einer Reise hier durch, wurde krank und starb. Es
gibt hier kein Café. Ich bin Marlena. Setzt euch, die Gesellschaft
erfährt nicht, wer ihren Kaffee trinkt.«

Als Elaine die Eselin anband, kreuzte ein schicker Allradwagen
auf. Ein großer, bebrillter Mann blieb wie angewurzelt stehen, als
er uns sah. Er begann über das ganze Gesicht zu lächeln und kam
mit großen Schritten auf uns zu. »Eliseo López Correa, ich arbeite
in der Altamina-Mine. Haben Sie schon Kaffee? Kommen Sie! Die
Mine ist neu; sie ist eine der größten in Peru, eigentlich von ganz
Südamerika. Es gibt dort Kupfer und Zink, auch Molybdän, das für
Glühdrähte und Hochleistungsstähle gebraucht wird.«

»Sind Sie aus Lima?«, fragte Elaine.

»Ich lebe in Lima, bin aber Argentinier und arbeite für die kanadische Gesellschaft BHP. Sie betreibt Altamina gemeinschaftlich mit der peruanischen Regierung und einer japanischen Firma. Nach Lima ist es ziemlich weit, daher arbeite ich einundzwanzig Tage lang und habe dann sieben Tage frei. Das hier ist wirklich die Stadt der Toten. Bis vor fünf oder sechs Jahren, bevor die Mine öffnete, war das Dorf völlig unterentwickelt. Sie hatten hier noch nie Weiße gesehen und starrten uns an wie Aliens. Ein paar Einheimische verkauften den Minenbetreibern Land. Als sie das Geld versoffen hatten, wollten sie ihr Land wieder zurück mit dem Argument, es sei Gemeindeeigentum. Sie verstehen nicht, dass sie das Geld bekommen haben und das Land damit unwiderruflich weg ist. Sie bedrohen jetzt ab und zu unsere Fahrer, sind aber meistens viel zu betrunken, um irgendjemandem Gewalt anzutun. Unser Vertrag macht uns zur Auflage, eine bestimmte Anzahl von Jobs an Einheimische zu vergeben, aber sie haben keine Ausbildung, und nur wenige haben jemals gegen Lohn gearbeitet. Sogar bei einfachen Verrichtungen wie Kehren waren sie kaum dazu zu bringen, einen Tag am Stück zu arbeiten. Wir haben sie mit allem versorgt, mit Wasseranschluss, anständigen Straßen, einer Forellenfarm, sogar einer Brücke, aber sie lehnen uns mehrheitlich ab.«

»Haben Sie Geld in die Schule investiert? Damit sie sich zukünftig um anständige Jobs bewerben können?«

»Wir haben das neue Schuldach gespendet, aber es gibt in der Gemeinde niemanden, der die Kinder unterrichten kann. Wenn es jemals eine Lehrkraft gab, hat sie das Weite gesucht. Leute von außerhalb wollen hier nicht arbeiten, ist ihnen zu abgelegen und zu rückständig.«

Er kletterte in sein schimmerndes Allradfahrzeug. »Noch fünf Tage, dann fahre ich nach Lima zurück. Kommen Sie vorbei, wenn Sie dort sind.«

Wir fanden den Pfad in einem engen Hohlweg wieder, wo er sich hinter den Häusern auf eine Wiese neben einem kleinen Flüsschen emporwand, an dem ein Kolibri an einer flachen Stelle ein Bad nahm. Wir hielten an, um zu Mittag zu essen. Ich folgte dem Kolibri in den Fluss. Elaine schoss ein Foto von mir beim Baden. Ich war zum Skelett abgemagert. Mein Magen war so sehr geschrumpft, dass meine Rippen tiefe Schatten warfen. Auf dem Bild lache ich. Während des Essens hielten zwei Reiter an, um sich mit uns zu unterhalten. Der ältere stellte sich als Umberte vor. »Aha! Die Inka-Straße! Dann müssen Sie nach La Unión, na, viel Glück!«

Das hübsche Seitental brachte uns über den Hauptfluss zu einem Hochmoor, und wir kamen an eine Weggabelung, die in den Karten nicht verzeichnet war. Wir prüften die Wegrichtungen mithilfe des GPS, erkundeten die Gegend vor uns, warteten vergeblich auf Vorübergehende, die wir hätten befragen können, und kamen zu dem Schluss, dass es keine Möglichkeit gab, zu entscheiden, welches der richtige Weg war. Elaine suchte jeden der beiden mit dem Fernglas ab. »Seltsam, dass Umberte das nicht erwähnt hat; er wusste doch, dass wir auf den Inka-Pfad und nach La Unión wollen.«

»Er kann sich nicht in Fremde einfühlen, er stellt sich nicht vor, wie das ist, wenn man das Land nicht kennt.«

Der linke Pfad verlief sanft in einem Tal nach oben und besaß noch ein paar Randsteine. Der Weg nach rechts schoss geradewegs ein viel steileres Tal hinauf, und Elaine, die dorthin vorausgegangen war, schrie zurück: »Hier sind jedenfalls Reste von behauenen Stufen.« Ich stimmte zu, und wir gingen nach rechts weiter. Der Aufstieg war anstrengend. Das enge Tal fing fast das ganze Sonnenlicht ein, ließ aber kein bisschen Wind durch. Wir schwitzten und japsten den Weg hinauf. Alle hundert Meter mussten wir anhalten und die Atmung wieder unter Kontrolle bringen. Auf dem Pass lag unter dem Schutz von *queuña*-Bäumen ein Weiler. *Queuña* sehen aus wie sehr hohe Hagedornbüsche, haben aber kleine, gefiederte ›Fleur-de-Lis‹-Blätter und eine charakteristische fuchsfarbene, abblätternde Rinde. Der Baum liebt das Hochland und kann bis oben an der Schneegrenze überleben. Eine Gruppe von Alten, die ein Feld hackten, unterbrach ihre Arbeit und beobachtete uns. Ich stützte mich auf meinen Stock, wartete, bis ich wieder zu Atem kam, und fragte: »Ist das die Route nach La Unión?«

»La Unión? La Unión!«, flüsterten sie untereinander. »Nein!«, sagte einer der Männer und schritt auf mich zu. »Ihr seid auf dem falschen Weg, ihr hättet unten nach links gehen müssen. Dort geht es nach La Unión; dieser hier führt ganz woanders hin. Ihr habt einen Fehler gemacht, der andere Weg war der richtige, nicht dieser hier. Ihr müsst wieder zurück zur Talsohle, da geht der richtige Weg ab.« Obwohl ich kein Wort erwiderte, machte er weiter, als stritte man sich mit ihm. Neben seinem Pferd im Gras ausgestreckt lag Umberte. »La Unión?«, meinte er weise und rollte dabei einen Grasstängel im Mund von einer Seite zur anderen. »Ihr seid auf dem völlig falschen Weg. Ihr müsst wieder hinuntergehen. Warum seid ihr nicht auf der Inka-Straße geblieben?«

»Aber kommt man über diesen Kamm wieder auf den anderen Weg?«

»O ja!«, sagte der Erste. Er rief nach einer jungen Frau, die gerade aus dem Dörfchen fortging. »Diese Señorita hier hat denselben Weg.« Die Señorita marschierte mit Vollgas den Hügel hinauf, blieb dann stehen und sah zu, wie wir mit roten Gesichtern hinter ihr her schnauften. Wir waren über viertausendzweihundert Meter über dem Meeresspiegel, es war nach vier Uhr, und wir wollten die nächste Wasserscheide erreichen und auf wärmere Höhen absteigen, bevor die Nacht anbrach. Das würden wir nicht schaffen. Wir folgten der Höhenlinie, wateten durch hüfthohes Gras und erreichten schließlich wieder die Inka-Straße, die sich

ein ebenes, grasbewachsenes Tal hochzog: ein wunderbarer Wan-
derweg. Wären wir auf ihm geblieben, hätten wir die Wasserscheide jetzt schon hinter uns und könnten unser Zelt aufschlagen. Für uns bedeuteten diese offenen, grasigen Abschnitte
einfaches Gehen; wir fanden unseren Rhythmus und erreichten
doppelte Geschwindigkeit. Rucio andererseits lief völlig ziellos,
wenn sie nicht am Seil geführt wurde, und dann kaum schneller als
drei Kilometer in der Stunde, es sein denn, einer von uns lief hinter ihr und gab ihr alle zehn Meter einen Klaps. Selbst dann driftete sie noch alle fünfzig bis hundert Meter seitlich weg oder
drehte um und lief wieder zurück, wobei sie mit einem Mal trippelte wie eine Ballerina. Sie wusste, dass das falsch war; jedes Mal,
wenn sie es machte, änderte sich ihr Gesichtsausdruck, sie spitzte
die Ohren, und die Augen fielen ihr schier aus dem Kopf. Ich versuchte, sie an den Steinen entlang zu lenken, die den Wegrand
markierten, um ihr eine Leitlinie zu geben. Ich ging hinter ihr,
hielt das Seil und schnalzte aufmunternd mit der Zunge. Zehn
Meter später setzte sie über die Marksteine und begann im rechten Winkel zu unserem Weg landeinwärts zu galoppieren. Aufgrund ihrer Vorstellung von Seitenlinie rannte sie, sobald wir an
einem Gebäude vorbeikamen, in den ersten Hinterhof und reizte
die Hunde dazu, herauszustürmen und uns anzufallen.

Als wir den Sattel erreichten, dunkelte es. Links trennte uns
ein lang gezogener Hügel von einem höheren Bereich. Dahinter
wären wir vom Weg aus nicht zu sehen. Die Sonne hatte sich ver-
abschiedet, und die Luft wurde eisig. Wir banden Rucio in einer
geschützten Ecke fest; es war für alle ein langer Tag gewesen. Ich
holte Wasser aus einem Moortümpel, in dem es von Larven und
Kaulquappen wimmelte. Die letzten Lichtstrahlen beleuchteten
die Landschaft hinter uns. In der klaren Luft wirkten die mit
Schneemützen bedeckten Gipfel minutenlang rosa; eine unvor-
stellbare Pracht und der Lohn für unser Hiersein. Andenkiebitze
pfiffen über uns auf dem Berg. Wir mussten etwas Ordentliches

kochen, um endlich wieder vernünftig Nahrung aufzunehmen, und zogen daher alle Kleider übereinander an, um im Dunkeln draußen sitzen zu können. Auf größeren Höhen war es schwerer, Druck und Treibstoffzufuhr gegeneinander auszuregeln. Immer wieder wurde die Flamme des Kochers kleiner und erstarb. Zuletzt bekamen wir wenigstens die kühle gelbe Flamme hin, mit der er brannte, wenn er falsch eingestellt war, und kochten Berge frischen Kohls, den wir mit Butter und Salz garnierten. Dann gab der Kocher erneut den Geist auf.

»Jetzt wird mir klar, wie du so viel Gewicht verloren hast«, sagte Elaine.

Ich sortierte meine Gedanken in Sachen Esel. Wir hatten keine Schmerzen mehr vom Rucksacktragen; aber es schien auch nicht möglich, die Last Rucio vernünftig aufzuladen, der Sattelgurt hatte zu viel Spiel. Wenn sie auf unebenem Grund bergab ging, brachte sie immer dieselbe Schulter vor und setzte den Huf ruckartig auf, wodurch das Gepäck über dieser Schulter immer stärker verrutschte. Am nächsten Tag sollte das Tier seinen bisher größten Coup landen.

Der Morgen schickte uns, aufgewärmt durch Kokatee, über geisterhafte Kalksteinhügel. Jedem Felsbrocken, dessen Risse von zarten, orangefarbenen *huamapenka*-Blumen aufgehellt waren, schien die Spur seiner Entstehung eingemeißelt, wenn es auch nur die erodierten Rinnen waren, die der jahrhundertelang niedertröpfelnde Regen verursacht hatte. Es war herrlich, über federnden Grasboden zu gehen und den Pfad deutlich sichtbar auf den Hügeln vor sich zu haben. Ein kleiner Bach fiel in Miniaturwasserfällen herab in Tümpel mit weißen Felsbrocken. Wir zogen uns aus und wuschen uns von Kopf bis Fuß, einer nach dem anderen, weil wir Rucio nirgends anbinden konnten. Zwei nackte Weiße, die einen Esel über die Ebene jagten, hätten die Mythen einer ganzen Generation verändern können. Rucios Beitrag zu den Reinigungsriten war es, stromaufwärts zu stehen und ins

Wasser zu pissen, während ich auf Zehenspitzen hin und her trippelte, bis die gelbe Flut an mir vorübergezogen war.

»Hast du gesehen, wie sie ins Wasser gemacht hat?«, fragte ich
Elaine.

»Gibt es mehrere Arten, ins Wasser zu pinkeln?«

»Ja, schon. *Sie* benutzte dazu einen langen, grauen Penis: Wir
haben einen kastrierten Hengst. Vielleicht erklärt das sein Miss-
trauen Menschen gegenüber.«

Elaine bückte sich: »Du hast Recht.«

»Männer kennen sich aus.«

Der Marsch war zügig und angenehm gewesen, und so konnten wir kurz nach vier Uhr anhalten. Der Kocher blieb unanzünd-
bar. Ich nahm ihn auseinander, reinigte ihn und setzte ihn wieder
zusammen. Er funktionierte noch immer nicht. Außer ein paar
halb gekochten Eiern fürs morgige Frühstück brachten wir nichts
zustande. Am Morgen wollte ich nicht einsehen, warum wir noch
mehr Zeit in den Kocher investieren sollten, also fiel das Frühstück glibberig aus, es gab halb gekochte Eier mit kaltem Wasser.
Wir gingen los und erreichten nach einer halben Stunde, als unser
Atem immer noch kondensierte, ein vereinzeltes kleines Gehöft,
in dem eine Mutter und zwei kleine Kinder in einer Koppel neben
ihrer Zwei-Zimmer-Hütte Schafe und Kühe molken. Die schöne,
selbstbewusste Mutter reichte uns Emaillebecher mit frischer
Kuhmilch; sie erinnerte an Cappuccino. »Wir müssen hart arbeiten, und wir wohnen zu weit von der Stadt entfernt, um die Milch
zu verkaufen, deshalb machen wir Käse. Mein Mann ist nach La
Unión gegangen, um ihn zu verkaufen.« Sie machte eine Pause
und verscheuchte ein Lamm, damit es aufhörte, an einem Stück
Weißkäse aus Kuhmilch zu knabbern, das auf einem Musselin-
stoff lag.

»Trinken Sie noch ein Glas!« Es war wie ein zweites Frühstück.

Wir kamen an einen breiten, flachen Fluss und versuchten
ohne Erfolg, Rucio hinüberzuzerren, als ein Paar in kostbaren

Wollponchos heranritt, aufrecht in den Sätteln wie Dressurreiter und mit stilvollen Filzhüten auf den Köpfen. Er saß auf einem groben Holzsattel, der ihre aber war ein prächtiger schwarzer Ledersattel mit Silberbeschlägen. »Lasst ihn vom Seil und treibt ihn auf die andere Seite«, rief der Mann. »Er findet selbst hinüber.«

Wir tippten an die Hutkrempen, und sie ritten davon.

Ich tat, wie er geraten hatte. Rucio überquerte die Furt ohne größeres Aufheben und rannte, sobald er am Gegenufer war, zur Seite weg, sodass wir ihn jagen, in die Enge drängen und anschließend erneut das Gepäck sichern mussten.

»Beim nächsten Mal Pferde«, sagte ich trocken.

»Wie, nächstes Mal?«, fragte Elaine.

Der Fluss zwängte sich durch eine schmale Schlucht, in der Enten die Stromschnellen hinabsurften. Der Weg verengte sich zu einem Damm, der auf eine kahle Hochebene auslief. Wir hatten den üblichen Spaß damit, Rucio über eine Ebene ohne eindeutigen Wegverlauf zu treiben, während mehrere Hunde von ihren winzigen Hütten einen knappen Kilometer den Berg heruntergerannt kamen, knurrten und schäumten und nach Rucios Fersen schnappten. Die Hundebesitzer standen da wie Vogelscheuchen und sahen sich das Schauspiel an. Erleichtert erreichten wir eine weitere herrliche Schlucht, in der Ibisse ihre Schnäbel wie chirurgische Werkzeuge in die weiche Böschung versenkten und ein Reiher über den bewegungslosen Tümpeln die Stirn runzelte. Wir gelangten in einen Weiler mit einem halben Dutzend Häusern und einer Schule. Als der Lehrer erfuhr, dass wir nicht hatten kochen können, ließ er uns ins Gras setzen, lud den Esel ab und brachte uns einen halben Eimer mit noch heißen, in der Schale gegarten Kartoffeln, Chili und eine Büchse Thunfisch. Wir aßen, umzingelt von allen sechs Kindern der Schule, und fanden heraus, dass das Essen aus den Schulvorräten stammte. Sie wollten nichts dafür, nur sollten wir ihnen vom Leben in der Stadt erzählen und ein paar Kekse dalassen. Ich holte mein

Notizbuch heraus, und sie nannten mir die einheimischen Namen einiger Blumen und Vögel, die ich gezeichnet hatte. Der Lehrer band die Rucksäcke wieder fest, indem er den wollenen Sattelgurt von dem losen Ring löste. »Diesen Knoten brauchen Sie nicht!« Er zog den Ring knapp zwei Meter nach innen, legte den überhängenden Teil dreimal übereinander und dann über die Rucksäcke. Den Rest führte er unter dem Bauch des Esels durch und band ihn fest. So hielt es. Er tätschelte sein Werk: »Nichts wird das hier mehr verschieben!«

»Danke für das gute Essen und Ihre Hilfe.«

»Ist schon gut, hier kommen jetzt oft Touristen her.«

»Ach wirklich?«

»Letztes Jahr zwei Spanier, das Jahr davor zwei Franzosen. Sie haben in der Schule übernachtet, sind Sie sicher, dass Sie das nicht auch wollen?«

»Wir müssen leider weiter.« Ich stand auf. Wir waren schmutzig vom Schlamm, der unsere Knie vollgespritzt hatte, rochen nach Esel und Schweiß. Ohne nachzudenken, sagte ich: »Ich möchte endlich nach La Unión kommen und mich frischmachen.« Er sah an sich selbst hinunter: Er war noch schmutziger. Er schlug mir auf die Schulter und lachte. »Ihr seid völlig in Ordnung, echte Leute vom Land eben!«

Armut kann einfache Dinge leicht zum Problem werden lassen, zum Beispiel Sauberkeit. Zu Beginn meiner Reise dachte ich, die Menschen seien in ihrem Charakter so schmuddelig wie in ihrem Äußeren. Doch bald fragte ich mich, wie sie es schafften, sich so sauber zu halten. Wenn das Haus dunkel und spartanisch eingerichtet ist, verbringt man, solange es nicht regnet, den Tag draußen. Die Kinder spielen auf der Erde oder im Schlamm. Die meiste Zeit des Tages hantiert man mit Tieren, man nimmt das Fett ihrer Wolle und den Schweiß der Pferde auf. Gibt man jemandem die Hand, so weiß er gleich, welche Tiere man besitzt. Morgens und abends liegen die Temperaturen auf der Hochebene am Gefrierpunkt, und warmes Wasser gibt es nur über dem Feuer, dessen Rauch überall ins Haus dringt, weswegen die Kleider den Geruch von allem und jedem annehmen, was man auf dem Feuer hat, einschließlich getrocknetem Dung. Der Schmutz sitzt tief, und mit kaltem Wasser wird man ihn nicht los, außer man schrubbt sich lange und hart, und selbst dann bleibt er unter den Nägeln haften. An warmen Tagen kann man im Fluss baden, der aber ist eiskalt. Ich bemerkte, dass ich mich kaum sauberer zu halten vermochte als die Leute, die hier lebten. Mit nur einem Satz Kleider zum Wechseln trug ich meine Kleidung, bis sie schmutzig war, es sei denn, es regnete und sie wurde auf diese Weise aufgefrischt. Wenn ich in kleinen Städten im Hotel eincheckte, war die erste Aktion, meine Kleider mit der Hand zu waschen, einfach um die Hände wieder einmal richtig sauber zu bekommen.

Die Kinder folgten uns nach, als wir über die grüne Ebene davongingen, wo die Straße zum Dorfplatz wurde, und wieder den Inka-Pfad betraten. Der letzte kleine Junge, der uns verließ, sah aus wie ein Tibeter; sein Bauernkittel war aus Dutzenden verschiedener Stoffreste zusammengenäht, und seine Wangen sahen aus wie rissiger roter Marmor. Seine Augen waren unergründlich.

Das nächste Dorf war größer – zwanzig Häuser. Wir duckten uns tief unter der Tür durch und traten in den einzigen Laden – und in völlige Finsternis. Eine winzige Alte tauchte hinter der Ladentheke aus dem tintenschwarzen Dunkel hervor. Sie lief kegelförmig zu, von ihren breiten Röcken bis zum konisch geformten Hut. Hinter ihr stand ein riesiger, silberfarbener Ghettoblaster. Als sie meinen Blick sah, stellte sie ihn an und drehte die Lautstärke voll auf. Jetzt konnte ich auch nichts mehr hören. Wir schalteten unsere Lampen ein und erspähten ihren mageren Vorrat an vereinzelten Ess- und Trinkwaren. Ein grasbewachsener Felsvorsprung ragte nicht weit unterhalb des Dorfes hervor, zwischen zwei verlassenen Häusern, die, bis auf Mauerreste abgetragen, dastanden wie störrische Zähne alternder Mutterschafe.

Elaine zog Rucio in eines von ihnen. Ich schlug das Zelt auf
und setzte mich in den Eingang, trank Wein und beobachtete,
wie der Himmel sich veränderte. Es war unsere letzte Nacht zusammen im Zelt; die Zeit flog davon.

»Na?«, fragte Elaine, die noch mit ihrem Gepäck beschäftigt
war. »Wie schmeckt der Apfelwein?«

»Brennt ordentlich nach.«

»Du willst nur nichts abgeben, oder?«

Die weiße Wolke über dem Berg gegenüber wuchs zu einer romantischen Säule auf. Licht von einem Sonnenuntergang, der außerhalb unserer Sicht war, fiel auf sie und ließ sie kurzzeitig erröten, dann rosa und endlich zum satt gold-orangenen Schmelzofen
werden. Die Zeit schien sich angesichts dieser plötzlichen Son-
nenflut zu verlangsamen. Dann zerbrach die Wolke in graue Frag-
mente. Wir kletterten in unsere Schlafsäcke. Elaine küsste mich
und drehte mir den Rücken zu.

Am Morgen standen da zwei in sich gewundene *queuña*-Bäume
in einer hohen Mulde, die in einem wabernden Nebelmeer schwam-
men. Freilaufende Pferde galoppierten elegant den Weg hinauf;
kein Reiter, der die fließenden Linien von den sich kräuselnden
Mähnen über die Rückenmuskeln hinunter zu den wallenden
Schweifen gebrochen hätte. So flogen sie hoch, ein Fuchs, ein dun-
kelgrauer und ein schiefergrauer Hengst. Die Schwerkraft konnte
ihnen nichts anhaben. Wir waren um acht Uhr unterwegs, kamen
an Männern vorbei, die wie verhüllte Statuen in den Hauseingängen standen. Unser Weg ging hinauf, während der Fluss in eine
enge Schlucht hinabstürzte. Schulkinder kamen uns entgegen, zeigten auf uns und gingen etwas höher an uns vorbei, um nicht mit uns
zusammenzutreffen, während sie Kondenswölkchen in die Luft
flüsterten. Ein Stein drang in meinen Stiefel; ich hielt an, um ihn zu
entfernen, während Elaine mit Rucio zum nächsten Gipfel weiter-
trottete. Der Hang war schwere, rote Erde; ich schabte die Klumpen von den Sohlen. Dann hörte ich Elaine schreien.

Angefallen

Ich fand sie halb zusammengekrümmt, ihren Stock abwehrend ausgestreckt, um zwei rasende Hunde in Schach zu halten, die sie umkreisten. »Der Scheißköter hat mich gebissen!« Die Hunde waren in Rage, mit zurückgezogenen Lefzen, gefletschten Zähnen und entblößtem Zahnfleisch preschten sie auf Elaine zu. Ich warf mit Steinen nach den Kötern und ergriff Rucios Seil. Am Wegrand standen zwei Männer und eine Frau vor ihrer Hütte und sahen sich das Schauspiel an: wortlos, tatenlos. Aus Furcht vor Tollwut, die auf dem Land herrscht, war ich entschlossen, die Hunde zu töten, bevor ich riskieren wollte, dass sie noch einmal einen von uns bissen. Ich griff sie mit meinem Stock und großen Steinen an. Die Hunde liefen über das Feld davon.

Elaine bebte vor Wut: »Ich hab' sie mir vom Leib halten können, bis Rucio dann versuchte, in den Hof zu laufen, und mich aus dem Gleichwicht brachte; dann rannte einer hinter mich und schnappte zu.«

Das hier war kein Unfall: Das war organisierte Dämlichkeit. Die Hunde hatten nicht die Schulkinder belästigt, denen wir begegnet waren; ihre Besitzer hatten sie abgerichtet, jeden anzugreifen, den sie nicht kannten. Ich ging zu den beiden Männern und der Frau hinüber, die immer noch schweigend zuschauten. Ein Mann mit grobem Gesicht, Augen und Mundwinkel bedauernd herabgezogen, sagte: »Guten Tag.«

»Nein, kein guter Tag. Wessen Hunde waren das?« Mit einer kaum sichtbaren Bewegung deutete er auf den anderen Mann. »Sind das deine Hunde?« Ich ging nah an ihn heran und bohrte meine Augen in seine. Von Nahem sah er älter aus, vielleicht um die sechzig. Seine Augen signalisierten keinen Widerstand. Mir wurde klar, dass er damit rechnete, geschlagen zu werden. Das beschämte mich. »Warum haben Sie die Hunde nicht zurückgepfiffen? Meine Freundin ging auf einem öffentlichen Weg, und Ihre Hunde haben sie angegriffen und gebissen, und Sie haben dagestanden und zugesehen, Sie Riesenarschloch! Sie hat nicht Ihr Land oder Eigentum betreten, aber Sie bekommen mit, dass Ihr Hund sie beißt, und sehen einfach zu. Warum? Warum!«

»Was kann man schon machen?«, fragte er, als hätten wir vom Wetter gesprochen.

»Den Scheißhund erschießen!« Der Mann mit dem grobschlächtigen Gesicht ging ins Haus und kam mit einer schmutzigen Wasserflasche und einem alten Fetzen von Decke zurück, um die Wunde zu versorgen. Er war sich auf traurige Weise der Nutzlosigkeit dieser Dinge bewusst.

Ich schnappte: »Wir haben Medizin«, und wandte mich Elaine zu. »Kannst du laufen?«

Sie nickte. »Die Creme in meiner Tasche, die Insektenstiche lindert, enthält ein Antiseptikum. Ich tu' sie dir auf die Wunde, dann suchen wir nach dem Medikamentenbeutel. Zuerst möchte ich von diesen Kötern weg.« Sie fasste sich hinten an ihren Fuß und spreizte die verletzte Stelle auf, ohne hinzusehen. Ich konnte die Wunde sehen und zuckte zusammen. »Gehen wir um die Ecke und verbinden sie.«

Sie humpelte knapp hundert Meter, setzte sich hin, rollte das Hosenbein nach oben, sah kurz hin und brach in Tränen aus. »Oh Gott!« Am Unterschenkel dicht neben der Achillessehne klaffte ein zweieinhalb Zentimeter langer Riss im Fleisch und gab ein Loch frei, in das mein Finger gepasst hätte. »Ich dachte, der hätte mich nur gezwickt«, jammerte sie.

Ich musste Rucio abladen, um an den Verbandsbeutel zu kommen: Planungspanne. Kein einziger Knoten öffnete sich, also riss ich ihn auf. Ich säuberte die Wunde, desinfizierte sie mit einem flüssigen Antiseptikum und gab Elaine ein paar Aspirin, dann verband ich die Wunde und bandagierte den Unterschenkel. »Schau' mal, ob es so geht.« Wir mussten noch sechs Stunden laufen, um eine Straße zu erreichen. Zehn Minuten später humpelte Elaine vorsichtig den Hügel hinab. Gnädigerweise ging es eine Weile mühelos vorwärts, und wir gelangten auf elastischem Grasboden zügig in ein Seitental nach La Unión.

Der Weg führte uns schließlich ans obere Ende einer Inka-Treppe, die so beeindruckend war, dass sie uns auf andere Gedanken brachte. Inka-Straßen »stellen eine derart gigantische Leistung dar, dass eine einzelne Schilderung nicht hinreicht, um ihren Zauber wiederzugeben«, schrieb Garcilaso de la Vega. Wenn der Inka-König in seiner Sänfte unterwegs war, verweilten die Träger manchmal an herausragenden Aussichtspunkten, von wo er »das beeindruckende Schauspiel genießen konnte, das die Berge darboten. Von hier oben überschaute man mit einem einzigen Blick fünfzig bis hundert Wegstunden, erblickte Gipfel, die so hoch waren, dass sie den Himmel zu berühren schienen, und blickte in Täler, tief genug, um ins Innere der Erde zu greifen.«

Ich hatte mich mit Rucio gerade an den Abstieg gemacht, als vom Steilhang eine Frau eindringlich zu uns herunterrief: »Nehmen Sie besser den oberen Weg!«

Wir stiegen zurück und fanden einen neuen, sehr schmalen Pfad, auf dessen schwindelerregendes, fast senkrechtes Gefälle Garcilasos Beschreibung schon eher passte. Rucio bestand darauf, am Rand des Abgrunds entlangzuspazieren – obwohl es keine überhängenden Klippen gab, an denen er sich mit seiner Last hätte stoßen können. Knapp fünfhundert Meter tiefer wartete der Fluss Taparaco auf uns. Als unser Pfad dreißig Meter weiter unten wieder mit der Inka-Straße verschmolz, bemerkten wir, dass der ehemalige Weg in einem Geröllrutsch nach unten gesackt war, in dem wir alle auf Nimmerwiedersehen verschwunden wären. Ich winkte dankend den Berg hinauf.

Wir machten halt und aßen auf einer Felsspitze zu Mittag, von der aus wir das breitere Tal des Vizcarra überblicken konnten. Der Fluss sprudelte von hier stromabwärts zum sechseinhalb Kilometer entfernten La Unión. Ich deutete auf die Lastwagen und Busse auf der Straße unten. »Wir nehmen einen für dich, und ich gehe mit Rucio zu Fuß.«

»Ich bin okay, ich will nicht, dass wir am letzten Tag getrennt gehen, ich werde die Strecke laufen.«

Der letzte Abschnitt war eine weitere Inka-Treppe, herrlich wie jene, die wir zuvor gesehen hatten. Die Kühnheit der weit geschwungenen Kurven, die den Abhang hinabliefen, war überwältigend. Am Fuß wurden wir auf ein Flussufer entlassen, von dem aus eine hohe Brücke aus Baumstämmen das Wasser überspannte, und wir liefen über die Felder weiter, der Straße entgegen. Das Tal erstickte jeden Luftzug; es war jetzt früher Nachmittag und schon brütend heiß. Elaine wollte sich partout nicht davon abbringen lassen, die Wanderung bis zum Ende durchzustehen. »Jetzt, wo wir auf ebenem Land gehen, nehme ich Rucio mal, und du machst Pause.«

Rucio, der mit seinem Eselsgedächtnis womöglich vergessen hatte, was Verkehr war, wurde hysterisch. Er ging nur noch weiter, wenn man ihn an kurzer Leine führte und ihm immer wieder mit dem Stock in den Hintern piekte. Alle fünfzig Meter versuchte er, über die Straße zu laufen, querfeldein zu stürmen oder in einen Hof oder einfach in den tiefen Graben am Straßenrand zu springen. Wann immer er in die richtige Richtung lief, bummelte er oder hielt schlichtweg an, wohingegen er seine Unterhaltungseinlagen im gestreckten Galopp absolvierte. Ein böser, machtvoller Genius mit maximaler krimineller Energie hätte unseren Marsch nicht nachhaltiger behindern können. Da er ohnehin keine Eier mehr hatte, schien jede Bestrafung sinnlos. Bald war Elaine, die von ihm auf der Straße hin und her gezerrt wurde, am Ende ihrer Weisheit. Nach einem besonders heftigen Ausbruch von Verwünschungen nahm ich wieder Rucios Leine. Nach drei Minuten kam es noch ärger. Jetzt hatte er auch noch alle Gepäckstücke lose geschüttelt. Die sechs Kilometer auf ebener Straße an einem herrlichen Fluss entlang wurden die längsten der gesamten Tour.

Wenn Reiseschriftsteller – ganz besonders britische – mit unbekannten Tieren arbeiten, ist es sozusagen Brauch, eine Phase anfänglicher Schwierigkeiten festzuhalten, in der alles danach aussieht, dass man das Tier niemals in den Griff bekommen wird. Darauf folgt eine Zeit nützlicher Ratschläge seitens Orts- und Sachkundiger, eine Phase verbesserten Verständnisses und das Bewusstsein, dass eigene Unwissenheit zu den anfänglichen Schwierigkeiten beigetragen hat. Schließlich, wenn der Erfolg des Abenteuers am sprichwörtlichen seidenen Faden hängt, wird das Tier einen Akt großartiger Ausdauer oder höchsten Mutes vollführen. Alles ist verziehen, und die Reise endet in einer tränenreichen Abschiedsszene, zumindest auf Seiten der beteiligten Menschen, und was die Tiere anbelangt, nun ja, ach könnten sie nur sprechen!

Will sagen: Ich werde diesen kleinen Bastard bis ans Ende aller Zeiten hassen. Humboldt meinte, das beste Maultier sei nicht das kräftigste oder schnellste, sondern das *más racional*, das vernünftigste – Rucio wäre durch jeden Test gefallen, außer vielleicht einen mit folgendem Kriterium: Der beste Esel ist jener, der die meisten halluzinogenen Pilze frisst und unterschiedslos sexuelle Angebote macht, ohne jemals die leiseste Absicht erkennen zu lassen, von einer Stelle auf eine andere zu wechseln, sofern er nicht auf Schritt und Tritt gezogen oder geschlagen wird; wobei Schmerz jeder Bewegung vorgezogen wird. Wenn man sich unfähig zur Gewalt gegenüber Tieren fühlt, was auf mich zutrifft, gibt es kaum eine bessere Möglichkeit, dies zu überprüfen, als es mit einem Esel zu tun zu haben, der alles für einen selber Lebensnotwendige auf seinem Rücken trägt und höhere Geschwindigkeiten als die von wachsendem Gemüse nur dann erreicht, wenn er hinterrücks einen Abhang hinabgaloppiert, den man soeben in fünfstündiger Geduldsarbeit mit ihm erklommen hat. Falls man ihn einfängt, ertappt man sich dabei, Auge in Auge vor ihm zu stehen und ihm zitternd vor Wut und mit einer ans Sexuelle grenzenden Lust darzulegen, warum Vivisektion viel zu harmlos für ihn wäre. Wenn der Esel zwischendurch die geringfügigste Anstrengung unternimmt, das Gepäck ein Drittel so zügig, wie man mit Esel plus Gepäck auf dem eigenen Rücken vorangekommen wäre, in die Richtung zu befördern, in die man tatsächlich zu gehen wünscht, wird man vor ihm katzbuckeln und sich erniedrigen und bereitwillig die weichen Fransen tätscheln, die ihm über die Nase hängen, und ihm allerhand süße, unsinnige Vierbeiner-Schmeicheleien ins Ohr flüstern. Am Ende lief ich, das Seil über der Schulter, vor Rucio und zog ihn vorwärts wie ein Wolgaschlepper. Anstatt, wie ursprünglich erhofft, rechtzeitig zum Mittagessen in La Unión einzutreffen, humpelten wir um fünf Uhr nachmittags in die Stadt.

Wir fanden ein Hotel, das auch für Rucio geeignet war: mit einer Wiese aus langem, saftigem Gras, deren Besitzer mit Freuden zusahen, wie sie gerupft und gedüngt wurde.

Unglücklicherweise sahen auch die Zimmer so aus, als würden sie an Vieh vermietet. Wir ließen Rucio auf der Wiese stehen und stiegen im Picoflor ab, wo wir ein nichtssagendes, aber sauberes Zimmer nahmen. Ich half Elaine, sich aufrecht und bequem aufs Bett zu setzen. Heute war sie über zwanzig Kilometer gelaufen, von einem Hund gebissen worden, erst halbwegs von einer Knöchelstauchung genesen und hatte sich nicht einmal beklagt. Ich küsste sie. »Tolle Leistung, Liebes, ich hol' uns ein paar Bier.«

An der ersten Ecke zermalmte eine kräftige graue Stute unter einer Straßenlaterne ihr Futter. Die dunkler werdenden Straßen waren von Ständen bevölkert, die billiges Fleisch brieten: Gehackte Innereien brutzelten über Holzkohle. Petroleumlampen beleuchteten glänzende Gesichter, die aus angeschlagenen Gläsern dampfenden, süßen Früchtetee tranken. Ich kaufte Weizen und brachte ihn Rucio. Seine Beine hatten sich nicht vom Fleck bewegt, um seinen gesenkten Kopf herum war jedoch ein Ring aus abgefressenem Gras entstanden. Die graue Stute hatte den Platz gewechselt und wartete jetzt an der nächsten Ecke. Der Schmerz wich allmählich aus meinem Körper, und der Abend wartete mit ansprechendem Treiben auf. In einer Bar auf der unserem Hotel gegenüberliegenden Straßenseite kaufte ich zwei Literflaschen Bier. Die Frau kreischte: »Sie haben einen Esel!« Im Nu waren wir bekannt wie bunte Hunde. Als ich wegging, rief sie: »Warten Sie!«, holte mich ein und brachte mir ein kleines Glas: »Die Señora möchte sicher ein Glas. Bringen Sie es mir zurück, bevor Sie La Unión verlassen.« Als ich ins Hotel kam, wartete draußen die Geistermähre.

Die Banco de la Nación von La Unión tauschte keine Reiseschecks gegen Bargeld, auch keine Dollar gegen Sol. Die nächste in Frage kommende Bank war vier Stunden mit dem Bus entfernt, hinter uns in Huaraz. »Du könntest doch mit mir nach Lima kommen, bis dahin sind es nur sieben Stunden Busfahrt«, sagte Elaine. »Wir hätten noch den ganzen Tag für Sightseeing, bevor ich fliege.«

»Du hast zum ersten Mal das Wort *nur* unmittelbar vor *sieben Stunden Busfahrt* verwendet.«

In La Unión gab es offenbar nur eine Busgesellschaft. Ich kaufte zwei Fahrscheine. Als ich sah, wie erleichtert Elaine war, schämte ich mich, dass ich ihr nicht gleich angeboten hatte, mit ihr zu kommen. Meine Reise war zur Obsession geworden, hatte mich blind gemacht für die wichtigeren Dinge. Jeder, der Don Quijote kennt, ist begeistert von seiner »Mischung aus klugen und törichten Argumenten und der Beharrlichkeit, mit der er sich der Suche nach seinen glücklosen Abenteuern hingab, dem eigentlichen Zweck und Ziel seiner Wünsche«.

»Was macht der Knöchel?«

»Er wird so bleiben, bis ich daheim zum Arzt gehen kann.«

»Wir können auch ein amerikanisches Krankenhaus in Lima aufsuchen.«

»Es geht auch so.«

Der Nachtbus brachte uns um sechs Uhr morgens in einen schäbigen Distrikt wenige Häuserblocks von Limas Altstadt entfernt. Wir tranken Tee in einem heruntergekommenen Café und gingen auf die Plaza San Martín und von dort durch den olympischen Eingang des Hotels Gran Bolívar, um zu frühstücken. Das Hotel ist so groß, dass es einen gesamten Häuserblock in Beschlag nimmt. Wir besuchten die Kathedrale und nahmen die Bleikiste in Augenschein, die Francisco Pizarros Kopf enthält. Pizarro war von einer rivalisierenden spanischen Fraktion in seinen eigenen Räumlichkeiten ermordet worden. Ein Skelett, angeblich das Pizarros, wurde jahrhundertelang ausgestellt, bis Renovierungsarbeiten an der Krypta diese Bleikiste ans Tageslicht beförderten, die eindeutig den Namen Francisco Pizarro trug und neben einem ganz anderen Skelett lag. Fliegender Wechsel des Exponats.

Im Taxi zum Flughafen starrten wir beide geradeaus und hielten uns an den Händen fest, als führen wir von einem Trauergottesdienst zur Beerdigung. Warum trennten wir uns überhaupt? Damit ich diese Bücher schreiben konnte, während sie allein ihre Arbeit, das Doktorandenstudium und den Haushalt, erledigte. Sie will nicht mit jemandem zusammen sein, der für den Erfolg dessen, was ihm am meisten am Herzen liegt, nichts riskiert. Tränen liefen mir übers Gesicht. Am Flughafen hatte ich wieder eine Aufgabe, nämlich Informationen für sie einholen, und meine Laune besserte sich. Jetzt brach *sie*, mit ihren Gedanken alleingelassen, in Tränen aus. Ich nahm sie in die Arme. Wie oft, wenn wir uns gemeinsam durchkämpften, hatte ich mich schon gefragt, ob sie mich auch auf diese hilflose, verlorene Weise liebt, in der ich sie liebe? Ihre Schluchzer beschämten diese Gedanken. Ich hielt sie fest und hob sie von den Füßen, und meine Arme prägten sich ihre Gestalt ein. Ich beobachtete, wie sie die Reihe sich perspektivisch verkleinernder Check-in-Desks abschritt. Leer, leer, hohl.

Huánuco Viejo

Um vier Uhr morgens stieg ich aus dem Bus, der mich in die überschwemmten Straßen von La Unión zurückgebracht hatte. Obwohl ich dem Besitzer angekündigt hatte, ich würde mit dem Nachtbus zurückkehren, war das Hostel vollkommen dunkel und mit Vorhängeschlössern verriegelt. Ich klopfte erst mit den Fingerknöcheln, dann mit dem Rand einer Münze, dann mit einem Stein. Eine Frau eilte im Regen herbei. »Die wohnen weiter oben, ich werde Sie hinführen.« Bis dahin hatte ich nicht gewusst, dass wir in einem Hostel ohne Angestellte schliefen und der einzige Ausgang nachts verschlossen war.

Ich brauchte einen Tag, um mich auf den Achtzig-Kilometer-Marsch ins nächste Städtchen, Yanahuanca, vorzubereiten. Außer Verpflegung und Futter kaufte ich Plastikbehälter für Wasser und Treibstoff, einen Sack, um mein Gepäck in zwei Portionen aufteilen zu können, und eine neue Hundescheuche: eine kräftige Schleuder. Am nächsten Morgen erwachte ich kurz nach fünf und stürzte mich in Tätigkeiten, um zu vergessen, dass das Bett leer und das Zimmer ohne Elaines Wärme still und einsam war. Zum Frühstück gab es auf dem Markt Schafskopfsuppe, die mitsamt einer Schädelhälfte serviert wurde. Ich kaufte Eier und frisches Fleisch. Ein riesenhaftes Steak landete auf der Waage, und alle meine Bitten, es kleiner zu machen, wurden ignoriert. Es kostete dennoch nur umgerechnet siebzig Cent. Maskierte Teenager in Fantasiekostümen versammelten sich in den Straßen und begingen den Geburtstag ihres College mit Tanz und Bierfrühstück. Ich führte Rucio über den Platz und die Serpentinen hoch, die uns zu der großartigen Inka-Stadt Huánuco Viejo bringen sollten, meinem ersten Haltepunkt auf dem Weg nach Yanahuanca.

Drei Jugendliche gruben mit mannshohen Spaten ein kleines Feld um. Die Werkzeuge unterschieden sich in nichts von jenen,

die der Inka-Chronist Huamán Poma vor über vierhundertfünf-
zig Jahren gezeichnet hatte, abgesehen davon, dass das fünfundzwanzig auf zehn Zentimeter große Basalt-Spatenblatt durch eines aus Stahl ersetzt worden war. Auf Schulterhöhe hat der harte
Spatenstiel einen gewundenen, mit Lederriemen festgezurrten
Holzgriff. Ein weiter unten angesetzter Kreuzkeil gestattet es,
das Blatt mit dem Fuß in die Erde zu treiben. Sie sehen plump aus,
aber ich bat einmal eine Familie, die an den Ufern des Titicaca-Sees umgrub, mir beizubringen, wie man sie benutzt: Ich
stand beim Arbeiten aufrecht, ohne den Rücken zu belasten, und
konnte mithilfe des gewundenen Griffs die ausgestochene Gras-
sode umdrehen, ohne sie hochheben oder mich bücken zu müssen. Die Arbeit war viel einfacher als mit einem modernen Spaten. Voller Dankbarkeit wurde mir bei dieser Erinnerung bewusst,
dass mein Rücken weiterhin durchhielt. Ich wagte nicht, mir vorzustellen, was passieren würde, wenn er mich, obendrein mit einem verwirrten Esel im Schlepptau, im Stich ließe. Die Jungs zeigten auf einen schmalen Weg, der schnurgerade hügelauf lief. »Das
ist eine Abkürzung!« Ich schüttelte bedächtig den Kopf, es war
einfacher, länger und flacher zu wandern, und meine Nachfor-
schungen bestätigten zudem, dass jede Spur der auf der Karte ver-
zeichneten Inka-Straße verschwunden war; es ergab keinen Sinn,
abseits des heutigen Straßenverlaufs danach zu suchen.

In Huánuco Viejo, bemerkte einst der spanische Historiker
Pedro de Cieza de León, »gab es einen herrlich gebauten königlichen Palast, der aus sehr großen, kunstvoll aneinandergefügten
Steinen erbaut war. Diese Unterkunft war die Hauptstadt der
Provinzen am Rand der Anden und darüber hinaus ein Sonnentempel, in dem viele Vestalinnen und Priester lebten. Er war zu
Zeiten der Inka so bedeutend, dass jederzeit über dreißigtausend
indígenas hier lebten, um in ihm zu dienen.« Der moderne Historiker John Hemming sagte, Huánuco sei »insofern außergewöhn-
lich, als sie die einzige Ruine einer bedeutenden Inka-Stadt ist,

die von allen späteren Eroberungen unangetastet blieb.« Nach etwas mehr als einer Stunde nahm das Gefälle ab, ich schnitt die letzten Haarnadelkurven und gelangte schließlich auf eine Ebene. Vor mir verlief die Inka-Straße, die ich verschwunden gewähnt hatte, über das Gras und diente offenbar den verstreut an ihr liegenden Häusern noch immer als Dorfstraße. Sie war von Gras überwuchert, aber wo dieses abgetreten war, kam darunter der gepflasterte, hervorragend erhaltene Inka-Pfad zum Vorschein.

Marcos Espinosa Turbinicio, der Aufseher von Huánuco Viejo, lebte in einem kleinen Anwesen am Eingang zur Stätte. Er führte Rucio in eine Koppel und öffnete die Pforten, die den niedrigen Hügel beschützten. Die Ruinen überdecken zweieinhalb Quadratkilometer und beherbergen viertausend Baustrukturen und fünfhundert mehr oder weniger zerfallene Vorratsspeicher, wobei Werkstätten und Wohnflächen noch nicht eingerechnet sind. »Sehen Sie hier«, sagte er und führte mich durch ein enges Tor in ein Steinlabyrinth, »wie die Quartiere der Sonnenjungfrauen in Form miteinander verbundener Innenhöfe gebaut wurden, erreichbar nur über ein einziges, bewachtes Tor. Die anderen Gebäude sind rund. Die Inka bauten so gut wie niemals rund, aber die hier ansässigen Wari taten das. Sie sehen hier also eine lokale Tradition, die die Eroberung der Inka überdauert hat.« Und damit hastete er schon zum nächsten Denkmal.

»Bitte, Marcos, lassen Sie mir etwas Zeit.«

»Natürlich, nehmen Sie sich Zeit«, sagte er aus der Ferne. Ich holte ihn auf den Stufen zu einem großen, flachen, rechtwinkligen Gebäude ein, das mit vierundfünfzig Metern Länge und vierundzwanzig Metern Breite die gesamte Stätte dominierte. »Das ist der Tempel; *ushnu* in der Sprache der Inka.«

Die Sandsteinblöcke waren löchrig, wie vom Regen erodiert, doch der weiße, oolithische Kalkstein, der aus Milliarden winziger kugeliger, sandkorngroßer Minifossilien bestand, befand sich in bestem Zustand.

»Nur drüben gibt es ein paar Erdbebenschäden. Einige Steine sind herabgefallen. Der tiefer liegende Bereich war ein riesiger Platz. Er bot Raum für gut zweihunderttausend Menschen. Sehen Sie hier, ein Puma!«

Die Mauer erhob sich fast fünfeinhalb Meter, war nach innen leicht gegen eine sorgfältig abgerundete Steinkante geneigt. Darunter sah man in einer Ecke eine erodierte, katzenartige, etwa sechzig Zentimeter große Kontur auf der Wand. Einige Steinschnitzereien an Inka-Gebäuden haben überlebt, oft nur mehr betörende Schatten, angedeutete Formen, die mit dem sich verändernden Licht kommen und gehen. Die Pumas, die verstreut auf dem löslichen Kalkstein abgebildet waren, hatte der Regen im Lauf der Jahrhunderte zu Schmusekätzchen gezähmt. Ein dramatischer Treppenaufgang führte zur Mitte einer der Längsseiten und weiter auf eine Art Flachdach mit brusthohem Geländer. Es war nicht eigentlich ein Gebäude; es gab keine Innenräume, man konnte nicht hineingehen. Es war eine Freilichtbühne. Sie war so konzipiert, dass Priester unsichtbar für Normalsterbliche ihre Zeremonien vollziehen oder am oberen Ende der Treppenflucht, die den immens großen Platz überragte, vor einem welligen Kupfersee aus gebeugten Rücken und ehrfurchtsvoll geneigten Köpfen dramaturgisch perfekt inszeniert auftreten konnten. Es war einer der größten Zeremonientempel der Inka, eine jener Großraumarenen, die totalitäre Regimes lieben und deren Zweck es ist, den Bürger als Untertan vorzuführen.

Eine Ecke der Dachebene war abgesunken. Marcos zeigte sie mir: »Hier war einst ein Tunnel, der weit nach oben in den Berg führte. Auf diese Art wurde viel Gold versteckt.« Entsprechende Legenden gab es zuhauf. Die Inka hatten sie nach Kräften befeuert. Verbittert über die Conquista, müssen sie ein dunkles Vergnügen dabei empfunden haben, den Spaniern zu berichten, was ihnen angeblich alles durch die Finger geschlüpft war. Pedro de Cieza de León fragte einen Inka, ob die Geschichten über den verborgenen Schatz denn wahr seien. Anstatt zu antworten, nahm der eine Handvoll Maiskörner aus dem Kornspeicher, der bis zu den Dachsparren prall gefüllt war. »Diese Handvoll Körner ist es, was die Spanier erobert haben. Wo der Rest steckt, wissen freilich auch wir nicht!«

Ich dankte Marcos und ging zum höchsten Punkt der Anlage, wo drei dunkle Punaibisse, manchmal auch Schmalschnabelsichler genannt, Schulter an Schulter wie ein Wappenzeichen gegen das schwarze Wasser eines Teichs standen. Nach der Conquista provozierten hier zwei *encomenderos* barbarische Metzeleien, Männer, denen das Recht übertragen worden war, riesige Ländereien auszubeuten. Die Dummheit einiger dieser Männer spottet jeder Beschreibung. Ein Zeuge der Misshandlungen berichtete, »sie fordern Gold und Silber von denen, die keine Minen besitzen, Schweine von Menschen, die keine halten, Hühner, die es in diesem Land gar nicht gibt« – die Spanier selbst führten sie ein – »und Baumwollkleider von in den Bergen lebenden *indígenas,* wo Baumwolle gar nicht wächst« (Baumwolle ist eine Küstenpflanze). Die *indígenas* im nahen Callejón de Huaylas rebellierten und töteten beide *encomenderos*. Francisco de Cháves wurde entsandt, um den Aufstand niederzuschlagen und seine Anführer zu bestrafen. Er wütete drei Monate lang im Land und mordete unterschiedslos Menschen, bis die Einheimischen den völligen Genozid fürchteten und Friedensverhandlungen erbaten. Zwei Jahre später war Cháves selbst tot. Neben anderen Gräueltaten hatte er sechshundert Kinder im Alter von weniger als drei Jahren umbringen lassen. Spaniens König Karl beschlagnahmte Cháves Grundbesitz und verwendete die Einkünfte dauerhaft dafür, die Erziehung von einhundert indigenen Kindern zu finanzieren.

Ich folgte dem Pfad, der über die Achse der Anlage zu einem langgestreckten Speicher – er hatte der Aufbewahrung von Gütern und als Unterkunft hochrangiger Reisender gedient – und dann durch eine Reihe von Steinpforten zu den privaten Gemä-

chern der Inka führte. Als Erster erforschte der amerikanische
Archäologe und Diplomat Ephraim George Squier die Anlage, ein
Autodidakt, den der brillante Conquista-Historiker des 19. Jahrhunderts, William Hickling Prescott, ermutigt hatte, herzukom-
men. Er schrieb: »Der Blick, der sich durch diese Portalreihe bietet, ist der schönste, den man bei den alten Bauwerken Perus
findet.« Auch ich konnte erkennen, dass die Portale vollkommen
ausgerichtet waren, immer noch intakte Türstürze in vier Metern
Höhe, gefügt in unvergleichliches Mauerwerk, dessen Ränder so
glatt waren, als wären sie maschinell bearbeitet. Die Blöcke waren
aus rötlichem, fossilienreichem Kalkstein geschnitten.

In der letzten und privatesten Gruppe von Räumlichkeiten
befand sich ein Steinbad, einst gespeist von heißen vulkanischen
Quellen, deren Wasser in Kanälen viele Kilometer weit den Berg
heruntergeleitet wurden. Ich war der einzige Besucher der riesigen, verlassenen Stadt. Ich kehrte zum großen Platz zurück, wo
Gras die Ruinen kleiner spanischer Gebäude überwucherte. Begonnen im Jahr 1539, wurden die Bauten innerhalb von zwei Jahren aufgegeben und die Spanier von der Kälte und den zahllosen
Inka-Aufständen vertrieben. Diese Ruinen symbolisieren einen
der großen Misserfolge der Conquista. Die Spanier fanden Ordnung und Wohlstand vor und produzierten Chaos und Armut. Sie
trafen auf einen Ackerbau, der durch raffinierteste Methoden unter extremen Bedingungen blühte; sie säten Bitterkeit und Ver-
zweiflung. Von einem fernen Hügel drang das Blöken eines
Lamms.

Ich holte Rucio und studierte das am weitesten links verlau-
fende von drei Tälern, die drei Kilometer vor mir aus der Ebene
stiegen. Marcos zeigte auf die dünne, weiße Linie, die in die Berge
führte. »Folgen Sie dem Fluss«, riet er, was seltsam war, denn der
Fluss kam aus einem ganz anderen Tal. Das Gewässer verzweigte
sich immer wieder in mehrere Kanäle, die dann weiter oben erneut zusammenströmten. Wo immer das Wasser einen Kanal bil-

dete, war es für eine sichere Überquerung zu tief. Wo es breit und flach war, weigerte sich Rucio, mir zu folgen, wobei er mit seinen Ohren einen Feldhasen, mit den Augen einen Alien mimte. In Erinnerung an den Ratschlag, den wir erhalten hatten, lockerte ich das Seil und scheuchte ihn an einer festen, ebenen Furt in den Fluss. Als er drei Viertel des Weg geschafft und den einzigen kleinen Abschnitt mit mehr als fünf Zentimetern Wassertiefe hinter sich hatte, begann ich ihm zu folgen. Augenblicklich drehte er um und stürzte dahin zurück, woher er gekommen war, nur zehnmal schneller. Er variierte die Geschwindigkeit, sodass immer zwanzig Meter zwischen uns blieben. Binnen Kurzem war ich außer Atem und es leid, ihn und all meine Habseligkeiten einzufangen. Ich hielt an, japste gebückt nach Luft und dachte, das war's jetzt. Dann geriet er plötzlich in tieferes Wasser und wusste nicht mehr, wohin er rennen sollte.

Also stapften wir wieder zurück, jeder Meter eine Qual. Ich hielt verzweifelt nach einer Stelle Ausschau, die seine erschreckten Gespensteraugen vielleicht beruhigen konnte. Er war jetzt, so weit man das von einem Esel sagen kann, geistesgestört. Nach sechs weiteren abgebrochenen Versuchen, dieses kleine, harmlose Gewässer zu durchqueren, war ich es auch. In nervlicher Auflösung bugsierte ich ihn hinauf zu einem einfachen Übergang und klatschte den Zügel quer über sein Hinterteil. Er tat einen Sprung und trottete hinüber. Ich folgte ihm, das Seil fest in der Hand, und schwang den Stock sichtbar vor seinen Augenwinkeln. Wir hatten vierzig Minuten für knapp fünfzig Meter benötigt.

Ich redete mir ein, es wäre hilfreich, ihm eine Orientierungslinie anzubieten, der er folgen konnte, und wich ein wenig von unserem Weg ab, um entlang eines mit Stacheldraht bewehrten Zauns über das ansonsten markierungsarme Grasgelände zu gehen. Ich blieb auf der anderen Seite hinter ihm, um ihn am Umkehren zu hindern. Er lief geradewegs in den Zaun und zerrte das Gepäck an ihm entlang, sodass eine Seite der Tasche aufriss. Ich zog ihn wie-

der weg und gab ihm eine Lektion, die hauptsächlich in einem
Schreianfall mit unzusammenhängenden Misshandlungsandro-
hungen bestand. Ich kehrte erneut zum Startpunkt zurück, und
mir fiel die Kinnlade herunter. Nicht nur hatte ich einen Esel Auge
in Auge als Schwachkopf und einiges mehr beschimpft; ich war dabei außerdem seelenruhig von einer vielköpfigen Familie beobachtet worden, die am Flussufer picknickte.

»Ihr Esel?«, fragte mich der Mann und kaute einen Kanten
Brot mit Käse.

»Ja.«

»Hätten Sie ein kräftiges Pferd, würde es Sie und Ihr Gepäck
tragen.«

»Ja, sicher, danke, ich werde das in Erinnerung behalten« – war
das, was ich nicht sagte.

Das nächste Haus wartete mit einem Hund auf, der alle bishe-
rigen zu beruhigungsmittelabhängigen Langweilern verblassen
ließ. Ich entsann mich meiner neuen Schleuder. Sie bestand nicht
aus einem Y-förmigen Griff, sondern nur aus einer elastischen
Schleife und einem kleinen Ledersattel für den Stein. Ich spannte
sie, zielte sorgfältig und ließ los – mit Schmackes schlug das Ge-
schoss mitten auf meinem Handrücken auf. Der zweite Stein ging
seitlich in die Irre und traf Rucio, der mich mit einem Comiclesern
bekannten I-Aah-Blick bedachte.

»Ich weiß genau, dass er die Feldflasche getroffen hat, also
halt' den Rand.«

Ich hoffte sehr, unsere Gegenwart würde den Hund so in Rage
bringen, dass ihn der Schlag traf. Schließlich schaffte ich es, Rucio
über das Feld und auf einen anständigen Weg zu treiben, der sich
einem kleinen Flüsschen anschmiegte. Es wurde kühler, und von
den Höhen über uns ertönte das weinerliche Piepsen eines einsamen Vogels. Wir passierten ein Haus, vor dem eine Frau im
schwachen Licht der untergehenden Sonne lag und schlief, ein
Mann worfelte Korn und wurde dabei unverwandt von einer Hen-

ne und einem jungen Schwein beobachtet, die die verirrten Körner verschlangen. Ich sah auf und hatte das Gefühl, ich hätte soeben ein schneeweißes Kaninchen halluziniert, das durch die
feste Mauer hoppelte. Falls ich Alice im Wunderland war, könnte
ich dann Elaine zurückhaben, bitte? Ich starrte wieder hin; das
Kaninchen erschien wieder, sah mich und verschwand durch ein,
wie ich nun erkannte, winziges Loch am Fuß der Mauer. Ein
Meerschweinchen hüpfte hinterher. Sie wurden hier als künftige
Braten gehalten.

Die Verzögerungen hatten zur Folge, dass ich am Ende des
Tages noch immer in der Nähe des Berggipfels statt unten im
nächsten Tal stand. Ich packte unter dem Gerippe eines ehemaligen Hauses meine Sachen aus und sah besorgt in Richtung des
aufkommenden Windes. Der Himmel hatte sich viel zu früh ver-
dunkelt; es sah nach Regen aus. Ein junger Mann erschien auf der
Bildfläche und kam rasch auf mich zu. Ich wollte eigentlich nur
noch allein gelassen werden, kochen und schlafen.

»Du kannst hier nicht schlafen, ist zu gefährlich.« Er war hoch-
gewachsen, kräftig gebaut und in den Zwanzigern. »Es gibt viele
schlechte Menschen in dieser Gegend. Weiter oben lebt eine
Bande: Diese Leute sind Diebe und Räuber.« Er verwendete das
Wort *rondo* für Bande, daher überlegte ich, ob sie vielleicht ausge-
stoßene Abkömmlinge der Zivilgarde waren, die sich zur Bekämpfung der marxistischen Revolutionsgruppe Leuchtender
Pfad organisiert hatte. »Der Chef lebt auf dem Bergkamm. Komm'
mit mir, dann lassen sie dich in Ruhe. Ich werde dir tragen helfen«, sagte er, hob meinen Rucksack ohne jede Anstrengung hoch
und führte Rucio über das Feld. Er würde keine abschlägige Antwort akzeptieren. Er wirkte ehrlich, und man muss sich wohl oder
übel auf seine eigene Menschenkenntnis verlassen.

Eisenzeit

Er lief den Hügel hinab zu einer Koppel hinter einem alten Lehm-ziegelhaus mit einem Mauerriss, in den man den Arm hätte stecken können und der bis zum Giebel hoch lief. »Willst du nicht in meinem Haus übernachten?«

»Das ist sehr freundlich, danke, aber es ist für mich einfacher, im Zelt zu wohnen.« Ich wollte ihm keine Mühe bereiten, und außerdem könnte ich mir Flöhe einfangen. Es war schon fast dunkel, als ich das Zelt aufstellte; und es begann zu regnen. Meine Finger waren taub vor Kälte. Er beugte sich über mich und legte mir einen Poncho über die Schultern, so respektvoll wie ein Sohn gegenüber seinem Vater. Als ich alles gut und trocken verstaut hatte, erhob ich mich und begrüßte ihn in aller Form. »Ich bin John, das ist der gleiche Name wie Juan. Nenn' mich, wie es dir lieber ist.«

»Ich bin Merlin«, sagte er.

»Merlin? Weißt du, dass Merlin ein großer Zauberer in dem Land war, aus dem ich stamme, Wales?«

»Ja, das hat man mir erzählt. Das ist meine Frau Martina, mein Neffe Béri.« Martina war eine schöne Frau um die zwanzig mit einem großen Baby im Arm. Es gibt Gesichter, die Augen und Herz erfreuen; ein solches Gesicht hatte sie. Sie lächelte: »Guten Abend. Sie müssen mit uns essen.«

»Ja«, bestätigte Merlin, »ich möchte deine Meinung über etwas sehr Wichtiges hören.«

»Das wäre sehr nett. Ich habe frisches Fleisch bei mir, vielleicht können Sie das für uns alle zubereiten?« Sie nickte. »Merlins Mutter wird es für uns machen.«

Ich holte die Dosen mit den Lebensmitteln; ein Ei war zerbrochen. »Wir werden die anderen für Sie hartkochen.« Sie brachten ihre wenigen Tiere ebenfalls auf die Koppel.

Wir banden Rucio, die beiden Kühe und ein neugeborenes, spindelbeiniges Kalb an, damit sie nicht das Zelt niedertrampelten. Dann gingen sie fort, aber nicht zu dem zerfallenen Haus über mir, sondern zu einem noch baufälligeren, das weiter unten hinter einem Wäldchen verborgen war. Ich folgte ihnen kurz darauf und musste fast kriechen, um durch die winzige Tür in die Ein-Zimmer-Steinhütte zu gelangen. In die Mauer war ein Lehmofen eingelassen. Seine Glut und eine einzelne Kerze beschienen unsere Gesichter. Wir saßen Schulter an Schulter, abgesehen von Merlins Mutter, die mit überkreuzten Beinen auf dem Boden beim Ofen kauerte. Auch ein kleines Mädchen von etwa drei Jahren war da, das nie sprach und mich keine Sekunde aus den Augen ließ.

Es gab Gemüsesuppe. Das Steak war, um es zu strecken, geschnetzelt und dann mit Zwiebeln gebraten worden und wurde mit riesigen Schalen voller Kartoffeln und mit süßem Tee serviert. Es war gemütlich und warm. Ich bereute, das Übernachtungsangebot nicht angenommen zu haben. Wir hätten gemeinsam das Feuer beobachten, einander Geschichten erzählen und Flöhe austauschen können. Merlin ging zu einem Regal und zog etwas hervor, das in ein Tuch gewickelt war. Er setzte sich neben mich. »Ich möchte deine Meinung über diesen Goldklumpen hören, den ich selbst gefunden habe. Niemand außer mir weiß, woher ich ihn habe.«

In seiner Hand sah ich einen dunklen Stein, in dem eine granuläre gelbe Ablagerung glänzte. Bei diesem Licht konnte ich nicht feststellen, ob es Gold oder Eisenpyrit war – Narrengold. »Ich muss es bei Tageslicht sehen.«

Er nickte so, als teilten wir jetzt ein Geheimnis, und packte es vorsichtig wieder in das Tuch zurück. Die Peruaner haben sich mit dem Goldfieber infiziert, zusammen mit all den anderen Krankheiten, welche die Spanier ihnen hinterlassen haben. Die Inka schätzten das Gold aus symbolischen Gründen. Sie zeigten ihre Verachtung für einen gefangenen Conquistador, heißt es, indem sie ihm geschmolzenes Gold in den Rachen gossen. Das ist die perfekte Metapher für diesen Konflikt. Vor der Conquista waren die gewöhnlichen Inka unselbstständige Individuen mit lästigen Pflichten, aber auch gewissen Grundrechten gewesen. Die Spanier machten aus ihnen rechtlose Leibeigene; die Republik hat sie zu ohnmächtigen Bürgern gemacht. Enteignet, wie sie sind, träumen die Sierra-Bewohner nun von Goldminen.

Es war eine nasse und windige Nacht, dafür aber ein kalter, klarer Morgen: Die Luft war bewegungslos, der Himmel wie eine elfenbeinerne Chinaschale, die aquamaringrünblau und rosa leuchtete. Die Dreijährige jagte das dünne Kalb vom Euter weg und brachte mir dampfend warme Milch. Ich band die Taschen fest und knipste meinen wasserdichten Kanubeutel zu, der die Dinge enthielt, die ich gegebenenfalls schnell zur Hand haben wollte: meine Fleecejacke, wasserdichte Hosen und das Mittagessen. »Kannst du mir sagen, wie ich meinen Esel dazu kriege, schneller zu laufen?«

»Alle Esel gehen langsam, du verbringst den ganzen Tag damit, den Arm nach hinten zu halten.«

Er fragte wieder wegen des Goldes. Mir fiel eine Figur von Gabriel García Márquez ein, ein pensionierter Oberst, der nur noch in der Hoffnung auf eine Pension lebt, die nie eintrifft. Seine Frau macht ihm Vorwürfe: »Illusionen werden uns nicht ernähren.« Er entgegnet: »Sie werden uns nicht ernähren, aber am Leben halten.« Das ist das Werk der Hoffnung, das lateinamerikanische Lebensprinzip.

Das Metall war hart, kein Gold. Ich sagte: »Es gibt im Süden eine kanadische Mine. Zeig' es dem Ingenieur, er wird dir die Wahrheit sagen. Bis dahin viel Glück mit deiner Farm.« Ich führte Rucio durch die Felder und zum Pfad hinauf. Ein Geräusch, das mir von einer anderen Reise vertraut war, drang an meine Ohren: »Tschonk!« Ich bremste Rucio, was nie ein Problem war, und

kroch auf die Kuppe der nächsten Anhöhe. Dort stand eine kleine Gruppe von Weißhalsibissen, die ich zum ersten Mal gesehen
hatte, als ich am Weihnachtsmorgen auf Feuerland spazieren
ging, sechseinhalbtausend Kilometer weiter südlich, wohin sie als
Sommerzugvögel ziehen. Sie werden fünfundsiebzig Zentimeter
groß, haben einen kräftigen Körperbau und eine prächtige, leder-
braune Kehle und Brust, gesprenkelt mit Olivtönen. Ihre langen
Schnäbel sind bestens dafür geeignet, nach Larven zu wühlen.

Die Navigation fiel jetzt, wo der Weg grüner wurde, leichter.
Aber Rucio hatte die Nacht über in einem Buch gelesen mit dem
Titel ›Wie man ein richtiges Scheusal wird‹. Er weigerte sich, über
ein vierzig Zentimeter breites Rinnsal zu gehen. Ich zog, schob,
schmeichelte, dann nahm ich einige Steine aus der Mauer und legte sie vor ihm ab, um ihn dazu zu bewegen, etwas höher zu steigen,
dorthin, wo das Rinnsal nur dreißig Zentimeter breit war. Er riskierte einen Blick und versuchte, über die Mauer Reißaus zu nehmen. Ich konnte gerade noch das Seil festhalten. Eine Frau stand
da und schaute uns zu, allem Anschein nach entzückt, dass sie keinen Eintritt zahlen musste. Ich schlug ihm mit dem Seil aufs Hinterteil, um ihn endlich über das Wasser zu kriegen. Jetzt war er
noch sturer und wollte das Mäuerchen nicht noch einmal überqueren, sodass ich mit ihm nun über einen Höhenunterschied von
lächerlichen fünfunddreißig Zentimetern verhandeln musste. Ich
fragte mich, ob ich Perus einzigen Esel mit Höhenangst hatte.
War er müde? Gab ich ihm zu wenig zu fressen? Als wir endlich
drüben waren, band ich Rucio an einen Baum und setzte mich in
den Schatten, um zu trinken und mir mit ihm trockene Kekse zu
teilen: ein sinnloser Versuch, eine Art emotionaler Bindung her-
zustellen.

Ein paar Kilometer weiter traf ich auf einen Viehhändler, Eutemio Pozo, eine sonnengegerbte, runde Haselnuss von Mann, der
zwei Stuten und ein Füllen vor sich hertrieb, die alle Futter trugen.
Ich kaufte zwei große Garben und ließ Rucio fressen. Die Stute tat

es ihm nach und fraß ihre bisherige Last. Rucio verschlang das gesamte Getreide und ließ die Stiele übrig. Als ich ihm kein Korn mehr gab, nahm er wieder mit den Stängeln vorlieb – er war also beim Fressen wählerisch und hatte keinen übermäßigen Hunger. »Achten Sie auf den Weg«, sagte Eutemio, »die alte Brücke ist zusammengefallen. Die Behörden haben nichts unternommen, also habe ich selber eine neue gebaut.« Er zeigte mir die Stelle.

Eutemios Brücke war besser als der Durchschnitt, aber nachdem wir sie überquert hatten, fanden wir den Weg in einem fürchterlichen Zustand vor. Überflutungen hatten ihn in Einzelteile zerlegt. Mannshohe Abflussrinnen hatten sich in das Gestein geschnitten; wir schlitterten über lose Gesteinsbrocken und schmutzig-schlammige Wasserfälle. Ich war bis zu den Knien eingesaut. Rucio verlor die Lust weiterzugehen. Ich erreichte ein festes Haus mit ein paar ebenen, taschentuchgroßen Feldflächen, die im Schutz der Steinmauern lagen. Eine Frau in den frühen Vierzigern sagte, ich könne hier für eine Nacht mein Zelt aufschlagen. »Das sind meine drei Kinder, Hilmer, Rosisela und Aparicio«, drei Namen, die ich weder davor noch danach je wieder gehört habe. »Hätten Sie Lust, Kunsthandwerk zu kaufen? Wir machen Wollponchos.«

»Ich muss jetzt mein Zelt aufschlagen, aber zeigen Sie sie mir morgen früh.«

»Mein Mann machte sie immer, aber er ist nicht mehr da. Er ist nach Lima gegangen, um Arbeit zu suchen, und seither habe ich ihn nicht mehr gesehen. Ich weiß nicht, ob er lebt oder tot ist. Ein Mann aus San Luis Gonzaga im Tal erzählte mir, er habe eine Arbeit angenommen und noch einmal geheiratet. Ich bin mir nicht sicher. Er war ein guter Mann, aber es gab nie Arbeit und keine Touristen, um Kunsthandwerk zu verkaufen.«

Ein Gewitter kam über die Berge und türmte sich über dem Tal auf, das ich am nächsten Morgen durchqueren musste. Die finstere Wolke passte sich der Form des Bergs an, ihre gewaltige

Masse ergoss sich in die zerklüfteten Seitentäler, und wie Glüh-drähte flackernde Blitze tasteten vorsichtig die nackten Felsen ab, die nach dem Platzregen wie Eis glänzten. In der Nacht gab Rucio Kostproben einer neuen Kunstfertigkeit. Ich hörte, wie ein Mann mit Lungenödem einen Esel stahl. Zweimal ging ich hinaus und stellte jedes Mal zu meiner Überraschung fest, dass der Esel beide Rollen spielte.

Die Mutter brachte mir heiße Milch, direkt von der Kuh. »Möchten Sie einen Poncho sehen? Er ist neu.« Ich hatte keine Verwendung für Ponchos; weder seine Masse noch sein Gewicht reizten mich. Ich überlegte, wie ich ihr die Bitte abschlagen könne. Sie schleppte einen braunen Wollponcho an. Er war voller Kerzenwachsflecken und hatte aller Wahrscheinlichkeit nach ihrem verschwundenen Mann gehört. Es war ihr peinlich, fünfzig Sol, umgerechnet knapp zwölf Euro, für ihn zu verlangen, mir war es peinlich, ein so günstiges Angebot auszuschlagen. Sie senkte die Augen: »Vierzig Sol.« Sie brauchte das Geld, jede Summe. Ich wünschte, Elaine mit ihrer praktischen Vernunft wäre hier, um mir aus der Patsche zu helfen.

»Es tut mir leid, es ist ein wunderbarer Poncho. Wenn ich einen Poncho wollte, würde ich ihn kaufen. Aber bald werde ich den Esel verkaufen und muss dann alles selbst tragen.« Ich gab ihr zwanzig Sol: »Für die Kinder.« Sie schlug die Augen nieder ob dieser Barmherzigkeit und nahm das Geld zögernd an. Und ich sollte mich schon bald selbst verfluchen, ihn nicht gekauft zu haben.

Der Weg schlich zwischen überhängenden Hecken dahin, dann über einen Felsabsturz samt Schlammlawine und einen Fluss, der sich sachte seinen Weg durch den moorigen Boden suchte. Es dauerte eine Stunde, bis wir uns auf den Boden des Ñupe-Tals hinunter kämpften. Auf der anderen Seite stand ein Schild: »Thermalbäder«. Eine moderne Steintreppe mit sechzig Zentimeter breiten Stufen führte hundert Meter hinunter auf ein Feld mit kleinen Zementbecken, die von heißen Quellen gespeist

wurden. Rucio verwandelte den Abstieg in ein heilloses Chaos. Er
konnte die Information, wo er die Vorderbeine hingestellt hatte,
nicht lange genug speichern, um sie für die Hinterbeine anschließend wieder abrufen zu können. Es war nervtötend, wie sehr mein
Wohlergehen von einem Tier abhing, das sich über die Position
der Hälfte seines eigenen Körpers nicht klar war.

In einem Becken wuschen Frauen Kleider, in einem anderen
badeten Familien, die aus Gründen des Anstands die Unterwä-
sche anbehielten. Ich sattelte ab und ließ Rucio grasen. Dann zog
ich mich aus, ein weißer und haariger Körper unter lauter glatten
rotbraunen. Alle musterten mich der Reihe nach, während sie so
taten, als bemerkten sie mich gar nicht. Es war indes ein unver-
hoffter Luxus, im heißen Bad zu liegen und dabei zugleich meine
schlammigen Hosen zu waschen.

In weit besserer mentaler Verfassung ging ich wenig später ein
Stück nach Norden, wo ich auf eine Brücke über den breiten, reißenden Ñupe stieß. Angesichts der Brücke kamen mir Bedenken.
Sie war aus neun Meter langen, mit Soden bedeckten Baumstämmen gefertigt, aber sehr schmal: nur etwa einen Meter und zwanzig breit – und ohne Geländer. Zum Fluss ging es tief hinunter.
Ich sah beim besten Willen nicht, wie Rucio dafür würde die Nerven aufbringen können. Ich machte das Seil los und schlenderte
arglos weiter, so, als wäre alles in Ordnung. Er hielt am Rand des
Ufers an, wie tot, und ich konnte es ihm nicht verdenken. Ich ging
mit ihm im Kreis herum und hoffte, dass in fünf Sekunden alle Erinnerung an die Brücke durch das Sieb, das sein Gedächtnis war,
gefallen sein würde. Ich spielte an seinen Haarfransen herum und
ging wieder zur Brücke, indem ich das Seil so kurz hielt, dass er
kaum mehr als meinen Rücken sehen konnte. Keine Chance.

Von hinten konnte ich das Tier diesmal nicht antreiben; falls
Rucio in Panik geriet, fiel er womöglich von der Brücke oder stieß
mich ins Wasser. Ich ging eine Weile mit ihm umher, streichelte
ihn, flüsterte ihm Schmeicheleien ins Ohr und erhielt als Antwort

drei weitere Verweigerungen. Mir gingen die Ideen aus. Ich versuchte es noch einmal, sehr langsam, an langem Seil. Es blieb locker: Das bedeutete, er war auf der Brücke. Auf Zehenspitzen ging ich hinüber und wagte nicht, mich umzusehen, bis wir drüben waren. Ich legte meinen Tagesbeutel ab und mich selbst ans Ufer, um zu trinken.

Die Idee war, dem Fluss zu folgen, bis gegenüber die Bäder auftauchten, und dann ins nächste Seitental abzubiegen. Der Pfad war flach, aber von Sickerwasser aus den Bewässerungskanälen, die man ober- statt unterhalb der Straße angelegt hatte, zerschnitten. Im winzigen Dörfchen San Luis de Góngora führte der Weg über eine alte Steinbrücke und stieg nun, ein architektonisches Meisterstück, als Treppe aus breiten, steilen, grasbewachsenen Stufen hoch, weiter den Hügel hinauf gen Himmel. Es heißt oft, dass die Inka-Straßen nirgends breiter als sechs Meter seien; diese grüne Schnellstraße war fast achteinhalb Meter breit. Am Wegrand fand ich eine Seite aus einem Schulheft.

»Ich verbrachte die Ferien auf meinem Bauernhof. Mein Vater führte die Kuh auf die Weide, heute morgen scheint die Sonne und die Vögel singen. Meine Mutter wäscht die Kleider im Fluss, das Wasser war ganz kalt, und ihre Hände waren rot. Angelica erntete Kartoffeln, um sie zu kochen, Angelica und Angel spielten im Feld. Ich gehe auf die Schule der Zukunft (extra Stunden in den Schulferien), um zu lernen; zufrieden und glücklich.«

Wolken ballten sich zusammen, und die Luft kühlte ab. Ich trank beim Aufstieg literweise Wasser und näherte mich einem Kalksteinmassiv, in dem es viele Kilometer lang kein Wasser mehr geben würde. Ich fragte einen alten Mann, wo ich meinen Wasservorrat auffüllen könnte. »Pukyu!«, sagte er, benutzte also das Quechua-Wort für Quelle, und zeigte auf ein ins Gras gekerbtes

Quadrat, aus dem gemächlich Wasser an die Oberfläche quoll.
Auf dem Hügel vor uns sah man alte, aufgelassene Äcker, braun
und steinig. »Verlassen, wegen der Höhe?«, wollte ich wissen.

»Nein, wir ernten noch Hafer, Gerste und Kartoffeln da oben.«

»Bis zu welcher Höhe wachsen denn Kartoffeln?«

Er legte eine Hand aufs Knie: »So hoch ungefähr.«

»Was sind die Probleme, wenn man hier oben lebt?«

»Es ist kalt und trocken, und das Getreide hat große Mühe.« Als
ob die Leute keine hätten. Der Weg ging immer weiter hoch. Ich
machte in einer Bodensenke Rast und kaute ein paar Kekse. Es
wurde ungewöhnlich früh dunkel und tröpfelte bereits. Das Gras
wimmelte von schwarzen Raupen mit fluoreszierenden grünen Augen. Achthundert Meter weiter gelangte ich auf ein kleines Plateau,
wo zwei Stein- und Adobe-Hütten in einem matschigen Hof zu-
sammengedrängt standen. Rucio und ich hätten gut und gern Lear
und der Narr sein können, wie wir da im Sturm über die Heide tau-
melten, wobei die Rollen austauschbar waren. Eine Familie verabschiedete Besucher. Ein Mann in den späten Zwanzigern mit jun-
genhaftem Gesicht schüttelte mir die Hand: »Ich bin José.«

»Ich brauche nur etwas Platz, um schnell mein Zelt aufzuschlagen, bevor der Sturm kommt.« Ich nickte in Richtung des
schwarzen Totentuchs, das von der Cordillera Huayhuash herunter direkt auf uns zurollte.

»Wo immer Sie möchten.«

Ich erkannte jetzt ein modernes Adobe-Gebäude und eine Reihe älterer Steinhäuser. Ich band Rucio rasch an einen Verandapfos-
ten an dem neuen Haus und packte das Zelt im Windschatten eines
der kleineren Häuschen aus. Das Zelt ist am widerstandsfähigsten,
wenn die Kopfseite zum Wind weist. Sobald ich die Außenhaut
festgepflockt hatte, drehte der Wind. Schneeregen setzte ein. Da
ich damit rechnete, dass der Wind nach dem Gewitter wieder die
Richtung wechseln würde, machte ich weiter. Meine Finger waren
geschwollene, taube Dinger; vor Müdigkeit und Kälte war ich zu

nichts mehr in der Lage. Einfache Gegenstände wurden zu bösen Geistern: Schnüre schnitten ins Fleisch ein, Reißverschlüsse klemmten. Die vier Kinder des Hauses schauten mir unverwandt und still zu und ignorierten das Unwetter, bis harte, beißende Hagelkörner sie in die Flucht schlugen und sie Unterschlupf suchten. Ich sicherte alle Spannleinen gegen Aufwinde und machte dann eilig die andere Seite fertig. Der Hagel ließ nach, dafür begann es heftig zu schneien. Ich machte Rucio von seinem Pfosten los, wo er am Strohdach herumkaute, brachte ihn in den Windschatten des Gebäudes und gab ihm eine doppelte Portion Futter.

Die mit der Abenddämmerung fallenden Temperaturen schienen die Niederschläge auszulösen. Da ich nicht kochen konnte, befürchtete ich, mir würde nicht warm werden. Ich massierte das Gefühl zurück in meine Fingerspitzen und setzte mich in den Schlafsack, um zu arbeiten. Die gekochten Eier fielen mir ein, ich verschlang eines davon gierig, während ich eine Schüssel mit Eiern, Zwiebeln und Thunfisch zubereitete. Das Essen wärmte mich von innen wie ein Feuer. Die Familie brachte eine Schale mit Kartoffeln heraus. Ich dankte ihnen überschwänglich, doch die Kartoffeln waren klein und schrumpelig, Überbleibsel der vorjährigen Ernte und Teil ihres Abendessens, den sie für mich opferten. Ich aß ein paar und packte die restlichen weg, um sie nicht zu kränken.

Ein Mann ritt in den Hof und direkt auf das Zelt zu. Ich ging hinaus, um ihn zu begrüßen. Er machte eine gequälte Miene. »Ich bin Dayer, Josés Vater. Vergeben Sie ihm, dass er Sie nicht in sein Haus eingeladen hat. Es ist zu kalt, um im Zelt zu schlafen.« Er zeigte auf die Pfütze, die sich um den Eingang herum gebildet hatte. Dafür, dass ich mich auf einem Kalksteinhügel befand, auf dem es angeblich kein Wasser gab, hatte ich reichlich Nachschub. Ich zeigte ihm das Zeltinnere, das staubtrocken war. Ihm gingen die Augen über. Ich versprach, mit ihnen zu frühstücken, und überzeugte ihn, dass ich es bequem hatte. Ich strich den gefrore-

nen Schnee vom Zelt, befestigte die Spannleinen und kroch in den
Schlafsack. In der Nacht erwachte ich mehre Male, als der Wind
das Zelt durchschüttelte. Ich stellte meinen Rucksack auf die
dem Wind zugekehrte Seite, und mir wurde etwas wärmer. Am
Morgen lag die Temperatur im Inneren des Zelts um den Gefrierpunkt. Der Reißverschluss war vereist und musste behutsam gelockert werden. José ging mit mir über die gefrorenen Felder, um
für Rucio Hafer einzusammeln, den er am Tag davor bereits für
seine Pferde geschnitten hatte.

»Das Gelände, auf dem mein Haus steht, heißt Cushuro Pata;
das ist ein sehr alter Inka-Name und bedeutet: Ort, wo nach hef-
tigem Regen Pilze wachsen.«

Es war ein wunderschöner kalter Morgen. Die verschneiten
Gipfel der Cordillera Huayhuash erhoben sich stolz über einem
Gürtel cremefarbener Wolken. »Sehen Sie, sie alle sind Tiere. Der
hier rechts ist Jirishanka, der Kolibri. Das ist Anka, der Adler.
Dieser hier ist Huayhuash selbst, auf dem immer Schnee liegt,
auch wenn alle anderen Schneekappen schon abgeschmolzen
sind. Huayhuash ist ein kleines Tier mit weißen Flecken auf seinen Hüften, wir sagen, es hat immer Silber in der Tasche. Links
steht Yerupajá, mit 6634 Metern der zweithöchste Berg Perus.«

Seine Frau schnitt ein schönes Stück von dem Schinken ab,
der vom Dach hing, und kochte eine Gemüsesuppe. Wir saßen
beim Essen alle auf Baumstamm->Stühlen< vor einem kleinen
Tisch, der das einzige wirkliche Möbelstück darstellte, das sie besaßen: ein Leben in der Eisenzeit.

Ich zeigte ihnen Bilder von meinem Haus und meiner Straße.
»So viele Autos! Hier brauchst du kein Auto, weil es keine Straße
gibt!«

Rucio war in derselben Position, in der ich ihn verlassen hatte,
und mampfte noch immer. »Sie fressen die ganze Nacht«, sagte
Dayer, »und schlafen nicht genug. Wenn sie mehr schliefen, würden sie länger leben.«

Ich fühlte, dass das auch für mich galt. Wir folgten dem Pfad um eine Bergflanke herum und sahen unten auf dem weiten, sumpfigen Talboden die Lagune Tambococha liegen: ein kleiner, schilfgesäumter Bergsee, der von unzähligen Zuflüssen gespeist wurde, die sich wie Fäden in einer unfertigen Stickerei verloren. Ich hatte das Tal hinüber zu den bezaubernden Inka-Ruinen von Tambococha durchqueren wollen. Es sollte so spät in der Trockenzeit noch begehbar sein, doch die sauer-grüne Vegetation, die sich durchs gesamte Zentrum zog, verriet allerlei unpassierbare Sumpfgebiete. Wo wir abstiegen, erstreckten sich gut entwässerte Wiesen, auf denen Pferde grasten, ein Fuchs, ein dunkler Brauner und ein herrlicher Mittelgrauer. Die Talmitte hingegen war allein Gänsen und Enten vorbehalten.

Der Inka-Weg hatte den Sumpf einst auf einem Damm überbrückt, aber niemand weiß mehr wo. Mein Pfad endete im Hof eines Hauses, in dem eine freundliche alte Frau mit Zähnen wie ein zerbrochenes Xylofon saß und über einem Holzfeuer einen Schweinskopf räucherte. »Der einzige Weg führt an dieser Seite des Tals hinunter und dann *a la vueltita*«, eine Wendung, die in anständigem Spanisch so viel bedeutet wie »gehst du wieder zurück.« Nachdem ich einenhalb Kilometer trockenes Gras überquert hatte, steckte ich in der Falle: zwei Flüsse vereinigten sich. Einer rauschte zwischen senkrecht aufgetürmten Torfschichten hindurch – unmöglich, auf die andere Seite zu gelangen. Der andere ließ sich auf Trittsteinen überqueren, die aber nur zweibeinigen Tierarten nützten: Ich konnte Rucio nicht übelnehmen, dass er jede Ähnlichkeit mit Letzteren strikt ablehnte. Eine Stunde lang dachte ich, wieder zu einem größeren Umweg gezwungen zu werden, fand aber schließlich eine Untiefe mit Schotter, die keinen von uns abschreckte.

Ich steckte wegen des Sumpfs noch immer auf der falschen Seite des Tals fest. Schlimmer noch: Ich sah auf der anderen Seite keinen Inka-Weg. Einen Monat später fand ich heraus, dass der Ausdruck *a la vueltita* von Landbewohnern im Sinne von ›auf der anderen Seite‹ benutzt wird. Aber auch auf mich gestellt, wurde mir rasch klar, dass zwischen mir und dem wahren Pfad ein Berg lag. So lange mein Tal nach links verlief, würde ich in ungefähr acht Kilometern wieder auf den Inka-Pfad treffen, wenn beide Routen zum Taparaco-Tal hinabführten. Wir schleppten uns auf dem langen Schotterweg zu einem Plateau. Wir hatten eine vergleichsweise lange Etappe hinter uns, etwa fünfundzwanzig Kilometer, und waren beide müde. Noch zwanzig Kilometer bis Antacolpa, das hoch über dem Fluss Taparaco auf einem Hang thronte.

Antacolpa war früher ein unscheinbarer Weiler, aber durch seine Nachbarschaft zu einer Mine waren Arbeiter zugezogen, sodass es sich zu einer Bergbausiedlung mit einem absurd großen Dorfplatz entwickelt hatte. Bergleute kamen nach der Arbeit hierher und kauften Alkohol. Auch ich kaufte welchen, dazu tütenweise frisches Obst, das erste, das mir seit Tagen unter die Augen kam. Ich zeltete auf einer kleinen Landzunge an der Biegung eines hübschen Flusses, außer Sichtweite der Ortschaft. Rucio fand hohes Gras, und ich briet meine letzten gekochten Kartoffeln mit Zwiebeln und Tomaten und häufte eine Dose Thunfisch darauf. Es schmeckte ausgezeichnet, und ich aß für zwei, im Bewusstsein, dass ich es bitter nötig hatte.

Der Morgen war kühl und klar. Beinahe wäre ich ohne Belästigung davon gekommen, da eilte kurz vor meinem Aufbruch, ein Mann von der Hütte über mir herbei und bestand darauf, mir beim Aufladen der letzten paar Habseligkeiten behilflich zu sein.

Ich marschierte ins Tal, bis ich mich wohl oder übel entscheiden musste, ob ich dem Fluss in eine dunkle, messerscharfe Schneise in den Berg folgen oder den Berg hinaufklettern und die Aussicht auf das Taparaco-Tal genießen sollte. Es stellte sich freilich heraus, dass der Tag, für welchen Weg auch immer ich mich entschieden hätte, sich zum Schlechten und Schlechteren wenden sollte. Nahe der Bergkuppe ragte eine einsame Hütte empor, vor der ein Großvater über winzige Enkel wachte. »Auf den nächsten Kilometern gibt es keine Brücke über den Fluss.«

»Kann ich durch die Schlucht absteigen?«

»Unmöglich!«

Auf der anderen Seite des Tals erkannte ich den Inka-Pfad, der mich wie eine aufsteigende Schwalbe lockte. Unten lag versteckt der Fluss. »Wie komme ich wieder auf den Inka-Pfad?«

»Gehen Sie nach Lauricocha.«

»Hab' ich noch nie gehört.«

»Da gibt es einen großen See. Unterhalb davon ist der Fluss schmal; dort können Sie das Tal sicher durchqueren.«

Ich blickte auf die Karte. Die Inka-Straße verlief im Südosten, Lauricocha lag südwestlich. »Gibt es keine andere Route?«

Er schüttelte den Kopf.

Ich glaubte ihm nicht und ging unter neuen Strommasten weiter zum nächsten Weiler, Patahuasín, wozu ich ein steiles Seitental, das auf dem Weg lag, hinunter- und danach wieder hinaufklettern musste.

Ein eigenartiges Geräusch hing mit einem Mal in der Luft, ein dünnes, trockenes Quieken. Rucio wurde nervös, was jedoch nicht zwingend ein unfehlbares Zeichen für Gefahr war. Wenn ich ihn führte, zog er mich zurück. Wenn ich ihm folgte, lief er Amok, rannte pfeilartig in willkürliche Richtungen los und warf das Gepäck durch die Gegend. Das Geräusch kam aus der Luft über uns. Ich sah, wie sich die Drähte am Strommast bewegten. Ein Blick weiter den Berg hinauf zeigte mir, dass sie schlaff bis auf den Boden durchhingen. Neue Stromleitungen wurden montiert, und die Räder an den Mastarmen quietschten bei jeder Umdrehung.

Als das unheimliche Geräusch verklungen war, bekam Rucio einen neuen Koller und versuchte, den Weg zurückzulaufen, auf dem wir gekommen waren. Ich drehte mich um und kontrollierte,

ob das Gepäck sicher aufgeladen war. Die Kanutasche, die durch
zwei dreizackige Klammern befestigt war und die ich einmal
selbst nur schwer hatte lösen können, war weg. Sie konnte während einer von Rucios Anfällen abgefallen oder, während ich ab-
gelenkt war, von jemandem entfernt worden sein: Von dem ungebetenen Helfer beim Aufpacken zum Beispiel oder dem netten
Großvater. Falls es Ersterer war, hatte es keinen Sinn zurückzugehen, denn er würde sich längst aus dem Staub gemacht haben. Ich
prüfte, ob alles andere sicher befestigt war, und ging zurück. Jetzt,
da *ich* umkehren wollte, hatte Rucio Lust, weiterzugehen. Ich
konnte nicht umhin zu denken, dass das Tier schlicht bösartig
war, und teilte ihm das mit einer dafür geeigneten gellenden Stimme mit. Es dauerte über eine Stunde, den sinnlosen Weg zum
Großvater zurückzugehen und die Hütte leer vorzufinden.

Zwei Tagesmärsche vor mir lag der höchste und exponierteste
Pass meiner Reise, ein schneebedeckter, über viertausendacht-
hundert Meter hoher Bergrücken. Ich hatte keine wasserdichte
Fleecejacke mehr, und falls es regnete, würde ich von der Hüfte
abwärts nass – hätte ich nur diesen Poncho gekauft!

Alles zusammen waren die zwei Stunden für die Katz gewesen.
In Patahuasín begrüßte mich eine dürre, alte Dame mit Blumen-
topf-Hut, von deren Zähnen links noch ein gelber Stummel übrig
war. »Sie wollen über den Fluss? Kommen Sie mit.« Sie führte
mich über ein prächtiges Kalksteintrottoir, bis wir an der Kante
einer dreihundert Meter hohen Klippe standen und auf das türkise Wasser der Flusswindungen hinunter und gegenüber auf die
Straße der Inka sahen. Es war einer der großartigsten Ausblicke,
der sich mir je geboten hatte – wild, unberührt, gewaltig. »Hier
können Sie hinübergehen. Schauen Sie! Dort sind Schafe, die
überwechseln.«

Meine Laune besserte sich: Vielleicht würde Rucio es an Be-
herztheit wenigstens mit Schafen aufnehmen. »Wo?« Ich konnte
keine Tiere erkennen. Sie zeigte ungeduldig auf die Stelle. Plötz-

lich passten sich meine Augen dem riesigen Maßstab an: Die Pferde am Ufer waren punktgroße Sprenkel, die Reiter auf ihren Rücken winzige Kommata.

»Diese Schafe waten nicht über den Fluss, sie werden auf Pferden hinüber transportiert!«

»Ja, aber dort geht das Wasser den Pferden nur bis zum Bauch!«

»Mein Esel hält den Morgentau für tiefes Gewässer. Er fürchtet sich vor Kondenswasser.«

»Hmm!«, schnaubte sie. »Das sind nunmal Ihre Möglichkeiten! Jeder überquert hier.«

Ich gab auf. »Wo geht es nach Lauricocha?«

Sie gab mir eine auffallend genaue Wegbeschreibung, wie ich zu einer Wegkreuzung käme, an der ich einfach nur weiter geradeaus zu gehen hätte. Ich erklomm einen lang gestreckten Hügel und traf auf einen einzelnen, quer verlaufenden Weg. Ich konnte nur hoffen, dass ein Fahrzeug des Wegs kam, damit ich nach der Richtung fragen konnte. Zu meiner Verwunderung tauchte nach zehn Minuten ein Laster auf.

»Lauricocha?« Sie sahen einander an und runzelten die Stirn. »Können wir Ihnen nicht sagen. Wir sind nicht aus der Gegend, wissen Sie, wir arbeiten an der Stomleitung.«

Ich seufzte. Klar: Wäre es einfach, würden es alle machen.

»Aber«, setzte er hinzu, »es gibt einen, der ist von hier, er arbeitet am nächsten Mast.« Er wies hinüber. Tatsächlich. Dann stand die Arbeit still, sie aßen zu Mittag und zeigten mir, wie und wo ich die hundertachtzig Meter hinabklettern, einer Schlucht folgen und um einen Felsen, so groß wie Manhattan, herumgehen musste, und dort wäre dann Lauricocha.

»Und kann ich da dann auch über den Fluss?«

»Nein, aber die können Ihnen sagen, wo das geht, von hier aus ist es schwer zu beschreiben, Sie finden es nie.«

Ich machte mich auf in Richtung der Rinne, die steil in die Schlucht abfiel.

»Halt! Eins noch!«

»Bitte?«

Er zückte eine Kamera: »Können wir ein Foto mit Ihnen machen?«

»Natürlich.«

Um halb vier lief ich schwitzend durch den stickigen Grund der Schlucht über herrliche Wiesen, auf denen creme- und kaffeefarbene Pferde Blumen rupften. Vor mir sah ich eine majestätische, üppig ausgestattete *hacienda*, die ich für Lauricocha hielt. Womöglich würde ich heute Nacht in einem Bett schlafen. Doch als ich um die sechshundert Meter hohe Felsfestung, die der Mann mir beschrieben hatte, herum- und an einer Reihe von Tiergehegen vorübergekommen war, verstellte mir ein Stacheldrahtzaun den Weg. Ein kräftiger, von Kopf bis Fuß dunkel gekleideter junger Mann rannte den Hügel herab auf mich zu. Ich war erschöpft. Ich ließ mein Gepäck von den Schultern gleiten und wartete ab.

Lauricocha

Die hochgewachsene Gestalt bog den Zaun mit leichter Hand zu Boden. Er trug einen dunkelblauen Pullover, eine Breitcordhose und Gummistiefel. Ich spulte meine Ansprache ab: »Ich bin ein englischer Tourist, der den Inka-Pfad pilgert, um ein Buch darüber zu schreiben. Heute habe ich meine warme Kleidung verloren, vielleicht wurde ich beraubt ...«

»Ich bin Alejandro. Sie müssen zu mir nach Hause kommen.«

»Ist das die *hacienda* drüben über dem Tal?«

»Nein, hier«, er zeigte auf die Hütten, die ich für Viehunterstände gehalten hatte. Der kurze Traum von sauberen Bettlaken löste sich auf.

»Das ist sehr nett von Ihnen«, sagte ich.

»Ist das Ihr Esel?«

»Ja, ich musste ihn kaufen, weil ich nicht nach Huari zurückkehren werde.«

»Wie viel haben Sie bezahlt?«

Ich wollte mich keiner weiteren Belehrung darüber aussetzen, zuviel bezahlt zu haben. »Vierhundert Sol«, log ich fröhlich.

»Das ist sehr teuer; hier in der Gegend zahlen Sie dreihundert dafür.«

Er lebte mit seiner Frau, vier Kindern, Mutter und Bruder und dem Junggesellen Nicolás zusammen. Seine Frau war mit zweien der Kinder fort, zu Besuch bei den Eltern, die eine Tagesreise entfernt lebten.

Ich beschrieb, was passiert war. Er sagte: »Lassen Sie mich Ihnen meine Pläne zeigen.« Ich dachte, es sei ein merkwürdiger Augenblick dafür, seine Zukunftspläne mit einem Fremden zu teilen, doch er betrat eine der Hütten und kam mit einem Plastikrohr zurück, aus dem er zwei komplett kolorierte Karten zauberte, herausgegeben vom Instituto Geográfico Militar. Es waren die Farborginale zu meinen Fotokopien.

Ich zeichnete mit dem Finger die Route nach. »Das ist die Strecke, die ich gelaufen bin.«

Er bestieg sein Pferd: »Mal sehen, ob ich Ihre Sachen finde.« Er nahm die Sache sehr ernst; mir wurde klar, wie dramatisch der Verlust guter Kleidung für die Leute hier sein musste.

Ich wusch meine Kleider in einem Flüsschen, breitete sie auf einer Mauer zum Trocknen aus und legte mich an eine windgeschützte Stelle, um Tagebuch zu schreiben. Als die Sonne hinter dem Hügel verschwand, benötigte ich meine warme Hose und die Thermo-Unterwäsche. Die Fleecejacke fehlte mir schon jetzt. Ich ging in ein Nebengebäude, um mich umzuziehen. Obwohl neueren Datums, wurde die armselige Steinhütte, in der Alejandros Mutter kochte, nur als Vorratslager benutzt. Der Boden war von den Hinterlassenschaften der verschiedensten Tiere verschmutzt. Ich konnte nicht aufrecht stehen, ohne mit dem Kopf an die Decke zu stoßen. Die zwangsläufig gekrümmte Haltung war bestens dazu geeignet, dass sich meine Rückenmuskulatur verkrampfte. Ich zog meine Kleider aus einer Stofftasche, und meine Flanellhose fiel heraus und in einen Wassereimer. Als ich mich in der Dunkelheit bückte, um sie herauszufischen, entdeckte ich eine ausgenommene Forelle, die mich regungslos anstarrte. Ich hüpfte umher und versuchte, mit meinem unbeschuhten Fuß nicht auf irgendetwas Unbekanntes zu treten.

Die einzige Tür zur Hütte war eine Blechplatte, die auf einen rohen Holzrahmen genagelt war. Es gab weder Fenster noch Abzug. Links war die Küche: ein niedriger Lehmofen, der mit getrocknetem Kuhdung befeuert wurde. Zur Rechten befand sich ein Sitzbereich mit einer in die Wand eingelassenen Steinbank, die mit Schaffellen bedeckt war. Ich setzte mich neben einen Stapel davon und las beim Licht meiner Stirnlampe, während der Rauch mir in die Augen biss. Nach einer Weile gähnte der Stapel und streckte einen kleinen Gummistiefel heraus. Ich hätte mich um ein Haar auf das Baby der Familie gesetzt, das gerade ein Nickerchen machte.

Draußen wurde es dunkel, und die Mutter entzündete eine kleine, selbstgebastelte Petroleumlampe, die nicht mehr Licht spendete als eine Kerze. Alejandro kam zurück und stampfte vor Kälte mit den Füßen auf. »Ich bin zurück nach Patahuasín geritten und habe den Großvater gefragt, mit dem Sie gesprochen haben. Er sagte, Sie hätten zu dem Zeitpunkt die Tasche mit den Kleidern noch gehabt. Er beschrieb mir jedes Detail, sogar die Wasserflasche und die Brennstoffflasche.«

Es war beunruhigend zu wissen, dass man mich so genau beobachtete und mein Hab und Gut detailliert registrierte.

»Morgen können Sie mit Nicolás nach Antacolpa reiten, er wird fragen, ob dort jemand irgendetwas gefunden hat. Wenn Sie allein hingehen, wird man Ihnen nichts erzählen.«

»Ich vermute, es hat keinen Sinn, die Polizei einzuschalten?«

Er schüttelte den Kopf. »Dann machen alle dicht.«

Alejandros Vater erschien; er war oben in den Bergen gewesen.

Wir aßen Kartoffelsuppe und eine Schüssel Kartoffeln ohne Butter oder Salz. Um acht Uhr machten sie sich zum Schlafen fertig. Ihnen gehörte die Hütte, in der wir uns aufgehalten hatten, drei anständig gedeckte Lagergebäude und ein viertes, das noch in Bau war, und doch schliefen sie in zwei winzigen, strohbedeckten Unterständen in den Feldern.

»Warum?«

»Hier in der Gegend gibt es viele Viehdiebe. Hier bemerkt man sie früher und kann viel schneller handeln. Wenn man das nicht tut«, fügte er an, »sind die Tiere verloren.« Selbst in einem so unglaublich entlegenen Landstrich fürchtete man sich zu sehr vor Kriminalität, um ruhig in seinem Bett zu schlafen. Er trug die Jüngste, die fest schlief und noch immer in Schaffelle gewickelt war, hinaus unter einen sternenübersäten Nachthimmel. Dann brachte er die

Katze herein, damit sie die Mäuse davon abhielt, sich über die mit
Nägeln an der Wand aufgehängten Lebensmittel herzumachen.
Nicolás und der Vater schliefen auf dem Küchenboden.

Ich legte Schaffelle auf den Boden und las, genoss Einsamkeit
und Stille. Die groben Dachbalken waren vom Rauch des Feuers
gebeizt und glänzten wie Pech. Vereinzelte Strohbündel, die vom
Dach herunterhingen, hatten Ruß angesetzt und sahen aus wie
Büschel schwarzer Hirse; ich war in einer Koboldhöhle. Mein
Sechs-Uhr-morgens-Weckalarm waren Nicolás und sein Vater,
die hinausgingen und die Tür offen ließen. Eine weiße Stute wurde für mich gesattelt. Nicolás lief zu Fuß voraus. Obwohl er dreißig war, ging er vornübergebeugt wie ein verlegener Teenager. Er
hatte ein unsicher-bescheidenes Lächeln, ein fliehendes Kinn und
sanfte Manieren. Die Sierra-Frauen würden ihn zum Frühstück
verputzen.

Das Pferd hustete und kämpfte sich den Hügel hinauf. Schon
dieser Ritt im Morgengrauen durch eine Landschaft, die zehntausend Jahre lang fast unverändert vor sich hingeschlummert hatte,
war es wert, die Kleider verloren zu haben. Wir überquerten einen Strom, wo Raureif auf den dunklen Gräsern lag und sie über
das funkelnde Wasser niederbog. Diese Route war steiler und direkter als jene, auf der ich gekommen war, und führte über den
Berggipfel. Als wir den Kamm erreichten, lag die Sonne direkt unterhalb der Bergkuppe, hinter einer Hütte, bei der ein verwachse-
ner Baums stand, der aussah wie ein sturmgepeitschter, brennen-
der Dornbusch. Ein angepflocktes Pferd wartete mit gesenktem
Kopf, während ein bis zu den Augen vermummter Mann ihm Decke und Sattelzeug über den Rücken warf. Ihr Atem vermischte
sich mit dem morgendlichen Nebel, angestrahlt vom Gegenlicht
der aufsteigenden Sonnenglut.

Nicolás gab mir Anweisungen. »Wenn wir Antacolpa erreichen, halten Sie sich im Hintergrund. Lassen Sie mich sprechen.
Wenn die überhaupt etwas erzählen, dann nur mir, und sie wer-

den auch nicht gleich reden. Wir werden über andere Dinge sprechen müssen, bis wir uns allmählich dem Thema Ihres Gepäcks nähern können.«

Wir starteten dort, wo ich gezeltet hatte. In einem Haus direkt über der Stelle lebte eine alte Frau. Sie löffelte gerade eine Flüssigkeit in die Schnäbel ihrer Hennen. »Das ist ein Destillat aus Knoblauch und Zwiebeln. Die Ärmsten haben Probleme mit den Bronchien, eine ist bereits verendet.« Während Nicolás wegging, setzte ich mich an die Mauer ihres Hauses und sah zu, wie sie ihre Schafe vom Pferch aufs Feld trieb. Im Hof brachte sie über einem Grasfeuer und ein paar Steinen einen Kessel zum Kochen, machte mir Tee und brachte Suppe. »Sie hätten bei mir bleiben sollen, anstatt draußen zu schlafen. Es gibt hier sehr schlechte Menschen«, sagte sie und bewegte den Kopf in Richtung des Mannes, der sich an meinem Gepäck zu schaffen gemacht hatte und nun auf der anderen Seite der Abflussrinne stand.

Nicolás plauderte sich durchs halbe Dorf, doch als er zurückkam, meinte er: »Nichts, niemand weiß etwas.«

»Glauben Sie ihnen?«

»Die Mine hat viele Fremde in die Stadt gebracht.«

Wir kehrten nach Lauricocha zurück. Nicolás sagte: »Ich glaube, wir werden etwas Neues hören, sobald die Leute darüber zu reden beginnen.« Er lächelte sein zurückhaltendes Lächeln. Aber ich hatte die Kleider innerlich schon verloren gegeben. Am Nachmittag besuchten wir den Lauricocha-See. Es handelte sich um einen großen, lang gestreckten See, wie ein schottisches *loch*, an dessen beiden Ufern Berge steil aufstiegen. In der Ferne sah man, wie sich das blaue Gewässer mit einer Linksbiegung des Tals außer Sicht schlängelte. Ein sanftes Lüftchen wehte durchs Schilf und trug das Geräusch kleiner Wellen zu uns. Nicolás streckte seinen Arm Richtung See aus, als wolle er mich einer königlichen Hoheit vorstellen: »Lauricocha!« Wir fischten in einem Fluss nach Regenbo-

genforellen, zuerst an einer alten Steinplattenbrücke: ein Dutzend
Steinpfeiler, verbunden durch einzelne Steinplatten. Er sagte, es sei
eine Inka-Brücke, und ich bezweifelte es nicht. Eine Kolonne Lamas trabte über den Talboden auf die Brücke zu, über jede Flanke
hing festgeschnallt ein kleiner schwarzer Sack; ihre Spiegelbilder
tanzten auf den glatten Oberflächen der Teiche unter der Brücke,
ihr flinker Schritt schüttelte die dicke, braune Wolle ihrer Felle.

Das Fischernetz war ein Rock mit ausgefranstem Saum; mittig
war eine starke Schnur angebracht. Das ›Netz‹ wog an die zehn
Kilogramm. Nicolás hielt das Ende der Schnur in der linken Hand
und die Mitte des Netzes und zwei Randgewichte in der rechten.
Beim Auswerfen gab er ihm einen leichten Drall, sodass es kon-
zentrisch ausgebreitet niederfiel. Als er es einholte, schlossen sich
die Gewichte, und die Fische darin saßen in der Falle. Er brauchte zwanzig Würfe, bis er eine winzige Forelle fing, die er zurück-
warf. Er fing neunzehn weitere, die ich außer einer alle zurückge-
worfen hätte, aber er behielt sie.

Bei meinem ersten Versuch, das Netz auszuwerfen, verlor ich
das Gleichgewicht und stürzte beinahe mit ins Wasser. Erst nach
drei Anläufen konnte ich es so auswerfen, dass es sich öffnete. Es
war frustrierend; ich fing nichts. Nach einem halben Dutzend
weiterer Fehlversuche gab ich mir eine letzte Chance und fischte
eine um sich schlagende Regenbogenforelle. Die silbrig gespren-
kelten Flanken trugen einen zarten zitronengelben Glanz, den
graue, luftblasengleiche Ovale elegant abtönten.

»Wir nehmen einen anderen Weg zurück, ich möchte Ihnen
etwas Besonderes zeigen, einen geheimen Ort.« Er führte mich
um die andere Seite der großen Steininsel, die ich zuvor von oben
gesehen hatte. Kleine Hügel ragten verstreut aus den Feldern, die
auf Vergrabenes hindeuteten. Weiter vorn unterbrachen niedrige
Steinmauern die Grasflächen. In der Mitte des Areals angekommen, erkannte ich, dass wir uns zwischen zerstörten Häusern bewegten. Sie waren sehr klein und merkwürdig angeordnet. Es wa-

ren halb freistehende Ein-Zimmer-Behausungen, jede mit einer Art Feuerstelle. Unter einer befand sich ein verborgener unterirdischer Vorratsraum, der groß genug war, dass sich in unruhigen Zeiten Menschen darin verstecken konnten.

»Niemand hat sie bisher untersucht«, sagte Nicolás. »Sie sind älter als die Inka-Bauten, viel älter.« Tatsächlich ist die Geschichte der Region lang und undurchsichtig. 1958 fand ein Archäologe namens Cardich auf dem Boden einer Höhle in Lauricocha Tierknochen in großen Mengen, vorwiegend von Rotwild und Guanakos, rau und abgenagt. Einige Knochen waren verkohlt, und in den ersten Schichten fanden sich schlanke, blattförmige, über fünftausend Jahre alte Pfeilspitzen. Darunter lagen Steinspitzen, die größer und runder waren: Speerspitzen. Der Speer ist eine primitivere Jagdwaffe, die für die Pirschjagd taugt. Bogenschützen spannen den Bogen Zentimeter um Zentimeter aus einer knienden Position und geben durch eine winzige Fingerbewegung den Pfeil frei. Ein Speerwerfer musste sich irgendwann erheben und eine heftige Bewegung vollführen. Diese Speerköpfe stammten aus einer noch ferneren Vergangenheit. Und unterhalb dieser Hinterlassenschaften stößt man auf eine noch dunklere, acht- bis neuntausendfünfhundert Jahre zurückliegende Zeit, auf die ungekochte Tierreste verweisen. Seit dem Auftauchen der ersten Menschen auf dem amerikanischen Kontinent war Lauricocha die meiste Zeit besiedelt.

Alejandros Frau war wieder zurück, eine schöne Frau, die ihre besten Kleider trug und mir gegenüber spürbar argwöhnisch war. Ich vermutete, dass es ihrer Familie besser ging als der ihres Mannes und es ihr unangenehm war, heimzukommen und einen Fremden in ihrem bescheidenen Heim vorzufinden. Ich glaube, eines der ersten Dinge, die ich zu ihr sagte, war: »Ich reise morgen weiter.«

Am Morgen sah ich, dass die Katze auf meinen Stiefel geschissen hatte. Ich fragte mich gerade, wie ich ihn säubern sollte, als

der Hund kam und den Kot auffraß. Ich heuerte Nicolás und seine weiße Stute an, mich und Rucio durchs Tal zum Inka-Pfad zu
begleiten. Zum Frühstück servierte man mir die einzige große Forelle. Meine Proteste, sie müsse selbstverständlich unter allen auf-
geteilt werden, verklangen ungehört. Sie war gebraten – deliziös.
Immerhin schaffte ich es, ihnen etwas Geld für ihre Zeit und Um-
stände dazulassen, aber auch erst, nachdem sie einander lange unsicher und besorgt angesehen hatten, weil es sie peinlich berührte,
Bargeld für Gastfreundschaft anzunehmen. Wir sattelten auf,
und Alejandro schleppte ein flaschenförmiges Gefäß von etwa
fünfundzwanzig Zentimetern Höhe herbei. »Das haben wir in den
Häusern gefunden, die Sie gestern besichtigt haben.«
    »Sieht nicht nach Inka aus«, sagte ich.
    »Ist es«, insistierte er, aber ich war nicht überzeugt. Es war ein
Motiv darauf, das eine Katzenfigur zeigte, vermutlich einen
Puma, der auf einem liegenden Mond stand: ein Bild, das mehr auf
eine an der Küste lebende Zivilisation hindeutete, wo der Mond
für die Gezeiten wichtig ist. Es mochte auch ein mondsichelför-
miges Schilfboot sein wie jene, die man auf dem Titicaca-See benutzte. Wie auch immer, es war ein Motiv, das ich noch in keinem
Buch gesehen hatte. »Verkaufen Sie es nicht, außer an ein Museum oder eine Universität.« Das war unwahrscheinlich. Dennoch
wollte ich ihnen zu verstehen geben, dass sie einen guten Preis dafür fordern sollten. Ich bestieg das Pferd, Nicolás ging zu Fuß. Ich
drehte mich zu der Familie um, aber sie war bereits in alle Winde
zerstreut, zu Arbeit und Spiel. Wir durchwateten Ströme und Bäche, die weiter unten den Fluss bildeten, der mich in die Zange genommen hatte. Ich ritt ins Wasser, und Nicolás sprang ab und
wartete darauf, dass Rucio nachfolgte.
    »Wie viel Zeit haben Sie?«, grinste ich.
    Er schmeichelte, lockte, machte wenig überzeugende Husch-
und Scheuchgeräusche. Rucio spielte seine Riesenkrakenrolle:
Alles war Augäpfel und um sich schlagende Gliedmaßen. Ich war

ganz froh, dass er diese Aufführungen nicht nur für mich im Repertoire hatte. Ich ritt die Stute zurück ans Ufer und nahm Rucios Seil. Alejandro gab ihm einen Schubs von hinten und schickte ihn, rutschend, ausschlagend und in voller Panik, in das zwanzig Zentimeter tiefe Wasser. Am anderen Ufer angekommen, entpuppte sich Nicolás als Meister. Er hatte eine sechs Meter lange Angelrute und ließ Rucio lose vor sich laufen, während er ihn dadurch leitete, dass er ihm die Rute immer am Rand seines Sichtfeldes vor die Nase hielt und damit jedes Umkehren abblockte.

Bevor er uns verließ, sagte ich: »Ich würde das Pferd gern kaufen, sind Sie ganz sicher, dass Sie nicht verkaufen wollen?«

»Das ist mein einziges Pferd.«

»Ich gebe Ihnen genug Geld, dass Sie ein anderes kaufen können.« Es war etwas, das ich mir kaum leisten konnte, aber schon die Vorstellung, Rucio mit einem wohlerzogenen Tier zusammenzubinden, war verlockend.

»Ich kann es nicht verkaufen.«

Ich gab ihm das Geld dafür, dass er mich hierher begleitet hatte, und eine Packung Angelhaken, das Praktischste, was ich erübrigen konnte. Dann war ich wieder allein. Der Pfad war eng und ausgetreten, und Rucio schritt gut voran. Wie Nicolás ließ ich das Seil locker fallen und folgte hinten nach, um ihn zu ermutigen und zu lenken, indem ich ihn in die Flanken stupste. Das Land stieg auf fast viertausendzweihundert Meter an, bevor wir den engen Pass erreichten. Auf den letzten Metern verlief der Pfad über langes Gras und teilte sich in mehrere parallele Wege, die ich nicht bemerkte, da meine Augen, ich war vom Anstieg müde, fest an meinen Füßen klebten. Als ich aufsah, hatte Rucio sich für einen tieferen Weg entschieden. Ich hielt an und wartete darauf, dass er weiterging. Auch er stoppte, zitterte, schoss plötzlich herum und galoppierte wieder zurück, den Hügel hinunter. Ich jagte ihm nach. Nach fünfzig Metern waren meine Lungen leer, und er verschwand über der Kuppe mit allem, was ich zum Überleben benötigte.

Nachtwanderung

Ich hatte es schon aufgegeben, ihn einzufangen, als er ein kahles
Stück Land erreichte, von dem mehrere Wege wegführten. Die
Not, eine Entscheidung treffen zu müssen, machte ihn bewe-
gungsunfähig. Ich schlich mich hinter ihn, außerhalb seines Sichtfeldes, und benutzte die letzten Reste Sauerstoff in meinem Körper, um loszurennen und auf das Führungsseil zu hechten. Es
dauerte fünf Minuten, bis ich wieder genug Atem geschöpft hatte
und auf die Füße kam. Weitere fünf gingen vorüber, bevor ich
sprechen konnte. Ich schob sein Auge direkt vor meins. »Warum
hasst du mich?« Hätte ich eine Machete gehabt, ich hätte ein Lager errichtet und ein Drei-Tage-Grillfest gefeiert, um anschließend dazu zurückzukehren, mein Gepäck wieder selber zu tragen.
Ich schwor mir, das Seil nie wieder aus den Händen zu lassen. Wir
überquerten den Sattel in ein neues Tal, ein noch kahleres, un-
wirtlicheres als alle, die ich zuvor durchquert hatte. Der Weg fiel
nur kurzfristig ab, bevor er zu einer langen Steigung anhob. Er verengte sich zu einer bloßen Kerbe in der Felswand rechts des Tals.
Ich konnte weit voraus sehen; das Land war unheimlich schön,
aber seltsam nackt und abweisend. Kein Haus oder menschliches
Wesen war in Sichtweite. Je mehr ich in die Ferne Richtung des
letzten, höchsten Passes blickte, um so dunkler wurde es. Etwa
drei Wegstunden entfernt bog das Tal nach links ab, höher und
höher steigend, und der Hauptweg geriet außer Sicht.

Von zwölf bis ein Uhr erstickten die Berghänge über mir jeden
Luftzug. Ich erkannte, weit über mir, nach und nach Kinder, die
Schafe bewachten, deren schwarze Wolle weiße Tupfer hatte.
Nach Monaten eines Lebens an der frischen Luft hatten meine
Sinne einen Grad von Empfindlichkeit entwickelt, der mir unbe-
kannt war, und unterschieden schon winzige Abweichungen vom
Hintergrund. Drei Kilometer vor mir bewegte ein Mann seine

Hand zum Gesicht: der einzige andere Mann in der ganzen Landschaft. Weit weg und kaum wahrnehmbar ertönten weiche, dumpfe Schläge, wie Gewehrschüsse.

In der Mitte des Nachmittags war ich bereits gut vorangekommen. Der Inka-Pfad fiel jetzt in einen sumpfigen Talboden ab, und ich musste über ihn hinwegklettern. Einer der vielen dunklen Winkel in Rucios Psyche produzierte offenbar fortwährend Alpträume. Wässrige Rinnsale fingen an, ihn zu beunruhigen. Es brauchte nur eine Stelle im Gras, die leicht nachgab, damit er sich weigerte, ein Bächlein zu überqueren, das nicht größer war als jenes, das er selbst produzierte. Wir kletterten seitlich zu einer Stelle hoch, an der das Bächlein zehn und nicht zwölf Zentimeter breit war, und er überwand es mit einem Luftsprung, als ginge es über einen gähnenden Abgrund. Ich hörte noch mehr dumpfe Donnerschläge, die immer näher kamen.

Scheingipfel tauchten auf, ein paar verstreute Höfe lagen da, deren Bewohner sich wahrscheinlich gerade so durchschlugen – aber trotz meines Grußes kam niemand herunter, um mit mir zu sprechen. Der Pfad wurde ausladend und grasig, die originalen Stufen und Randsteine waren hie und da noch intakt. Gegen vier Uhr sah ich eineinhalb Kilometer vor mir einen breiten Bergsattel. Nur wenige hundert Meter trennten mich noch vom höchsten Punkt der Reise, und der Grasweg wurde flach. Ich sah noch einmal hin. Oben auf dem Sattel standen, was reichlich bizarr war, blaue Zelte. Eine Explosion war zu hören. Felsbrocken flogen in die Luft. Ein Team von Männern baute an einem Elektrizitätsmast. Ich hatte die Detonationen gehört, mit denen sie den Boden vorbereiteten. Um die Zelte, die den Arbeitern und ihren Familien als Schlaf- und Essquartiere dienten, lagen Schneeinseln. Ich band Rucio an und ging hinein. »Kann ich hier eine Tasse Tee bekommen?«

Im Raum waren drei Frauen und ihre Kinder. Sie quietschten vor Vergnügen, mich zu sehen. »Kommen Sie herein und setzten Sie sich zu uns«, sagte die Köchin. Auf den Vorhang zur Küche hatte sie zwei Palmen und den Namen ihrer Feldküche gemalt: »Geschmack des Paradieses«. Der Wind pfiff unter den Zeltwänden durch. Es gab Tee.

»Möchten Sie Suppe?«

»Das wäre himmlisch.«

Eine mächtige Henne jagte ein Lamm mit einer Schleife aus roter Wolle am Ohr. Die Köchin kam zurück und brachte Spaghetti, Kartoffelsuppe und ein Reisgericht mit Zwiebeln und Linsen. Ich aß bis zum Geht-nicht-mehr und schaffte dennoch nicht alles.

»Mein Mann arbeitet an den Strommasten, wir kommen aus Ayacucho im Süden. Große Stadt, sehr viele Menschen, aber wenig Arbeit.«

»Wie lange arbeiten Sie schon an den Stromleitungen?«

»Drei Monate, mir reicht's. Sie können einen Mast in drei Tagen aufstellen, wenn der Boden geeignet ist, deshalb ziehen wir die ganze Zeit von hier nach da.«

»Ich vermute, dass Sie abends auch gern mal bei ein paar Bier zusammensitzen und ausspannen«, sagte ich und spekulierte schamlos auf eine Einladung.

»Nein, nichts dergleichen, es ist wirklich sehr ruhig. Alle müssen morgens arbeiten, und es ist eine gefährliche Arbeit; da will man keinen Kater haben. Wo werden Sie heute übernachten?«

»In Andahuaylas, wenn ich kann.«

»Kommen Sie, ich zeige Ihnen den Weg.« Seltsamerweise deutete sie nicht auf den nahen grasigen Hügel, den ich für den obersten Punkt des Passes gehalten hatte, sondern auf eine Felszunge hoch über uns. Eine Karawane munterer, kastanienbrauner Lamas suchte sich ihren eigenen Abstieg zwischen den Felsbrocken. Ich fragte den Treiber: »Ist das der Weg nach Yanahuanca?« Sein brauner Finger zeichnete in der Luft eine steile Zickzackstrecke nach. Von wegen nah am Gipfel: Vor mir lag noch fast ein Kilometer harter Aufstieg.

Der Gedanke an diesen Gebirgspass verfolgte mich, seit ich meine Kleider verloren hatte. Die Sonne sank tiefer, und schon dieses kurze Gespräch hatte mich die Kühle spüren lassen. Wir kamen an einen Fluss; die harten, steinigen Uferbänke waren nach Rucios Geschmack; er hielt an, um zu trinken und trottete hinüber. Die Luft war sehr dünn; ich schaffte zwanzig Schritte, dann musste ich innehalten. In den Senken lag Eis, auf schattigen Stellen lagen Schneeplatten. Zwischen Steinen erwies Rucio sich als starker und williger Kletterer, und wir machten stetig Boden gut, während die Route sich zwischen sonnenbeschienenen Abschnitten und Schatten hin und her wand. Von einer Felskuppe sah man auf das Tal hinunter. Ich band Rucio an ein Büschel Langgräser und ging durch den Schnee zur Kuppe.

Ich war auf Höhe des Matterhorngipfels und höher als jeder andere Landstrich im Umkreis von fünfzehn Kilometern, sodass ich die über die Berggipfel, hinwegsehen konnte, die mir normalerweise als Orientierung dienten. Die rohe Massivität des Gebirgszugs machte mich sprachlos. Zur Linken erhoben sich zerklüftete Bergrücken wie lange, gefrorene Wellen eines Steinozeans. Unter dem Zeitrafferauge von Äonen stiegen diese Berge empor und kneteten die Felsen nach ihrem Willen. Komatös, wie Ungeheuer eines anderen Zeitalters, liegen sie da und zucken anfallsartig mit jedem Erdbeben wieder hoch. Die Wellen dieses Gebirges schwappten weiter und weiter, plätscherten als graugrüne Kämme dahin und verschwanden aus dem Blickfeld, ohne jemals abzuebben. Teiche und Seen glänzten auf dem gesamten Talboden. Oben durchschnitten die Haiflossen der Huayhuash-Gipfel, noch immer klar erkennbar, dieses Meer, und weitere, neblig-verschwommene Gipfel glitten hinter ihnen weg. Meine Sehweise und Erkenntnis, meine Sicht im weitesten Sinn, hatten sich durch das Eintauchen in diese titanische Landschaft fortwährend verfeinert. Ich meinte, die Textur einer Felsoberfläche, den Baldachin einer einsamen Baumkrone oder das zerknit-

terte, ausgerissene Papier seiner Rinde körperlich zu spüren. Farben sangen Melodien. Ich dachte an die Zeilen in William Blakes
»Die Hochzeit von Himmel und Hölle«: »Wären die Pforten der
Wahrnehmung gereinigt, erschiene dem Menschen alles, wie es
ist: unendlich.« Meine Sinne waren gereinigt. Die Sonne versank
hinter den Bergen und warf Sternenstrahlen. Mich fröstelte. Nur
die vorgerückte Stunde und die Furcht vor der Kälte brachten
mich dazu, mich hier loszureißen. Die Täler füllten sich mit Tinte. Ich steckte ein Stück schwarzen Schiefer in die Tasche, in den
fossile Meerestiere eingeschlossen waren: Berge, gemacht aus
Meeresboden. Ein junger Mann in einem grauen Rollkragenpul-
lover und Cordhose kam eilig den Pfad herauf. »Ich bin Walter,
ich gehe nach Huarautambo, es sind ungefähr drei Stunden von
hier nach Yanahuanca, wollen Sie nicht mit mir kommen?«

»Der Esel ist sehr langsam, und bald wird es dunkel, wir halten
Sie nur auf.«

»Dann nehme ich eben den Esel.«

Normalerweise konnte ich nachts nicht wandern, weil ich die
Route nicht kannte. Der aufgehende Mond war fast voll. Es war
eine einmalige Gelegenheit für mich.

»Also los, gehen wir!«

Seine Technik mit Rucio war einfach. Er ging mit der üblichen
Geschwindigkeit und zog Rucio hinter sich her. »Ich arbeite seit
Dezember an den Strommasten, bin noch in der Ausbildung. In
zwei Wochen wird die Leitung bis an mein Haus in Huarautambo
reichen, dann höre ich auf. Wo werden Sie heute Nacht unter-
kommen?«

»In Andahuaylas, dort sind Gechäfte, hieß es.«

»Nein, da gibt es überhaupt nichts! Kommen Sie mit mir nach
Huarautambo, da gibt es alles, Läden, Bier, Musik und Frauen!
Wie lange reisen Sie schon allein?«

»Monate.«

»Sie brauchen eine Frau!«

Die Berge auf beiden Seiten färbten sich tief moosgrün. Der Himmel war fast sternenklar. Wir gingen wieder auf Kalkstein; es war bei dieser Geschwindigkeit eine anstrengende Strecke, aber wir ließen nicht locker. Es war Nacht geworden, ich schaltete meine Stirnlampe ein. Wir kamen zwischen geisterhaft weißen Felsplatten durch, deren Kanten durch das Mondlicht weichgezeichnet schienen. Andahuaylas rückte näher. Walter hatte recht: Es bestand aus zwei Häusern und einer Krankenstation. Er winkte einer Frau hinterher, die ihre letzten Schafe in einen steinernen Pferch scheuchte. Deren pfefferkorngroße Kötel lagen verstreut auf der leeren Weide. Wir erreichten unwegsam-nackten Kalksteinboden. Eine andere Fläche sah aus wie polares Packeis. Einzig das Mondlicht beschien unseren Weg.

Dann eröffnete sich eine höchst romantische Szenerie. Wir standen oben auf einer in Windungen hinablaufenden Treppe. Sie führte in Schatten hinunter, die schwärzer als Kohle waren. Beidseits schossen senkrechte Kalksteinklippen empor. Darüber leuchtete Jupiter wie eine Stirnlampe. Rucio war derart beeindruckt, dass er das Gespäck losrüttelte. Walter bestand darauf, es persönlich festzubinden, gemäß dem Prinzip, dass ein Peruaner das immer noch besser könne als jeder Gringo.

»Wie viel haben Sie für das Tier bezahlt?«

»Dreihundert Sol.«

»Das ist wirklich teuer, hier in der Gegend zahlen Sie höchstens zweihundert.«

Rucio lief dreißig Meter weiter, und das Gepäck flutschte unter seinen Bauch.

»Wir sind zu langsam für Sie. Bitte, gehen Sie ruhig weiter. Ich werde zum Grund der Schlucht gehen und dort zelten.«

Er widersprach nicht. Die hellen Lichter und aufgetakelten Frauen von Huarautambo übten eine mächtige Anziehungskraft auf die Hormone eines Achtzehnjährigen aus. Ich brachte das Gepäck in Ordnung und setzte meinen Weg durch die Mond-

landschaft fort, bis sich die Schlucht öffnete. Rechts rann ein
Flüsschen unter einer knapp hundert Meter hohen weißen Klippe
durch die Wiese. Es gab weder verdächtige Mauern noch Gräben,
die Rucio am Übertritt hätten hindern können, nur eine Grasschwelle. Er weigerte sich. An der Schwelle warf das Mondlicht
beidseits einen leichten Schatten und überzeugte seine zwei Ge-
hirnzellen, dass ich ihn dem Untergang weihen wollte. Ich war
nun fünf Stunden geritten, acht Stunden gelaufen und stand einen
Meter vor einem Rastplatz. Die Kreatur bewegte sich nicht. Es
folgte eine kurze, intime Unterhaltung, dann führte ich ihn im
Kreis und hielt nach einer Stelle Ausschau, an der die Schwelle
eingebrochen war. Rucio war drauf und dran, seine Hufe in die
Erde zu rammen, um mich an der Rückkehr zu der Grasschwelle
zu hindern, als ich mich unvermutet andersherum drehte und er
wegsprang. In dem Augenblick, da er außer Balance war, drückte
ich ihn über die Schwelle.

Die Weide war mager; ich gab ihm die Hälfte der Karotten,
die ich für mich selbst mitgenommen hatte, und band ihn an einen Felsvorsprung, der von der Straße her nicht einzusehen war.
Müde, aber in Hochstimmung wegen des Mondlichtspaziergangs
schlug ich das Zelt auf und aß das Erstbeste, das mir aus der Le-
bensmitteltasche entgegenfiel: Thunfisch, Zwiebeln und Brot.
Dann erstarrte ich. Ich hörte ein Geräusch nahe am Zelt. Ein
Pferd kam im Galopp den Weg herab, und ein Schuss ertönte. Ich
ging nach draußen und ergriff meinen Stock. Ich konnte im blauweißen Mondlicht nichts erkennen, ich sah keine Bewegung und
hörte auch nichts mehr. Das Geräusch mochte von ganz oben aus
der Schlucht herbeigetragen worden sein. Ich schlüpfte wieder
ins Zelt und lachte über mich selbst, wie ich da hinausging, um
mich mit dem Stock einer Feuerwaffe zu erwehren.

Am Morgen würde ich bis Yanahuanca kommen, ans Ende
meiner Langstreckenetappe. Das Gros des verbleibenden Camino Real war asphaltiert; es würde wenig Sinn machen, es zu Fuß

zurückzulegen, während vorbeirasende Busse, die zum selben Ziel unterwegs waren wie ich, mich mit Schmutz vollspritzten. Morgen würde Rucio zum Verkauf feilgeboten.

Ich erwachte noch vor Morgengrauen. Ich hatte unter einer riesigen Felsnase in der Klippe gezeltet, nahe dem Fuß der sie umgebenden Geröllhalde. Es sah so aus, als würde die Sonne noch mehrere Stunden nicht über die Bergränder steigen. Der Morgen war wolkenlos, aber bitterkalt. Der Fluss tat meinen Händen weh, sie wurden einfach nicht mehr warm. Der Kalkstein schien im ersten Licht cremig wie ein bleicher Pfirsich, verwitterte aber bald zu butterweichen, grauen Skulpturen. Eine Wand schien aus Orgelpfeifen zu bestehen, die andere sah aus wie der Bug eines Schiffes. Die Wiese war übersät von noch befremdlicher geformten, wurmstichigen Kalksteinbrocken. Ich ging hinter den Brocken, hinter dem ich Rucio angebunden hatte. Rucio war nicht da. Ich suchte zwischen den großen Steinblöcken hin und her und dachte über den Reiter nach, den ich vergangene Nacht gehört hatte. Hatte er versucht, Rucio zu stehlen, und angesichts eines glotzäugigen Kollermonstrums statt eines raschen Fluchttiers sich gezwungen gesehen, ihn zu erschießen? Es war weniger ein Desaster als nervig. Ich konnte das meiste von meinem Hab und Gut selbst tragen, den Rest irgendwo unauffällig verstecken und später abholen. Ich sortierte aus, was ich zurücklassen wollte – als mir hoch oben auf einem Berg eine Bewegung auffiel. Sie war ortsfest und fraß. Es war Rucio. Ich nahm die restlichen Karotten in die Hand und lockte ihn zu mir herunter.

Der Spaziergang ins Tal war der herrlichste aller morgendlichen Spaziergänge. Der Strom war der Traum von einem perfekten Strom: frisch, glitzernd, zwischen gigantischen Felsbrocken in stille Tümpel fallend, auf deren Oberfläche bienenwabenförmige Wellen schimmerten und bernsteinfarbene Netze über orangefarbene, zitronengelbe und rostbraune Steine tanzen ließen. Die Ränder der Steine verschwammen, jeder Stein war auf sein

pulsierendes Farbzentrum verdichtet. Es gab Felskanten, über die
das Wasser in Form perlender Lichtvorhänge fiel. Felsige Stromschnellen füllten Steinkessel. Wasseramseln unterbrachen ihren
Flug und balzten: dunkle, feuchte Füße auf hellem Gestein.

Beide Talflanken drückten sich aneinander und ließen eine
natürliche Kerbe frei, durch die der Fluss in einem hohen Wasserfall schoss und donnernd unten in ein Tauchbecken stürzte. Seitlich wand sich der Inka-Pfad steil und wendeltreppenförmig in
die Tiefe. Ein kurzer Bereich mit Stromschnellen führte in ruhi-
gere Becken, und plötzlich stand ich außerhalb der Schlucht in einem offenen, von dickem, kurzhalmigem Gras bedeckten Tal.
Ein Reiter jagte ein entsprungenes Packpferd über eine niedrige
Inka-Brücke. Unterhalb davon beendeten gerade zwei Mädchen
das Waschen ihrer Kleider und lagen mit dem Gesicht nach unten im Gras, inmitten der trocknenden Rosetten ihrer Röcke,
glitzernder weißer Blusen und den blauen Gabeln der Jeans.

Der Fluss spaltete sich in hübsch eingefasste Kanäle, die wir
hin und her überqueren mussten, einschließlich der üblichen vier-
beinigen Theatereinlagen. Walters Heimatdorf Huarautambo
war gerade groß genug, einen Dorfplatz zu besitzen. Hinter drei
der vier Fassaden war nicht viel los, aber ein enger Spalt in der
vierten führte auf ein Feld, wo in einem hüfttiefen Graben eine
Versammlung stattfand. Ein hoch aufgeschossener Mann um die
dreißig kletterte heraus. Sein dünner Bart unterstrich das Fein-
gliedrige seines Gesichts und seines Körpers. »Ich bin Jaíme Ri-
vero von der Universität San Marcos in Lima.«

»Sie sind außer Atem.«

»Ich komme immer nur für ein paar Wochen in die Sierra und
kann mich nie akklimatisieren. Ausgraben ist harte Arbeit.« Seine
Stimme war weich, und seine Rede überlegt und präzise formu-
liert. »Es ist eine reiche Fundstätte. Sie können sehen, wie sich auf
dem gegenüberliegenden Berg Mauern aus runden Steinen winden. Die vormalige kleine Wari-Stadt wurde von den Inka einge-

nommen, die über den Weg in die Schlucht geboten. Wir führen keine Ausgrabung durch, sondern untersuchen die Begrenzung und den Umfang der Fundstelle. Es gab hier Wohnungen, bescheiden in der Größe, aber mit Mauerwerk, dessen Qualität den Inka vorbehalten ist.« Er zeigte auf einen massiven Steinblock, von dem über eine feine Lippe Wasser in ein Steinbecken floss. »Aber«, fuhr er fort, »Victor wird Ihnen mehr zeigen«, und stellte mich einem ruhigen Mann vor, dessen grauer Filzhut seine Züge überschattete. Er verbeugte sich und schüttelte mir die Hand. »Victor Hinostroza Crispín.«

Wir überquerten eine schlichte, niedrige Brücke. »Der Sturm spült den oberen Teil der Brücke manchmal fort, aber die Pfeiler sind die ursprünglichen Inka-Pfeiler, die bewegen sich nicht. Dort wohne ich, unter den alten Wari-Mauern.«

Neben seinem Haus befand sich ein gusseisernes Tor, das in seinen Garten und an eine kopfhohe Mauer führte, die von einer einzelnen Tür durchbrochen und einem massiven, steinernen Sturz bedeckt war. Darauf lagen menschliche Schenkelknochen; auf jeder Seite grinste uns ein Schädel nachsichtig an. Wir waren Besucher, die nur für eine kurze Weile am Leben waren. Victor nahm mich beim Arm: »Diese Schädel kennen das Geheimnis des Todes; wir müssen wieder zuhören lernen, wenn uns seine kalten Lippen ins Ohr flüstern.«

Ein Meter achtzig unterhalb der Rasenebene waren vier Wari-Wohnungen von kurioser Form, die eine runde mit drei geraden Wänden kombinierte. »Immer wenn ich den Garten umgrub, fand ich irgendetwas. Je tiefer ich grub, um so mehr kam zum Vorschein; also grub ich weiter.« Er zeigte mir die Skulptur eines Vogels und einen Steinblock mit zwei grob modellierten Gesichtern, Seite an Seite. Er besaß zwei gut erhaltene Handmühlen – längliche Steinteller mit einer Vertiefung. Aus einem Pappkarton zauberte er einen Kupferstift, eine Knochennadel, einen Seeigel und eine Steinaxt. Es war ein gutes Gefühl, sie in der Hand zu hal-

ten, statt sie in einem schlecht beleuchteten Museum in Glasvitrinen anzustarren.

Der Name des Dorfs, Huarautambo, bedeutet *tambo* der Morgendämmerung, es wurde von dem hochgewachsenen und gut
aussehenden Inka Túpac Yupanqui, Atahualpas Großvater, erobert. Über ihn schrieb Huamán Poma: »Er hatte eine besondere
Abneigung gegen Lügner und bestrafte sie mit dem Tod. Seine
Hauptbeschäftigung war der Krieg.« Dennoch starb er friedlich
»an Altersschwäche und ohne jemals krank gewesen zu sein. Er
bemerkte kaum, dass der Augenblick des Todes nahte«. Aus den
Nischen der Gartenmauer grinsten mich noch weitere Schädel
an, die nur darauf warteten, dass auch ich mich aus dem Leben
verabschiedete.

In Huarautambo fanden die Spanier Gold und Silber, aber
auch Kupfer und Zink, um Messing zu legieren. Sie bebauten das
Land, und am Rand des Dorfs bemerkte ich einen Mühlstein, der
fast vollständig von einer Hecke überwuchert war. In der Ecke
des Feldes entdeckte ich die gut erhaltene Ruine einer kolonialen
Kornmühle. Ich kletterte auf das höchste erhaltene Mauerstück
hinauf. Der in Stein eingefasste Wassergraben, der unter mir dem
Mühlrad das Flusswasser zuführte, war noch in bestem Zustand.
In einem einzigen Dorf lagen Überreste von drei Kulturen und
zwei Eroberungen im Gras.

Der Pfad führte in engen, steilen Serpentinen bergab, und der
Fluss daneben stürzte zwischen Felsblöcken in ein noch größeres
Tal. In der stickigen Schlucht brannte die Mittagssonne herab.
Wir bewegten uns zwischen Licht und Schatten hin und her. Es
war zwei Uhr, als ich Rucio über den alten Steinbogen trieb, der
den Hauptfluss überbrückte und uns zum kleinen Städtchen Yanahuanca oder Schwarzer Fels brachte. Es war Markttag: Mietwa-
gen standen aufgereiht, die ersten Fahrzeuge, die ich seit einer
Woche sah. Die Fahrer begrüßten mich: »Taxi! Taxi!« Irritiert
warf ich einen Blick über meine Schulter, um sicherzugehen, dass

sich da am Ende des Seils noch ein Esel befand und ich das Gepäck nicht einfach nur die Straße entlang schleifte.

Jaíme hatte das Hostel Jamay Wasi als das beste der Stadt empfohlen, aber angedeutet, dass das nicht allzu viel zu bedeuten hätte. Immerhin sah ich zu meiner Freude, dass es eine Reihe kleiner Grasflächen besaß, die dringend gemäht werden mussten. Der ansässige Gemeinderat betrieb es. »Sie können den Esel nicht hier lassen«, beschied mir eine sehr hübsche Frau am Empfang und drehte eine Orchidee unter ihrem Kinn, »es verstößt gegen die Satzung des Gemeinderats.«

»Warum?«

»Weil es unhygienisch ist.«

Ich sah hinüber auf den Hof, wo Männer ohne Gesichtsmasken einen Lkw des Gemeinderats mit Farbe besprühten. »Das da ebenfalls.«

»Es ist nicht mein Hotel, ich mache die Regeln nicht.«

Ich nahm eines der deprimierenden Zimmer, ging auf den Markt und erstand zehn Pfund Karotten für Rucio. Er hatte Erholung und Futter verdient. Als ich zurückkam, wurde er gerade von Jenifer und Mila, zwei fünfzehnjährigen Mädchen in marineblauen Schuluniformen, gestreichelt.

»Wieviel haben Sie für ihn bezahlt?«

»Zweihundertfünfzig Sol.«

»Das ist sehr viel; hier in der Gegend ...«

»Sagt es mir besser nicht.«

»Wo werden Sie ihn lassen? Ich habe eine kleine Koppel, neben dem College. Aber es ist auf der anderen Seite des Fußballplatzes, wir müssen ihn überqueren.«

»Kein Problem – oder?«

»Wenn man für's Durchgehen kassiert, bezahlen Sie dann für uns drei?«

Ich dachte, es wäre ein kleiner Scherz von ihr. Als wir am Platz ankamen, war Spieltag, und fünfhundert Leute warteten auf den

Anpfiff. Wir gingen am Rand des Fußballfeldes entlang, als Gelächter ausbrach, gefolgt von Applaus. Die beiden Teams hatten
sich für die Funktionäre aufgestellt. Ich stellte Rucio ans Ende
der Gastmannschaft und rief: »Neuzugang!« Sogar die Gäste lachten. Der Schiedsrichter stoppte die Partie, um uns zu begrüßen.
Mit fünfzig Kindern im Schlepptau verließen wir den Platz durch
den gegenüberliegenden Eingang. Die Koppel hatte langes, üppi-
ges Gras, um Rucio zu mästen. Ich ließ ein paar Karotten da.

Auf dem Rückweg konnte ich sehen, wie die Stadt in ein
schmales Tal zwischen steile Felswände eingezwängt und daher
ziemlich steil erbaut war. Sie hatte etwas von einer toskanischen
Hügelstadt. Schaffelle lagen zum Trocknen am Straßenrand.
Frisch gehäutet, wiesen sie auf der Innenseite noch immer einen
feuchten, perlmuttfarbenen Glanz auf. Zwei Lämmer schnüffel-
ten am Schwanzansatz von einem der Felle: Ich hoffte nur, es war
nicht ihre Mutter.

Von den beiden Schulmädchen hatte Jenifer das Sagen. »Es ist
nicht sicher, ihn die Nacht über hier zu lassen, er könnte gestohlen werden.«

»Kein Problem«, sagte ich. »Ich warte sogar darauf, dass jemand ihn stiehlt, dann kann ich von meiner Versicherung den ursprünglichen Kaufpreis zurückverlangen.«

Sie sah mich mit einem ›Kleiner-Scherz-oder‹-Blick an.

»Nachts werden wir ihn an einen sicheren Ort bringen, entweder zu unserem Haus oder irgendwo anders hin.« Mir gefiel die Vorstellung, einen sicheren Ort für ihn zu finden: Rucio, Internationa-
ler Esel des Mysteriums. Ich gab ihnen etwas Geld und verabredete
mich mit ihnen für den nächsten Tag. Es war noch immer Markt.
Ich kaufte Obst und grübelte über die Hauptattraktion eines Stan-
des nach: einen abgetrennten Eselskopf. Um ihn herum standen
Töpfe mit ekelerregend aussehendem orangenem und braunem
Fett. »Eselskopf-Fett«, erklärte der Besitzer, »jedermann weiß, dass
es ausgezeichnet gegen Asthma und Bronchialbeschwerden hilft.«

Ich dachte darüber nach, ob Rucio einen Organspendeausweis mitführen sollte, damit sein Kopf am Ende wenigstens zu etwas gut wäre.

Ich fand ein öffentliches Telefon neben einem Telegrafenmast. Ich rief Elaine an, um ihr mitzuteilen, dass ihr Freund noch immer lebte, und ihr irgendwie zu sagen, dass ich sie liebte. Sie klang erleichtert, meine Stimme zu hören. Sie hatte die Trennung noch ärger empfunden, seitdem sie wieder zu Hause war. Ich erzählte ihr Geschichten von Rucio, um sie zum Lachen zu bringen, sagte Lebewohl, hing auf, ging zum College und bat darum, einen der beiden Computer benutzen zu dürfen, um ihr eine E-Mail zu schreiben. Dann wechselte ich etwas Geld und rief sie an. Sie schien verwirrt, und ich fragte mich, ob sie es albern fand, dass ich ein zweites Mal anrief. Ich fragte, was sie gerade machte. Sie erwähnte Freundinnen und dass sie viel zu Hause wäre. Es klang ganz und gar nicht nach ihr.

Als ich den Hörer auflegte, näherte sich ein Mann in westlicher Kleidung. »Ich bin Reynald, ich bin der Direktor der Bildungseinrichtungen für die Provinz, darf ich Sie in Yanahuanca willkommen heißen?« Ich kaufte uns Bier. »Ich bekomme monatlich einhundertfünfzig Dollar Gehalt und habe fast kein Budget. Es ist sehr selten möglich, den Begabteren zu helfen. Die meisten können nur wenig lernen. Ihnen fehlen Perspektiven – irgendeine Aussicht oder Chance auf Erfahrung, um zu verstehen, wie viel mehr es gibt als das, was sie aus ihrem kleinen Dorf kennen.«

Am Abend traf ich zufällig Jenifer und Mila wieder. »Wir haben im *matadero* einen Platz für ihn gefunden« – ein Begriff, den ich nicht kannte. »Sie werden ihn mit Futter und Wasser einsperren, für zwei Sol.« Ich kaufte einer Straßenverkäuferin fleischgefüllte Pfannkuchen ab und aß sie auf einem winzigen Stuhl auf dem Bürgersteig, während ich mit ihr über meine Reise und über Wales plauderte. Bevor ich zu Bett ging, fiel mir ein, das Wort *matadero* nachzuschlagen: Es bedeutete Schlachthof. Im Bett plante ich

Reisen, die ich mit Elaine unternehmen wollte, in warme Gegenden mit sauberem Wasser und netten, garantiert eselfreien Ortschaften.

Zwei Tage später hatte ich das einzige Kaufangebot für Rucio von einem Taxifahrer mit einem Gesicht wie ein Boxer kurz vor der Niederlage erhalten. Bevor ich Rucio ihm verkaufte, wollte ich ihn lieber den Schulmädchen vermachen. Um den Mann nicht in der einzigen Bar am Ort treffen zu müssen, trank ich mein Bier in einem Lebensmittelladen. Die Tochter des Besitzers war eine Freundin von Jenifer und Mila, sie alle gehörten zu den wohlhabenderen Bürgern einer verarmten Stadt. Ich saß gemütlich zwischen stehenden Kornsäcken und lenkte das Gespräch unauffällig in eine ökonomische Richtung: »Ihr müsst sicher oft schwere Säcke schleppen ... ein Esel wäre euch da vielleicht von Nutzen.«

Die Frau warf die Hände zum Himmel. »Uns, nein, guter Himmel! Wir haben kein Geld für einen Esel, wir haben nichts, überhaupt nichts.«

Mein Blick schweifte über die gut gefüllten Regale und ihre ordentlichen Kleider. »Sehr günstig, an ein gutes Zuhause.«

»Haben Sie es bei den Männern auf dem Markt versucht, die mit Kartoffeln handeln? Ein paar von ihnen haben kein Transportmittel.«

»Gute Idee!«

Die gesamte Woche über bot ich ihn für zweihundert Sol feil, aber alle wussten, dass ich nicht ewig hier bleiben konnte. Zwanzig Minuten, bevor der einzige Bus pro Tag zur nächsten Stadt fuhr, feilschte ich auf dem Markt mit mäßig interessierten Käufern um den Preis. Die Männer hatten Rucios Maul so grob geöffnet, dass er aus einer Nüster blutete. Einer der Jungs zwickte einen Nerv an seinem Hinterbein, und Rucio schlug gegen mich aus. Ausschlagen war so ungefähr das einzige Laster, das Rucio zuvor noch nicht gehabt hatte. Ich sagte: »Wenn ihr nicht aufhört, Unsinn mit ihm zu machen, schenke ich ihn dem Pfarrer.«

Ein sympathisches Paar bot einhundertzehn Sol, umgerechnet fünfundzwanzig Euro. Ich wartete zehn Minuten, während sie die Stadt durchkämmten, um das Geld zusammenzukratzen; ein Teil war ihres, ein anderer geliehen. Zum letzten Mal sagte ich Rucio Lebewohl und überließ ihn dem existenziellen Schrecken, ein Arbeitsesel mit einer Allergie gegen Bewegung sein zu müssen. Ich hoffte, seine neuen Besitzer verstanden ihn besser als ich.

Ich erwischte den Bus noch. Als ich mich hinsetzte, fiel mir der letzte Vers eines alten Kinderlieds ein: »Da war es nur noch einer!« Mir hingegen fehlte noch Rucios letzter Vers ...

Ein großes Loch im Boden

Der Bus war von einer Gesellschaft, die noch einen Rest von Stolz hatte, an eine ohne diesen Rest verkauft worden. Keine Stoßdämpfer, keine Sitzfederung und der Boden einfach nur eine Stahlplatte, die vom Öl rutschig war. Als wir die Serpentinen hoch fuhren, sah ich Yanahuanca allmählich zu ein paar Blöcken mit farbigen Dächern und dem staubigen Fußballplatz zusammenschrumpfen. Die unbefestigte Straße wurde neu gepflastert, und man hatte die Büsche weggeschnitten, die normalerweise den ungesicherten Straßenrand verdeckten. Es war kein Geld für eine Leitplanke oder einen Bordstein vorhanden, der notfalls ein verirrtes Rad auf die Straße zurückdrückte. Auf der Fahrt wurden wir kräftig durchgeschüttelt. Ich versuchte, ein paar simple Notizen zu machen, aber die Erschütterungen waren zu heftig. Die Notizen auf meinem Block sahen aus wie Abschiedsgrüße eines dahinscheidenden Alkoholikers. Aber man gewöhnt sich an alles: Die Frau neben mir strickte und verfehlte nicht eine einzige Masche.

Wir überstiegen dreitausendneunhundert Meter an einer Stelle, wo die Strecke derart gewunden und verschlungen war, dass wir eine Brücke über unsere eigene Straße überquerten. Als wir die Ebene des Altiplano erreichten, begann es zu nieseln. Dick Vermummte warteten auf den Bus, die Schals um die Köpfe gebunden, dunkle Mumien. Zum ersten Mal sah ich Einheimische, denen mitten am Tag kalt war.

Der Altiplano war nahezu abflusslos, das raue Weideland mit stehenden Wasserstellen übersät. Bauernhöfe und Häuser drängten sich auf den besser drainierten Hügeln zusammen, als wäre das hier Moorgebiet. Kleine, landwirtschaftlich genutzte Hügel waren von Abflusskanälen umrahmt, die wie Sicheln glänzten.

Dick mit Staub bedeckte Adobe-Häuserzeilen führten uns zu den beiden mächtigen Gruben, aus denen die Minenstadt Cerro de Pasco besteht. Aus diesen Löchern wurden Kupfer, Blei und Zink gefördert, Metalle, die die Hälfte des gesamten Exporterlöses des Landes erbringen. Viele trugen schwarze Wollschals über den Gesichtern, um sich gegen Kälte und Staub zu schützen. Es war, als hätten Guerrilleros die Stadt überrannt. Bevor wir ins erste Loch eintauchten, fuhren wir unterhalb eines abgesperrten Fremdarbeiterlagers vorbei, eines Barackendorfs, das auf die Arbeitsstätte herabblickte: auf die stählernen Eisenbahnschienen, auf denen massive Zugmaschinen reihenweise Güterwagenladungen zu den zyklopischen Schmelzhütten zogen. Riesige Schornsteine überragten das Gebiet und bliesen ihren Inhalt in die düstere Wolke, die wie eine Glocke über der Stadt lag. Das Lager hatte sogar einen Namen: Bella Vista, Schöne Aussicht.

Die ersten Bergleute wurden freilich von einem anderen Metall angezogen. Der Legende zufolge errichtete ein Lamahirte namens Aari Capcha in einer bitterkalten Nacht des Jahres 1569 eine Feuerstelle an einem Felsen – woraufhin Silber aus dem Felsen floss. Wie dieses Lagerfeuer die neunhundertzweiundsechzig Grad Celsius geliefert haben mag, die man braucht, um Silber zu schmelzen, wird nicht erwähnt, aber seither ist Silber im Wert von über einer halben Milliarde Dollar abgebaut worden.

Das Hotel war nur zwei Blocks von der Busstation entfernt, aber ich ließ einen älteren Dreirad-Lastenfahrer, den Jüngere zuvor hatten ausbooten wollen, meine Taschen durch den Schneeregen zu dem gerade renovierten Hotel Arenales kutschieren. Nach den Strapazen der Herfahrt und dem Schmutz von Yanahuanca war ein makelloses, frisch gestrichenes Zimmer schierer Luxus. Nur zwei Dinge hatte man vergessen: Heizung und heißes Wasser. Ich ließ über meinen spindeldürren Körper genügend Wasser laufen, damit er nass wurde, seifte mich von Kopf bis Fuß ein und bereitete mich innerlich auf heldenhaftes Abduschen vor.

Ich rief Elaine an und beschrieb, von der kalten Dusche neu belebt, mein jüngstes Leben ohne Fleece. »Du wirst es überleben«, sagte sie und trug damit einen Stoizismus zur Schau, den sie weit weniger gezeigt hätte, hätte sie ihre Haare in einem Wasser waschen müssen, das nur so lange flüssig blieb, wie es in Bewegung war.

Die Straße war geschäftig und schlicht: keine Reisemagazin-Vorzeigeplätze oder sinnlosen Statuen. Es war merkwürdig, richtige Läden mit Türen und Fenstern zu sehen und Hinweisschildchen für Visa, MasterCard und Diner's Club International. Es gab anständige Auslagen mit Kleidern und Kameras, die mit Dollarpreisen versehen waren, und Luxusgüter wie Lederjacken. Fünfzehn Minuten später trug ich eine neue, superdicke Fleecejacke. Mir wurde bewusst, wie armselig die Kleidung all der Menschen in Yanahuanca gewesen war: Ich hatte mich so lange auf dem Land herumgetrieben, dass ich aufgehört hatte, die Armut zu bemerken.

Mitsubishi-Allradfahrzeuge und Toyota Land Cruisers durchstreiften stolz die Straßen: Minengeld. Ein enorm großer Straßenmarkt strotzte vor tropischen Erzeugnissen von der Küste. Ein Wolkenbruch verfinsterte den Himmel, und ich wich in enge Sträßchen aus, um den Regengüssen von den mit Kanthölzern und Schnüren befestigten Plastikmarkisen zu entgehen. Menschen zogen die Köpfe in die Kragen, stampften mit den Füßen und beklagten sich über die Kälte. Der Geruch von Gewürzen erfüllte die Luft.

Auf einem Gestell stand ein Glasbottich voll hübscher Frösche mit knotiger, grüner ledriger Haut. Neben dem Glasbehälter wartete ein Mixer, und neben diesem ein Topf mit brauner Suppe, die der junge Mann in kleine, schlanke Flaschen abfüllte. »Sehr gut für Lungen und Gehirn, gegen Asthma, körperliche und geistige Ermüdung, Anämie und Nervenleiden. Fünf Sol die Flasche.«

Als ich zum Hotel zurückschlenderte, mir Schokolade kaufte und mit meinem Leben zufrieden war, fing jemand hinter mir an zu rufen. Allmählich kam mir der Verdacht, dass ich gemeint war.

Ich drehte mich um, und zwanzig Meter von mir entfernt wedelte ein Mann mit den Händen hinter dem Kopf und rief: »Was hast
du mit dem Esel gemacht?« Er stieß seine Freunde von der Seite
an und sagte: »Ich hab' euch doch von dem Gringo mit dem Esel
in Yanahuanca erzählt! Was hast du mit ihm gemacht?«, wiederholte er, und die Straße hielt an und hörte gespannt zu.

»Ich hab' ihn gegessen.«

Von Cerro de Pasco aus steuerte ich La Oroya an, eine weitere Minenstadt, die mein Lonely-Planet-Reiseführer verlocken-
derweise als »kalt und wenig anziehend« und voller »Abraumhalden« beschrieb. La Oroya liegt dort, wo die Eisenbahnstrecke, die
von Lima landeinwärts führt, auf die Hauptverkehrsadern der Anden trifft. Von da aus könnte ich, wie jeder bestätigte, den Zug
nach Süden in Richtung Huancayo nehmen, der auch die Station
La Galera passierte. Auf etwa 4781 Metern gelegen, ist sie eine der
höchsten Eisenbahnstationen der Welt mit Standardspurweite.
Da viele Passagiere direkt aus der Küstenebene kommen, führt
der Zug Sauerstoffflaschen mit, um die empfindlicheren Zugrei-
senden notfalls zu beatmen.

Der frühe Morgenbus nach La Oroya war bequem, und die
Straßen besaßen einen Oberflächenbelag. Ich konnte schreiben,
und das gestrige Gekritzel konnte als Gobelinstickerei abgehakt
werden. Wir schraubten uns aus der Stadt heraus und gelangten
über den Schlund, den die Volcano Mining Company gegraben
hatte. In der Tiefe krabbelten auf ein nicht mehr menschliches
Maß verkleinerte Waggons über gepflegte Terrassen, deren Fahrer wie die nahen und doch unsichtbaren Akteure eines riesigen
Flohzirkus' anmuteten. Es ist so einfach, herrliche Wildnis und
urbane, geschändete Landschaften in Kontrast zu bringen. Der
Reiseführer beschrieb Cerro de Pasco als »trostlos«, und das trifft
für Frösche mit knotig-grüner und lediger Haut wohl auch zu,
aber ich konnte mich durchaus dafür erwärmen. Es war um Län-
gen besser als die südwalisischen Industrietäler der 1960er-Jahre,

als Großbritannien ein viel reicheres Land als das heutige Peru war. Der Ort ist nicht schön, aber es gibt Arbeit und Geld, und die Sierra braucht beides dringend. Geld bringt Hoffnung und schafft Chancen. Eine Steinhütte auf dem Altiplano gibt ein pittoreskes Bild ab, aber es ist nicht das, was man den eigenen Kindern wünscht. Als Minenarbeiter sitzt man in einer Hühnerbraterei und schlägt sich den Bauch mit dem Fünf-Sol-fünfzig-Sonderangebot mit gratis Inca-Kola voll und muss sich nicht die Nase an der Fensterscheibe plattdrücken und die eigenen Kinder hineinschicken, damit sie an den Tischen um Reste betteln.

Wo immer er hielt, stiegen Frauen in den Bus, die heiße, in große Blätter eingewickelte Mahlzeiten servierten. Zur Rechten kam der Junín-See ins Bild. Mit über dreißig Kilometern Länge ist er der größte See in Peru, das sich den größeren Titicaca-See ja mit Bolivien teilt. Punaibisse erforschten das trockenere Land über der Straße. Unter uns wuchsen gelbe Moorlandgräser bis hinunter zu dem grünen Sumpf, der den See umgab. Auf den Flanken der gegenüberliegenden Hügel spielten die Schatten vorbeiziehender Wolken.

Auf den trostlosen Ebenen um den See wurden berühmte Schlachten geschlagen. Als die Spanier hier versuchten, Atahualpas brillanten General Quisquis niederzuringen, fanden sie einen Berg menschlicher Schädel und Knochen von zweitausend Toten, die ein Jahr zuvor von Atahualpas nördlichen Inka-Stämmen getötet worden waren, als diese die hier ansässige Wanka- (oder Huanca-)Kultur unterwarfen. Die meisten Wanka unterstützten danach die Spanier und die südlichen Inka beim Angriff auf die nördliche Splittergruppe – eine weitere opportunistische Allianz im Laufe der Manöver, die es möglich machten, dass ein Reich durch eine Expeditionsarmee erobert wurde, die so klein war, dass sie in drei Busse wie dem, in dem ich jetzt saß, gepasst hätte. Das Zelten im Landesinneren hatte mir einigen Respekt abgenötigt, Respekt vor der Zähigkeit der spanischen Soldaten sowie der

Führungsstärke, die Pizarro abverlangt wurde, um die Expedition zusammenzuhalten. Nach einem Aufenthalt an der Küste näherte er sich dieser Gegend, wo er mit der unmittelbar bevorstehenden Schlacht rechnete. Die Spanier litten an Höhenkrankheit, fürchteten täglich einen Angriff aus dem Hinterhalt und brachten die Nächte auf nackten Felsen zu. Pizarros Schriftführer Pedro Sancho schrieb auf, die Männer seien »in ständiger Alarmbereitschaft, mit gesattelten Pferden. Sie hatten überhaupt nichts zu essen, da sie weder Holz zum Feuermachen noch Wasser besaßen. Sie hatten ihre Zelte nicht mitgebracht und konnten in keinen Unterstand flüchten, sodass sie alle fast starben vor Kälte – denn es regnete in den ersten Nachtstunden heftig und begann daraufhin zu schneien. Die Rüstungen und Kleider, die sie trugen, waren vollkommen durchnässt.«

Viel später, im Jahr 1824, während der Unabhängigkeitskriege war Junín erneut Schauplatz einer Konfrontation, besser gesagt, einer Schlacht der Kentauren, da nur die Kavallerieregimenter wirkungsvoll zum Einsatz kamen. Jener erstaunliche Mann, Simon Bolívar, führte das republikanische Heer an. Für die Unabhängigkeit von Spanien focht er dreihundert Schlachten und Scharmützel und wurde niemals von einer Kugel getroffen. Er eroberte weit mehr als Hernán Cortés oder Francisco Pizarro: so viel wie Alexander der Große, Dschingis Khan oder Kaiser Augustus. Und doch starb er in einem geborgten Hemd, von der Tuberkulose zugrundegerichtet, vollgestopft mit Opiaten und aus jenen Ländern verbannt, die er selbst geschaffen hatte.

Das Tal nach La Oroya war eine Kalksteinklamm ohne jede Vegetation und mit blendend weißen Felsen, zwischen denen die Sonnenstrahlen wie durch einen Trichter bis in den Hochofen am Talboden geschleust wurden, wo sich in glühender Hitze, staubig und grell, die Minen von La Oroya öffneten, wo Schmelzhütten und Eisenbahnschienen sich krümmten und schimmerten. Mir wurde schwindlig vor Hitze. Ich öffnete den Lonely-Planet-Band

auf der Seite mit dem Porträt des Autors. Ich wiederholte ihm ins
Gesicht seine Beschreibung von La Oroya: »ein kalter, wenig anziehender Ort«. Ich riss die Seite heraus und benutzte sie, um den
Staub von der Fensterscheibe zu wischen, die zum ungeschützten
Anfassen zu heiß war.

Am Stadtrand war der Verkehr zum Stillstand gekommen.
»Gab es einen Unfall?«, fragte ich den Fahrer.

»Nein, letzter Schultag vor dem Unabhängigkeitstag am Wochenende. Sie halten überall wegen der Umzüge den Verkehr an.
Wenn Sie in einen Minibus umsteigen, nimmt er Sie mit hinein.«

Menschenmengen erstickten die Innenstadt. Ein wortkarger
Taxifahrer brachte mich zu den wenigen vorhandenen Herbergen. Sie waren schmutzig und teuer. Frustriert und überhitzt erklärte ich dem Fahrer: »Ich werde nur so lange bleiben, bis mein
Zug nach Huancayo fährt.«

»Das ist unmöglich«, sagte er und schwenkte seinen Finger wie
einen Scheibenwischer. Das ist in Peru eine höfliche Geste, gab
mir aber das Gefühl, ein ungezogenes Kind zu sein.

»Warum?«

»Seit die Eisenbahnen privatisiert sind, kann man als Passagier
nicht mehr in La Oroya zusteigen, nur im Rahmen von Sonderfahrten.«

»Dann bringen Sie mich zum Busbahnhof.«

Ich kaufte meine Fahrkarte nach Jauja, einer netten, verschlafenen und altmodischen Kleinstadt, und stand vor einem Laden,
um die vier Stunden bis zur Abfahrt zu warten. Der freundliche
Besitzer stellte mir einen Holzstuhl vor die Tür. Riesenlokomotiven quietschten in anhaltendem Schmerz die Gleise herauf und
hinunter. Der Bus schüttelte uns unter den hochragenden Schornsteinen am Schmelzofen her durch die Stadt, entlang eines von
Abraumhalden gesäumten Tals und unter einer hochgelagerten
Erz-Förderrinne hindurch. Über dem Talboden lag schon Schatten. Allmählich wurde die Landschaft sanfter, aus Rissen und

Spalten trauten sich Pflanzen hervor, und am Flussrand wuchsen sogar Bäume. Dichte Ginstersträuche kamen zum Vorschein, auf denen Wolken funkelnder Blüten thronten. In Peru verwendet man deren Wurzeln zur Zubereitung eines Verhütungsmittels. Ich fragte mich gedankenverloren, wie man es wohl anwendete. Und wo.

Unabhängigkeitstag

Jauja ließ sich Zeit. Als mein Nachbar sagte, noch fünfzehn Minuten, brach der Bus zusammen, aber Fahrer und Busschaffner hatten ihn nach fünfzehn Minuten so weit, dass er wieder funktionierte. Es war eine größere Inka-Stadt, sie beherbergte einhunderttausend Einwohner und lag an der Stelle, wo eine der größten Inka-Straßen, vom antiken Tempel Pachacamac bei Lima kommend, auf den Königsweg trifft. Der letzte Abschnitt in den Bergen von Pariacaca ist als schwierigste Wegstrecke der Welt beschrieben worden. Der Jesuit José de Acosta schilderte seine eigene Erfahrung mit dieser Passage – reduziert darauf, dass er erst das Essen, dann Schleim und schließlich Blut erbrach. Er hob den Kopf und sah einen Gefährten, »der sich auf die Erde warf und schrie vor lauter Wut und Grimm, die diese Reiseetappe von Pariacaca geschürt hatte«. Jauja war kurze Zeit die erste spanische Hauptstadt gewesen, 1535 wegen seiner zentralen Lage ausgewählt, und schien damit der richtige Ort für einen Aufenthalt am Wochenende des Unabhängigkeitstags. Es war berühmt für den *molle*-Baum, *Schinus molle*, den peruanischen Pfefferbaum.

Er wird siebeneinhalb Meter hoch und wurde von den Inka sehr geschätzt. Seine langen Blätter sind unverwechselbar: wie schlanke Mimosenblätter. Die Inka benutzten die Zweige als Zahnreiniger; heute werden sie zu Zahnpasta und Parfüm verarbeitet. Die Früchte stehen in holunderbeerähnlichen Fruchtständen, sind violett-malvenfarben und wurden zur Herstellung von schweren Weinen, Essig, Sirup und Farben verwendet. Aus der Rinde kochte man einen Aufguss, der bei schmerzenden und geschwollenen Beinen half. Sein Holz fand als Nutzholz Verwendung und die Asche in der Seifenherstellung. In einem heiligen Hain mit diesen Bäumen entsprang hier in Jauja eine Quelle, an der die Alten vor-inkaischen Göttern huldigten. Eines Tages erschien eine Schar Teufel in der Gegend um Jauja und quälte die Menschen, bis fünf Sonnen aufgingen, sie vertrieben und die Erde schwarz und verkohlt zurückließen. Es ist, als läse man eine Volkserzählung über einen Vulkanausbruch.

Ich suchte mir ein Hostel, brachte meine Sachen in Ordnung und sah mich nach einem Bier um. Auf dem Platz waren gerade die Tag-1-Feierlichkeiten des Unabhängigkeitstags zu Ende gegangen. Stände und Bühnen wurden abgebaut; ich hatte die Musik verpasst. Die Honoratioren der Stadt fuhren nichtsdestoweniger mit dem fort, was Stadträte am besten können: Steuergelder vertrinken. Ich fühlte mich vorzeigbar genug, um ins Festzelt zu platzen und Bier zu bestellen. Sie waren mehrheitlich zu betrunken für ein Gespräch, aber ich hatte einen Sitz mit Blick auf den Platz.

Jauja ist eine kleine Stadt, die davon profitiert, dass sie genug einnimmt, um ihre Gebäude instand zu halten, aber nicht genug, um sie moderneren Gebäuden zuliebe abzureißen; doch es bahnt sich ein Wandel an. In der Ecke des Platzes verschandeln jetzt ein Hostel und benachbarte Gebäude die Kulisse des langen, niedrigen Kolonialstil-Rathauses. Kolonialstil bedeutet je nach Kontext Unterschiedliches, aber in den Städten der Sierra kehren gewisse Merkmale verlässlich wieder. Außer Kirchen baute man selten Gebäude mehr als zwei Stockwerke hoch. Schatten gegen die sengende Sonne und Schutz vor sturmartigen Regengüssen hatten höchste Priorität, weshalb viele der besseren Häuser Säulengänge, überdachte Gehwege unter dem Obergeschoss, erhielten, desgleichen Balkone, die nicht selten über die gesamte Vorderseite des Häuserkomplexes liefen. Die Fenster waren hoch und schmal und erlaubten dem Licht, von oben bis unten in die hohen Wohnungen zu dringen. Jedes einigermaßen wichtige Gebäude hatte ein Tor, hoch genug, um einen Reiter auf seinem Pferd einzulassen.

Ich überquerte den Platz zur großen Kirche, wo eine Messe geendet hatte und sich eine Prozession formierte. »Wir marschieren durch die Stadt zur Pfingstkirche!«, sagte ein Jugendlicher in schwarzen Hosen und einem Poncho über einem weißen Hemd, während er das Rohrblatt seines Basssaxofons anfeuchtete. Es mag seltsam anmuten, Pfingstkirchen im Herzen der Anden anzutreffen, wo man leidenschaftlichen Katholizismus vermischt mit nativen Glaubenselementen erwartet. Aber in demselben Jahr, 1821, als San Martín die Unabhängigkeit erklärte, landete Diego Thompson, ein Pastor der reformatorischen Church of Scotland, in Peru und rief in den Anden ein ambitioniertes Bildungsprogramm ins Leben. Das Land sehnte sich noch immer nach Stabilität, und seine Pläne scheiterten. Doch am Ende des Jahrhunderts kam dann John Ritchie, ein weiterer charismatischer Schotte. Er war der Meinung, dass alle vorhergehenden Missionare die Zustimmung der führenden Gesellschaftsschichten gesucht hatten, weil sie glaubten, in dem sie deren Einstellung veränderten, auch das Land ändern zu können. Sie bauten Schulen für die Kinder der Reichen: Im Land änderte sich nichts.

Ritchie argumentierte gegenüber seinen Vorgesetzten, dass eine traditionelle presbyterianische Kirche hier nicht erfolgreich installiert werden könne; Peru müsse sein eigenes, an das Land angepasste Priestertum entwickeln. Sie waren anderer Meinung. Er trat zurück und formierte die Peruanische Evangelische Kirche. Er überließ die Reichen sich selbst, verließ ihre Städte, ging in die Berge und in den Dschungel, um dort die ansässigen Bauernführer als Vermittler zu rekrutieren. Zuerst brachte er ihnen Lesen und Schreiben bei. Das funktionierte. Sie wirken jetzt in Dörfern, in denen sich nie ein katholischer Pfarrer blicken lässt. In den Anden kommen zwei Drittel der dort lebenden Priester aus dem Ausland. Nur wenige peruanische Männer suchen einen Job mit schlechtem Einkommen und ohne Sex. Der Generalsekretär der Peruanischen Evangelischen Kirche, Pastor Luis Minaya Ballón, stellte der Katholischen Kirche ein vernichtendes Urteil aus, weil sie es schimpflich versäumt habe, den Armen zu dienen. »Die Ka-

tholische Kirche kam als Teil des spanischen Imperialismus hierher; das Kreuz kam mit den Schwert. Nach Jahrhunderten der
Kollaboration zwischen kirchlicher und politischer Macht sollte
die Katholische Kirche einen kritischen Blick auf ihre Geschichte werfen. Sie kann nicht länger die Vergangenheit verschleiern
und sagen: ›Wir haben auf der Seite der Menschen gestanden‹ –
denn das ist die Unwahrheit. Die Katholische Kirche wird weiterhin mit dem Status quo gleichgesetzt, was ihr in Zukunft nicht
mehr helfen wird.« Die Arbeitsmethoden der Peruanischen Evangelischen Kirche wurden in den Achtziger- und bis in die Neunzi-
gerjahre von einer weiteren Organisation kopiert, die das Land in
die Knie zwang. Aber die Geschichte der Maoisten des Leuchtenden Pfads gehört in den Süden, nach Ayacucho.

Der Basssaxofonspieler stellte sich in eine Reihe mit einem
halben Dutzend gleich kostümierter Leute, die Alt- und Tenor-
saxofone und eine Klarinette trugen. Einer spielte eine Anden-
harfe verkehrt herum auf der Schulter. Ein Geiger führte uns mit
einer dünnen, näselnden Stanze um den Platz. Die Blasinstrumente fielen mit voller Kraft gemeinsam in den Chor ein. Der Ton
war sehr merkwürdig, rau, aber voll ursprünglichen Gefühls,
markerschütternd und doch geisterhaft: sehr andin. Ich tanzte
mitten in ihrer Prozession durch die Stadt, während die Violine
und die Blasinstrumente abwechselnd spielten. Die Melodie blieb
mir tagelang lebhaft im Gedächtnis.

Früh am nächsten Morgen fuhr ich in einem Sammeltaxi die
asphaltierte Hauptstraße hinunter, die geradeaus und flach zu der
kleinen Stadt La Concepción führte, in deren Nähe sich ein altes
Kloster mit einer erlesenen Bibliothek befand. Für Bildung wurde
in Lateinamerika viel früher gesorgt als im Norden. Die erste
Druckerpresse wurde 1535 in Mexico City eingerichtet, hundert
Jahre, bevor Cambridge und Massachusetts eine solche erhielten.
Die erste lateinamerikanische Universität wurde 1538 in Trinidad
gegründet, achtundneunzig Jahre vor Harvard. Mit Heißhunger

auf neue Lektüre freute ich mich darauf, etwas Zeit in einer selten besuchten Bücher-Schatzkammer zu verbringen. Um neun Uhr checkte ich in ein Hostel im alten kolonialen Stil auf der Plaza La Concepción ein und schloss hinter mir eine mit Schlössern, Riegeln und Ketten bestückte Tür.

Ein zweites Sammeltaxi brachte mich auf den Hügel zum Dörfchen Santa Rosa und ließ mich auf einem etwas heruntergekommenen Platz mit einer rosa Kirche heraus, wo zwei Musikgruppen und ein Trupp kostümierter Tänzer Blumen und grüne Zweige auf ihre Hutbänder fädelten. Ich ging zum franziskanischen Mönchskloster am Dorfrand. Der Franziskanerorden war eine der attraktiveren Ordensgemeinschaften, weil er seine Mönche lehrte, dass Wissenschaft und Erkenntnis zur spirituellen Weisheit und zum Glück der Menschen beitrugen. Bruder Francisco de San José gründete im Jahr 1725 dieses Kloster. Seine Novizen waren furchtlos, und im Gegensatz zu vielen Priestern kümmerten sie sich wirklich um die Armen. In abgelegene Gegenden geschickt, starben über achtzig der Absolventen gewaltsame Tode, die meisten im Regenwald. Sie studierten die Heilmethoden der Ureinwohner und brachten Proben zurück. Eine davon war die Rinde eines Baumes, aus der sich Chinin gewinnen ließ, das erste wirksame Mittel gegen Malaria. Unglücklicherweise bestand die einzige Möglichkeit für mich, das Kloster zu besuchen, darin, sich einer Gruppentour anzuschließen samt Führer.

Die Mönchszellen waren schlicht und spartanisch, zwischen ihnen lagen Werkstätten, um die Gemeinschaft so autark wie möglich zu machen. Es gab eine Schmiede, einen Webstuhl und sogar einen Schuster. Doch die fortdauernde Abhängigkeit der Spanier von ausländischen Qualitätserzeugnissen zeigte sich in einem kleinen Detail auf einem gebrochenen Wagenrad aus dem 19. Jahrhundert. Die Nabe war aus Gusseisen und »Made in France«, in der Rue de Colossé in Paris.

Ein Raum leuchtete von herrlichen farbigen Wandgemälden, die das Leben der Mönche in Amazonien zeigten. Obwohl die meisten von ihnen von Infektionen oder tropischen Fieberkrankheiten dahingerafft wurden, ließ sich der Maler eine gute Geschichte, wenn sie ihm begegnete, nicht entgehen. Die Darstellung zeigte, wie Männer erstochen und geköpft wurden, während ein armer Teufel, der nur rote Unterhosen trug, kopfunter an einem Fuß in einen Baum gehängt worden war, der über einen Fluss ragte, sodass sein Kopf unter Wasser hing, während ein *indígena* ein Messer ans Seil hielt. Sie war in den Grundfarben gemalt: Folter im Spielzeugland.

Ich konnte das Highlight kaum erwarten: die Bibliothek der zwanzigtausend Bücher. Sie war in einem schlichten, rechteckigen Raum mit umlaufender Galerie untergebracht, doch in den Glasvitrinen lagen seltene, frühe Bibelausgaben und Psalter aus dem 16. Jahrhundert auf Französisch, Spanisch und Latein. Aus dem Jahr 1644 gab es einen grandiosen Atlas von Willem Blaeu, dem großen Amsterdamer Kartografen, der mit dem Astronomen Tycho Brahe zusammen studiert hatte. Sein Bruder Jan wurde amtlicher Kartograf der Niederländischen Ostindien-Kompanie. Als ich niederkniete, um es mir genauer anzusehen, rief der Führer: »Bitte kommen Sie jetzt weiter! Mehr Zeit haben wir nicht für diesen Raum.«

Ich kritzelte weitere Titel auf: eine ledergebundene Kopie der 1590 erschienenen Chronik des Jesuiten José de Acosta, drei Bände über Hernán Cortés, den Eroberer von Mexiko, die dreibändige »Brevísima relación de la destrucción de las Indias« (»Kurz gefasster Bericht von der Verwüstung der Westindischen Länder«) des berühmten Humanisten Bartolomé de Las Casas und antike Pergament-Exemplare, deren handbeschriebene Buchrücken zu regelrechten Geistertiteln verblichen waren. Am Empfangspult zeigte ich den Brief von der Botschaft vor.

»Wäre es möglich, etwas länger in der Bibliothek zu bleiben?«
»Nein.«
»Würden Sie bitte zuerst dieses Schreiben lesen?«
»Nein.« Ich sagte: »Danke«, aber sie hatte sich bereits wegge-
dreht.

Am Abend belebte sich der Platz. Es war Sonntag, der eigentliche Unabhängigkeitstag. Das seltsamste Objekt auf der gesamten Plaza war ein elegantes blaues Allradfahrzeug mit Limaer
Kennzeichen. Eine attraktive Frau um die Vierzig winkte mich
herüber. »Ich bin Pati, trinken Sie etwas mit uns!« Das Hi-Fi-Au-
toradio spielte Tanzmusik, und die Heckklappe war die Cocktail-
bar. Es wurde jeweils nur eine Bierflasche geöffnet, die zusammen
mit einem kleinen Glas die Runde machte, man füllte es, leerte es
und reichte es weiter, was zumindest sicherstellte, dass alle sich
dieselben Krankheiten einfingen und keiner mehr wusste, wieviel
er getrunken hatte. Wenn man mit seinem Glas die Flasche leerte, wurde die nächste geöffnet und einem in die Hand gedrückt,
um unter Ausrufen von »¡Saca la venena!« – »Raus das Gift!« den
Anfang zu machen und den anderen den so ›entgifteten‹ Drink zu
übergeben. Die Männer waren allesamt betrunken, und die Frau-
en wollten tanzen. So wurde ich herumgereicht und hoffte, tunlichst keinen der Männer in seiner Ehre zu verletzen. Drei Pro-
vinzmusiker kamen herüber, ein Jugendlicher mit einer
zerfallenden Geige, seine Mutter mit einer Trommel und sein Vater mit einem Kornett, das aus fünf Rinderhörnern bestand, die
man an den Enden aneinandergeschraubt hatte. »Seltsam«, sagte
Pati, »sie heute zu sehen, das ist eine *huacerapuca*«, und sie drehte,
solange die Familie spielte, die Anlage ab, ernst und mit unbeweg-
licher Miene. Das Horn ließ meine Haut kribbeln. Es war mächtig, mit einem gespenstischen Ton: genau der Ton, um den auch
die Basssaxofonspieler auf der Prozession in Jauja bemüht waren.

Ein freundlicher, aber sehr betrunkener junger Mann ging vorüber und sagte: »Peru ist ein großartiges Land!«

»Ein großartiges Land!«

»Mögen Sie Peru?«

»Ich liebe es.«

Zehn Minuten später kam er zurück und ging den kompletten Dialog noch einmal durch. Menschen füllten den Platz und bildeten ein Quadrat, in dem ein Bandleader einen traditionellen Tanz organisierte. Eine stämmige Bauersfrau in mittleren Jahren, die vor Kraft strotzte, nahm die Sache in die Hand. Pati erklärte. »Zuerst wird sie allein tanzen, dann wird sie einen Mann wählen. Sie werden den Tanz anführen, und nach und nach kommen andere Paare hinzu.« Die Frau legte die Hände auf die Hüften und vollführte eine komplizierte Schrittfolge über das Quadrat, dann steuerte sie direkt auf mich zu. Alle klatschten Beifall, und sie umklammerte mich so fest, als wäre ich ein Geldbeutel. »Du verheiratet?«

»Nein«, sagte der Idiot, der gelegentlich mein Mundwerk bedient.

»Wann heiraten wir dann?«

Ich schob die Entscheidung hinaus. »Morgen!«

»Wir heiraten!«, schrie sie und erntete noch mehr Beifall. »Welche Zeit?«, schob sie nach.

»Neun Uhr.«

»Und wenn wir geheiratet, wie lange bis wir ...«, sie machte mit Zeigefinger und Daumen einen Ring, in den sie den anderen Zeigefinger mehrmals heftig hineinstieß und wieder herauszog.

»Zehn Minuten. Sollte ich nicht da sein, fang' schon mal ohne mich an.«

Die Feier verlagerte sich zurück zu einem Haus, und nachdem man erfahren hatte, dass Liverpool mein Geburtsort ist, wurden nur noch Beatles-Bänder abgespielt. Viele machten die Geräusche der Wörter singend nach, ohne ihre Bedeutung zu kennen.

Da war er wieder. »Peru, das ist ein großartiges Land!«

»Ein wundervolles Land!«

»Magst du Peru?«

»Ich liebe es.«

Er lehnte sich an meine Schulter und schniefte sich durch den gesamten Text von »Yesterday«. Am Ende stand er auf. »Mein Bruder, er wurde getötet. Er wurde getötet in der Armee, irgendein blöder Grenzstreit mit Ecuador. Die elenden Schweine haben ihn einfach erschossen!« Seine Augen füllten sich mit Tränen, und er starrte durch die Wände auf was auch immer er dort sah von den letzten Momenten seines sterbenden Bruders. Dann fiel er mir um den Hals. »Elende Schweine!«

Ich stand vor dem verschlossenen Hotel. Das Empfangsmädchen kam und öffnete die mächtigen Tore. »Tut mir leid«, sagte ich.

»Ist schon in Ordnung«. Sie küsste mich auf beide Wangen. »Heute ist Unabhängigkeitstag.«

Vergiftete Erde

Ich fuhr nach Huancayo, berühmt in ganz Peru für seine Schnitzereien auf getrockneten Kürbisschalen. Das Sammeltaxi teilten sich zwei Frauen mit mir, die einen üppigen Kessel Forelleneintopf zu einer Kochmesse brachten und sich darüber aufregten, dass der Fahrer nicht auf die Schlaglöcher achtete. Wo mein Reiseführer das Hostal Casa Bonilla vermutete, stand ein hübsches Kolonialhaus, vor dem die Nationalflagge wehte, aber kein Geschäftsschild. Auf mein Klopfen hin öffnete ein Mädchen die Tür: »Ja, wir haben geöffnet, aber der Besitzer wünscht kein Aushängeschild.«

Ich überquerte einen Hof mit Kreuzgang und ausladenden Sukkulenten, Kakteen und Aronstabgewächsen. In einer Ecke stand die feine Holzschnitzerei einer Madonna mit Kind aus dem 19. Jahrhundert. Um sie herum waren lederne Truhen und Gestelle, auf denen sich imposante mit Glasstöpseln verschlossene Flaschen kunstvoll verteilten. Ein Husky schnupperte an meiner Hand. »Er heißt Drake«, sagte sie, »nach dem englischen Piraten«.

Mein Zimmer öffnete sich unmittelbar auf den Hof und war das beste der gesamten Reise, ausgestattet mit antiken Möbeln, die man für das eigene Haus, nicht für ein Hotel wählen würde. Ich setzte mich auf ein Sofa draußen im Kreuzgang und beobachtete, wie ein hochgewachsener, schlaksiger, weißhäutiger Mann auf Lederpantoffeln aus einem Zimmer kam und über die Fliesen schlurfte. Er ging in die Küche, hob verschiedene Krüge vom Tisch hoch, steckte sich eine Zigarette in den Mund, raschelte mit einer Streichholzschachtel und, während er sich mit einem Arm am Tisch festhielt, zündete sie mit gesenktem Kopf an. Das also war der Start in den Tag. Er duschte, zog sich an und kam herüber, um mich zu begrüßen. »Mike Chesterton. Ich war die letzten drei Nächte betrunken und werde heute abend vermutlich

wieder rausgehen.« Er sprach das ungezwungene Englisch eines
Muttersprachlers. Wir schüttelten uns die Hände.

»Meine Familie – alles Engländer, meine Mutter war britische
Konsulin in Peru, gerade ist sie in den Ruhestand getreten. Hatte
seine Vorteile«, nickte er und sah auf ein kräftiges Paar senffarbe-
ner Wanderstiefel der Größe sechsundvierzig.

»Gehörten einem englischen Motorradfahrer, der durch die
Hochebene tourte. Hatte eigentlich nicht vorgehabt, zum Titi-
caca-See zu fahren, aber aus lauter Jux und Tollerei macht er einen
Abstecher. Schlecht überschaubare Kurve, zack, traf er auf der
falschen Seite einen Lastwagen. Platt. Leiche kam ins Konsulat.
Familie war nicht daran interessiert, dass wir die Kleidung nach
Hause schickten, und niemand hatte so große Füße. Bin eigentlich Peruaner, hier geboren, mit zwei Pässen. Was für ein Land!
Kein Geld, nirgends Arbeit. Ich habe Elektriker gelernt, Hohl-
raumdämmung, was Sie wollen. Muss wieder nach Lima, hier bin
ich pleite.«

»Dann ist es nicht Ihr Hotel?«

Er verschluckte sich fast vor Lachen.

»Gehört Aldo, meinem Busenfreund von Kindesbeinen an,
Künstler. Bin hier Gratisgast. Ende des Monats ab nach England,
hab' Familie in London und Plymouth, jede Menge Familie. Und
Sie, wohin geht's?«

»Huancavelica.«

»Ärmste Stadt Perus. Schlimmer als hier, absolut nichts.«

Er legte »Tommy« von The Who auf den Hi-Fi-Plattenspieler.
»Wird nie alt, was?«

Ein Schild am Ortseingang von Huancayo sagt: »Welcome to
the Wanka Nation« – »Willkommen im Land der Wanka«. Die
spanische Schreibweise Huanca – wie in Huancayo – wurde ins
vermeintlich neutrale Wanka geändert, obwohl man, da eine indigene Schrift nicht vorliegt, damit einfach nur eine fremde Phone-
tik durch eine andere ersetzte – und die Zweideutigkeit nur noch

augenscheinlicher macht – denn schließlich bedeutet, wie der geneigte, nicht-angelsächsische Leser hier vielleicht erfahren sollte: *to wank* oder *to have a wank* nichts anderes als ›sich einen runterholen‹, vulgo ›wichsen‹. Buchstabieren wir die Farce also aus: Englischsprachige Gäste besuchen das Land der Wanka, übernachten im Hostal Wanka, spielen für die Mannschaft Deportivo Wanka, kaufen Geschenke im Geschenkeladen Big Mama Wanka, schicken E-Mails über Cyberwanka und besuchen schließlich das Nachbarstädtchen Wankarama. Als ich mit einem englischen Touristen an der Bar darüber plauderte, fragte ich ihn: »Kostet Überwindung, was? Den Leuten hier nicht zu erklären, was es bedeutet?«

Er erwiderte: »Finden Sie? Ich gebe es bei jeder Gelegenheit zum Besten.«

Die besten Kürbisgravuren stammen aus den Dörfern Cochas Chico und Cochas Grande. Ich überquerte Huancayos anziehende und moderne Plaza. Ich war bass erstaunt über den in diesem Augenblick einsetzenden Chor aus »Carmina Burana«, der in voller Lautstärke aus dem Nichts erschallte. Hungrig nach guter Musik, setzte ich mich auf eine Bank und sah dem hochfliegenden Tanz der Fontänen zu. Die Fontänen und die Musik erstarben, abrupt gestoppt durch eine automatische Zeitsteuerung, jetzt entdeckte ich auch die verborgenen Lautsprecher. Nahe der Bushaltestelle waren Blumenbeete angelegt. In ihrer Mitte beschien die Sonne die Backen eines nackten Hinterns: Er gehörte einem Betrunkenen, der dort die Nacht zugebracht hatte, das Gesicht nach unten und die Hosen auf Halbmast. Wir schaukelten mit dem Bus zur Stadt hinaus und über eine staubige Piste durch verschlafene Dörfer. Der Fahrer kreischte: »Caballero! Da!«, und zeigte auf ein Café. Miriam hinter der Theke erzählte mir, sie sei zweiundzwanzig, sah jedoch viel jünger aus. Sie übergab ihr Baby einem zehnjährigen, barfüßigen Mädchen in einem roten Trainingsanzug. »Das ist meine jüngste Schwester, sie lernt es gerade erst. Wir kaufen die Kür-

bisse von Händlern von der Küste. Die besten heißen *amarillos*«,
die Gelben, »sie sind makellos und können gleich bearbeitet werden, und sie kosten zwei Sol.« Sie hielt einen getrockneten Flaschenkürbis von der Größe einer Jaffaorange in die Höhe, er hatte
eine cremig-gelbe glatte Haut, die wie poliert wirkte. »Für einen
Sol können Sie welche mit ein paar Fehlstellen kaufen, die ausge-
bessert wurden. Man kann mit ihnen aber schlechter arbeiten, und
sie gehen leichter kaputt. Ein *amarillo* ....«, ich zuckte zusammen,
weil sie den schönen, gelben Kürbis auf den Betonboden plumpsen
ließ, der aber sprang herum wie ein Hartgummiball, »... bricht
nicht. Schauen Sie! Nicht eine Schramme.«

Der Raum war voll fertig gravierter Kürbisse in jeder erdenklichen Größe – von Hühnerei bis Fußball. »Kann ich zusehen, wie
Sie einen herstellen?«

»Klar.«

Ich erwartete, in eine Werkstatt geführt zu werden, zu irgend-
einer Art Schraubstock, der den Kürbis halten würde, und einer
Reihe Werkzeuge. Sie hob einen halbfertigen Kürbis vom Gestell
und fasste einen fünf Zentimeter langen Nagel, der in einen Mei-
ßelgriff eingelassen war. Den Kürbis in der einen Hand, fing sie
an, seine Oberfläche mit der anderen aufzustechen, und raspelte
pro Stich jeweils eine Flocke ab.

»Zeichnen Sie das Muster nicht zuerst auf?«

»Nein, ich markiere ein paar Linien, die über das ganze Bild
verlaufen und die Oberfläche in die wichtigsten Szenen aufteilen.«

»Und diese Linien, die sie da machen, sind weiß, aber in den
fertigen sind sie schwarz.«

»Kommen Sie mit.«

Wir knieten auf dem Feld hinter dem Café im Gras. Sie bereitete etwas Hammelfett vor, trockenes Gras, eine Schachtel mit
Streichhölzern der Marke La Llama und einen Eimer voll Seifen-
wasser. »Sie reiben das Fett über die Haut, um die noch unver-
sehrte Oberfläche zu versiegeln. Dann zünden Sie das Gras an und

reiben die Asche über den Kürbis und in die eingravierten Linien.« Sie machte es vor. »Dann müssen Sie den Kürbis waschen.« Es dauerte von Anfang bis Ende zwei Minuten.

»Und wie werden die farbigen Kürbisse hergestellt? Malen Sie die Oberfläche an?«

»Nein, die Farbe wird aufgebrannt.« Sie nahm einen dicken Zweig und entflammte ihn an einem Ende. »Wenn Sie nur sanft ansengen, wird er dunkelgelb, etwas stärker, und er wird orange.« Sie klopfte vorsichtig auf die Haut und blies erneut in die Glut. »Noch ein bisschen mehr, und Sie erhalten verschiedene Brauntöne, die ganze Palette durch, bis Schwarz. Wir haben Glück, denn hier wachsen *queuña*-Bäume, und das getrocknete Holz brennt sehr raucharm. Aber auch so geht es mit der Zeit auf die Augen. Meine Mutter ist die beste Schnitzerin in unserer Familie, ihre Kürbisse sind am feinsten ausgestaltet, aber sie ist vierzig, und ihre Augen sind vom Rauch geschwächt.«

Sie wogen fast nichts: Ich konnte Elaine ein paar mitbringen, sie liebte sie. Ich wählte mir einige aus, unter anderem einen sehr ungewöhnlichen, den Miriams Mutter hergestellt hatte. Sie hatte den Kürbis zuerst dunkelviolett gefärbt und danach das Muster eingraviert, das seine natürliche Cremefarbe wieder sichtbar machte. Das Design zeigte sieben Lamas, die auf einem hohen Berg unter zwei Bäumen grasten und dabei von einem Hirten beobachtet wurden. Darunter gruben ein Mann und eine Frau ein Feld nahe ihren Häusern um, neben sich Säcke mit landwirtschaftlichen Erzeugnissen. An einem Fluss spannte sich zwischen Blumen ein Spinnennetz. Die ganze Szene passte in wenig mehr als sechs Quadratzentimeter. Solche Gravuren bedeckten den gesamten apfelgroßen Flaschenkürbis. Miriam sagte, diese Arbeit habe vier Tage in Anspruch genommen, und wollte vierzig Sol dafür: 2,30 Euro pro Tag. Ich feilschte nicht. »Könnten Sie unten ›Por Elaine‹ draufschreiben?«

»Gern.« Sie fügte auch noch ›Mi Amor‹ hinzu, blies es sauber und lächelte mich an. »Ich habe die Worte in Ihren Augen gelesen!«

Unten am Hügel arbeitete die Familie von Pedro Veli Alfaro im Garten. Sie war auf volkstümliche Erzählungen spezialisiert. Er zeigte mir einen Flaschenkürbis mit vier Szenen, in denen sich zwei junge Bauernkinder begegnen und verlieben. »Hier gehen sie zu ihren Eltern, um ihnen zu sagen, dass sie heiraten wollen, und hier sehen Sie, dass der Vater ihn schlägt; das ist so Tradition.«

»Weil er sie geschwängert hat?«

»Nein, der Vater schlägt immer den werbenden Mann, um zu zeigen, dass er seine Tochter wertschätzt und sie nicht verlieren will. Der Vater meiner Frau hat mich genauso geschlagen!«

Ein weiterer Grund für mich, nach Huancayo zu gehen, war, dass ich den Zug nach Huancavelica nehmen wollte, einer kleinen Ortschaft in einer Gebirgssackgasse. Vizekönig Francisco de Toledo hatte Huancavelica gegründet, um in den Bergen Quecksilber zu gewinnen. Ich ließ mein Gepäck im Hostel, eine seltene Freude, ohne Gewicht unterwegs zu sein. Mike lächelte, als ich erzählte, wohin ich wollte. »Sie werden sich wohlfühlen, da bin ich ganz sicher«, sagte er.

Ich stand vor der Bahnstation, beobachtete, wie sich auf dem Schäfchenwolkenhimmel das Rot ausbreitete, und schlürfte heißen Rübentee. Ich nahm meine Stirnlampe zu Hilfe, um in dem unbeleuchteten Zug einen Platz zu suchen. Das Horn erzeugte ein melancholisches Heulen, und der Zug setzte sich bockig in Bewegung. Als Zugmaschine fungierte eine scheußlich orangefarbene Diesellok. Wir schaukelten von einer Seite zur anderen, als gälte es, von Gleis zu Gleis springen. Das breite Tal verengte sich rasch in eine Schlucht, in der winzige Felder an Felsvorsprünge geschmiegt waren und Seile mit darunter hängenden Bandschlingen Menschen und Tiere hoch über den tosenden Strom beförderten.

Mir gegenüber saß ein Teenager mit einem grünen Amazonas-Papagei. Das Signalhorn des Zuges weckte Regenwalderinnerungen, und der Vogel antwortete mit einem ohrenbetäubend schrillen Krächzlaut. Wenn er nicht pausenlos gefüttert wurde, glitt der obere Teil seines Schnabels in den Mundwinkel des Teenagers und zwickte diesen so heftig in die Backe, dass der Junge erbleichte, sich aber keinen Laut gestattete. Die Stationen rollten vorüber: Manuel Tellera, Izcucach, Cuenca, Ccocha und Yaulli. Einige befanden sich auf dem offenen Land, andere grenzten an kleine Städte, deren fliegende Händler mit Brot, Schweinerippchen, Mais und Bohnen umherschwirrten. Fünf Stunden später kam eine baufällige Stadt in Sicht, die ein Gürtel schwäriger Hügel umgab. Diese Hügel waren einst unverzichtbar gewesen, um den Wohlstand Nord- und Südamerikas abzuschöpfen. Vizekönig Toledo brachte das neueste Know-how dazu mit, wie man mittels Quecksilber Silber raffinieren konnte. Die Quecksilberminen von Huancavelica kurbelten die Produktion in den sagenhaften bolivianischen Minen von Potosí an. Man entriss dem Berg Potosí so viel Silber, dass er in der Höhe schrumpfte und durchlöchert war wie ein Bienenstock. Sechs Millionen Einheimische starben dort; sie nannten ihn Berg, der Menschen frisst. Heute wird in Huancavelica nur noch inoffiziell geschürft; ein paar Familien durchkämmen die verfallenden Stollen. Das ist eine riskante Arbeit: Die Erde ist vergiftet.

Die Stollen waren über einen steinernen, in den Fels geschnittenen Eingang zu betreten, über dem das Königliche Wappen prangte. Sklavenarbeiter brachen das Erz mit dem Brecheisen heraus. Jeder Schlag setzte vier verschiedene Gifte frei: zwei Quecksilber- und zwei Arsenarten. In die Gruben gezwängt, schufteten die Arbeiter wie die Ameisen, husteten Blut und Quecksilber, starben zu Tausenden, wodurch die Landbevölkerung im Umkreis von zig Kilometern dezimiert wurde. Der lange Brief des indigenen Schriftstellers Huamán Pomas an den König von Spanien machte diesem Mitteilung über Missbrauchsfälle, von denen er überzeugt war, der gute Monarch würde sie beheben, wenn nur seine Berater ihn über die Zustände in Peru korrekt informierten: ein gängiges

Fehlurteil über absolutistische Herrscher. Er machte klare Vor-
schläge, wie man die Bedingungen in den Minen verbessern könne:
»Der erste Punkt, Euer Majestät, wäre, der Praxis ein Ende zu setzen, Minenarbeiter mit dem Kopf nach unten aufzuhängen und
auszupeitschen, wobei ihre Geschlechtsteile in aller Öffentlichkeit herunterhängen.« Man kann sich des Gedankens nicht erwehren, dass dies ein außerordentlich sinnvoller Vorschlag für Ar-
beitsverhältnisse ganz allgemein ist.

In einem Seitensträßchen fand ich ein sonniges Hotelzimmer
und ging spazieren. Der koloniale Platz besaß stattliche Pinien
und einen kleinen, mehrstöckigen Springbrunnen. Schuldbewusst
lehnte ich das Angebot von ein paar Jungs ab, denen die Schuh-
creme bis zu den Armgelenken ging, mir die Stiefel zu putzen,
weil meine Stiefel mit einem Spezialwachs behandelt werden
mussten. Die Stadt war gespickt mit alten Kirchen in unterschiedlichen Zerfallsgraden. Und die Straßen waren voll von Abfall, den
Hunde beseitigten.

Am nächsten Tag traf eine kleine Schweizer Touristengruppe
ein. Das Gros der Touristen hat hinsichtlich des wirklichen Peru
Berührungsängste. Der Durchschnittstourist bleibt elf Tage und
besucht Lima, Cuzco und Machu Picchu. Für jene, die sich länger
aufhalten, haben die Reiseführer einiges im Repertoire. Im
Lonely Planet findet sich für jede Stadt der Eintrag »Gefahren
und Ärgernisse«, der alles Mögliche umfasst von der Höhenkrankheit bis zu Serienvergewaltigern, die in der Gegend ihr Un-
wesen treiben. Die Autoren bemühen sich pflichtgemäß, die Ru-
brik irgendwie zu füllen. Touristen werden ermutigt, Busse und
Taxis zu benutzen und nicht zu Fuß zu gehen, und sich auf Plätze zu konzentrieren, wo auch andere Touristen sind: Ein Gesicht
wie dein eigenes macht die Dinge leichter. Daher folgen Reise-
führer-Rucksacktouristen dem ›Gringo-Pfad‹ rauf und runter
durch Lateinamerika und besuchen dieselben schönen Ansichts-
kartenplätze, treffen bei jedem Halt dieselben Reisenden wieder

und vermeiden Serienvergewaltigungen nach neun Uhr abends. Reiseführer vereinfachen Reisen, aber sie begünstigen ›Honigtopf‹-Tourismus – auf zu den Hauptsehenswürdigkeiten einer Region. Folgte man dem Lonely Planet, so wäre das Einzige, was einem niemals zustieße: Alleinsein. Auf eintausendeinhundertzwanzig Kilometern Inka-Straßen habe ich nicht einen Touristen angetroffen. Sie laufen alle brav die achtundvierzig Kilometer Inka-Pfad nach Machu Picchu, täglich zweihundert.

Huancavelica liegt definitiv abseits des Gringo-Pfads, wird aber Reisenden mit etwas mehr Zeit wegen seines unberührten großen kolonialen Platzes empfohlen. Die Schweizer Gruppe bestand aus vier Männern und vier Frauen, die meisten von ihnen blond und tadellos. Wie viele Menschen, die in Gruppen hierher kommen, blieben sie immer zusammen. Einsame Touristen haben sich entweder verirrt oder warten vor der Toilette auf ihre Partner. Alle acht wirkten, als hätten sie sich verirrt. Sie vermieden Augenkontakt, sogar mit mir; sie sprachen alle Kommentare hinter vorgehaltener Hand in die ihnen gemeinsame Sphäre hinein. Da sie aus einem Land kamen, das seit drei oder vier Generationen wohlhabend ist, waren sie ausnahmslos groß gewachsen; die kleinste Frau war größer als jeder einheimische Mann. Da Hautkrebs unbeliebt war, trugen sie die Todesbleiche von Faktor 30, angewendet als Gesichtspackung. Sie trieben die Straßen entlang wie Aliens, die nicht recht wussten, ob sie lieber unsichtbar bleiben sollten oder nicht. Sie sahen nie glücklich aus.

Ich konnte mir allmählich denken, wie ich auf die Einheimischen wirkte: groß, weiß, bärtig, gut gekleidet von Kopf bis Fuß, reich. Was ist das für ein Job, »Schriftsteller«? Schreiben ist kein Job. Ich verfolge hier keinen Zweck. Warum gehe ich nicht zurück nach Inglaterra? Warum zahle ich nicht, was das mindeste wäre, dafür, dass man mir die Stiefel putzt?

Ich tat es. Sie strahlten. Jungs und Stiefel.

Zurück in Huancayo und nach einer noch längeren und holpri-
geren Rückfahrt mit dem Zug hieß Mike mich wieder im selben
Zimmer willkommen, in dessen Ecke Gepäck und Stock wie zwei
Freunde auf mich gewartet hatten. Er stellte mich Aldo, dem Besitzer, vor. Er war ein warmherziger, freundlicher Mann an die
vierzig. »Kommen Sie rein zu uns, zum Essen, wir kochen ein anständiges Huhn, nach einem Reisrezept aus dem mittleren Osten.«
    In einem Geschäft in Huancavelica hatte ich ein Buch mit
Schriften zu Ehren José Carlos Mariáteguis gekauft, eines Schriftstellers, der die Kommunistische Partei Perus gegründet hatte
und in einem Gedicht, das einem anderen Radikalen gewidmet
war, schrieb: »Du bist das Licht, das auf dem Pfad leuchtet.« Diese Stelle lieferte den Namen für die berüchtigte revolutionäre Bewegung Leuchtender Pfad.
    Ich las auf dem Sofa vor meinem Zimmer und nahm begierig
die Pracht des Gartens in mich auf. Er war eine Oase. Ich benei-
dete Aldo, der seiner Kunst frönte und in einem wunderschönen
alten Haus lebte.
    An diesem Abend kaufte ich Scotch Whisky, und wir blieben
auf und tranken. Mike holte eine winzige Flasche *caña* – zucker-
süß und beängstigend stark. Ich schaffte es irgendwie ins Bett und
erwachte erst gegen Nachmittag. Dann wieder um zwei, um vier
und um sechs Uhr. Ich war fix und fertig. Ich konnte gerade noch
das Haus verlassen, um Tee und Zuckerkuchen zu mir zu nehmen,
dann wankte ich zurück ins Bett und schlief weitere zwölf Stunden. Egal, was ich trinke, ich kann immer aufstehen. Also musste
ich mir irgendeinen Bazillus eingefangen haben. Natürlich lag es
nicht an der *caña*. Ehrenwort.
    Am nächsten Abend kochte ich für Aldo, Mike und ein paar
Freundinnen, deren gegenseitige Verbindungen mir unklar blieben. Ich vermisste richtiges Essen und einen Markt, der sich bog
unter all den Tieren, Früchten, Gemüsen und Gewürzen aus der
Sierra und von der Küste. Neben den traurigen Falken im Käfig

und den fetten Kaninchen, die nervös zu Letzteren hoch blickten, entdeckte ich alle Zutaten, die ich für ein indisches Gericht brauchte: Lamm Jalfrezi. Um vier Uhr begann ich, von einer Lammschulter Knochen und Rippen zu lösen. »Gibt es hier irgendwo ein scharfes Messer?«

Mike, nicht Aldo, riskierte einen Blick. »Möglicherweise nicht, die Wahrheit ist, er weiß im Augenblick selbst nicht, was noch da ist, seine Frau hat ihn vor einem Monat verlassen. Sie nahm irgendwelche Sachen mit, und er hat noch keine Ahnung, was alles.« Er erhob sich. »Ich weiß, wo!«

Er ging in sein Schlafzimmer und kam mit einem Armeemesser zurück.

Das Essen war für acht Uhr geplant, aber die Höhe kam uns in die Quere. Allein der Reis brauchte eine Stunde und vierzig Minuten. Wir aßen um elf. Ich weiß nicht, wieviel dieses Essen Aldo an Gasflaschen kostete. Irgendwann sagte Mike: »Ich muss dir was zeigen.« Er holte Fotos von einer großen, orangefarbenen Lokomotive, die am Rand der Eisenbahnlinie von Huancayo nach Huancavelica neben dem Gleis im Schotter stand.

»1998. Wir waren auf einer Tagestour hier. Eine der wenigen Stellen, an denen sie aus dem Gleis springen konnte, ohne dreihundert Meter hinunterzustürzen. Ich dachte, ich warte damit, bis du zurückkommst.«

In der Morgendämmerung bestieg ich den Bus nach Ayacucho. Es war die letzte richtige Stadt vor Cuzco und Mittelpunkt blühender Kulturen lange vor den Inka. Es war außerdem das Herzstück eines zwölf Jahre andauernden Terror-Feldzugs, der Peru in Blut tauchte und das Land ans Ende seiner Kräfte brachte, bis ein japanischer ehemaliger Akademiker die Macht übernahm.

Die Augen der Toten

Ayacuchos schlecht beleuchtete Straßen fühlten sich wie reinstes Mittelalter an, sie führten mich an grob behauenen Steinmauern entlang, die von dramatischen steinernen Torbögen durchbrochen waren, an klobigen, mit Messingziernägeln und Eisenriegeln ausgestatteten Türen vorbei zum Hauptplatz. Es herrschte eine geschäftige Atmosphäre, wie sie Menschen erzeugen, die sich zielgerichtet bewegen, als wäre Zeit ein knappes Gut. Der koloniale Platz enthüllte spannende Eindrücke von Inka-gebautem Mauerwerk, das in Erdgeschosswänden verborgen lag. Unter effektvollen schwarz-weißen Chiaroscuro-Kolonnaden aßen gut gekleidete Menschen Dinge, die alles andere als Hühnchen mit Pommes waren, schlürften Rotwein, und tupften weiße Servietten an ihre Lippen, die dann kleine rosa Flecken hinterließen. Ich mischte mich unter sie. Ein Jahrzehnt früher, und wir wären allesamt als Bourgeois selbst abgeschlachtet worden.

Politik – wie Natur – verabscheut das Vakuum. Eine Regierung, die einen Teil ihrer Bürger ignoriert, schenkt sie ihren Feinden. In Lima haben aufeinanderfolgende Regierungen die Hochebenen überhaupt nicht zur Kenntnis genommen, insbesondere nicht die südlichen Hochebenen. Ayacucho bedeutet Nische der Toten, und es hatte sich zu einem Zentrum des Widerstands gegen diese Diskrimierung entwickelt. In den 1960er-Jahren lag hier eine der ärmsten und rückständigsten Gegenden des Landes. Fast siebzig Prozent der Bevölkerung waren Analphabeten, und die Kindersterblichkeit war die höchste der Welt. Eines der wenigen Dinge, die Lima jemals gemacht hat, um diese Region voranzubringen, war die Wiedereröffnung der Universität im Jahr 1959: Eine Ironie, denn in die philosophische Fakultät kam Abimael Guzmán. 1934 in einem Weiler nahe der im Süden gelegenen Stadt Arequipa geboren, war er der uneheliche Sohn eines Großhändlers aus der Mittelschicht. Er beklagte sich, dass sein Vater ihm keine Privatschule bezahlen wollte. Aber er verfügte immer über mehr Taschengeld als andere Studenten, das er aber nicht mit ihnen teilte, sondern in Eiscreme anlegte. Andere peruanische Revolutionäre streuten ihre Argumente unter den Intellektuellen oder gingen auf die Minen- und Fabrikarbeiter zu, Guzmán jedoch mobilisierte die armen Bauern. Die Bildung, die der Leuchtende Pfad ihnen zukommen ließ, war nicht selten ihre erste überhaupt.

An einem gruseligen Morgen des Jahres 1980, am zweiten Weihnachtsfeiertag, gingen sie in Lima an die Öffentlichkeit. Die Stadt erwachte und fand schwarze Hunde, die mit durchschnittenen Kehlen an den Laternenmasten der Hauptstadt hingen, unter Plakaten mit der Aufschrift »Hurensohn«. Es war eine grobschlächtige Attacke gegen Deng Xiaoping, der die chinesischen Reformen der Mao-Doktrin anführte. Der Leuchtende Pfad hatte nicht genügend schwarze Hunde zum Abschlachten finden können und malte daher andere Hunde schwarz an, bevor man ihnen die Kehlen durchschnitt. Guzmán war kein Anthropologe, aber durch einen glücklichen Zufall hatte er ur-andine Saiten zum Klingen gebracht: Die Wanka huldigten einem Hundegott, und die Opferung von Hunden war ein verbreitetes Ritual. Hätte er die indigene Kultur wirklich verstanden und seine Symbole wirkungsvoll ausgebeutet – das Land hätte ihm gehört.

José Carlos Mariátegui, dessen Gedicht der Leuchtende Pfad seinen Namen verdankt, hatte argumentiert: »Die Kraft der Revolutionäre liegt nicht in ihrer Ausbildung; sie liegt in ihrem Glauben, ihrer Leidenschaft, ihrem Willen. Es ist eine religiöse, mystische, spirituelle Kraft. Es ist die Kraft des Mythos.« Das maoistische Ideal, demzufolge der Kampf mit Utopia belohnt wurde, harmonierte mit andinen Glaubensvorstellungen von einer zyklischen Zeit, in der unterschiedliche historische Epochen durch *pachakuti*, Episoden gewaltsamer Umstürze, unterbrochen waren. Noch weitere Mythen wurden durch den Leuchtenden

Pfad wieder zum Leben erweckt: So die, dass weiße Männer He-
xer waren, *pishtacos*, die Indios wegen ihres Körperfetts töteten,
eine Vorstellung, in der die reale Ausbeutung zum mythischen
Bild geronnen war. Von nun an bedeutete, jemanden einen *pishta-
co* zu nennen, dessen Todesurteil auszusprechen. Neben dem po-
litischen Bildungsangebot gewann der Leuchtende Pfad die Unterstützung der Bauern, indem er ihnen bewaffneten Schutz gegen
die Kokainhändler bot. Er kassierte von den Händlern jährlich bis
zu dreißig Millionen Dollar für deren Geschäfte mit den Koka-
bauern. Die Pflanzer lernten, dass sie dem Leuchtenden Pfad
mehr vertrauen konnten als der Polizei, die mit den Drogenbaro-
nen oft selbst Geschäfte machte. Das Kerngeschäft des Leuchtenden Pfads war es aber, den Staat zu zerstören, um so den Boden
für die Revolution zu bereiten, in Peru und überall auf der Welt.
Guzmán und seine Gefolgsleute eroberten Ayacucho im März
1982 und öffneten die Gefängnisse. Guzmán zog sich im Anschluss sofort wieder zurück; am Ende des Jahres traute sich die
Polizei nicht mehr in ländliche Gebiete und betrank sich lieber in
der Stadt mit Prostituierten. Die Regierung enthob die zivile Polizei ihrer Zuständigkeit im Antiterrorkampf und übergab diese
der Armee. Man wollte Ergebnisse sehen, die Mittel waren egal.
Die Armee bewies, dass sich mit größeren Ressourcen die grobe
taktische Fehleinschätzung der Polizei im größeren Maßstab wiederholen ließ. Ein Krieg brach aus, der in den ersten drei Jahren
zweihundert Menschen das Leben kostete und es in den beiden
Folgejahren auf siebentausend Tote brachte. Der Touristenzug
nach Machu Picchu wurde in die Luft gejagt, wobei nicht nur sieben Passagiere starben, sondern auch Perus am raschesten expandierende Wirtschaftsbranche ruiniert wurde. Man fand Journalisten und ausländische Wanderer, die rituell umgebracht und mit
dem Gesicht nach unten begraben worden waren, die Augen her-
ausgebohrt und die leeren Höhlen mit Korken verschlossen, um
zu verhindern, dass ihre Geister die Killer wiedererkannten. Ihre

Knöchel wurden gebrochen, sodass sie ihren Mördern nicht folgen und sie heimsuchen, die Zungen herausgeschnitten, damit sie nicht ihre Namen verraten konnten. Ende des Jahres 1991 erklärte ein US-amerikanischer Risikoversicherer Peru zum für Investitionen risikoreichsten Land der Welt. Die Wirtschaft lag darnieder, und das Gesundheitswesen war so marode, dass die Cholera, eine Krankheit, die man in Peru seit dem 19. Jahrhundert nicht mehr gekannt hatte, eine Viertelmillion Einwohner hinstreckte.

Der Amtsantritt von Präsident Fujimori im Jahr 1990 signalisierte einen weit entschiedeneren Angriff auf den Leuchtenden Pfad. Die Lösung war nicht der große Endkampf der Waffen, sondern eine unspektakuläre Festnahme, der Lohn für unglamouröse, mühsam-sorgfältige Polizeiarbeit. 1992 folgten Detektive einem Mitglied des Leuchtenden Pfads zu seinem Unterschlupf in einem Vorort von Lima. Im Hausmüll fanden die Ermittler die Zigarettenmarke, die Guzmán rauchte, und leere Tuben der Creme, die er gegen seine Schuppenflechte benutzte. Guzmán trat ohne viel Aufhebens ab und wies seine Anhänger an, den Kampf aufzugeben. Im Kielwasser seiner fünfzehnjährigen Wirkungszeit hinterließ er fünfunddreißigtausend Tote und ein armes Land, das jetzt noch um weitere fünfundzwanzig Milliarden Dollar ärmer war.

Als letzten Schritt meiner Reise wollte ich morgen den Sonnentempel in Cuzco betreten: das Allerheiligste des Inka-Reichs, wo der Sonnensohn auf Erden wandelte – und mich dann aus dem Staub machen. Noch eine letzte Nacht, um Ayacucho Lebwohl zu sagen. Auf dem Hauptplatz ging in der großen Kathedrale eine Messe zu Ende; hinter dem Bauwerk hing eine orangene Wolkenwand wie gefrorene Brandung. Ich lief ihr entgegen, hinaus durch die Vororte, in die umliegende Wüste. Dies sind die Nächte, wenn die Berge träumen. Ein Meteorit bohrt seine Hitze in den Wüstensand, und eine Eidechse kickt ein wenig Staub über den weither, vom Stern, gereisten Hämatit.

4.
DAS HEILIGE TAL: VON CUZCO BIS PISCO

Heiliger Falke

Die Straße nach Süden in Richtung Cuzco umfährt die kleine Stadt, die heute Vilcashuamán, Heiliger Falke, heißt und die ich mir nicht entgehen lassen wollte. Von Ayacucho aus konnte ich morgens hinfahren, über Nacht bleiben und am nächsten Tag zurückfahren. Vilcashuamán wurde auf dem Kreuzungspunkt des Camino Real mit der Straße, die von Cuzco zur Küste führt, errichtet und galt als Mittelpunkt des Reiches. Die ersten zwei Stunden kletterte der ramponierte Toyota-Minibus nur bergauf. Auf dem Altiplano, in fast viertausendzweihundert Metern Höhe, war eine Bauernfamilie am Ufer eines Flusses dabei, barfuß *chuños* zu treten. Auf den großen Höhen wachsen zwei Sorten Kartoffeln; beide enthalten viele Alkaloide und schmecken daher bitter. Die Andenbewohner lassen die geernteten Kartoffeln über Nacht liegen, damit sie gefrieren, bevor sie dann auf ihnen herumtrampeln und sie in fließendes Wasser legen, damit sie nach und nach ihre Alkaloide verlieren. Nach drei Wochen werden sie eingesammelt und in der Sonne getrocknet. Als ich sie das erste Mal aß, dachte ich, es wären zu kurz in Wasser eingeweichte, getrocknete Nieren. Man muss wahrscheinlich auf den Geschmack kommen, was mir bisher nicht gelungen ist.

Kleine Gruppen von Flamingos sprenkelten die Seen. Magellan-Drosseln betupften die gelben Blüten von Opuntien oder Kaktusfeigen. Im Bus war es heiß, und er war überfüllt. Zuerst schliefen die Babys ein, dann die älteren Leute, dann die Männer, die von der Arbeit nach Hause kamen, dann das neugeborene Lamm, das ein Mann mit dem abwesenden Blick eines Farmpächters bei sich hatte, und das nun, eingepackt in seine Windjacke, an seinem Daumen nuckelte. Dann ich.

Vilcashuamán liegt auf einer Felsleiste, von der man auf zwei große Täler hinunterblickt. Zu Inka-Zeiten beherbergte es siebenhundert Haushalte und Paläste, die so prunkvoll waren, dass man allein vierzig Männer als Pförtner beschäftigte. Der große Platz ist modernisiert worden; die leidlich passable Statue eines Inka-Königs mit allen Insignien thront als Herzstück darüber. Das Städtchen hat angeblich viertausend Einwohner, doch hätte man mir gesagt, achthundert, wäre mir das glaubhafter erschienen. An der Stirnseite des Platzes befanden sich die Ruinen des Sonnen- und Mondtempels. Das goldene Bild der Sonne, das einmal hier gestanden hatte, war eines der großartigsten in ganz Peru gewesen. Der Komplex erhebt sich über vier unregelmäßige Terrassen, deren unterste aus exquisit eingepassten, polygonalen Steinen gefertigt ist und als Stützmauer fungiert. Oberhalb der Terrassen steht die Pfarrkirche für Johannes den Täufer, ein steinerner Schuppen mit einer wie angepappt aussehenden Fassade zum Platz, kitschig und billig. Hätte die katholische Kirche einen Rest an Schamgefühl, würde sie das Gotteshaus abreißen.

Kleine Kinder kamen zu mir gerannt und fragten, ob ich den Affen oder das Lama gesehen hätte: kaum erkennbare Gravuren in den Steinen, die hier überall verstreut sind. Sie zogen mich am Ärmel herum; es war eine angenehme Stadt zum Umherschlendern, mit unverhofften Ansichten auf Terrassenlandschaften, wie sie den einst viel größeren Inka-Platz umgeben haben. Auf einer der Terrassen streckte sich eine alte Frau, um Grasbüschel für ihre zwei Esel zu rupfen. Da ich an das bessere Gras hinaufreichen konnte, ging ich zu ihr und half ihr. Sie sprach nur Quechua, und ein Gaumenfehler verursachte eine schwere Sprachbehinderung. Sie schnatterte drauflos, während ich lächelte und ihre rote Schürze mit Grünzeug füllte.

Man lernt verschiedene Grade von Armut unterscheiden. Die Menschen in Vilcashuamán waren *sehr* arm. Die meisten hier trugen Kleider, deren Ränder und Aufschläge zerlumpt waren. Löcher in Wollkleidung wurden nicht gestopft, die Schuhe waren abgewetzt oder aufgerissen. Manche Männer lehnten an den Wänden,

sonnten sich oder hoben Brennholz auf dürre Esel; viele standen
aber einfach da und starrten wie das liebe Vieh geradeaus. Es gab
nichts für sie zu tun. Mit ein paar Sol konnte man eine Flasche Vergessen kaufen. Ein betrunkener Soldat torkelte hinter mir her, sein
aufgedunsenes Gesicht hatte den Farbton eines frisch geschlage-
nen blauen Auges. Sein rauer Bariton, von Zigaretten und Spirituosen abgeraspelt, bellte mich an, stehen zu bleiben und mit ihm zu
sprechen, ein wenig von seiner Zeit totzuschlagen, den Stummel
seiner Langeweile auszudrücken.

Ich rettete mich in einen Lebensmittelladen und trank am
Tresen Bier mit dem vierzigjährigen Besitzer. Er versuchte gerade, den Lieblingspapagei seiner Tochter von den Kornsäcken
fernzuhalten.

»Scheint, dass es hier nicht allzu viel Geld gibt«, sagte ich.

»Es gibt jetzt viel mehr als früher.«

»Und wofür wird es verwendet?«

»Nun, sie haben den Platz renoviert und die Statue aufgestellt«, meinte er ein wenig verschämt, »das ist es dann.«

Am nächsten Morgen erwachte ich noch bei Dunkelheit und
ging unten über den Platz. Eine schwarze Gasse führte auf einen
gepflasterten Hof, der Ima Sumaq, schöner Ort, genannt wurde.
Ein alter Mann im Poncho kauerte halb schlafend am Fuß eines
Torbogens. Ich ging hindurch und die steilen Steinstufen hinauf
zur Spitze der einzigen unversehrten Stufenpyramide in Peru. Sie
ist fünfzehn Meter hoch und in nahezu allen Details erhalten. Die
hohen Steinstufen sind für Sterbliche eine Spur zu groß. Oben
steht ein nach Osten gerichteter schlichter Doppelsitz aus einem
einzelnen Steinblock: der Thron des Inka-Fürsten. Er war einst
für Pachakuti Inka Yupanqui, der diesen Tempel zwei Generationen vor der Conquista errichten ließ, mit Gold belegt und mit
prächtigen Steinen geschmückt worden. Yupanqui war groß und
rundgesichtig, besaß einen üblen Charakter und liebte den Krieg;
des Weiteren war er ein Vielfraß und Säufer. Er hat diese Region

dem Reich einverleibt, indem er die Einheimischen belagerte und
aushungerte, die ihre Stellung auf diesem hohen und leicht zu ver-
teidigenden Felsvorsprung befestigt hatten. Cieza de León hatte
von zwei verschiedenen Versionen der Kapitulation gehört: Alle
Einwohner wurden getötet, beziehungsweise alle Einwohner blieben verschont.

Die Dunkelheit ließ nach, Hähne krähten, doch im Osten der
Stadt war die Sonne noch immer nicht über die Hügel gestiegen. In
den Höfen konnte ich jetzt in der Morgenluft die Atemstöße der
Tiere sehen. Ich wartete, ganz allein auf dem kalten Inka-Thron
sitzend, und beobachtete, wie der Rand des Hügels zu flimmern,
dann zu brennen begann. Über einhundertachtzigtausend Morgen-
dämmerungen hat dieser heilige Sitz gesehen. Bald darauf erschien
der Sonnengott. Ich schloss die Augen und hieß die Wärme willkommen.

Bevor ich nach Ayacucho zurückfuhr, legte ich in einem Dorf
namens Vischongo einen Zwischenstopp ein, nur wenige Kilometer talaufwärts. Eine kurze Straße endete auf einem winzigen
Platz, der eine Art Formschnitt-Labyrinth war. Ich brauchte einen einheimischen Guide, der mich auf die Anhöhe Titankayo'q
brachte. Ich trank draußen vor einem Laden Limonade und saß
auf hausgemachtem Mobiliar aus starken, runden, von Tropfen-
mustern übersäten Pfählen. Es war kein Baumholz; die Pfähle waren aus *Puya raimondii* gemacht, eine der weltweit ältesten Pflanzen und die weltgrößte Bromelienart, eine Familie, der auch die
Ananas zugehört. Die Pflanze bildet den längsten Blütenstand der
Welt. Sie braucht hundert Jahre, um schließlich einen riesigen
blühenden Speer über neun Meter hoch in die Luft zu treiben, der
an die zwanzigtausend Blüten trägt. Er hält sich drei Monate, in
denen ihn ganze Wolken von Kolibris umschwirren. Dann hat
sich seine Energie in diesem titanischen Aufblühen erschöpft,
und er stirbt ab. Im 19. Jahrhundert wurde er von dem italienischen Geografen und Naturalisten Antonio Raimondi entdeckt,

einem Mann, der dadurch sehr bekannt wurde, dass er die Kluft
zwischen Perus reicher Vergangenheit und seiner ärmlichen Gegenwart hervorhob und die Peruaner als »Bettler auf goldenen
Schemeln« bezeichnete.

Der vierzehnjährige Eduardo und der zwölfjährige Francisco
waren einverstanden, beim Straßenfußball eine Halbzeitpause
einzulegen und mir den weltgrößten Wald mit *Puya raimondii* zu
zeigen. Wir kletterten zu einer verborgenen Schlucht namens
Cceullaccocha und folgten einem Bewässerungskanal, der in einiger Höhe seitlich nach oben verlief. In der Luft surrten Insekten-
schwärme, darunter auch riesige Bienen. Nach einer Stunde rief
Eduardo: »Da!« Hoch oben auf einem Bergrücken auf der anderen
Talseite, der auf unheimliche Weise an Arthur Conan Doyles Roman »Die vergessene Welt« erinnerte, sah man gegen den Himmel die Silhouette einer Pflanze von der Größe einer jungen Pal-
me. Eine einzelne Kugel säbelförmiger Blätter brach aus der
Spitze eines gedrungenen Stammes.

Es war früh im August, der Höhepunkt der Trockenzeit. Wir
waren neunhundert Meter hochgeklettert, überwiegend in einer
Hitze, die von keinem Luftzug gemildert wurde. Noch zwanzig Minuten krabbelten wir weiter nach oben; die Steigung war steil wie
eine Leiter, dann standen wir vor unserem ersten Sämling. Er war
fußballgroß und würde erst noch einen Stamm hervorbringen, aber
schon jetzt bedeckten rasiermesserscharfe Stacheln die rot-grünen
Blätter. Eduardo kletterte voraus, doch dem jüngeren Francisco
und mir machten Anstrengung und Höhe schwer zu schaffen. Über
uns sahen wir jetzt Haine dieser seltsamen Gewächse mit elefan-
tenrüsselförmigen Stämmen und seeigelartigen Kronen.

»Willst du noch weiter?«, rief Eduardo. »Dichter stehen sie
nirgends.«

So interessant alle möglichen Aspekte über diese Pflanzen sein
mochten, es gab einen Grund, warum ich mich mühevoll hier her-
aufgeplagt hatte und sie aus der Nähe sehen wollte. »Ich würde gern

eine sehen, die blüht«, sagte ich. Eduardo walzte meine Ambitionen mit einem Wort nieder: »September«, rief er, »sie blühen nicht vor September.« Ich wusste, dass sie zeitlich versetzt blühten, dass jede Pflanze in mehreren Wellen Blüten ausbildete und dass sie ihre Früchte in die trockenen, offenen Lichtungen verstreute. Aber ich hatte nicht gewusst, dass das Ganze jahreszeitlich gebunden war. Wenn es schon, dachte ich, keine Blüten zu sehen gab, wollte ich mir zumindest nicht den Gesamtanblick des Waldes entgehen lassen. Bald waren wir über die steilen Talränder hinweg und kamen auf gemäßigt ansteigenden Hängen heraus. Es fällt in Peru überhaupt nicht schwer, sich vorzustellen, man besuchte einen fremden Planeten mit fremden Lebensformen. Wir befanden uns auf einem breiten Finger des Hochlands, der mit zahlreichen anderen in Verbindung stand. Sie waren mit den zweihunderttausend Exemplaren bedeckt, die hier zu überleben gelernt haben. Wie bei Dattelpalmen besteht der äußere Teil der Stämme aus den Stielen abgefallener Blätter, die einander wie Fischschuppen überlappen. Diese Umhüllung bietet eine hohe Widerstandskraft gegenüber ihrem Hauptfeind, dem Feuer. Doch die Menschen fanden heraus, dass das faserige Mark brennbar ist. In einem Land mit wenig Nutzholz wird diese einzigartige Ressource gefällt und als Brennmaterial genutzt.

Durch den offenen Wald drang ein Geräusch herüber, das ich noch nie gehört hatte. Wenn die Luft fast stillstand, klang es wie das Flüstern von trockenen Zungen. Blies der Wind von den öden, kahlen Berggipfeln herunter, dann war das Rascheln der harten, scharfen Blätter plötzlich überall und umzingelte uns; eine Totenarmee aus lang vergangenen Zeiten versuchte, ihre mürben Schwerter aus den Scheiden zu ziehen.

Und dann schrien Eduardo und ich gleichzeitig und zeigten mit dem Finger: »Blüten!«

Drei der Pflanzen blühten. Ich schwöre, dass ich trotz der Höhe rannte.

»So früh! Sie waren vergangene Woche noch nicht da, als wir hier langgegangen sind, da war nichts!«

Die höchste Spitze war drei Meter hoch, die Blüten waren noch fest geschlossen, aber ich hatte sie gesehen. Der hervortreibende Blütenstand hatte die Farbe junger Weißdornblätter. Ich schaute mich um und sah ein Panorama, das ich bald hinter mir lassen würde: Kilometerweit nichts als Berge. Wir stiegen unter schmerzhaftem Protest meiner Füße wieder bergab.

Der große Sprecher

Von Ayacucho aus machte ich kurze Ausflüge in die alte Wa-
ri-Hauptstadt, wo auf einem kahlen Hügel Ruinen wucherten, die
erst teilweise ausgegraben waren. Mittendrin steht ein merkwürdiger, D-förmiger Tempel mit einem Innenhof, der einst überflu-
tet gewesen sein mochte. Die hier ansässigen Wari hatten eine
reiche lokale Kultur hervorgebracht, gingen aber vermutlich aufgrund einer über Jahre anhaltenden El-Niño-Katastrophe unter.

Der nächste Bus brachte mich ins kleine Quinua. Ende 1824
pirschten sich die überlegenen spanischen Streitkräfte hier an
die republikanische Armee heran, die von Sucre geführt wurde,
einem der fähigsten und loyalsten Generäle Bolívars. Als Sucre
Quinua erreichte, war er das Weglaufen leid. Am 9. Dezember
1824 richtete er seine patriotischen fünftausendachthundert
Mann samt einer einzigen Kanone gegen neuntausenddreihun-
dert Spanier mit elf Kanonen, die die Anhöhe auf einer kleinen
Bergzunge über dem Tal in Besitz genommen hatten. Condor-
cunca hieß sie, dem Kondor würdig. Die spanische Armee wurde von Vizekönig La Serna persönlich befehligt, der direkt dem
König verantwortlich war. Der spanische Schlachtplan war ein-
wandfrei. Ihre Infanterie würde den schwächsten Punkt der Pa-
trioten angreifen: die rechte Flanke. Dann, wenn Sucre seine
Truppen aus dem Zentrum dorthin verschieben würde, um die
schwächelnde Flanke zu stützen, sollte die spanische Kavallerie
die ausgedünnte Mitte attackieren.

Im Zentrum der Patrioten-Armee wartete Sucres jüngster General mit Namen Córdoba auf dem Rücken seines Pferdes vor seinem Infanterieregiment. Die Schlacht begann wie geplant, bis die
spanische Kavallerie siegeshungrig angriff, noch bevor Sucre den
Truppentransfer zur Flanke hin bewerkstelligt hatte. Als er das
Spiel durchschaute, befahl Sucre seinen Männern im Zentrum,

durchzuhalten, und der schwachen Flanke, todesmutig zu kämpfen. In einem atemberaubenden Exempel von Führungsstärke
stieg der junge Córdoba vor seiner Infanterie ab, tötete sein eigenes Pferd und erklärte: »Ich will keine Fluchthilfe aus dieser
Schlacht. Vorwärts, Sieg!« Der spanische Kavallerieangriff traf auf
keine sich wegduckende, schwächliche Fußtruppe, sondern eine
Phalanx von Männern, die ihnen mit langen Lanzen entgegen-
stürzten und ihre Pferde abstachen. Mit Todesverachtung stießen die tapferen Kerle mitten durch die Reiterei und kamen auf
der anderen Seite wieder heraus. In einer halben Stunde fochten
sie sich bis oben auf den Hügel und nahmen die spanische Artille-
rie in Beschlag. Die Schlacht gewann Sucre, sie gab der Befrei-
ungsbewegung einen nicht mehr zu bremsenden Auftrieb und
entschied so das Schicksal der Spanier in Amerika. Ein Weltreich
ergab sich, die Unabhängigkeit war erreicht.

Das Dorf Quinua ist danach wieder in tiefen Schlaf gefallen. Im
nackten Raum eines bescheidenen Hauses auf dem hübschen
Dorfplatz steht ein breiter Steinpfosten, auf dem man die spanische Kapitulation unterzeichnet hatte; er ist dunkel von den Fett-
spuren unzähliger liebevoller Berührungen. Ich fügte die meine
hinzu. Die südamerikanischen Befreier hatten ihre ideologischen
Wurzeln in der europäischen Aufklärung, bei Montesquieu,
Voltaire und allen voran Jean-Jacques Rousseau. Sie versuchten,
die europäischen Lösungen in vergröberter Weise auf gerade ent-
stehende Nationen mit einer Vielzahl von Ethnien, Stämmen und
Kulturen anzuwenden, deren jede ihre eigene Geschichte hatte.
Die lokalen Anführer hielten rasch viel Macht in ihren Händen.
Viele waren auch einfach Schlägertypen; als die Eltern des Muskel-
mannes Juan Facundo Quiroga sich weigerten, ihm Geld zu leihen,
setzte er kurzerhand ihr Haus in Brand. Männer wie er suchten
Machtfülle, nicht Demokratie und Freiheit. Und was die *indígenas*
betrifft – von den abgegriffenen Bänden der Aufklärungsliteratur,
die die Schreibtische der Befreier zierten, hatten sie so gut wie

nichts: Montesquieu, Hume und Bacon leugneten, dass Indios
Menschen seien. Es war also nur konsequent, dass die erste Verfas-
sung ihnen das Erlernen des Lesens und Schreibens, den Besitz von
Land und die Ausübung jedweden einträglichen Berufs verbot. Die
Sklaverei wurde kurzzeitig abgeschafft, aber dann wieder aus der
Furcht heraus eingeführt, dass die peruanische Wirtschaft nicht
beides, Profite und Löhne, zu erbringen in der Lage wäre. Für die
einfachen Menschen in den Gebirgen änderte das Jahrhundert der
Befreiung, wie auch das darauffolgende, wenig.

Nach viereinhalb Monaten Reise waren es noch zwei Tage bis
zu meinem letzten Ziel, der heiligen Stadt Cuzco. Um sechs Uhr
morgens stand ich im staubigen Hof von ›Chankas Transportes‹
und sah, wie sich über den einzigartig blauen Himmel im Osten
ein Hauch von Rosa zu legen begann. Wir waren noch im Stadtge-
biet, als der Bus wegen eines Problems mit der Kupplung anhielt,
das mithilfe eines Hammers aber rasch behoben war. Kurze Zeit
später hielt der Fahrer wieder an, um eine Schraube aus einem
Reifen zu ziehen, dessen Profil glatt wie eine Billardkugel war. Als
wir die Stadt endlich hinter uns ließen, starrte ein alter Mann am
Wegrand den Bus an: Er sah mich und strich sich mit dem Finger
über die Kehle.

Wir kletterten höher und höher, über Abgründe, bei deren
Anblick ich wieder und wieder an die blanken Reifenprofile denken musste. Die südliche Sierra ist reich an Kakteen. Die *Opuntia
floccosa*-Arten sahen aus wie kleine Igel, die man in Baumwollwat-
te gewickelt hatte. Alpakas waren häufig zu sehen, die am wenigs-
ten elegante der südamerikanischen Kamelsorten. Ein Tourist
fragte mich: »Worin unterscheiden sich Lamas von Alpakas?« Ich
schlug vor: »Wenn es wie ein Lama aussieht, ist es ein Lama.
Wenn es aussieht wie ein schlecht angezogener Mann in einer
ramponierten Lamajacke, ist es ein Alpaka.« Am späten Nachmittag tauchten wir durch die unteren Schichten lockerer Altocumu-
luswolken, dann in die Sonne über ihnen. Die nahen Berge waren

grün, die weiter entfernten Gipfel erstrahlten in einem kühlen Vergissmeinnichtblau, und dahinter, vielleicht siebzig Kilometer weiter, funkelten bereits erste Umrisse einsamer Festungen in dezentem Purpur. Wir fuhren wieder durch die Wolken bergab und traten in die Nacht ein.

Ich verbrachte nur wegen des komfortablen Hotels einen Tag in Andahuaylas. Es gab hier nichts zu tun, also las ich noch einmal meine Notizen zu den Chronisten und träumte von Cuzco. Ein weiteres Morgengrauen, ein weiterer Busbahnhof. Der junge Fahrer kam vierzig Minuten zu spät und mit ungekämmtem Haar: »Tut mir leid, hab verschlafen!« Er fuhr sofort los. Wir kletterten aus einem üppigen Tal aufwärts, wo auf einem leuchtenden Grasflecken eine Frau stand, die ihr Baby im Tragetuch auf ihrem Rücken trug. Nur ihre Finger bewegten sich: Sie spannen braune Wolle. Ein Mann und ein Junge holten Erdklumpen aus einem Bewässerungskanal. Dunkle, nasse Adobe-Ziegel lagen zum Trocknen aus, wie faseriger Lakritz. Ich sah das alles von oben, der Deckel über ihrem Lebensraum war für Augenblicke hochgehoben, dann fiel mein Blick über die Schulter des Hügels hinweg auf die braune Hochebene.

Die Fahrt von Andahuaylas nach Abancay ging mit derart gewaltsamen Höhenschwankungen einher, dass viele der Einheimischen sich übergeben mussten. Wenn man sich irgendwo in der Welt auf einer Busfahrt eine ernsthafte Thrombose holt, dann hier. Eine Mutter rannte mit ihrer Tochter einen Hügel herab zur Bushaltestelle und signalisierte dem Fahrer außer Atem, anzuhalten. Sie waren dreckig von der Feldarbeit, trugen einen Fußpflug und eine Kanne, die mit dem Stumpf eines Maiskolbens verstöpselt war. Beim nächsten Stopp kletterte eine junge Mutter an Bord, in makelloser, traditioneller Kleidung. Sie hatte ihrem Baby ein weißes Spitzenhäubchen aufgesetzt und es in eine moderne, westliche Babytrage geschnallt. Wir befanden uns auf dem Weg von der ländlichen Vergangenheit in die neue Touristen-Dollar-Quelle Cuzco.

Etwa dreißig Kilometer vor Abancay trafen wir auf den Fluss
Apurímac, was Großer Sprecher oder Sprechender Gott bedeutet. In einer trockenen Schlucht thronten die Kandelaberarme
der Saguaro-Kakteen über zerklüfteten Felsen. Jetzt am Ende der
Trockenzeit begann der Große Sprecher zu flüstern. Die Schlucht
unmittelbar vor uns überquerte einst die berühmteste Brücke
Amerikas: der Puente de San Luis Rey. Sie erlangte ihren Ruhm
als Nachfolgekonstruktion der ursprünglichen Inka-Hängebrü-
cke, die aus Kaktusfaserseilen gewoben war. Um 1350 erbaut, war
sie zwischen Cuzco und Cajamarca der Viadukt mit der größten
Spannweite. Er war vierundvierzig Meter lang und hing sechsund-
dreißig Meter über dem reißenden Fluss, dessen Wasser bei einem Gebirgssturm in einer Nacht um zwölf Meter ansteigen
konnte. Zu Inka-Zeiten hingen sogar zwei Überwege nebeneinander, eine für den Inka höchstselbst und die andere für die Normalsterblichen. Die Seile, die sie hielten, waren so dick wie Män-
nerleiber und wurden alle zwei Jahre erneuert. Sie waren an
Felsplattformen befestigt, die man aus den Wänden der Schlucht
gemeißelt hatte und die über Tunnel zugänglich waren. Auf einer
Seite stand eines der größten Heiligtümer des Reiches, das zudem
ein berühmtes Orakel war, mit Götzenbildern, die in goldene Ro-
ben gekleidet und mit menschlichem Blut überzogen waren. Als
die Spanier den Tempel umzingelt hatten, stürzte sich die Priesterin als Opfer für den Flussdämon in die Fluten. Der Ruf der Anlage als Wunder der Neuen Welt trug so weit, dass Hiram Bingham, der Wiederentdecker von Machu Picchu, sagte, sie sei für
ihn einer der Hauptgründe gewesen, nach Peru zu gehen.

Doch was die Brücke am berühmtesten machte, war ihr Einsturz. Eines heißen Freitagmittags, am 20. Juli 1714, stürzte sie
ohne Vorwarnung in sich zusammen und riss fünf Menschen in
den Tod. Das Unglück wurde von Bruder Juniper, einem kleinen,
rothaarigen Franziskanermönch aus Norditalien, von einem Berg
aus beobachtet. Fünf Minuten später hätte er selbst auf der Brü-

cke gestanden. Das war ein Zeichen Gottes – fünf andere Menschen starben: Warum sie? Er entschied, es sei ein Experiment,
um Gottes Willen herauszufinden. Thornton Wilder schrieb in
seinem großartigen Buch »Die Brücke von San Luis Rey« über ihren Zusammenbruch: »Es war höchste Zeit für die Theologie, ihren Platz unter den exakten Wissenschaften einzunehmen. Wenn
es irgendeinen Plan im Universum gab, wenn es einen Plan in einem Menschenleben gab, müsste er als geheimnisvoll latenter
Zug in diesen plötzlichen Todesfällen zu entdecken sein.« Juniper
schrieb ein dickes Buch, das mit minuziöser Genauigkeit die Ereignisse in diesen fünf Leben über sechs Jahre hinweg dokumentierte, und kam zu dem Schluss, dass in diesem Gottesakt keine
Spur einer Belohnung für einen Verdienst oder einer Strafe für
eine Sünde zu erkennen sei. Tatsächlich scheine es, wenn man ihr
Leben und andere Todesfälle untersuchte, als erwische es eher die
Rechtschaffenen. Die Inquisition las das Buch mit großem Interesse und ordnete an, dass es zusammen mit Bruder Juniper auf
dem großen Platz in Lima verbrannt werden sollte, was auch geschah.

Kurz nach fünf Uhr erschien das Wort Cuzco, auf die braune
Mauer eines Adobe-Hauses gemalt. Wir erklommen den Hügel.
Unten füllte die Stadt vor uns die Talsohle aus, die Vororte wuchsen an den umlaufenden Hängen empor. Die Westseite lag schon
im Schatten, und die Seitentäler zeigten schattige Riffelungen,
aber die Terrakotta-Dächer der Altstadt und die sonnengebade-
ten Steinmauern glänzten im letzten warmen, rot glühenden
Licht. Das wunderschöne alte Cuzco ist die einzige Stadt in Peru,
in der ich leben könnte.

Der August ist der geschäftigste Monat in der Metropole. In
fünf Minuten sah ich mehr Touristen als in allen fünf Monaten
zuvor. Als ich vor zwei Jahren hierhergekommen war, um eine
Vorerkundung einiger Top-Sehenswürdigkeiten zu unternehm-
men, spürte ich in Cuzco etwas Raues, wie in einer Grenzstadt.

Jetzt hingegen plauderten gepflegte Geschäftsleute, Frauen wie Männer, mit ihren Handys.

Die Straßenhändler waren alle *indígenas*. Spätabends fuhren sie weg und überließen die Touristen den Geschäften der Innenstadt mit ihren Spiegelglasfenstern, Sicherheitsgittern und Alarmanlagen, wo ihnen ihre eigene Kultur etwas anders verpackt wiederbegegnete, dargeboten und verkauft von Eindringlingen und Immigranten, von Leuten in westlicher Kleidung, die selbst auch Urlaub machen und Touristen verstehen.

Mir ging das Bargeld aus, und ich hatte fast kein Guthaben mehr. Ich fand ein altes Kolonialhotel und schüttelte den Kopf über die siebzig Dollar pro Nacht. Als sie sahen, dass ich wieder gehen wollte, zeigten sie mir eine Reihe preisgünstiger Zimmer im Dachgeschoss und überließen mir eines für fünf Dollar die Nacht, machten aber während meines zehntägigen Aufenthalts einen Mordswirbel um mich. Ich lief sofort zur Cross-Keys-Bar, von deren Balkon aus man die Plaza de Armas überblickt, und bestellte zwei Pisco Sour. Man schmeckt den Brandy, die Zitrone und den Zucker und sieht das zerstoßene Eis, doch die Zutat, auf die man nicht kommt und die bewirkt, dass der Drink funktioniert, ist: rohes Eiweiß. Ich ergriff einen Pisco und stieß mit dem anderen Glas an: »Elaine!« Die Idee stahl ich von Raymond Chandler. Ich wünschte mir vor allem, sie könnte wieder bei mir sein, hier, wo wir zwei Jahre zuvor gesessen, diese Reise geplant, Piscos geschlürft und über die Plaza de Armas geschaut hatten, die bei Nacht der beste aller peruanischen Plätze ist. Die Kathedrale und zwei andere große Kirchen, El Triunfo und La Compañía, sind in Flutlicht getaucht; die weiteren Platzseiten sind von Kolonialgebäuden mit Balkonen gesäumt, aus denen man hübsche und gesellige Bars und Restaurants gemacht hat. Autohupen sind verboten, der Springbrunnen inmitten der Gartenanlage führt seine Tänze auf, und ich beglückwünschte mich selbst dazu, einfach nur hier zu sein. Elaine wusste, wie viel es mir bedeutete, und hatte viele, viele Kilometer hinter sich gebracht, um mich hier zu treffen. Sie wusste, dass mir das wichtiger war, als ich ihr sagen konnte, außer vielleicht mit diesem Buch. Es war bedeutender, als ich selbst gedacht hätte, ich legte meine Liebe zu ihr auf Eis, um statt dessen diese Reise zu erleben, mich selbst aufs Spiel zu setzen und meinem Körper Pein und Strapazen bis an die Grenzen zuzumuten. Etwas, wozu sie kein Bedürfnis verspürte. Ich trank den zweiten Pisco. Elaine war eine lange Reise entfernt.

Ich fand ein Callcenter und rief sie aus einer muffigen Kabine an. Sie klang zuerst überrascht, von mir zu hören, und entschuldigte sich dann einer Frau gegenüber, deren Stimme ich nicht kannte. Sie sprach wieder in die Muschel: »Du hast es geschafft, Cuzco! Hat es sich sehr verändert?«

»Es scheint eleganter, aber ich glaube, das kommt nur daher, dass ich so lange in der Wildnis war. Ist das Pat?«

»Nein, eine Frau, die du nicht kennst; wir gehen zur selben Zeit mit den Hunden Gassi.«

Ich hätte gern Erinnerungen an unsere gemeinsame Zeit hier aufgefrischt, fühlte mich aber in Anwesenheit einer dritten Person gehemmt. Ich wurde in der Kabine mit jedem Atemzug klaustrophobischer. Aber ich wollte etwas von ihr. Was? Bestätigung? Bewunderung? Einen Kuss von den Lippen, deren Bewegung ich hörte und die ich dennoch nicht berühren konnte? Während wir sprachen, veränderte sich die Textur ihres Schweigens am anderen Ende, so als hielte sie manchmal ihre Hand über die Muschel. »Reden wir morgen, Liebes«, sagte ich, legte auf und eilte hinaus, um frische Luft zu bekommen.

Ich ging die Straßen entlang und versuchte, nicht allzu viel über das Gespräch nachzudenken, das mich irgendwie deprimiert hatte. An den Straßenecken und vor den Gebäuden um mich herum stellte ich mir die titanischen Schlachten vor, die hier stattgefunden hatten. Mörderische Bürgerkriege zwischen Conquistadoren folgten dem Sieg über die Inka. Beendet wurden sie von skrupellosen Beamtentypen: den Vizekönigen, die man von Spanien herübergeschickt hatte, um das Land unter das Zivilrecht zu knüppeln. Der Mann, der die Arbeit der Conquista zu Ende führte und sich dadurch selbst ruinierte, war Francisco Toledo. Als der letzte widerständige Inka, der junge Tupac Amaru, ergriffen und nach Cuzco gebracht wurde, exekutierte Toledo ihn ohne Autorisierung und obwohl jeder angesehene Kirchenmann und Würdenträger der Stadt ihn um Gnade anging. Der Inka starb mit großer Würde, nachdem er eine feine, bedenkenswerte Rede gehalten hatte, in der er den Menschen seines Volkes mitteilte, dass ihre Götter eine Täuchung und ihre angeblichen Botschaften nur von der königlichen Familie und deren Günstlingen ausgeheckt worden seien. Er empfahl ihnen, die Religion jener Männer anzunehmen, die ihn den Katechismus lehrten, während sie sein Schafott errichteten. Als Belohnung für die mit den Spaniern alliierten Kañari gestattete Toledo einem von ihnen, seine Klinge aus spanischem Stahl blitzen zu lassen und den jungen Inka damit in die ewige Dunkelheit zu schicken.

Toledo befahl, den Kopf auf dem Platz liegen zu lassen. Ein aufgeschreckter Spanier sah in dieser Nacht aus dem Fenster. Er hatte gespürt, dass sich draußen etwas verändert hatte, es war kein Geräusch, sondern eine Atmosphäre, ein nächtliches Flüstern. Er wurde stocksteif: Der riesige Platz war ein einziger kupferroter See von Köpfen, gebeugt in stiller Ehrerbietung. Der Kopf des Inka, sagten die Einheimischen, werde Nacht für Nacht schöner.

Zwei Königsmorde waren dem spanischen König zu viel, selbst wenn es sich um ›wilde‹ Prinzen handelte. »Ich habe dich geschickt, um einen König zu repräsentieren, nicht um einen zu töten.« Toledos Karriere war zu Ende. Er überlebte seine Schande nur kurze Zeit und starb.

Ich schlenderte durch die schattigen Kolonnaden, kaufte eine Zeitung und entdeckte, dass es mein mexikanisches Lieblingsres-

taurant immer noch gab. Nacht für Nacht aß ich mich durch das
Menü – alles außer Hühnchen mit Pommes. Ich ging in mein
Zimmer zurück und roch all das, was mir so vertraut geworden
war und doch bald in Vergessenheit geraten würde. In meinen
Kleidern, meinem Gepäck und meiner Trekkingausrüstung haf-
teten der Schweiß, die Erde und die Gerüche der Tiere dieses
Landes. Unten am Rucksack befand sich als Erinnerungsstück ein
wollener Sattelgurt mit zwei Eisenringen, dessen strenger Geruch
an einen Esel gemahnte.

Heilige Stadt

Cuzco wetteifert mit Mexico City um die Besonderheit, die älteste durchgängig bewohnte Stadt ganz Amerikas zu sein, und tatsächlich ist das Zentrum vorzüglich erhalten. Am Morgen konnte ich von meinem offenen Hotelfenster aus über ein wogendes Meer von Terrakotta-Ziegeln blicken; vom benachbarten Laden drang Musik herein: die schwermütige Melodie »Llorando se Fue« (»Sie ging unter Tränen«), mein andisches Lieblingslied. Die verlockenden Töne waren mir nur zu vertraut. Der Song wurde 1982 von den Brüdern Ulises und González Hermosa geschrieben und von ihrer Band aufgenommen. Eines Tages rief eine Freundin aus Paris die beiden an und hielt den Telefonhörer ans Fernsehgerät, aus dem ihr Lied erklang. »Wer spielt es denn?«, fragten sie.

»Es ist eine Orangina-Werbung.« Jemand hatte die Melodie geklaut, einen modischen brasilianischen Beat dazugemischt und dem Ganzen einen neuen Namen gegeben: Lambada. Der Song verkaufte sich vierzehn Millionen Mal in fünf Kontinenten und war in jenem Jahr die weltweit meistverkaufte Single. Aber die Gebrüder Hermosa waren keine hinterwäldlerischen Volksmusikanten; sie hatten ihr Copyright registrieren lassen. Also klagten sie auf fünf Millionen Entschädigung und gewannen. Gonzalo sagte danach im Inteview: »Ich habe noch immer nicht vor, Lambada tanzen zu lernen.«

Ich überquerte – man sollte hinaufsteigen sagen – den großen Platz. Die Kathedrale über mir war auf die Palastruine des Huiracocha Inka gebaut. Die rivalisierende Jesuitenkirche La Compañía lag zur Rechten, und die langen, niedrigen Kolonialgebäude mit ihren Säulengängen umschlossen die restlichen Seiten des Karrees. Der ursprüngliche Inka-Platz, ein trockengelegter Sumpf, war mehr als doppelt so groß. Bevor die Stadt vollends zum Leben erwachte, wollte ich mir die größte aller Inka-Festun-

gen ansehen, Sacsayhuamán, die auf einem Hügel über dem nördlichen Teil der Stadt steht. In den Straßen des Zentrums kommen
noch immer Knochen aus der Vergangenheit ans Tageslicht. Das
Erdgeschoss des Gebäudes zu meiner Linken war aus perfekt geschnittenen Steinschichten aufgebaut. Das war der Casana-Pa-
last, das Heim des attraktiven, bleichen Wayna Capac, des Vaters
von Atahualpa. Mit einer Halle, in der tausend Menschen Platz
fanden, war er der berühmteste aller Paläste. Als Cuzco fiel, wählte ihn Francisco Pizarro als seine Heimstatt. Pizarro bleibt ein
Rätsel, ein Mann voller Ehrgeiz, unerschütterlich, aber ohne klare Bestimmung. Als er eintraf, wurde die Stadt bereits zerlegt wie
ein Schiff in den Händen von Abwrackern. Er zeigte kaum Interesse an ihrer Vergangenheit und Bedeutung.

Er war ein fähiger und tapferer General gewesen, ein Führer,
der eigennützige Abenteurer in den entmutigendsten Situationen
zusammenzuhalten vermochte. Aber er besaß kein Geschick, die
Statthalterrolle auszufüllen, mit der er dafür belohnt wurde; zudem mangelte es ihm an einer loyalen Truppe vor Ort. Er verbrachte den Rest seines Lebens damit, die Conquista gegen immer neue Angriffe zu verteidigen, und musste sich der indigenen
Bevölkerung, ehemaliger Kameraden und streitsüchtiger neuer
spanischer Einwanderer erwehren. Im Gegensatz zu Bolívar fehlte ihm jede Vision; er beherrschte das Kriegshandwerk und machte seine Sache gut. Er verstand sich auf Plünderung, nicht auf Ge-
werbefleiß oder Regierungsgeschäfte. Er besaß noch nicht einmal
einen bäuerlichen Sinn für die Landwirtschaft. Das Fleisch wurde
bald knapp, ungeborene Ferkel wurden für sechzehn Goldunzen
verkauft und gleich nach der Geburt verarbeitet und gegessen.

Viele Conquistadoren lebten und starben wie Verbrecher, sie
kamen durch Grabenkämpfe, Stammesfehden, Rachefeldzüge,
Hinrichtungen oder im Gefängnis um. Von den Pizarros starb
Juan wie ein Soldat in Sacsayhuamán, Gonzalo wurde wegen Auf-
rührerei gehängt, Pedro verschwand von der Bildfläche. Der Ein-

zige, der sich allem Anschein nach seines Geldes erfreute, war Hernando, und zwar in der erzwungenen Muße eines Gefängnisses in Spanien, nachdem er den Kriegsgefangenen Diego de Almagro mit der Garrotte erdrosselt hatte. In einem Akt der Rache stürmte eine Schar von Almagro-Anhängern den Palast von Francisco Pizarro in Lima und machte ihm nach kurzem Kampf den Garaus. Er starb, indem man ihm einen Wasserkrug auf den Schädel schmetterte; als letzte Geste machte er ein Kreuzzeichen mit seinem eigenen Blut. Seine Leiche wurde noch in der Nacht in einer dunklen Ecke der Kathedrale von einem Negersklaven, halb blind im fahlen Schein von Schilfkerzen, vergraben. Francisco Pizarros Verhältnisse waren so ungeordnet, dass die Beerdigung aus öffentlichen Mitteln bezahlt werden musste.

Ich eilte durch die engen Passagen, vorbei an der Coricalle, der Goldstraße, und dem alten Palast des zweiten Inka, Sinchi Roca, der etwa zweihundertdreißig Jahre vor der Conquista regierte, dann die Resbalosa oder Schlüpfrige Straße hinauf, die ihren Namen wegen ihrer glatten Pflastersteine trägt. Die schmalen Gassen münden in einen unregelmäßig geformten Platz vor der Kirche San Cristóbal. Vor dem Hügel hinter der Kirche steht eine ältere Mauer mit zwölf Nischen, so groß und weit wie Toreingänge. Sie soll von dem ersten Inka gebaut worden sein, Manko Inka, von dem es heißt: »Er lebte, um alt zu werden, nicht reich«, vielleicht, weil er sein Geld in den Bau von Coricancha (Qorikancha), den Sonnentempel, investierte. An dieser Stelle ließ er auch seinen Wohnpalast, Colcampata, erbauen. Die meisten Besucher gehen einfach weiter zur Treppe, auf der sie nach Sacsayhuamán kommen. Aber ein kleiner Spaziergang auf einem Seitenweg, der nach links wegführte, brachte mich an einen dicht überwachsenen Toreingang; die zahllosen Pfosten und Türstürze ließen auf höchstes Ansehen schließen. Dies war einst der Eingang zu dem Palast der beiden Inka-Marionettenkönige Paullu und Carlos gewesen, die als Handlanger der Spanier Privilegien, aber keine

Macht besaßen. Im Unterholz hinter der Mauer befand sich ein
seltsamer, ein Meter zwanzig hoher Steinkreis. Ich bahnte mir einen Weg durch das Dickicht und fand an einer Seite die Gravur
eines Frosches oder einer Kröte. Jedes Jahr im September wurde
die gewöhnliche Arbeit unterbrochen, und der Inka ging auf dieses Feld und pflanzte den ersten Mais der neuen Jahreszeit, indem
er eigenhändig die Erde pflügte und sich mit der Fruchtbarkeit
der Scholle und dem Wohlstand des Landes in eins setzte. So verstanden auch bereits die frühesten Kulturen an Tigris und Eu-
phrat die Rolle des Herrschers.

Der Weg nach Sacsayhuamán präsentierte sich als schöne,
breite Inka-Treppe. Bald spazierte ich an einer Mauer aus zy-
klopenhaften Steinen entlang, aber ich setzte meinen Weg zur
Rückseite des Monuments fort, um zunächst von einem höher gelegenen Punkt über die Festung zu schauen. Ich sah die große,
kreisförmige Struktur, ähnlich der Arena eines Amphitheaters,
die man erst 1985 entdeckt und zunächst für eine Zisterne gehalten hatte. Sie mochte aber ebenso gut eine religiöse Bedeutung
gehabt und *zugleich* als Wasserversorgungsanlage der Festung fungiert haben; die Inka zogen eine Kopplung von Funktionen immer der Einfachfunktion vor.

Man hört oft – ohne dass auch nur eine mir bekannte Inka-
Quelle dies mit zeitgenössischer Autorität belegen könnte –, dass
Cuzco in der Form eines Puma erbaut worden und Sacsayhuamán
der Kopf sei. Träfe das zu, so wäre es ein stacheliger, zotteliger
Kopf, da die Verteidigungswälle im Zickzack angeordnet sind.
Das war eine Technik, die die Zinnengänge verlängerte und also
erlaubte, mehr Verteidiger gegen die Angreifer aufzustellen. Zudem entstanden vielfältige Angriffswinkel, was den feindlichen
Schilden ihre Wirkung nahm. In einer konventionellen Festungsmauer ist der schwächste Punkt die abschließende Zinnenkante,
die ein feindliches Heer von zwei Seiten angreifen kann. Aber hier
waren die Schlusssteine derart gewaltig, dass ein solcher Angriff

sinnlos war. Cieza de León staunte: »In diesen Mauern gibt es
Steine von derartiger Größe und Pracht, dass man vor einem Rätsel steht, wie sie überhaupt dort hingebracht und an Ort und Stelle hatten gesetzt werden können und wer um alles in der Welt sie
bei den wenigen vorhandenen Werkzeugen so behauen haben
mag.« Der größte Einzelstein erhebt sich achteinhalb Meter über
die Erde und wiegt dreihundertsechzig Tonnen. Es ist einer der
größten Bausteine der Welt. Noch gewaltigere Steine liegen verlassen weiter unten am Hügel.

Mit dem Bau der Festung wurde um 1440 unter Inka Pachakuti begonnen, nachdem Cuzco durch einen Aufstand der Chanka
fast völlig zerstört worden war. Als neunzig Jahre später die Spanier eintrafen, waren über dreihundert Meter der dreistufigen
Mauer weitgehend fertiggestellt. Wenn man den Chronisten
Garcilaso de la Vega auch der Fantasterei bezichtigte, weil er behauptete, dass zwanzigtausend Männer am Bau von Sacsayhuamán beteiligt gewesen seien, so stimmt Cieza de León ihm
dennoch zu und fügt an, indigene Quellen, die zu seinen Lebzeiten zugänglich waren, hätten gezeigt, dass man achtundsechzig
Jahre lang in Schichten daran gearbeitet hatte. Die Dokumente
waren in der Knotenschrift *Quipu* verfertigt, das sind Vorrichtun-
gen, die an Röcke aus geknoteten Schnüren erinnern und ähnlich
wie ein Abakus funktionieren. Aus diesen wollenen, weichen Aufzeichnungen wissen wir, wieviel Mühe dieses Werk kostete. Viertausend gebrochene und behauene Steine, sechstausend mit Le-
der- oder Hanfseilen gezogene Steine, zehntausend ausgehobene
Gräben, gesetzte Fundamente und geschnittene Stämme. Die
Steinblöcke wurden größtenteils mit steinernen Werkzeugen,
vorzugsweise mit dem harten Eisenerz-Hämatit behauen, der
möglicherweise meteoritischen Ursprungs war: eine Festung für
den Sonnenkönig, handgearbeitet aus dem Material der Sterne.
Bronzewerkzeuge wurden benutzt, um Löcher zu bohren, Sand
und Wasser, um der Oberfläche den letzten Schliff zu geben. Der

englische Forschungsreisende und Fabulierer Percy Harrison
Fawcett erzählte die Geschichte von einem Freund, der ein Gefäß
in einem Inka-Grab gefunden haben wollte. Es war umgefallen,
und eine Flüssigkeit hatte sich auf den Boden ergossen. Als sie
noch einmal zu dem Gefäß zurückgingen, hatte die Flüssigkeit
den Steinboden aufgelöst, sodass er sich wie nasser Zement glatt-
streichen ließ. Doch eigentlich sind derlei Mythen nicht nötig.
Moderne Archäologen haben gezeigt, wie Steinwerkzeuge im
Verbund mit raschen, stoßenden Bewegungen all diese Gesteinsbrocken zu Inka-Strukturen hatten bearbeiten können. Zeit und
Geduld sind dabei die einzigen Geheimnisse.

Ich ging zur Bodensenke und duckte mich unter die Haupt-
mauern. Ich hatte erwartet, beeindruckt zu sein: ich war es nicht.
Ich war überwältigt, wie betäubt von der Masse der Steine, der
Wucht der Mauerwälle und der Genauigkeit der Arbeit. Ich stieg
die Mauerterrassen hinauf, durch Trilith-Torbauten, die auf das
kleine Plateau führten, wo einst die drei bergfriedartigen Türme
standen.

Der erste Spanier betrat Cuzco friedlich im März 1533. Kurz
darauf war der Inka-Marionettenkönig Manco im Amt, ein weiterer Sohn aus dem fruchtbaren Bett des Wayna Capac. Die Behandlung, die die Spanier ihm zukommen ließen, zeigt, dass es
den Conquistadoren zum Regieren außer Brutalität an fast allem
fehlte. Obwohl er ohnehin schon ihre Marionette war, behandel-
ten sie Manco mit boshafter Geringschätzung. Eines Tages beschloss Gonzalo Pizarro, trotz ernsthafter Konkurrenz der mit
Abstand übelste Charakter der Pizarro-Brüder, sich eine indigene
Prinzessin zuzulegen, obwohl Inka-Frauen selten geheiratet wurden, es sei denn, der Mitgift wegen. Er entschied sich für Mancos
Hauptfrau (die auch dessen Schwester war), Cura Ocllo. Dies war
für sie und Manco eine abgrundtiefe Kränkung, weil die beiden
nicht nur eine formale Standesehe führten, sondern sich innig
liebten. Als der Hohepriester, der zweitwichtigste Mann in der

Inka-Hierarchie, Protest anmeldete, teilte Gonzalo ihm mit: »Wenn du nicht Ruhe gibst, schlitze ich dich lebendig auf und haue dich in Stücke.« Manco ließ seine Frau ziehen, als er begriff, dass man ihn sonst einkerkern würde. Im Laufe eines Jahres wurde ihm klar, dass es für ihn nur die Rebellion als Ausweg gab. 1536 eroberte er Sacsayhuamán und brachte den größten Teil Cuzcos unter seine Kontrolle.

Doch die Inka besaßen keine wirkungsvollen Waffen gegen gepanzerte Angreifer und ihre Pferde, und das kostete sie letzten Endes ihr Reich. Ohne diese scheiterte schon der Versuch, Sacsayhuamán zurückzugewinnen. Ihre traditionellen Verteidigungsmittel waren Keulen, Schleudern und Speere. Am gefährlichsten war die Schleuder, fast so effektiv wie eine Feuerwaffe – das dachten auch die Spanier. Die Inka hatten Stämme aus Amazonien besiegt, die Pfeil und Bogen benutzten, die aber deren kriegerischen Gebrauch nie erlernt zu haben schienen. Die Inka kannten auch einige Waffen aus Metall, wenn auch nicht – bis zum Eintreffen der Spanier – aus Eisen. Vor allem aber hatten sie keine Mittel zur Massenproduktion und daher auch keine Möglichkeit, ihre gewöhnlichen Truppen damit auszurüsten. Metalle wurden mit Status und Rang, nicht mit Nützlichkeit assoziiert.

Militärisch entschied der Nahkampf, Mann gegen Mann, im Umkreis der drei Türme. Die Dinge liefen schlecht für die Spanier. Juan, der Beste der Pizarros, der ebenso umgänglich und großzügig wie tapfer war, wurde von einem Stein am Kinn getroffen; es schwoll so an, dass er zu große Schmerzen hatte, um noch den Helm zu tragen. Anstatt zu pausieren, focht er am nächsten Tag ohne Helm: Gegen Abend wurde er noch einmal am Kopf getroffen und starb kurze Zeit später. Alles schien verloren, bis ein Spanier namens Hernán Sánchez, der allein kämpfte, eine Sturmleiter hinaufstieg und in eines der Fenster im Erdgeschoss des ersten Turmes schlüpfte. Er attackierte alle, die sich im Turminneren aufhielten, mit einem derartigen Furor,

dass sie alle weiter nach oben in den Turm flüchteten. Ein In-
ka-Kriegsherr mit einem erbeuteten spanischen Helm auf dem
Kopf verteidigte das Dach, indem er wild ein Schwert und eine
Axt schwang und damit nicht nur den Spanier, sondern auch jeden Inka-Soldaten angriff, der von Kapitulation sprach. Er wurde verwundet, focht aber weiter, als wäre nichts geschehen. Er
wurde zum zweiten Mal verletzt und kämpfte weiter. Voll wi-
derwilliger Bewunderung befahl Hernando Pizarro, ihn lebend
zu ergreifen. Der Spanier zermürbte die anderen Verteidiger,
bis nur noch der Inka-Feldherr weiterkämpfte. Als der sah, dass
seine Lage hoffnungslos war, schleuderte er seine Waffen den
Spaniern entgegen, kletterte auf das Dach, füllte sich den Mund
mit Erde, grub blutige Furchen in seine Wangen und stürzte
sich von der Festungsmauer.

Die Türme wurden Stein für Stein geplündert, um neue spanische Paläste zu bauen; heute sind von ihnen nur noch die
Mauerringe im Gras erhalten. Aber die Festungsmauern waren
zum Abtragen zu massiv. Sie verlaufen fast vierhundert Meter
entlang dem Hügel. Cieza de León schrieb: »Dies war das großartige Vermächtnis der Inka, das Zeichen, das sie der Zukunft
hinterlassen wollten.« Wie muss sich die Bewertung dieses Zei-
chens gewandelt haben, als sie erkannten, dass die Spanier ge-
siegt hatten. Die Fremden waren eben doch keine amüsanten
Tölpel, die ihnen vorübergehend bei ihrem Bürgerkrieg nütz-
lich sein konnten, sondern vielmehr ihre Nemesis. Die Gesellschaft, ihr Reich, würde sich auflösen wie eine Strickarbeit, an
deren Faden gezogen wird, und die, neu zu einem grobfaserigen
modernen Stoff verwebt, immer jucken und nie richtig sitzen
würde. Der junge Cieza de León, ein Kindersoldat noch, beobachtete, wie die Trauer die Menschen übermannte. »Ich erinnere mich genau, dass ich mit eigenen Augen alte *indígenas* sah, die,
als Cuzco in Sichtweite rückte, wie angewurzelt standen, auf die
Stadt schauten und in laute Schreie ausbrachen, die sich in Trä-

nen der Trauer verwandelten bei dem Gedanken an die Gegenwart und in Erinnerung an das Vergangene, an die vielen Jahre,
da sie ihre eigenen Herrscher in dieser Stadt hatten, die sie so
ganz anders als die Spanier für Dienst und Freundschaft zu gewinnen wussten.«

Der alt gewordene Inka-Historiker Huamán Poma, dem es
am besten ging, wenn er über andere herziehen konnte, hatte
seine ganz eigenen Ansichten über das Verhalten der verschiedenen Gruppen nach der Conquista. Er meinte, *indígenas,* die
ihrer Schwäche für Bärte nachgaben, »sahen aus wie gekochte
Garnelen«, während Spanier ohne Bärte »wie kostümierte alte
Spinatwachteln« daherkämen. Bei den gewöhnlichen, christia-
nisierten *indígenas* ging er davon aus, dass sie eine ganz passable
Figur machen würden, wenn sie nur der Versuchung widerste-
hen könnten, sich auf Feierlichkeiten zu besaufen, Drogen in
sich hineinzuschütten und mit ihren Schwestern Inzest zu treiben.

Damit verabschieden wir uns von Huamán Poma. Er arbeitete
jahrzehntelang an seinem Hauptwerk der Chronik mit dem Titel
»Nueva Crónica y buen gobierno« (»Die neue Chronik und gute
Regierung«), während die Könige kamen und gingen. 1615 starb er,
etwa neunzigjährig, und hinterließ ein ungeordnetes und exzentri-
sches, eintausendvierhundert Seiten langes Manuskript. Es wurde
nach Spanien geschickt, wo es dreihundert Jahre lang ungelesen lag
– sein Augenzeugenbericht blieb für die spanischen Monarchen so
stumm wie die Bibel für Atahualpa in Cajamarca. Zu seinem Glück.
Hätten sie ihn zu seinen Lebzeiten gelesen, würden sie sofort erkannt haben, dass seine Lobpreisung nur Form und Dekor war,
seine Kritik aber aus tiefstem Herzen kam. Er kann sich unter allen Chronisten der meisten Lacher sicher sein, auch wenn sein
Tonfall mitunter etwas Schnöseliges hat, und immer, wenn er wieder auf seinem Lieblingsthema der neuen und ruchlosen Zeiten
herumreitet, hätte ich bisweilen nicht mit ihm, sondern über ihn

lachen können. Sein Manuskript endet mit einem Sentiment, das
jeder Schriftsteller versteht:

>»Als ich dieses Werk in Angriff nahm, glaubte ich, dass
es meine literarischen Möglichkeiten übersteigt, und allein Gott weiß, wie viel Mühe es mich gekostet hat, das
zu erreichen, was ich erreicht habe.

Lebet wohl.«

Coricancha

Wenn Sacsayhuamán der Kopf von Cuzcos Puma ist, ist sein Schwanz der Zusammenfluss der beiden kleinen Flüsse, die kanalisiert wurden, damit sie sanft und sauber durch die Straßen der Stadt fließen. Dort liegt die Coricancha (Qorikancha), der wichtigste Bereich Cuzcos. Vom großen Platz ging ich durch eine lange, enge Gasse, die heute wieder ihren ursprünglichen Inka-Namen trägt, Inti K'ikllu, Sonnenpassage. Die Spanier gaben ihr einen neuen Namen, der ihr Kerngeschäft benannte: Gefängnisstraße. Zur Linken wird sie durch die längste erhaltene Mauer aller Inka-Bauten in Cuzco begrenzt, die zum Tempel der Jungfrauen gehört. Einen Block weiter liegt ein kleiner Park, eine der seltenen Grünflächen in der vollgestopften Stadt, unterhalb terrassierter Hänge, an denen gelb blühende Sträucher funkeln und Eidechsen züngelnd in Mauerspalten flitzen. Einstmals waren die Büsche und Eidechsen aus reinem Silber und Gold.

Der Sonnentempel, das beherrschende Element dieser Gärten, gilt weithin als der größte Tempel in Mittel- und Südamerika. Als Gold und Silber nach Cuzco kamen, galt bei einer Wiederausfuhr die Todesstrafe. Sie wurden zum größten Aushängeschild für Macht, Ansehen und Reichtum im ganzen Reich. Das ist die letzte Gelegenheit, von Garcilaso de la Vega zu hören. Erst spät im Leben beendete er seine Geschichte der Inka, »Comentarios Reales de los Incas« (»Wahrhaftige Kommentare zum Reich der Inka«) – das spanische *real* bedeutet sowohl königlich als auch wahrhaftig. Er schrieb daran bis zu seinem Lebensende im spanischen Exil – er starb am 22. April 1616, einen Tag vor Shakespeare. Er wurde etwa sechsundsiebzig Jahre alt. Miguel de Cervantes starb im selben Unglücksjahr. Garcilasos nicht sonderlich beachteten Gebeine wurden in einem Spanien beigesetzt, das sich seiner nur erinnerte, weil seine gefährliche Chronik die Peruaner wiederum an ihre großartige Inka-Vergangenheit gemahnte. Im Hauptschiff der

Kirche El Triunfo führt eine schmale Steintreppe hinunter in eine
kleine steinerne Gruft, deren Wände halbkreisförmige, tauben-
lochartige Nischen säumen. Sie sehen aus wie leere Postfächer. Es
gibt kein Grabmal, nur eine schwarze Plakette mit silberner In-
schrift, die daran erinnert, dass König Don Juan Carlos I. von Spanien und Doña Sofiía seine Gebeine am 25. November 1978 heim-
geholt haben. Seiner gemischten Abstammung wegen war
Garcilaso die erste Stimme Amerikas europäisch-indigen gemisch-
ter Abstammung. Sein Herz schlug für beide Seiten – er litt unter
seinen zwei Identitäten, etwas, das vielen noch heute, vier Jahrhunderte später, das Leben schwermacht. Seine Fähigkeit, sich in
beiden Welten mühelos zu bewegen, macht aus ihm den viel-
schichtigsten Chronisten seiner Zeit. In Gedenken an Coricancha
dachte Garcilaso oft über die anderen Chronisten nach und kam
zu dem Schluss, dass »weder irgendetwas, das sie geschrieben haben, noch irgendetwas, das ich hinzufügen könnte, jemals darzustellen vermöchte, wie es wirklich war.« Nur drei Spanier sahen
den Tempel jemals intakt, nachdem man sie vorgeschickt hatte,
um die Übergabe von Atahualpas Lösegeld nach Cajamarca zu be-
schleunigen. Sie sind unser einziges Fenster zu den exquisiten
Schätzen des Tempels, aber sie waren analphabetische Grobnatu-
ren und erinnerten sich an wenig mehr als das Gewicht des Lö-
se-Goldes. Da stand eine goldene Männerstatue, die kommandie-
rend den Arm reckte und den Gott Wiracocha dargestellt haben
mochte. Es gab ein Feld aus silbernem Mais mit goldenen Maiskolben, die aus goldenem Erdreich wuchsen. In der Nähe graste eine
Herde von zwanzig Lamas, aus achtzehnkarätigem Gold gewirkt,
jedes davon an die sechsundzwanzig Kilogramm schwer. Goldene
Schäfer mit goldenen Wurfschleudern bewachten sie, auf goldene
Knüttel gestützt. Alle Bäume und Pflanzen der Umgebung wurden
in Edelmetall abgebildet. Es gab Schlangen und Eidechsen,
Schmetterlinge und Vögel tanzten auf schlanken Zweigen, und
Schnecken schmiegten sich an die Blätter.

Fast all diese Schätze wurden in Barren umgeschmolzen; nur
kleine bezaubernde Reste von Kunsthandwerk sind erhalten. Ein
Teil davon wurde in intaktem Zustand Philipp II. von Spanien geschickt, damit er mit eigenen Augen die Glorie des Reiches sehen
konnte, das nun das seine war. Goldschmiede aus Sevilla unter-
suchten die goldenen Miniaturarmbänder und gestanden, dass sie
nicht in der Lage wären, diese nachzumachen, so fein war die Arbeit. Philipp weigerte sich zuerst, diese Überreste der peruanischen Schätze auch nur anzusehen, doch am Ende zeigte er sie unter anderem auch König Heinrich VIII., bevor er sie in den
Schmelzofen werfen ließ.

Diesen Verlust zu betrauern bedeutet nicht, unsere heutigen
Maßstäbe kultureller Einsicht auf das 16. Jahrhundert anzuwenden. Albrecht Dürer war der Sohn eines Goldschmieds und war
selbst Lehrling bei einem Goldschmied. Er fand ähnliche Stücke
unter Cortés' mexikanischen Schätzen und schrieb: »Ich habe die
Dinge gesehen, die man dem König aus dem neuen goldenen Land
gebracht hat ... All mein Lebtag hab ich nichts gesehen, das mein
Herz also erfreuet hat als diese Dinge; denn ich hab unter ihnen
wundervolle künstliche Kleinode gesehen und bewunderte die
subtile Genialität dieser Menschen in fremden Ländern. Ich weiß
nicht, wie ich ausdrücken soll, was ich da empfunden habe.« Der
junge Priester Cristóbal de Molina beobachtete und verurteilte
das Einschmelzen. »Ihre einzige Sorge ist, Gold und Silber anzu-
häufen, um reich zu werden, ohne daran zu denken, dass sie Un-
recht tun und alles kaputt machen und zerstören. Denn was hier
zertrümmert wurde, war vollkommener als alles, was sie je genossen oder besessen haben.«

Die Coricancha war in eine hundertzwanzig Meter lange Vor-
hangfassade von außerordentlicher, unerreichter Qualität eingefasst. Großartige Teile davon sind bis zum heutigen Tag erhalten:
die Steinquader, in angedeuteter Kissenform minutiös modelliert, sind perfekt aneinandergefügt. Unter der Oberkante der

Maueraußenseite verlief ein zwei Spannen breites und vier Finger
dickes goldenes Band, das so raffiniert befestigt war, dass die Spanier es zunächst nicht entfernen konnten. Vielleicht erhielt der
Ort seinen Namen von diesem Band: *Qorikancha* bedeutet Goldene Einfriedung. Der Tempel wird heute über die Tore eines Do-
minikanerordens betreten, der darüber errichtet wurde. Das
Mönchskloster Santo Domingo wurde 1950 Opfer ausgleichender
Gerechtigkeit. Ein Erdbeben zerstörte den Konvent und legte
den Palast darunter, nahezu unversehrt, wieder frei. Unglücklicherweise wurde er dann aber wieder aufgebaut. Ich kam hin, als
er gerade öffnete, um dem Besucheransturm zu entgehen, und
war eine Dreiviertelstunde lang allein im warmen Sonnenlicht.
Die Inka-Gebäude liegen ›under cover‹ unter den Flanken des
Dominikanerklosters. Einst überdacht, sind sie jetzt nach oben
offen und stehen da wie eine Reihe schmaler Kapellen; nicht ein
Schmuckstück ist erhalten – nur die Perfektion des Mauerwerks.
Trotz der Beflissenheit von Fremdenführern und Guides, jede
nackte Fläche einer bestimmten Gottheit oder Funktion zuzu-
ordnen, gibt es keinen Beweis, wofür sie einst standen. Alles, was
wir wissen, ist, dass in diesen Nischen nicht nur ununterbrochen
für die Einhaltung der Riten und Opferhandlungen gesorgt, sondern auch die jeweilige Himmelskonstellation beobachtet wurde.
Das bemerkenswerteste Stück Steinmetzkunst stellt das Observatorium dar, der wichtigste Teil des heiligsten Gebäudes im ganzen Reich. Die Mauer verengt sich nach oben hin und ist nach innen geneigt, um den Raum lichter erscheinen zu lassen. Das
Mauerprofil ist nicht ganz gerade, sondern wölbt sich im Mittel-
bereich nach außen. Für das menschliche Auge scheint eine gerade, geneigte Wand in der Mitte etwas durchzuhängen. Die Wöl-
bung korrigiert diese Illusion.

An einem Tag des Jahres 1533 verschafften sich die Spanier mit
Brachialgewalt Zutritt in den Tempelbereich, zertrümmerten die
heiligsten Gegenstände und trugen sie fort. Vergewaltigung, wie

immer, war Teil der Gewaltaktionen. Gierig zupackende Hände
fielen über die gegossenen Goldplatten her, die die Innen- und
Außenwände dieser Tempel schmückten. Jede wog über zwei Kilogramm; es gab siebenhundert davon. Das Mittelstück war eine
goldene, ein Meter achtzig hohe Scheibe, die ein von Strahlen
umgebenes Antlitz zeigte. Als das Gros des spanischen Heeres
eintraf, war sie spurlos verschwunden; ein Mann aus der Biskaya,
Mancio Sierra de Leguizano, behauptete, er habe sie sich genommen und das Geld dafür noch in derselben Nacht verzockt. Derlei
private Plünderei war nicht erlaubt, aber die Lüge führte zu einem
spanischen Ausdruck für Verschwendung: »die Sonne verspielen,
bevor sie aufgeht«. Sobald die Nachricht von diesen Reichtümern
die Karibik erreichte, wurden die spanischen Besitzungen von einer neuen Seuche überschwemmt: dem peruanischen Goldrausch.
Die Behörden in Puerto Rico befürchteten den Kollaps ihrer eigenen Kolonie, weil die Männer massenweise in den Süden strömten: »Wenn wir sie nicht festbinden, ist bald keiner mehr hier.«
Die konkreten Methoden der Entmutigung waren freilich hand-
fester: Auspeitschen und Füße abhacken.

In diesen Räumlichkeiten wurde auch eine Historie, eine ganze Kultur, ein Volk demontiert. Viel von den Schätzen verschwand durch die Hand der Inka: nicht zur Bereicherung, denn
in einem Land, das weder Geld noch privaten Handel kannte, hatten Gold und Silber rein symbolischen Wert – sondern um Sakri-
legien zuvorzukommen. Vieles wurde in Seen versenkt und in
Höhlen versteckt. Ein Inka-Ausspruch machte die Runde: dass
Gold nicht lange in den Händen derer verbleibt, die es nicht verdient haben. Nach der Eroberung Cuzcos war die Coricancha die
Beute Juan Pizarros, doch blieben ihm nur drei Jahre, um sich daran zu erfreuen, bevor er beim Angriff auf Sacsayhuamán ums Leben kam. Jene, denen es gelang, Geld nach Hause zu schaffen, ver-
prassten es nicht selten dadurch, dass sie sich bei Hofe
herausputzten – zum Amüsement der alten wohlhabenden Fami-

lien. Man wird nie erfahren, wie viel Geld insgesamt zurückkam.
Im 16. Jahrhundert ließen die Silberimporte aus der Neuen Welt
die europäischen Reserven um siebenhundert Prozent anwachsen. Dabei waren die Edelmetalle gar nicht die ergiebigste Einnahmequelle. Sogar auf dem Höhepunkt der Edelmetallgewinnung führten Mexiko und Peru viermal so viel durch
landwirtschaftlichen Ertrag an Spanien ab. Ein Fünftel von allem
erhielt der König. Kolumbus warb erfolglos dafür, damit die Vertreibung der Mauren aus Jerusalem zu finanzieren. Philipp II. und
nach ihm Karl V. gaben es hin, nicht weniger gedankenlos als die
bäuerlichen Conquistadoren, um Armeen zur Bekämpfung der
Protestanten und zur Wiederbelebung der todgeweihten Idee
des Heiligen Römischen Reiches anzuheuern. Das Geld rauschte
durch das noch rückständige spanische Wirtschaftssystem hindurch und blieb in den weiterentwickelten Handels- und Warenökonomien hängen. Um 1629 hatten drei Viertel der Gesamtmenge an Gold und Silber aus der Neuen Welt ihren Weg nach
London, Amsterdam, Rouen und Antwerpen gefunden: den Städten der Feinde Spaniens.

Cieza de León rügt unmissverständlich: Hätte Spanien klug
gehandelt, besäße es heute so viel Gold und Silber wie einst Peru.
In den 1560er-Jahren hatte Spanien seine gesamte Beute bereits
verbraucht, alle leicht schürfbaren Metallvorkommen erschöpft,
das Land entvölkert und Kredite auf künftige Einnahmen genommen. Zu diesem Zeitpunkt war León bereits tot, er wurde nur
zweiunddreißig Jahre alt, da die Krankheiten der Neuen Welt seine Gesundheit ruiniert hatten. Er scheint ein sehr anständiger
junger Mann gewesen zu sein, zu einer Zeit und an einem Ort, da
Korruption an der Tagesordnung war. Er war sich der Macht des
geschriebenen Wortes bewusst und zitierte zutreffend Cicero:
»Schreiben heißt, Zeitzeugnisse anfertigen.« Er verwahrte sein
achttausend Seiten umfassendes Manuskript, das er im Alter von
zwanzig Jahren begonnen hatte, in einer Truhe und überließ die

Schlüssel zu den Schlössern zwei verschiedenen Testamentsvoll-
streckern mit der Anweisung, sie fünfzehn Jahre lang, bis nach
dem vermeintlichen Tod der Protagonisten, unter Verschluss zu
halten. Er starb 1553, im selben Jahr wie Rabelais, als seine einst so
beweglichen Hände schon derart gelähmt waren, dass er kaum
seinen letzten Willen unterzeichnen konnte.

Ollantaytambo

Gleich hinter den Hügeln von Cuzco befindet sich das Heilige Tal des Flusses Urubamba. Schläfrige Standverkäufer im Dorfmarkt von Pisac packten ihre Bündel mit herrlichen Webereien in satten Orange- und Rottönen aus, voll Sonnenschein und Wärme, neben Bergen von Früchten und Gemüse, Strickwaren, Keramik und gefälschten Antiquitäten, unter die sich ein paar echte mischten.

Der Weg zu den wahren Schätzen von Pisac führt von der Stirnseite des Platzes fort, beginnend als breite Treppe, die rasch in einen engen und steil aufsteigenden Pfad übergeht. An die hundert Meter weiter stehen winzige Wachstuben auf Felsvorsprüngen, von denen man das Urubamba-Tal überblickt. Sie sind so meisterhaft ihrer Umgebung angepasst, dass sie wie natürliche Ausstülpungen des Felsens wirken. Nichts liebe ich mehr an der Inka-Architektur als diese Leichtigkeit, mit der sie Steinbauten wie organische, aus dem Land herausgewachsene Gebilde aussehen lässt. Weiter höher standen Befestigungsanlagen, die den Soldaten einen Blick auf den ganzen Verlauf des Urubamba-Tals gestatteten, außerdem in das Seitental, über dem der Inka Pisac thronte. Ich nahm die Position der Wachposten auf den Mauerruinen ein: Unter meinen Füßen leuchteten die Dächer der Marktstände, blau- und zitronenfarben gestreift wie Liegestühle.

Der letzte Aufstieg brachte mich auf ebeneres Land. Eine Landzunge stieß aus dem Berg hervor, bildete eine Senke und stieg wieder an bis zu dem Punkt, wo ich stand. Eine Seite der Zunge zeigte nach Osten, die andere nach Westen, ein perfekter Inka-Standort, der die Beobachtung von Sonnenauf- und -untergang erlaubt. In der Mulde lag auf einer winzigen vorgelagerten Grünfläche ein Komplex von Gebäuden, ein Machu Picchu *en miniature*. In der Mitte stand ein D-förmiges Observatorium in der

gleichen Bauart wie das von Machu Picchu. Weiter unten auf einem Felsvorsprung befand sich ein Viertelkreis von Gebäuden,
die den Blick nach Osten auf das Seitental freigaben: die Quartiere hochrangiger Beamter.

Der Pfad führte weiter auf der Zunge, wurde zunehmend gefährlicher und schlängelte sich, schließlich nur noch sechzig Zentimeter schmal, zwischen einer Felsklippe zur Linken und einem
Abgrund zur Rechten dahin. Ich überquerte ihn und gelangte in
einen nackten vertikalen Felsspalt, dessen Seitenwände von der
Berührung unzähliger Schultern blankgerieben waren. Dieser
kurze Tunnel führte hinaus auf einen nicht weniger exponierten
Streckenabschnitt. Eine Treppe mit unregelmäßigen Stufen führte am Klippenvorsprung entlang. Ich trat zur Seite, um einem
amerikanischen Touristen Platz zu machen, der mir auf Händen
und Füßen kriechend entgegenkam und sich, soweit es ging, auf
die vom Abgrund entfernte Seite drückte. Ich wusste, wie er sich
fühlte. Selbst wenn man auf dem Bauch kröche, würde man sich
unsicher fühlen, irgendwie konnte man immer noch fallen. Man
müsste tiefer kommen, ins Innere des Felsens. Vielleicht hätte
der Schrecken dann ein Ende. Sein Teenagersohn lief unverzagt
hinauf, doch als er oben ankam und sah, wo er war, wurde er plötzlich sehr still. Seine Hand griff nach dem Felsen der Klippe, doch
der war glatt, nirgends war Halt.

Der Weg brachte mich zu Kalla Q'asa, dem Papageienpass, so
genannt nach den Papageien, die das Gefälle des Bergkamms nutzen, um zu Beginn und am Ende des Tages ihre Nester anzuflie-
gen. Ein seltsames Arrangement sehr schmaler Häuser erhob sich
auf einer Bergflanke, die so steil war, dass die Vorsprünge des unteren Gebäudes mit dem Fundament der darüberliegenden Konstruktion eine plane Fläche bildeten. Der Autor des besten Reiseführers über Cuzco, Peter Frost, glaubt, dass diese Horste gebaut
wurden, als Pisac noch ein Grenzposten war und die Verteidigung
Priorität hatte. Später, als der Friede stabiler war, wurden die

Bauten zu einem bedeutenden Zeremonienzentrum zusammen-
geschlossen. Der Himmel verdunkelte sich, und ein Sturm drohte
aufzukommen. Ich aß mein Mittagsbrot und studierte die Kontur
der Klippe am Kopf einer Schlucht. Sie war durchlöchert von
Gräbereinlassungen, die allesamt, obwohl eigentlich unzugäng-
lich, längst geplündert waren. Ich verbrachte mehrere Stunden
mit meinen Erkundungen und kehrte später am Tag noch einmal
an diese Stelle zurück.

Ich stellte mir vor, ich wäre ein Wachposten, der sich hier bei
Sonnenuntergang hingesetzt hat. Die Sonne würde hinter der
Bergflanke mit den Grabstätten untergehen; die Toten, zuge-
deckt von roten Klippen, träumten ihre Träume in immer wieder-
kehrenden Kreisen. Unter mir würde sich das große Amphithea-
ter der geschwungenen Terrassen allmählich von Arbeitern
leeren, die die Erdklumpen von ihren Basaltspaten klopfen, den
satten Humus von den Hacken schaben und vor Müdigkeit nur
gedämpft in den zischenden Quechua-Flüsterlauten sprechen,
wenn sie den Hügel hinunterströmen. Im Tal legen Ehefrauen
Kienhölzer ins Feuer, um den Flammen aufzuhelfen und Mais zu
kochen. Sobald die Schreie der Kleinkinder verklingen, wäre der
Hügel allein den Blicken der Soldaten ausgesetzt, die sich nachdenklich die fächerförmigen Hausreihen der Edelleute ansehen.
Die Abendwinde würden abflauen, das Rascheln der Gräser sich
beruhigen. Als ich mich umdrehte, um hinabzugehen, streifte
mich sanftes Flügelrauschen; bunte Vögel glitten über den Kamm.
Man könnte denken, Orte wie diesen hier gäbe es nicht ein zweites Mal zu entdecken, aber ich hatte in vierundzwanzig Stunden
eine Verabredung: Ich wollte Peter Frost treffen, der das Gegenteil bewiesen hat.

Ich kam ein paar Minuten vor sechs im Café Varayoc an, das
unmittelbar hinter dem zentralen Platz liegt. Pünktlich wie die
Uhr öffnete sich die Tür, und er kam herein mit seiner mächtigen
körperlichen Präsenz, seinen hellen, blauen Augen und dichtem,

grauem Haar. Wir schüttelten uns die Hände. »Vielleicht legen wir gleich fest«, fing er an, »was auf den Tisch kommen kann und was *off the record* bleibt. Ich habe einen Deal mit Regierungsleuten und möchte nicht, dass zufällig irgendwelche Bemerkungen über die Rahmenbedingungen meiner Arbeit nachzulesen sind.« Er sprach mit englischem Akzent, aber sein Vokabular war mit Amerikanismen gespickt. Er überlegte genau, was er sagen wollte, und wählte seine Worte mit Bedacht. »Ich wurde in Clevedon in Somerset geboren und ging ans Kingston College of Arts and Technology. Es ist heute eine Universität«, fügte er in leicht amüsiertem Ton hinzu, als würde sich die Vergangenheit hinter seinem Rücken seltsam verformen. »Ich war ein sperriges Möbelstück, und das Zimmer, in das ich nicht hineinpasste, war ein höherer Wirtschafts-Diplomabschluss oder HND, Higher National Diploma, den ich auch bald gegen eine Arbeit als Direktionsassistent auf einer Hacienda in Argentinien eintauschte. Ein Jahr später ging ich auf Reisen, um mich umzutun. Eines Tages kam ich auf einen Platz im Dorf Tiwanaku, auf der bolivianischen Seite des Titicaca-Sees, und sah einen Kostümtanz mit alten Hörnern, Trompeten und Basstrommeln.« Er machte eine Pause, um nachzudenken. »Ich fühlte mehr und mehr den Drang, zu wissen, zu verstehen, nachzuforschen. Im Juni 1972 stand ich schließlich in Cuzco und beobachtete das Sonnenfest *Inti Raymi*.«

»Was denken Sie über das Wiederaufleben der prähispanischen Kultur?« Ich hatte den Eindruck, dass ich im Begriff war, ihn zu verärgern, und wählte nun meine eigenen Worte mit Bedacht. »Ist es nicht albern, das Ritual zu erneuern, wenn man nicht mehr an die Mysterien glaubt, die seine Grundlage bilden? Die innige Verbindung der Inka mit der Astronomie, mit ziviler und religiöser Macht und mit der Agrikultur banden die Bedürfnisse von Körper und Seele zusammen. Es stellte einst eine kohärente, große Erzählung dar. Heute bietet die westliche Kultur trotz all ihrer Schwächen die überzeugendsten Erklärungen zum

Kosmos und zur Welt. Welche Zukunft haben Menschen, die davor die Augen verschließen und zu wesentlich schwächeren Erklä-
rungsmustern zurückkehren wollen?«

»Der Wert der Rückbesinnung liegt in der Tatsache, dass die
westlichen Kulturen Land und Natur vergessen hatten und haben. Ohne sie können wir aber nicht eine Sekunde lang existieren.
Traditionelle Kulturen respektieren das und sorgen für die Scholle, auf der sie leben. Wenn Einheimische den Berggeistern keine
Versöhnungsopfer mehr bringen und ein Hagelsturm über das
Land tobt, spüren sie, dass sie das hätten verhindern können. Und
natürlich hat es auch eine symbolische Funktion: Naturkatastro-
phen sind Folgen armseligen Managements.«

Peter Frost ist hauptsächlich dadurch berühmt geworden,
dass er vor drei Jahren eine Stadt entdeckt hat, die sich im entlegenen Vilcabamba-Gebirge befindet und von einer bis dato unbekannten Kultur stammt. »Ich führte eine kleine Gruppe von
Wandertouristen durch das Gebiet von Minas Victoria, wo es
alte Silber- und Kupferminen gibt, nach Choquequirau und Vit-
cos. Sie alle waren gute Wanderer. Einer aus der Gruppe, ein
Amerikaner namens Scott Gorsuch, hatte am Abend zuvor die
späte Abendsonne über einem Bergkamm beobachtet und sinn-
gemäß gesagt: ›Das ist so ein Ort, an dem die Inka gebaut hätten.‹
In der Nacht dachte ich darüber nach. Am nächsten Morgen gegen halb sieben sahen wir genauer durch unsere Ferngläser. Wir
waren über dem Fluss Yanama und schauten nach Westen auf einen langgestreckten Bergkamm hinunter, von dem sich ein Gipfel
erhob, der Cerro Victoria. Was dahinter lag, blieb verborgen.

Ich fragte sie, ob sie nicht Lust hätten, die Route zu ändern und
dem nachzugehen. Sie waren ganz scharf darauf, und so suchten wir
einen Weg auf den Kamm, bis wir etwa einen halben Kilometer
von der Stelle entfernt waren. Von diesem günstigen Aussichts-
punkt aus konnten wir deutlich erkennen, dass da eine Plattform
war. Die Morgensonne traf sehr früh auf die Stelle, und in diesem

Licht sahen wir, dass der Gipfel des Berges offenbar eingeebnet worden war, und es gab die Andeutung einer Mauerlinie. Auf einer Fläche von etwa hundertfünfzig Metern Länge waren ein paar alte Gebäude und Gräber zu sehen. Das war alles, was wir an diesem Tag tun konnten. Meine große Hoffnung war natürlich, dass es nicht schon geplündert worden war; es ist ja so viel verschwunden.

Zurück in Cuzco, teilte ich die Entdeckung nur einer Handvoll Leuten mit und verpflichtete sie zu Stillschweigen. In der Region von Vilcabamba hatte es nur sehr wenige archäologische Arbeiten gegeben und keine einzige organisierte Grabung. So saßen wir auf unserer Entdeckung und versuchten, Mittel lockerzumachen. Wir gewannen die Unterstützung von Rebecca Martin vom National Geographic Expeditions Council und verpflichteten Dr. Alfredo Valencia, einen hoch angesehenen Archäologen aus Cuzco. Im Juni 2001 kehrten wir an den Ort zurück, er heißt jetzt Corihuayrachina, und entdeckten, dass die meisten Gräber in den 1960er- oder 1970er-Jahren geplündert worden waren, als in den Minen von Victoria gelegentlich wieder gearbeitet wurde. Doch zwei von ihnen fanden wir unberührt vor, und die Gebäude waren nicht ausgehoben worden. Jetzt konnten wir unter dem Cerro Victoria zum verborgenen Ende des Kamms vorstoßen, wo wir nicht nur eine Inka-Siedlung fanden, sondern auch eine, die aus einer Zeit vor den Inka stammen musste. Es war eine bisher unbekannte, indigene Kultur, und die Art der Funde war anders als alle bisher ausgegrabenen Überreste. Eine präzise Radiocarbondatierung war nicht möglich, aber sie geht auf die sogenannte Frühe Zwischenperiode zurück, die um 450 nach Christus beginnt.

Wir fanden Silbernadeln, Handmühlen und eine komplette Küche; es wirkte, als sei sie gerade verlassen worden. Der wichtigste Fund in diesem Jahr war ein fast intaktes Gefäß mit einem menschlichen Antlitz darauf. Das Gesicht erinnerte mich ein wenig an jene der Statuen auf den Osterinseln: etwas hervorstehende Augen und eine lange Himmelfahrtsnase.«

»Gab es schon Vermutungen über die Existenz des Ortes?«

»Es gab Indizien. Machu Picchu hat bekanntlich nicht die In-
frastruktur, die nötig ist, sich als Stadt selbst zu versorgen, und an
einer anderen hochkarätigen Stelle, Choquequirao, gab es wahrscheinlich zu wenige Arbeiter. Vielleicht füllt Corihuayrachina
diese Lücke; vielleicht ist es keine verlorene Stadt, sondern, wie
Scott meinte, ›ein untergegangener Blaumann-Vorort‹.«

»Und Sie bleiben nun für immer?«

»Na klar, ich baue gerade ein neues Haus über der Stadt, aus
Adobeziegeln und mit Solardach.«

Ich las ihm seine Antwort, die er im Rahmen eines Porträts
in der Zeitung Cusco Weekly (ein paar Neuerer haben die
Quechua-Schreibweise in Cusco mit ›s‹ abgeändert) gegeben
hatte, noch einmal vor. Auf die Frage, ob er ein Schwarzes Schaf
der Kulturkritik sei, antwortete er: »Absolut. Wenn Sie das heute nicht sind, dann haben Sie nicht aufgepasst. Kultur sitzt heutzutage nicht mehr wie angegossen; die Welt hat sich zu sehr verändert, zu schnell, also erarbeiten Sie sich entweder Ihre eigene
Kultur, Ihre eigenen Werte, oder Sie sind dazu verurteilt, alles
aus dem Fernsehen zu übernehmen.«

»Stört es Sie, dass eine Menge Leute nach Peru kommen, nicht
um zu lernen, sondern mit ihrem westlichen Hokuspokus in der
Tasche, dem sie hier eine Heimat geben wollen: die Denkmal-
schützer, die *stone-huggers* oder Steineschmuser, die Millenni-
um-Mystiker, die Guru-Apostel?«

»Nicht wirklich«, sagte er fröhlich, »auch ich habe in der Vergangenheit meinen Beitrag zur Denkmalschützerei geleistet.«

»Was vermissen Sie von England am meisten?«

»Englische Bibliotheken und Bücherläden, englischen Tee zum
Frühstück, Orangenmarmelade und Marmite-Brotaufstrich.«

Am nächsten Morgen suchte ich auf der kleinen Avenida Grau
nach einem Bus mit dem Ziel Ollantaytambo, das als Landsitz des
Inka Pachacuteq galt und zum letzten großen Gefecht gegen die

Spanier in eine Festung verwandelt wurde. Es ist eine unvollende-
te Meisterklasse in Stein. Es ist auch die einzige Inka-Stadt, die
mehr oder weniger unbeschädigt überdauert hat. Der Bus fuhr ins
Heilige Tal nach Pisac zurück und folgte dem Urubamba stromabwärts durch Calca, wohin der aufständische Rebell Manko Inka
nach der Niederlage in Sacsayhuamán geflohen war. Es war keine
gute Verteidigungsanlage, und schon bald zog er sich weiter
stromabwärts nach Ollantaytambo zurück.

Um seinen Fußspuren zu folgen, musste ich in Yucay den Bus
wechseln, wo die ältesten Alleen mit majestätischen *pisonay*-Bäu-
men gesäumt sind. Es sind von Natur aus hohe Dschungelbäume,
aber die Inka fanden deren wächsernen, herrlichen, scharlachroten Blüten so schön, dass sie sie auf die Sierra brachten. Der Minibus, der mich die letzten vierundzwanzig Kilometer nach Ollantaytambo beförderte, lud mich auf dem kleinen Platz ab. Bis zum
Hostal Chaskawasi war es nur ein kurzer, zweieinhalb Meter breiter, gepflasterter Fußweg: breit genug für zwei beladene Lamas.
Viele Häuser hielten am ursprünglichen Inka-Layout fest und
hatten keine Tür zur Straße hin. Ein Torweg führte auf einen
Hof, der zwei Häuser verband, und wo, wie auf einem Miniatur-
bauernhof, Gänse und Enten in Zinkwannen planschten oder mit
ihren weichen Schwimmhäuten über die schlammigen Steine
patschten. Mein Zimmer befand sich im originalen Inka-Teil des
Hostals mit Blick auf die Straße. Auf der gegenüberliegenden Seite war eine antike, winzige grüne Tür, die sich unter ihrem eigenen, massiven Türsturz schier verbog, eingerahmt von Türpfos-
ten, deren Steine sich zu verdicken schienen wie Baumstämme,
um den Zugang zu verschließen.

Ollantay war ein Militärführer der Inka, der sich in die Tochter König Pachacútecs verliebte, und als ihm ihre Hand verwei-
gert wurde, rebellierte er, um sie zu gewinnen – und wurde vernichtet. Die Stadt, die nach ihm benannt ist, unterscheidet sich
wesentlich von Calca: Ein natürlicher Verteidigungspunkt, bes-

tens geeignet, um mit den Aufständischen fertig zu werden, die vom Amazonas heraufkamen. Ihre stärksten Verteidigungsanlagen weisen in Richtung Cuzco. Hernando Pizarro versammelte seine besten Männer und ritt hinaus, um Manco einzunehmen, ohne überhaupt einen Spähtrupp vorausgeschickt zu haben. Pedro Pizarro erinnerte sich: »Als wir Ollantaytambo erreichten, fanden wir es derart gut befestigt, dass es uns Furcht einjagte.«

Der neue Gebäudeteil meines Hostals hatte eine Dachterrasse über dem zweiten Stock, die den Blick auf die ganze Stadt freigab. Im benachbarten Gemüsegarten blühte ein Kirschbaum und streute blassrosa Blütenblätter über den Rücken einer schwarzen Kuh. Über mir, an den nahezu unerreichbaren Felsklippen des Flute-Berges, standen alte, sehr schmale Inka-Lagerhäuser mit hohen Giebeln. Auf der anderen Seite des Patacancha-Tals gab es noch mehr Häuser auf einem Abhang, der so steil war, dass ihre hinteren Dachkanten auf Bodenhöhe und ihre Vorderfronten zwei Stockwerke hoch waren. Darüber erhob sich ein riesiger Gipfel in Pyramidenform, von dem aus ein Grat in Richtung Urubamba führte. Bevor er die letzten neunzig Meter zur Talsohle hin abfiel, flachte er ab, drehte kurz stromaufwärts und drückte sich in dieser Kehre an einen hohen, steilen Geländekegel. Dieser rockförmige Halbkegel war zu makellosen Terrassen modelliert, durch die mittig eine Treppe aufstieg. Auf diesem Vorsprung hatten die Inka einen Tempel zu bauen begonnen, dessen Qualität alle anderen in den Schatten gestellt hätte. Auf dem Gipfel konnte ich sechs rosa gefärbte Blöcke aus Rhyolit erkennen, einem feinkörnigen Gestein, das in seiner Zusammensetzung dem Granit gleicht. Sie stehen Seite an Seite wie hohe rechteckige Schilde, die das großartige Vorhaben bezeugen. Dahinter auf der Anlage offenbart sich der Kompromiss, der ihnen von den Ereignissen aufgezwungen wurde, die ihre Welt zum Einsturz brachten.

Am nächsten Tag kraxelte ich zwischen den kleinen Ruinen des Seitentals herum und hob mir die berühmte Tempelanlage für den späteren Nachmittag auf. Ich gelangte von der Talseite aus über einen kleinen Pfad hinein, der vielfach nur aus Mauerwerk bestand, das über den Abgrund hinausragte. In dem böigen Wind war es eine beängstigende Aktion. Sie führte mich bis zum obersten Punkt, einer Art Brüstung in der Treppenanlage. Sie war von exquisiten, im oberen Teil leider nur teilweise erhaltenen Seitenmauern eingefasst. Ich kletterte bis zum höchsten Punkt, wo die sechs massiven Steine standen, der größte knapp vier Meter hoch, über zwei Meter breit und ein Meter achtzig dick. Einzigartig auch innerhalb der Inka-Architektur, liegen kleinere Steine wie Filets eingefügt zwischen den großen. Ihre Zierlichkeit konterkariert die präzise behauene Masse der dicken Steine aufs Vollkommenste. Ein Meister der Architektur- und Ingenieurskunst muss hier mit einer Neuerung experimentiert haben, die nie die Chance hatte, sich weiter zu entwickeln als bis zu diesem Prototyp.

Ein Geröllhaufen auf der anderen Talseite, hunderte Meter weiter oben, markierte den Ort, wo sie gebrochen worden sein mussten. Unter mir deutete eine Rampe darauf hin, wie sie auf den Bergrücken hier hochgeschleppt worden waren. Einer der mittleren Gesteinsblöcke trägt noch immer die gut sichtbaren Umrisse dreier Anden-Kreuze, eines über dem anderen. Die anderen Tierreliefs, auf welche Fremdenführer die Besucher gern hinweisen, sind heute ein Produkt der Vorstellungskraft; selbst die Zeichnungen des Vorreiters der Archäologie Nordamerikas, Ephraim George Squier, aus dem 19. Jahrhundert zeigen keine weiteren erhaltenen und identifizierbaren Bilder. Sorgfältig behauene Monolithen, Türstürze und Verblendsteine standen verstreut herum. In einige davon hatten die Steinmetze einen T-förmigen Kanal gehauen, sodass der Fuß des T am Rand des Steins nach außen mündete. Diese Innovation wurde wahrscheinlich von ähnlichen Vorbildern übernommen, wie ich sie bei den viel älteren Tempeln von Tiwanaku auf der bolivianischen Seite des Titicaca-Sees gesehen hatte. Zwei solcher Steine wurden so zusammengefügt, dass die Ts sich Fuß an Fuß berührten und gemeinsam ein I formten. Goss man flüssiges Metall hinein, erstarrte es, zog sich zusammen und verklammerte die Steine fest miteinander.

Doch ein Blick hinter die sechs Grundsteine des Tempels verrät die aufgekommene Panik der Erbauer. Die Seitenmauer besteht aus einer Linie präzise geschnittener Steine, die aber unmöglich zusammengehören konnten. Über dieser Grundschicht endet die Mauer nach oben mit grob behauenen Steinen. Die geduldige künstlerische Entwicklung einer innovativen, religiös motivierten architektonischen Struktur hatte sich in das hastige, unordentliche Auftürmen einer elementaren Verteidigungsanlage verwandelt. Manko Inka befestigte die Stadt und stellte Soldaten mit Schleudern auf den umliegenden Hügeln auf. Er rekrutierte Bogenschützen aus benachbarten Dschungelstämmen, Fanatiker, die noch sterbend weiterhin Pfeile abschossen, solange sie nur die Kraft hatten, den Bogen zu spannen.

Spanische Reiter griffen diese behelfsmäßig zusammengezimmerten Mauern am Fuß der Festung an. Sie wurden von herabkrachenden Steinen erschlagen, Pfeile schwirrten durch die Luft, dass der Himmel davon schwarz wurde, und die Einheimischen, bereichert um erbeutete Schwerter, Helme und Schilde, attackierten die Spanier ohne Furcht. Oben vor der Skyline posierte Manco demonstrativ auf einem eroberten spanischen Schlachtross. Als ein schwerer Felsblock das Pferd eines spanischen Heerführers zum Krüppel schlug, löste das Todeszappeln des Tieres Verwirrung unter den Angreifern aus. Einheimische schwärmten von allen Seiten hernieder, und gleichzeitig überschwemmte der Fluss Patacancha das Geschehen. Die Pferde strampelten bis zu den Sattelgurten in den Wasserfluten, und der Boden wurde zum Morast, in dem die Spanier nicht mehr manövrieren konnten. Das war kein glücklicher Zufall: Inka-Ingenieure hatten die Bewässerungskanäle umgeleitet, um das Schlachtfeld zu fluten. Die Pizarros rückten ab und wurden die ganze hereinbrechende Nacht lang noch auf den Fluchtwegen heimgesucht, wo Teppiche von Kaktusstacheln auslagen, um die Pferde zu lähmen.

Das war der einzige Sieg der Inka in offener Schlacht. Francisco Pizarro versuchte es mit Verhandlungen, aber Manco traute den Pizarros nie mehr über den Weg und ermordete ihre Gesandten. Er wusste nicht, dass Francisco seine Ehefrau-Schwester bei sich hatte, Cura Ocllo. Der Schlägertyp Gonzalo war ihrer überdrüssig geworden und reichte sie herum. Sie hatte sich mit Dreck beschmiert, um auf der Strecke weiteren Vergewaltigungen zu entgehen. Francisco und sein Schreiber hatten es mit ihr getrieben, was sie nicht davon abhielt, sie zu entkleiden, an einen Pfosten zu binden und ihren Kañari-Alliierten, erbitterte Feinde der Inka, zu erlauben, sie zu schlagen und mit Pfeilen zu beschießen. Sie spuckte ihr letztes Wort an sie aus: »Macht rasch und bringt mich endlich um, damit euer Appetit vollständig befriedigt ist.« Sie fertigten einen schwimmenden Korb an und ließen sie darin flussabwärts schwimmen, an Ollantaytambo vorbei. Mancos Diener fischten den Korb aus der schäumenden Gischt und brachten ihren Körper und ihre marmornen Totenaugen vor seinen schmerzgequälten Blick, und ihr Haar war ein einziger, schwarzer Fluss.

Manco befürchtete, dass Ollantaytambo sich nicht auf ewig verteidigen ließ. Sein Aufenthaltsort war zu bekannt. Er zog sich weiter in die Berge zurück, nach Vilcabamba. Das Ende kam zum Jahresbeginn 1545. Ein Trupp spanischer Rebellen war bei ihm zu Gast gewesen und hatte zwei Jahre lang seine Gastfreundschaft genossen. Dann waren sie das Exil leid und überlegten, wie sie sich bei den Spaniern beliebt machen konnten, bevor sie zurückkehrten: Während eines Wurfringspiels stand einer von ihnen hinter Manco und stach ihn vor den Augen seines neunjährigen Sohnes nieder. Es brachte ihnen nichts ein. In einem Haus lauerten ihnen

die Inka auf. Sie wurden bei lebendigem Leib verbrannt oder auf
dem Weg nach draußen getötet.

Ich ging in die Stadt zurück und strolchte durch die Seitenstraßen, wo kleine Bäche die Rinnsteine hinunterrannen und unter
den Brückensteinen der Hauseingänge hindurchflossen. Es hat
etwas Magisches, einen Bach zu überqueren, bevor man ins eigene
Haus tritt. Die tiefstehende Sonne beleuchtete die Gassen, und
Staub, blauer Rauch von brennendem Holz und stählerner Ziga-
rettenqualm verwirbelten die Sonnenstrahlen zu Luftschlangen.
Im vollen Gegenlicht sah ich auf dem Platz am Ende der Gasse ein
massives Eckhaus. Klobige Gesteinsquader mit Grübchen, die die
Schläge der Steinmetze vor einem halben Jahrtausend hinterlassen hatten; das Sonnenlicht, das auf den um die Ecke strudelnden
Bächen hüpfte; die Silhouetten kegelförmiger Röcke, Hüte, Zöpfe. Ich werde dieses Bild nie vergessen, ich erlebte Geschichte
nicht anhand verstaubter Daten, rekonstruierter Begriffe oder
festgefrorener Meinungen, sondern ich blickte in einen Zeittun-
nel. Hinter den Frauen, die Suppen und Tees verkauften und mit
den Männern flirteten, bewegte sich ein Zug von Schattengestal-
ten zurück durch die Kette der Generationen, Fleisch wurde ge-
wendet, während Fett auf die Holzkohlenglut tropfte, Tee wurde
gekocht, und Töpfe wurden über dem Feuer erhitzt. Hinter den
Jungs, die nach dem letzten Bus riefen, schritten Amtsträger, die
stolze Lamas mit scharlachroten Wollornamenten in den Ohren
mit sich führten. Viehanhänger fuhren herein, voll beladen mit
jungen, kräftigen Männern, die von den hölzernen Ladeklappen
herabsprangen und die aufgebockten Tische mit ihrem flinken,
leisen Geplauder umgaben. Die Frauen, die Essen verkauften,
wiederholten ihre Ausrufe in wechselnden Varianten, bis sie zu
Nasallauten verkümmerten, zu einem Vogelgezwitscher, dessen
Bedeutung sich aufgelöst hatte. Ich kaufte mir eine Tasse Suppe
aus Saubohnen und setzte mich an einen Tisch. »Wir arbeiten als
Träger auf der Inka-Route, wir kommen eben von einer viertägi-

gen Wanderführung nach Machu Picchu zurück.« Es herrschte
Partystimmung, wieder war ein Job sicher zu Ende gebracht; sie
schlugen sich die Bäuche mit Nudelsuppe und Eintopf voll. Ich
fragte: »Werdet ihr in der Stadt bleiben und ein bisschen feiern?«
    Alle schüttelten die Köpfe. »Wir leben oben in den Bergen,
wir müssen da oben leben, um diese Arbeit tun zu können, hier im
Tal ist es nicht gut.« Sie aßen und tranken schnell, hatten es eilig,
zurück zu ihren Familien zu kommen, und ihre Blicke schweiften
schon hinauf zu den umliegenden Berggipfeln. Bald füllten sich
wieder die Lastwagen und röhrten aus der Stadt hinaus in Richtung der winzigen Lichttupfer, die nacheinander in weichem Gelb
auf den Berghängen zu leuchten begannen: Dort war ihre Heimat.
    Ich ging schließlich aufs Dach des Hostals. Die Stadt, unter-
halb der Ruinen, wirkte wie eine Patchworkdecke aus Dachpfan-
nen; kleine Rauchsäulen hingen wie im Traum in der stillen
Abendluft. Ein klagender Pfeifton: Unsichtbar schleppte sich der
Zug nach Machu Picchu das Urubamba-Tal hinauf. Ich lag im
Liegestuhl und sah zu, wie die Vollmondscheibe, hell wie Messing, über die Ruinen des Tempels kroch. Über den alten Stein-
brüchen hatten sich Wolken um den Gipfel des Yana Orqo gelegt
und drifteten mir entgegen, doch als sie dem Mond zu nahe kamen, schluckte er sie weg, und sie zerstoben in dünne Schleier, ins
luftige Nichts eines Sommernachtstraums. Ich drehte den Liegestuhl Stück für Stück herum. In jeder Richtung: erlesene Schönheit, sogar in der Luft und im Säuseln kleiner Blätter. Ich hatte
mich in dieses Land verliebt.

Machu Picchu

Schon beim ersten Licht war ich wieder auf dem Platz und aß zum Frühstück Saubohnensuppe, dann spazierte ich am Fluss entlang, um den Zug nach Machu Picchu zu nehmen. Die kurze Reise ist kein Zuckerschlecken, denn unmittelbar hinter Ollantaytambo stürzt der Fluss in eine großartige, feuchte Schlucht, die von Regenwaldvegetation bedeckt ist. Der Urubamba ist selbst noch bei Niedrigwasser ein furchterregender, neunzig Meter breiter, reißender Strom mit hohen Wellenkämmen, Strudeln und Wasserfällen; bei Hochwasser ist er ein Mahlstrom. Die alte Inka-Straße steigt hoch über den Berg, um ihm zu entkommen. Die Autostraße kapituliert und läuft ins Nichts aus; die Eisenbahningenieure jedoch sprengten eine Rinne entlang des Talbodens durch eine spektakuläre Szenerie und einen atemberaubenden Wolkenwald. Weil es keine Straße gibt, bietet der Zug einen Vorwand, um die Touristen zu melken: Er ist sehr teuer und fährt dennoch so selten, dass der Mann, der mir die Fahrkarte verkaufte, mit dem im Zug mitfahrenden Schaffner einen Streit vom Zaun brach, ob der Zug, der um neun Uhr eintraf, der Neunuhrzug sei. Ich ergriff für den Schaltermann Partei und stieg an Bord.

Normalsterblichen war die Mysterienstätte Machu Picchu bis zum Jahr 1911 unbekannt. Trotz der außergewöhnlichen Qualität ihrer Tempel und ihres Observatoriums scheint sie niemals einer Bevölkerung, die größer als ein Dorf gewesen wäre, Raum geboten zu haben. Das Bild, das sich von oben bietet, wenn man vom Inka-Pfad herabsteigt, ist eines der weltweit berühmtesten. Ich sah es zum ersten Mal frühmorgens, als ich mit Elaine von den Bergen herabwanderte, im vorletzten Jahr, als man den Weg noch als Einzeltourist begehen durfte. Wir beobachteten die Wolken, die sich wie Vorhänge auf einer Bühne öffneten, um dreihundert Meter unter uns den Blick auf die prächtige Zitadelle freizugeben. Ich wünschte, Elaine wäre heute an meiner Seite. Nur sie und ich.

Diese Wolken, die seit der Morgendämmerung auf mich herabregneten, teilten und hoben sich jetzt genauso wie vor zwei Jahren. Das Licht enthüllte den von Terrassen umsäumten, zu einer Spitze gemeißelten Bergkegel, den Intihuatana, Pfahl der Sonne. Ein Finger, der fest mit einem Altar verbunden war, beide aus dem Urfelsen geschnitten. Ruinen kleiner, aber wunderschön geformter Tempel, Priesterbehausungen, Wachtürme, Vorratslager und gewöhnliche Wohnstätten liegen über die ordentlichen Terrassen verstreut, die dem Gipfel des Berges zwar eine Form aufgezwungen haben, ihn aber nie ganz zu bändigen vermochten. Ich lief zum Intihuatana und fühlte tief im Herzen, um was es der Inka-Zivilisation gegangen war – ein rituelles Rund, so wie die Grundmauern eines Gebäudes aus purer Macht, konzipiert von seinen Priestern und säkularen Herrschern mit einem psychologischen Weitsinn und einer pragmatischen Rücksichtslosigkeit, die jedem heutigen Despoten Bewunderung abnötigen musste. Wie im mittelalterlichen Leben, im Europa der frühen Neuzeit und seither in vielen Diktaturen gab es kein Außerhalb der Verklammerung von religiöser und politischer Macht. Man tat einen Schritt hinaus – und wurde zur Nicht-Person, zum Outlaw im buchstäblichen Sinn: kein Existenzrecht zu haben. Im Übrigen war das Gesetz das, was der Inka sagte, dass es sei. Wir romantisieren die Inka und Azteken noch immer, weil sie auf brutale und spektakuläre Weise der spanischen Habgier zum Opfer fielen. Aber wir können uns ein Leben in solchen Gesellschaften für uns selbst nicht vorstellen. In modernen Gesellschaften wird eine derart strikte Kontrolle über das Leben der anderen nur in Form von Strafe ausgeübt. Meine Finger berührten die Steine, als die Sonne allmählich die betäubende Nachtkälte von den Oberflächen streichelte. Unter dieser Patina herrscht immer finstere Nacht.

Hinter dem Intihuatana fiel das Land so steil ab, dass es mir
beim Abstieg auf den engen Stufen vorkam, als träte ich in die leere Luft hinaus, obwohl ich oben auf dem Plateau keinen Höhen-
schwindel gefühlt hatte. Weiter unten stand ein Haus, das offenbar derart schwer in die natürliche Hanglinie eingepasst werden
konnte, um den Vorstellungen des Architekten zu entsprechen,
dass man einen Steinblock zu einer Form mit zweiunddreißig
Winkeln hatte hauen müssen – alle passten lückenlos. Ich kletterte zu dem Wachturm an der höchsten Stelle der Anlage und betrachtete die Zitadelle in ihrer Gesamtheit: So, wie die Inka es
mögen, liegt sie in der Beuge eines Armes, der aus den Bergen he-
runter- und auf eine letzte Erhebung hinaufführt. Diese hier ist
Wayna Picchu, der felsige Zuckerhut, der den Hintergrund aller
Kalenderansichten dieses Ortes bildet. Meines Wissens nach hat
sich nirgendwo sonst je ein Baumeister einen so einzigartigen Ort
für sein Projekt ausgesucht. Nirgendwo sonst ist je ein allumfas-
sender architektonischer Vorschlag so vollkommen in die Landschaft hineingesetzt worden. Die Biegung in der Zitadelle erlaubt
den Blick über die hufeisenförmige Schlucht des heiligen Flusses
Urubamba vor dem Hintergrund aller größeren heiligen Berge im
Umkreis. Hier liegt der Mittelpunkt eines Netzes, das aus Macht
und Bedeutung gewebt ist: Jeder dieser Gipfel ist heilig und mächtig. Es wirkt, als hätte ein genialer Geist die Landschaft dazu ausersehen, den Sitz für Machu Picchu abzugeben. Der Sonnentempel, der in eleganter Schlichtheit gewölbte Mauerturm, erhebt
sich über einer kleinen Naturhöhle, in der ein Quell entspringt.
Er ist so sorgfältig gestaltet, dass der Archäologe Hiram Bingham
einen Blick auf ihn warf und ausrief, dies sei »die schönste Mauer
in Amerika.« Ich tauchte meine Hand in die heiligen Wasser und
folgte deren hinabtanzendem Parcours durch die Stätte, die
Steinkanäle, die kleinen Springbrunnen und plätschernden Rinnsale. In diesen Bächlein lebt der Ort noch immer. Das Erste, was
getan wurde, um den Ort in den geplanten Tempelkomplex zu

verwandeln, war die Anlage eines Bewässerungssystems. Wie der Camino Real mich gelehrt hatte, kann Wasser in den Anden alles in Stücke reißen. Als Nächstes bauten sie die Terrassen, die zur Stirnseite hin in Steinmauern eingefasst wurden. Das waren die Bestandteile, die den Einheimischen immer bekannt waren. Als Hiram Bingham hierherkam, brachte man ihn direkt vor Ort. Zwei junge Indigene auf der Flucht vor dem Finanzamt und dem Militärdienst bebauten kleinere Flächen auf den Terrassen.

Hiram Binghams persönliche Reise war schwierig gewesen. Seine Expedition war der Anden-Route Bolívars von Venezuela nach Kolumbien gefolgt. Er trat die Reise von Cuzco aus am 1. Februar 1911 an und hatte das Pech, den Monat mit den schwersten Regenfällen nach fünfundzwanzig Jahren zu erleben. Er suchte Vilcabamba, das er aus historischen Aufzeichnungen als letzten Zufluchtsort von Manko Inka kannte. Er hatte eine »verlorene Stadt« besucht, Choqquequirun, Wiege des Goldes, nur um den ansässigen Behörden zu Gefallen zu sein. Er hatte auch mit einem indigenen Mann gesprochen, der ihm nahelegte, einen Berg namens Machu Picchu aufzusuchen. Bingham war bereit zum Aufbruch, als seine Kollegen am nächsten Morgen überraschend absagten. Er ging mit einigen anderen Begleitern los und setzte seine Schritte mit Bedacht: Terciopelo-Lanzenottern sind in der Gegend um Machu Picchu zu Hause. Am 24. Juli erkundete die Gruppe über zwei Stunden lang die Talsohle und begann dann aufzusteigen. Die beiden Bauern hatten auf den Terrassen teilweise die Bäume gerodet. Er sah den Sonnentempel und erklärte ihn ohne zu zögern, vielleicht mit einer kleinen Übertreibung, als ebenbürtig mit den besten Steinmetzarbeiten der Welt. »Mir verschlug es total den Atem«, sagte er, »der Anblick war überwältigend.«

1912 erklärte Bingham sich einverstanden, eine gemeinsame Expedition der Universität Yale und der National Geographical Society auf die Beine zu stellen, die von Präsident Augusto Leguia

unterstützt wurde. In der Aufregung gingen sie Risiken ein. K. C.
Heald, ein Topograf, nahm, Bärenpfaden folgend, Huayna Picchu
in Augenschein und kam bei einem Sturz fast ums Leben. Er hing
eine ganze Weile über einem Abgrund, hielt sich am Stamm eines
eher schwächlichen Busches fest und hoffte auf Hilfe. Es brauchte drei Anläufe, um den Gipfel zu erklimmen. Den ansässigen *indígenas* war die Arbeitsmoral der Inka seit Langem abhandenge-
kommen. Sie hatten keine Lust, auswärts zu campieren, und
vergeudeten viel Zeit mit der Anreise aus ihren Dörfern – wenn
sie überhaupt kamen. Der Pflanzenwuchs dagegen war unerwartet vital; Sträucher und Bäume mussten innerhalb von vier Monaten dreimal zurückgeschnitten werden. Die fünfhundert Fotos,
die Machu Picchu weltberühmt machten, entstanden nach dem
letzten Beschnitt. Vielleicht war Bingham, wie Kolumbus, nach
all den Mühen nicht gewillt, zuzugeben, dass er möglicherweise
den falschen Ort gefunden hatte: Nach ausführlicher Untersu-
chung warf Bingham sich in die Brust, dass »niemand mehr daran
zweifelt, dass es Vilcabamba ist«. In der Trockensaison fand er
dann heraus, dass Machu Picchus Quellen schwerlich ausreichend
Wasser für seine Expedition und die ansässigen Arbeitskräfte liefern konnten. Er spekulierte, ob solche Engpässe in der Wasserversorgung für die Auflassung der Anlage verantwortlich gewesen
sein mochten: Ein seltsamer Einfall, wo er doch glaubte, der Bau
habe Jahrhunderte gedauert, ein Zeitraum, in dem sich ein Was-
serengpass sicherlich bemerkbar gemacht hätte.

Frühe Theorien versteiften sich auf den Mythos der Verlorenen Stadt. Aber das hier war kein Shangri-La, wo zukünftige Erben auf den Sonnenthron ein Leben außerhalb der Zeit lebten
und auf die nächste *pachakuti*, Zeitenwende, warteten, um diesem
verrückten Herrschafts-Interludium fremder Barbaren ein Ende
zu bereiten. Es gab nur einige wenige Häuser hier, gerade genug,
um die hohen Funktionäre und Priester zu beherbergen, nicht
aber Hundertschaften von Arbeitern, Bauern, Webern und Las-

tenträgern, die mit ihren gebeugten Rücken, nie klagend, dafür
sorgten, dass die zukünftigen Herrscher sich abseits halten und zu
den Sternen sprechen konnten. Ein interessantes, selten erwähn-
tes Detail findet sich in einem hiesigen Quechua-Platznamen, der
auf Inka-Zeiten zurückgeht. Wenn man für einen Gegenstand
oder ein Ding drei unterschiedliche Verbindungslinien finden
kann, ist man vermutlich auf der richtigen Spur.

Der Name Vilcabamba, der letzte Rückzugsort des exilierten
Inka-Fürsten, kombiniert die Worte *huilca* und *pampa*. Das war
es, wonach Hiram Bingham, ein Historiker und kein Archäologe,
suchte. *Pampa* bedeutet Ebene, and *huilca* ist ein sehr interessanter subtropischer Baum. Seine Samen wurden für Einläufe verwendet oder pulverisiert und als Halluzinogen geschnupft – dann
firmierte es als *cohoba*. Priester verwendeten es, um in spirituelle
Welten einzutauchen; Ärzte, um Verhexung zu diagnostizieren.
Eine zweite Spur, die auf die Bedeutung dieser Pflanze hinweist,
ist durch einen Namenswechsel verborgen. Der Urubamba trägt
einen Quechua-Namen, doch ist dies nicht der ursprüngliche
Name der Inka für den Fluss: Er hieß vielmehr Vilca-mayu, der
Fluss Huilca. Drittens ist das Klima von Cuzco zu kalt und zu trocken für diesen Baum; das der Hauptstadt nächstliegende, subtropische Habitat, auf dem er wachsen kann, befindet sich an den
Hängen unterhalb von Machu Picchu. Die Lage dieses Gebiets,
die Namen der Flüsse und der Zitadellen, das alles deutet auf eine
zeremonielle Nutzung hin, die Suche nach Kontakt mit den Göttern durch drogeninduzierte Trance-Zustände. Machu Picchu
und die umliegenden späteren Inka-Stätten könnten gut und gern
spirituelle Schöpfungen verzweifelter Herrscher gewesen sein,
die einen Weg suchten, die Kontrolle über ihre Welt zurückzugewinnen. Die Stätte war überwältigend, aber womöglich von keinerlei militärischer Bedeutung für die letzten Inka-Herrscher,
sondern vielmehr ein Ort, der abgelegen und noch nicht mit den
wertvollen Metallen ausgestattet war, für welche die Spanier sich

ausschließlich interessierten. Hier konnten die Rituale weiterhin
ungestört ausgeübt werden.

Wie in Stonehenge oder auf den Osterinseln sind genug Mysterien geblieben, um zu faszinieren; es ist aber derart viel verschwunden, dass die Wahrheit womöglich nie ans Licht kommt.
Das Feld ist jedenfalls weit genug für das jährliche Erscheinen eines Buches oder TV-Ausstrahlungen des Discovery Channel mit
dem Untertitel »The Final Answer to the Riddle of Machu
Picchu« – Letzte Antworten auf das Rätsel von Machu Picchu.
Das Ende der Belagerung ist so geheimnisvoll wie alles andere
auch: Zerstörungen durch Kriegshandlungen, Belagerung oder
Demontage sind nicht zu erkennen. Die Stätte wurde in so or-
dentlichem Zustand geräumt, dass in den Häusern keinerlei Güter zurückblieben. Es gibt üppige Keramikfunde unter dem Tempel der drei Fenster, neben dem ich stand und wo ich den Felsen
entdeckte, der *en miniature* die Umrisse der dahinter aufragenden
Bergspitzen jenseits der Schlucht wiedergibt. Aber die Gefäße
sind rituell zerschlagen worden. Man fand kein Gold, nicht einmal im Grab der Hohepriesterin. Lange Zeit hat man immer wieder Skelette ausgegraben und sie alle als weiblich identifiziert:
Einhundertfünfzig von einhundertdreiundsiebzig. Archäologen
schlossen daraus auf eine Frauenklostergemeinde, der ein Mini-
mum an männlichen Bediensteten aufgewartet hatte: Wieder so
ein Phantasma fremder Lebensformen, wie es gern durch dunkle
Schleier hervorzuckt. Doch als man die Knochen mit Methoden
der modernen Pathologie untersuchte, stellte sich heraus, dass
die Skelette in normalem Verhältnis von Männern und Frauen
stammten. Nur zwei Objekte wurden zutage gefördert, die aus
der Zeit nach der Conquista stammen, beides kleinere Gegenstände. Vermutlich ist Machu Picchu eine spanische Vergewaltigung erspart geblieben.

Meine Suchgänge führten zu einem letzten Platz, einer Wiese
unmittelbar unter der hochgelegenen Stelle, auf die der Intihuata-

na seinen Schatten wirft. Ein einzelner Baum stand auf der Wiese, jener Baum, den mein Teenager-Ich mit dem Finger auf der Seite eines Reisemagazins angetippt hatte. Ich nahm ein vertrocknetes Blatt vom Baum. Es liegt hier vor mir, ein elegantes Oval.

Im Hotel las ich die Schlusskapitel von »Don Quijote« – alle außer dem letzten. Ich wusste ja, was darin mit ihm passiert. Er kommt zurück, in der Schlacht besiegt, nachdem er gelobt hatte, büßend nach Hause zurückzukehren. Er wird krank, und im letzten Kapitel schwört er seinen Ritter-Verirrungen ab. Sancho Panza merkt – wie auch Gabriel García Márquez' fiktiver General –, dass die Illusion, wenn sie auch nicht nährt, uns doch am Leben hält. Er fleht den ans Bett gebundenen Quijote an, seine Abenteuer fortzusetzen, nachdem er neunhundert Seiten lang versucht hat, ihn davon abzubringen. Dieser Widerruf sieht am Protagonisten wie am Autor nach Feigheit aus, aber Cervantes musste sich den Rücken freihalten. Er war Humanist und seine Religion meilenweit von der Orthodoxie entfernt. Der Roman ging ein großes Risiko ein, indem er Ereignisse als ganz andere darstellt, sobald sie aus den Augen anderer Figuren oder von derselben Person zu unterschiedlichen Zeiten erlebt werden. Im zweiten, viel später veröffentlichten Teil treffen unsere Helden auf Menschen, die das erste Buch gelesen haben und nun wissen, wer sie sind: Sie werden zu Berühmtheiten in ihrem eigenen Buch. Keine dieser subjektiven und relativierenden Sichtweisen gefiel einer Kirche, die darauf bestand, dass es nur eine richtige Weltanschauung gab: die ihre. Also hörte ich lieber mit dem Lesen auf, als Cervantes noch immer diesem reichhaltigen Pluralismus die Stange hält, noch immer davon träumt, in Büchern und Hirngespinsten zu leben.

Es war Sonntag, der 25. August. Ich hatte eine Fahrkarte für den Nachtbus zur Küste. Ich hatte noch einen der merkwürdigsten und ausgedehntesten archäologischen Funde auf diesem Planeten vor mir: die Nazca-Linien.

Ich verließ die Sierra zum letzten Mal. Fünf Monate lang war
sie meine Heimat gewesen. Dr. Johnson sagte: »Jeder denkt klein
von sich, wenn er nie Soldat oder auf See gewesen ist.« Ich glaube,
ich hatte immer wenig von mir gehalten, weil ich nie eine wirklich
herausfordernde Reise unternommen hatte. Ich bin mir sicher,
dass viele Menschen auch ohne eine solche glücklich leben und
sterben können. Ich hätte es nicht gekonnt. Im Laufe meines Lebens ist mir klar geworden, dass ich ein Wanderer bin. Es habe
einfach Zeit gebraucht, bis ich die Angst verlor und es getan habe.
Lassen wir Don Quijote ein letztes Mal für mich sprechen: »Denn
das Verrückteste, was ein Mann in diesem Leben tun kann, ist,
einfach zu sterben, ohne dass ihn jemand tötet, sondern einfach
nur so, durch seine eigene Melancholie umzukommen.« Ich war
über eintausendeinhundert Kilometer gelaufen, was etwa zwei
Millionen Schritten entspricht, und hatte weitere zweitausend
Kilometer Reise hinter mich gebracht. Ich war den Leuten, die
ich hier traf, wie ein Alien erschienen und hatte mancherorts eine
Spur von Unverständlichkeit hinterlassen. Ich hatte mein Ver-
ständnis ein wenig erweitert und einiges von diesem geheimen
Land gesehen, der inoffiziellen Nation der Andenvölker, diesem
Archipel zwischen den Wolken.

Der Bus biegt um den Kesselrand von Cuzco. Wir fahren bei
Sonnenuntergang, der ganze Himmel ist kupfern und bleiern, und
zur Rechten liegen Gipfel mit Schneemützen. Die Erde hier ist
ein rot-grüner Flickenteppich: Heute noch vertraut, würde sie
mir bald als Teil einer Alien-Vergangenheit erscheinen, in der gelebt zu haben schier unglaublich erscheint. Doch im Augenblick
kehren hier Mensch und Tier nach Hause zurück, einfach, geer-
det, selbstgenügsam, uralt und unvergesslich. Wir sind auf dem
obersten Punkt des Berges; fünf Monate verwirbeln in dem Staub,
der hinter uns aufsteigt.

Nazca

Mit einem Schauder erwachte ich in völliger Finsternis. Der Bus ruckelte fürchterlich. Die gesamte Karosserie war um Zusammenhalt bemüht, und die Nieten vibrierten wie wahnsinnig gewordene Tschinellen, so als versuchte der Bus, die eigene, schmerzende Haut abzuwerfen. Das Trommeln vibrierte über mein Becken nach oben, setzte sich über das Rückgrat fort und fuhr in den Kopf. Ich wischte den Vorhang zur Seite und sah ungläubig auf einen kleinen Kreis, den ich am Rande der Scheinwerfer sah. Der Bus warf hinter sich Kielwasser aus: Wir fuhren durch Wasser. Rechter Hand ließ sich jetzt, fünfzig oder sechzig Meter entfernt, so etwas wie Land ausmachen. Wir fuhren einen breiten Fluss hinab. Vierhundert Meter weiter bremste der Fahrer und schaltete die Gänge durch. Es gab einen Ruck, und wir kippten nach hinten. Die Hinterräder rutschten über Geröll; endlich griffen sie, und wir ächzten nach oben auf die Uferböschung.

Um sechs Uhr zwanzig überquerten wir bei zunehmender Helligkeit die »Brücke der Toten Stiere« und begannen, in eine nackte, unbewohnte Landschaft hineinzufahren, ständig beobachtet von wachsamen Lamas, die auf dem Hügelkamm gedrängt zusammenstanden. Die ersten drei Häuser, die wir sahen, waren kaum mehr als Hütten, deren Blechdächer von Steinen sturmsicher beschwert waren. Drei gut gekleidete Passagiere stiegen aus und verschwanden in einer davon. Die Hügel waren noch immer kahl und erwartungsvoll, als würde etwas kommen und sie kolonialisieren, etwas, das sich unerklärlich verspätet hat. Weiter unten tauchten Kakteen auf, darunter einige sehr dunkle, die wie verendende Taranteln ausgestreckt auf dem Boden lagen.

Staubtrockene Baumwollpflanzen mühten sich auf dem bewässerten Talboden. Eine rosa Kirche hinter den Feldern markierte die Mitte von Nazca, umrahmt von Akazien, Eukalyptusbäumen und Palmen. Ich beteiligte mich an einem Gruppentaxi

ins Zentrum, in dem ein rothaariger junger Mann aus der Grafschaft Cork mitfuhr. »Hotel Algeria«, sagte er zum Fahrer, fügte,
sowie er dessen Verwirrung bemerkte, »Jesus Maria!« hinzu und
stach einen sommersprossigen Finger in die Straßenkarte seines
Reiseführers. Der Fahrer nickte. Der Rotschopf seufzte. »Diese
Leute hier!« In wenigen Minuten wurde er am Hostal Alegría, der
»fröhlichen Herberge«, entlassen.

Nazca war eine prosperierende Küstenzivilisation gewesen,
berühmt für ihre Textilien und vielfarbigen Keramikerzeugnisse.
Abgesehen von der rosafarbenen Kirche und den Wolken knall-
bunter Bougainvilleas, ist die heutige Stadt mit dreißigtausend
Einwohnern glanzlos, aber in puncto Geheimnis kann Nazca es
fraglos mit Stonehenge, den Osterinseln und Machu Picchu aufnehmen. Seine Hieroglyphen sind nur von der Luft aus richtig zu
erkennen. Ich buchte einen Flug in einer Cessna 172, mein Magen
rutschte jedes Mal in den Keller, wenn wir an den Rändern starker
Thermik absackten. Wir sahen den Wal, den Kolibri, die Spinne,
den Affen und, ja, die Figur, die wie ein Astronaut aussieht. Obwohl einige der Tiere, allen voran der Affe, nicht im Mindesten irgendwo in Nazcas Nähe leben, stellen sie doch Tiere dar, die für
Schamanen symbolische Bedeutung haben. Die Spinne verkör-
pert das Weben und die Fähigkeit, Feinde einzuwickeln, und
Wale bekämpfen tief im Ozean mächtige Geister. Es gibt auch
Nazca-Gefäße mit Gesichtern, deren Nasenlöchern so etwas wie
Rauch entströmt – wie bei den halluzinierenden Schamanen von
Chavín. Die Schamanen bedienten sich dieser Geschöpfe, damit
sie in der spirituellen Welt für sie tätig würden. Es ist wahrscheinlich, dass sie auch ein psychoaktives Gebräu aus dem San-Pedro-Kaktus herstellten. Die berühmten Linien indes entstanden
durch das Wenden oxidierter Steine, die dann eine mattviolette
Oberfläche aufweisen. Sie sind aus zwei Gründen erhalten. Der
erste ist, dass es hier niemals regnete, bevor die nahe Marco-
na-Mine derart viel Staub in die Luft blies, dass sich Wolken bil-

deten und Regen fiel, der die Oberflächen entfärbte und die Linien blasser machte. Der zweite ist eine Frau namens Maria Reiche.

Da ich ein Taxi brauchte, um zum Museum zu kommen, das einmal ihr Haus war, machte ich Juan Pineda ausfindig, der sie lange Jahre gekannt hatte. Wir brausten auf einem modernen Highway über die fast weiße Wüste, die sich unterhalb kahler, felsiger Berge erstreckte. »Sie bauten den Panamerican Highway genau durch die Linien«, sagte er und winkte mit seiner langen, dünnen Hand im Wagen von einer Seite zur anderen. »Was glauben Sie, was ohne Maria sonst noch alles passiert wäre.«

Maria Reiche wurde am 15. Mai 1903 in Dresden geboren und studierte Mathematik an der Universität Hamburg, bevor sie sich auf eine Stelle als Hauslehrerin beim deutschen Konsul in Cuzco bewarb, der zugleich der Direktor von Cuzcos Brauerei war. Bald zog sie nach Lima, übersetzte für das Museum technische Zeitschriften in deutscher Sprache und beaufsichtigte die Konservierung neu entdeckter Textilien in Paracas, zwischen Nazca und Lima, wo sie mit demselben Julio Tello zusammenarbeitete, der Chavín ausgegraben hat. Die Nazca-Linien, die 1926 von Handelsflugzeugen entdeckt worden waren, erregten plötzlich ernsthafte archäologische Aufmerksamkeit, und 1941 nahm sie endlich einen Bus nach Nazca und verschrieb sich fortan den Linien. In Sorge um sie lebte sie in Armut am Rande des Panamerican Highway und erforschte sie, bemühte sich inständig, sie zu verstehen, und lag, um sie vor Zerstörung zu bewahren, oft im Streit mit dem peruanischen Establishment.

Juan hielt vor weiß getünchten Wänden, die von Bougainvilleas schier überschüttet wurden. Die nackten Räume, wo sie gelebt und gearbeitet hatte, waren so spartanisch eingerichtet, als sei jemand hier nur fürs Wochenende abgestiegen: ein Primuskocher, ein Trinkgefäß, ein Kessel, ein durchhängendes Bett, ein einfacher hölzerner Schreibtisch, ein Holzstuhl und Blätter staubiger Zeichnungen von ihren geliebten Linien. »Sie fühlte sich im Spanischen nie zu Hause«, sagte Juan, »und sprach immer klar und langsam, um sicherzustellen, dass sie verstanden wurde, und es ging fast immer um die Linien und ihre Erhaltung. Mit fünfundvierzig Jahren lernte sie auf Stelzen zu gehen, dadurch konnte sie die Linien besser sehen. Als sie zweiundfünfzig war, überredete sie die peruanische Luftwaffe, sie außen an den Streben eines Helikopters festzugurten, damit sie sie fotografieren konnte.« Die geometrischen Linien scheinen alle auf einen Berg zu weisen, über den die Regenwolken in dieses Gebiet kamen. Die wahrscheinlichste Erklärung der Tierskulpturen ist, dass die jeweils zugehörigen Linien betreten wurden, um den jeweiligen Tiergeist zu evozieren. Alle Zeichnungen können begangen werden, ohne umkehren zu müssen. Sogar feinste Merkmale wie Spinnenbeine sind mit zwei Linien gezogen, was völlig unnötig wäre, wenn es darum ginge, sie lediglich darzustellen – aber entscheidend, wenn man auf ihnen gehen soll. Maria lebte für ihre Idee. Als die großen Anwesen begannen, Chemikalien auf das bewässerte Land zu spritzen, aß sie, die sich ohnehin immer genügsam ernährte, kein Obst mehr, ernährte sich fortan nur von Getreide und wurde so mager und ausgemergelt wie die Wüste. Maria war eine Fanatikerin, aber nur ein Fanatiker konnte diese Stätte retten. Aus Juan sprach zärtliche und warmherzige Erinnerung.

»Im hohen Alter bekam sie Parkinson, sie lag im Pool eines Freundes und schwamm unendlich langsam, um ihre Muskeln zu trainieren. Sie sagte immer: ›Wenn ich sterbe, bringt mich nicht nach Deutschland, begrabt mich hier in Nazca, damit ich nach meinen Linien sehen kann.‹ « Sie starb 1998 im Alter von fünfundneunzig Jahren; sie liegt nun unter einem Gedenkstein in einer kleinen, hübschen Wiese, nicht nach Osten in Richtung Auferstehung, sondern in Richtung auf ihre Linien.

Mein letzter Halt war Pisco, eine Fischerstadt und Heimat jenes Weinbrands, der für Pisco Sour verwendet wird. Als der Bus kam, wusste ich, irgendetwas war hier falsch. Er war neu, mit zu-

rückklappbaren Sitzen, Radio, Video und Kopfhörern. Ich war
wieder in der Moderne. Draußen arbeiteten Ährenleserinnen in
den Feldern, gebückt wie Angelhaken: Ihre weißen Schals waren
die Ködermaden. Wir fuhren in das moderne Ferienparadies Paracas, vorbei an geschlossenen Luxushotelanlagen mit zylinder-
tragenden Portiers. Auf dem Hügel rechts von uns lag die alte
Stadt, wo Tello die märchenhaften Textilien gefunden hatte, die
von Maria Reiche bearbeitet worden waren. Wir fuhren ein paar
Kilometer weiter gen Süden nach Pisco hinein, eingekeilt zwischen Wüste, Fisch- und Konservenfabriken. Pisco bedeutet Vogel in der Vor-Inka-Sprache der Auki. Ich kam hierher, um die
Ballestas-Inseln zu besuchen, auf denen eine der größten Seevö-
gelpopulationen der Erde lebt. Es würde einen anderen Kreis
schließen, einen, der mit meinem ersten Buch begonnen hatte,
für das ich die Strecke der Rahsegler nachzeichnete, auf denen
mein Urgroßvater von Peru und Chile zurücksegelte, beladen mit
nitratreichem Guano. Auf der Uferseite lag die alte Flotte der
Holzfischerboote am Strand: kleine Familienboote. Draußen im
Nebel über dem Humboldtstrom schwankten Fischdampfer aus
Stahl und durchsiebten die öden Fischgründe.

Ich hatte fast kein Bargeld mehr und checkte daher in einem
guten Hotel ein, das Kreditkarten akzeptierte. Als ich herausfand, dass es heißes Wasser gab, nahm ich alle zwei Stunden eine
Dusche, schwamm langsam im Pool und bewunderte meine sauberen, weißen Fingernägel. Am nächsten Morgen in aller Frühe
wartete ich am Strand und schnorrte die Fischer um Reste an, mit
denen ich die Chilepelikane, die im Englischen Perupelikane heißen, fütterte. Eine kleine Barkasse brachte mich durch ein träges,
phlegmatisches Wasser zu den klotzigen Steininseln vor der
Bucht. Bootsführer Martín erzählte mir: »Offiziell fallen hier 1,86
Millimeter Niederschläge pro Jahr, aber ich war zweiundzwanzig,
als ich zum ersten Mal hier Regen gesehen habe, und das auch nur,
weil ich meine Familie in Cuzco besuchte.«

Um uns herum tauchten Seelöwen auf, die blutige silberne Fische zwischen den scharfen gelben Zähnen gepackt hielten. Lange konnte ich die Vögel nicht sehen, die die Inseln bevölkern und deren Ausscheidungen aus den Schiffern vor dem Ersten Weltkrieg noch Millionäre gemacht hatten, bevor man synthetischen Kunstdünger herstellen konnte. Mit einem Mal entzifferten meine Augen, was da draußen war: Weit entfernt auf dem Wasser lagen ein paar dunkle Stränge; mehr davon ließen sich am Himmel schwach erahnen. Aus allen Richtungen flogen Tausende und Abertausende Olivenscharben, Buntscharben und Guanokormorane in Scharen zu und von ihren Nestern und füllten sich die Schlünde aus einem der reichsten Fischvorkommen des Planeten. In der Form von zwei sich überlappenden Vs strichen Vögel mit gierig ausgestreckten Hälsen knapp über uns hinweg. Die gekräuselten V-Linien sahen wie schwarze Bänder aus, die im Wind flatterten. Als die Vögel sich der Insel näherten, brach ihre Schule zusammen, und alle kollabierten purzelnd mit ausgebreiteten Flügeln und suchten ihre Nester. Unter den fliegenden Kormoranen erkannte ich größere, blassere Vögel, deren Kopf, Hals und Brust weiß und deren Federn in feinen Creme- und Brauntönen gemustert waren: Guanotölpel, die derselben Familie angehören wie Basstölpel und ganz genauso geformt sind. Eine Gruppe zog ab, einer nach dem anderen faltete die langen, eleganten Schwingen nach hinten und schoss pfeilglatt ins Wasser.

Wir manövrierten zwischen den Inseln, unter schwerfälligen, hölzernen Laderampen hindurch, wo die Säcke des alles durchdringenden, feinen Pulvers langsam in Laderäume versenkt wurden. Die Inka kannten die Fruchtbarkeit des Guanos; die Vögel zu töten, oder auch nur während der Brutzeit anzulanden und sie zu stören, war bei Todesstrafe verboten. Über meinem Kopf flitzte eine ganz ausgefallene Schwalbe: die schiefergraue Inka-Seeschwalbe mit ihrem herrlich karmesinroten Schnabel und ebensolchen Beinen und weißen Federlocken unter den Augen, die sich wie ein gezwirbelter Schnurrbart seitlich nach unten bogen.

Heute Nacht war ein Pisco Sour fällig. Morgen zurück in die Heimat. Elaine. Ich fragte mich, wie es mit uns weitergehen würde nach zwei weiteren Monaten Trennung. Sie versteckt sich manchmal vor mir, wenn ich nach Hause komme, einmal, als ich noch spät an etwas arbeitete, das sie nicht ausstehen konnte. Ich versuche zu verstehen, warum ein Wiedersehen für sie so schwierig ist wie ein Abschied. Ich denke daran, sie anzurufen, aber Geld und Kredit sind fast aufgebraucht, morgen würden wir uns ohnehin persönlich gegenüberstehen.

Sonnenuntergang

Am späten Nachmittag folgte ich auf der Avenida San Martín dem sanften Hügel zum Ufer hinab. Ich trank meinen Pisco Sour, während mein Blick über den schmalen Strand schweifte. Die Stadt Pisco liegt mit dem Rücken zum Meer, dessen Reichtümer das Leben hier überhaupt erst möglich machten, in diesem Land der arabischen Nächte, an einer Küste des größten Ozeans der Welt, wo es nie regnete. Die Ureinwohner der Küste boten den Inka, als diese hierherkamen, die Stirn.

> »Wir wollen weder euren Gott noch euren König. Das Meer, wie jeder sehen kann, ist viel weiter als die Sonne; und es tut uns sehr viel Gutes, während die Sonne uns mit ihren brennenden Strahlen nur erschöpft; für euch, die ihr in den Bergen lebt, ist es ganz natürlich, sie anzubeten, weil sie euch Wärme spendet. Aber genauso natürlich ist es, dass wir das Meer bevorzugen, das unsere Mutter ist. Sagt eurem General, dass er heimgehen soll, sonst werden wir ihm zeigen, wie wir unsere Freiheit, unseren Gott und unseren Glauben verteidigen.«

Es war eine erstaunliche Einsicht festzustellen, dass Religionsausübung kulturell bedingt ist, dass sie aus den Umständen eines Volkes erwächst und keine absolute Wahrheit darstellt. Europa sollte noch weitere vierhundert Jahre benötigen, um das denken zu können. Aber kulturelle Einsicht ist nicht immer entscheidend. Vier Monate später war Inka Capac Yupanqui die im Wesentlichen taktische und diplomatische Kampagne leid und kündigte an, er würde, falls sie sich nicht ergäben, die gesamte Nation köpfen lassen und das Land mit neuen Populationen wiederbevölkern. Sie kapitulierten.

Hier und da stehen neben dem zerklüfteten Asphalt der Küstenstraße ein paar unglückliche Häuser, wie verwitterte Flecken
auf einem alten Fahrradschlauch. Wo die Avenida San Martín auf
sie trifft, liegt ein kleiner Platz auf der Seeseite, den eine Statue
von Christoph Kolumbus ziert, der dieses Pazifische Meer nie gesehen hat. Umso besser, denn der Pazifik hätte ihm seine gesamte Kosmologie verpatzt. Er bestand darauf, China erreicht zu haben, und wünschte sich Amerika, diese Neue Welt, dieses zweite
Eden, einfach fort. Aber jetzt steht er für immer auf einem Sockel
und hat den besten Blick darauf. Es ist das Erste, was er bei jedem
Sonnenaufgang sieht, im endlosen Fluss der Morgendämmerung,
die über die Anden zieht und ihre ersten Strahlen in die metallische Luft schmettert. Es ist das Letzte, was er sieht, wenn die
Sonne jede Nacht in den Ozean stürzt. Hinter ihm, über seiner
halb abgewandten Schulter, plätschert ein kreisförmiger Por-
phyr-Springbrunnen, der Erinnerungen auslöst, etwa an Tenny-
sons Zeile: »a fin winked in the porphyry font« – »eine Flosse blinkte im porphyrnen Stein.« Der tiefste Kreisring ist eine Sitzbank;
ich sitze dort und lausche dem Gitarrensolo von Carlos Santana,
das aus der offenen Tür einer menschenleeren Bar zu meiner Linken herausdröhnt. Beiderseits davon wippen grauhaarige Männer
mit den Füßen im Takt. Ein gesprenkelter Hund schnüffelt ausgiebig an mir; ich trage die Kleider, die ich auf den Inseln trug,
und sie riechen nach den Fischstücken und Garnelen, die ich den
Pelikanen zugeworfen habe, ein olfaktorisches Stück Meerland-
schaft. Rechts von mir steht das Gran Hotel, das erste Hotel der
Stadt. Jetzt wirkt es, als würden Aasgeier es vom Dach abwärts
ausschlachten. Noch vor sechzig Jahren wurden Besucher vom gefletschten Gebiss eines breit grinsenden Affen empfangen, von
Farbkasten-Aras, die mit ihren weichen, grauen Zungen wie tro-
ckengelaufene Radachsen kreischten. Aber über die Jahre hinweg
war nur noch das Erdgeschoss getüncht und gepflegt worden, und
nun sind die Fenster vernagelt oder verriegelt, und das Leben ist

durch sie herausgeflossen und verdampft. Ein kleiner Dachturm,
einst gebaut, um an langen Nachmittagen zarte Zephirwinde einzufangen, wurde bis auf einen skelettierten Rahmen abgetragen,
der nun schwarze geometrische Formen gegen den Himmel zeichnet. Der erste Stock trägt flache Balkone, die von gedrillten Spindeln und Hartholzgeländer begrenzt sind, aber die Fenster sind
nicht mehr da, und grauer Taubenmist liegt wie kalte Lava auf den
Sparren. Die geschnitzten und abgescheuerten Dachvorsprünge
sind geborsten, der Zustand der übrigen Bruchstücke ein verstörendes Mahnmal, wie sehr der Besitz heruntergekommen ist: ein
Landstreicher mit Spitzentaschentuch.

Das ehemals grandiose Bauwerk gegenüber hat wunderschöne
Türen aus Holz und Schmiedeeisen, die viereinhalb Meter hoch
in giftigem Tiefblau aufsteigen. Das Gebäude ist ein grobes
Schachbrettmuster aus Farben, wie sie in irgendwelchen unbe-
wacht herumstehenden Lastwagen gerade zu finden waren. Carlos Santanas »Samba Pa Ti« zerrt an der Seele, seine Gitarre
schraubt sich an wilden Antonio-Gaudí-Fassaden hoch. Musik
lebt in ephemeren Erschütterungen der Luft, diesem Zittern, das
jetzt aus der leeren Bar brummt, und weiter über staubgraue Dächer und die leere Küstenstraße, über die scharf gesalzene Küste
und die zankenden Möwen, die glitzernden Schwalben, die über
dem kalten Wasser des Humboldtstroms hinaus in die blaue Leere fliegen, ruhiger, als Ohren es wahrzunehmen vermöchten, Aufzeichnung von etwas, das schon vergangen ist.

Auf der anderen Seite des Hotels führt eine Gasse zu einem
einzelnen hölzernen Pier, der über seichte Wellen hinweg ins tiefe Pazifikwasser greift. Er ist fast siebenhundert Meter lang und
scheint, wenn die Sonne im Meer versinkt, länger und länger zu
werden. In den dunklen Zimmern über mir entlarvte der ausge-
mergelte General San Martín, dessen wilde Pantheraugen von den
Opiaten glühten, die er gegen den Schmerz seines Rheumatismus
einnahm, den Niedergang eines hochtrabenden Reiches als eben-

so prahlerisch und fadenscheinig wie diese abblätternden Fassaden. Sie waren hier gelandet, um die Sklaven der Baumwoll- und Zuckerplantagen an der Küste zu befreien und sie ihrer Befreiungsarmee einzugliedern. Aber die Landbesitzer hatten sie alle ins Landesinnere gebracht; dort war keine Verstärkung zu erwarten. Soldaten, die zu lange gewartet und zu viel gesehen hatten, um gut zu schlafen, schwitzten seltsame fremde Fieberfantasien in den Armen halb betrunkener Herzdamen aus, die es leid waren, zu versuchen, die Seelen der jungen Männer zwischen phosphoreszierenden, mondbeschienenen Laken wieder zusammenzuflicken. In verliebter Sorge beobachteten sie, wie die Männer aus Kristallgläsern Rum verspritzten und die Zigaretten von verwirrten Lippen über die morschen Balkone schnippten und zischend in die Springbrunnen fallen ließen.

Manchmal drängt die Vergangenheit sich unabweisbar auf, heute Nacht ist es nur eine dunkle Fensterscheibe, die sie in der staubigen Kühle hoher, gelangweilter Räume zurückhält. Erinnerungen drücken wie Antennen von Nachtfaltern gegen die Scheibe, blind und zerstörerisch getrieben von ihrem weichen, beharrlichen Flügelschlag. Du fühlst, du könntest danach greifen und die Erinnerungen entrollen, um den Blick in ihre winzigen Geheimnisse zu werfen, doch genau wie diese wundersam konstruierten, fedrigen Antennen würden sie auseinanderbrechen, in Nichts zerbröseln und nur unscharfe graue Flecken auf deinen Fingerspitzen hinterlassen.

Ich drehe mich um und sehe in die Sonne, die vor dem Auge größer und größer wird, wenn sie dem Horizont näherkommt. Die Inka glaubten, sie falle ins Meer, verzehre dabei gigantische Wasserfälle, reise dann unter der Erde hindurch und tauche im Osten wieder auf. Das Gitarrensolo zerfällt in sanfte Akkordbruchstücke. Das tiefe Wolkenriff, das prächtig grau wie der Rücken einer Inka-Seeschwalbe in weiter Ferne auf dem Meer schwebt, drückt die Unterlippe der Sonnenscheibe flach. Die

Sonne sinkt genau am gegenüberliegenden Ende des Piers, der
nun eine fast schwarze Silhouette aus verlassenen Hebezügen,
schwankenden Trittstufen, Fahnenstangen und außerirdischen
Schiffskränen wird. Die langen Bretter führen zum Pier und von
dort auf See, und die Planken, in Jahrhunderten von Menschenfü-
ßen glattgetreten, glühen rot auf in den paar verbleibenden Sekunden. Die Sonne wird zum Fluchtpunkt des Piers, und wenn
ich jetzt alles fallen lasse, mich von diesen klobigen Holzbohlen
löse und mit ausgebreiteten Armen hinausgehe über die ruhig
anrollenden Wellen des Ozeans, vielleicht kann ich in diesem Augenblick über diese Brücke und in die Sonne gehen.

Sonne ins Meer gesunken, verloren. Finsternis.

Heimkehr

Man kann nicht heimkommen und Freunden erzählen, was man fünf Monate seines Lebens gemacht hat. Man trägt sein Leben wie ein Geheimnis mit sich herum, bis manchmal Augenblicke entstehen, in denen ein kleiner Teil davon in ein Gespräch einmündet. Elaine über die letzten zwei Monate auf den letzten Stand zu bringen war einfacher, weil sie einiges von diesem bezaubernden Land gesehen hatte. Sie hörte zu, drehte den gravierten Flaschenkürbis aus Cochas Grande in ihren Händen hin und her und entdeckte »Para Elaine, Mi Amor«.

Ich begann mit der Niederschrift noch in der Woche meiner Rückkehr. Ich wollte anfangen, solange die Erfahrungen noch frisch im Gedächtnis waren. Schon bald beendete ich den ersten Teil. Welche Ironie, dass mein Rücken, der all dieses Trekken und Tragen tapfer ertragen hatte, mit täglich zehn Stunden Sitzen am Computer nicht zurechtkam. Meine Steißwirbel fielen allmählich auseinander. Injektionen halfen eine Zeit lang, doch die letzte hatte schon keine Wirkung mehr, und ich musste das Schreiben rationieren, um den Schmerz unter Kontrolle zu halten. Ich machte weiter und fragte mich, ob ich jemals imstande wäre, noch einmal eine solche Reise zu unternehmen.

Am Ende gaben meine Steißwirbel endgültig den Geist auf, und ich musste die Arbeit ganz einstellen. Ich lag medikamentenumnebelt herum und träumte davon, den ganzen Tag durch freie Gebirgslandschaften zu laufen. Elaine schuftete an ihrer Doktorarbeit, und der Zeitpunkt ihrer Fertigstellung entfernte sich wie der andische Horizont: drei Jahre, vier Jahre, fast fünf. Das Datum für die OP beim Staatlichen Gesundheitsdienst NHS, um die Steißwirbel wieder aufzubauen, wurde wegen Arbeitsrückstau immer wieder hinausgeschoben; ich wartete zwei Jahre. Zufällig fielen unsere zwei Deadlines zusammen. Im Krankenhaus kam

Elaine mich besuchen. Nachher sagte der Mann im Bett gegenüber, das Ersatzknie (im Krankenhaus werden wir zu unseren Gebrechen), in feinstem Cardiff-Akzent: »Ihre Frau bleibt auch echt nich lang, oder?«

Ich drehte mich im Bett herum, und ein stechender Schmerz durchzuckte mich. »Sie hat gestern ihren Doktor gemacht. Sie hat lange darauf gewartet. Wir beide.« Aber während sie an meinem Bett gesessen hatte, hatte sie mich nicht ein Mal berührt. Ich ging nach Hause und bückte mich vorsichtig mit meinem neu wiederaufgebauten Rücken, um frische Socken aus meiner Schublade zu holen. Sie war voll mit ihren Sachen. Die anderen Schubladen ebenso. Meine ganze Wäsche lagerte im Abstellraum.

Im selben Monat gab sie zu, sich mit einer anderen Frau zu treffen. Sie blickte mich mit harten Augen an, die ich noch nie an ihr gesehen hatte. »Es ist deine Schuld. Du warst nie für mich da. Diese Reisen waren immer nur für dich.«

Meinem Rücken geht es wieder gut. Stark genug für wer und was auch immer kommen mag.

Danksagung

Dieses Buch wurde zu einem großem Teil durch zwei Stipendien ermöglicht: das eine vom Arts Council of Wales, das die Ausgaben für die Reise zu diesem Projekt zu einem Teil deckte, das zweite von Academi (heute Literature Wales), das mir sechs Monate Zeit kaufte, um nach der Reise das Manuskript anzufertigen. Während dieser Zeit konnte ich das Rohmanuskript beinahe fertigstellen, sodass die Ereignisse noch frisch waren und ich die unvorteilhafte Ablenkung durch andere Arbeiten zum Lebensunterhalt umgehen konnte. Mein besonderer Dank dafür geht an Tony Bianchi, Peter Finch und Lleuci Siencyn.

Nancy Watson erwies sich als standhafte Freundin in schwerer Zeit, und als unermüdlicher Spürhund beim Erbeuten von Material.

Mein herzlichster Dank geht auch an: Charles und Pat Aithie, Shirley Cuba Aliaga, Margaret Anstee, Armando Lecaros de Cossío, Sixto Durán-Ballén, Peter Frost, Gloria Fuentes, Marilyn Godfrey, Mari Griffiths, John Hemming, Amanda Hopkinson, Jonah Jones, Máximo Kateri, Judy Lane, Jacqueline Mijicic, Jeanette Minns, James Moore, John Pilkington.

Celia Ansdell ließ mir Wärme und liebevolle Unterstützung beim letzten Redigieren zuteil werden, also dann, wenn ich mich kaum noch normal und vernünftig verhalte.

Lieben Dank auch an Elaine, für die schönen Jahre.

Zitate und Quellen

José de Acosta: Historia natural y moral de las Indias, Sevilla, 1590.

Walter Alva und Christopher B. Donnan: The Royal Tombs of Sipán, Fowler Museum of Cultural History, UCLA, 1993.

Cusco Weekly, 9. August 2002.

Réne Descartes: Philosophical Works, übersetzt von Elizabeth Haldane und G. R. T. Ross, Cambridge University Press, 1911, I, S. 363, zit. in Stephen Greenblatt, Marvellous Possessions, The Wonder of the New World, Oxford University Press, 1988.

Albrecht Dürer: Das Tagebuch der Niederländischen Reise. 1520-1521, hg. v. Jan Albert Goris u. Georges Marlier, Brüssel 1970, S. 65.

Carlos Fuentes: The Buried Mirror, Andre Deutsch, London, 1992.

Friedrich Hassaurek: Four Years Among Spanish-Americans (Spätere Ausgabe: Four Years Among the Ecuadorians), Hurd and Houghton, New York, 1867.

John Hemming: The Conquest of the Incas, Macmillan, London, 1970.

Tagebuch von Alexander von Humboldt, 5. Juni 1799, La Coruña, Spanien, in Alexander von Humboldt: Personal Narrative, Einleitung von Malcolm Nicolson, Penguin, 1995.

Alexander von Humboldt über Simón Bolívar, in Robert Harvey: The Liberators, John Murray, 2000.

Pastor Luis Minaya Ballón im Interview mit Lucien Chauvin in The Peru Reader, hrsg. v. Orin Starn, Carlos Iván Degregori und Robin Kirk, Duke University Press, 1995. Is Peru Turning Protestant?

Pedro de Cieza de León: The Incas, Orion Press, New York, 1961.

Gabriel García Márquez: El Coronel No Tiene Quien le Escriba, übersetzt von John Harrison, Ediciones Orbis, Buenos Aires, 1982.

John Milton: Paradise Lost, Book I, Zeilen 648–9.

Cristóbal de Molina de Santiago: Relación de muchas cosas acaesidas en el Perú ... en la conquista y población de estos reinos, 1553.

Felipe Huamán Poma de Ayala: »Nueva Corónica y buen gobierno« (»Die neue Chronik und gute Regierung«), 1567–1615, veröff. 1936.

Pedro Sánchez: Relacion etc., 1543, übersetzt von P. A. Means, New York, 1917, zitiert in John Hemming, The Conquest of the Incas.

Robert Louis Stevenson: Travels with a Donkey in the Cevennes, T. Nelson and Sons, 1879.

Edward Whymper: Travels Amongst the Great Andes, Einleitung von F. S. Smythe, John Lehmann, London, 1949.

Thornton Wilder: The Bridge of San Luis Rey, Longmans Green, London, 1927; Die Brücke von San Luis, Fischer TB Verlag, 1992.

Agustin Zárate: The Discovery and Conquest of Peru, Penguin

Fotos, eine vollständige Bibliografie und Lektüre-Tipps gibt es auf meiner Website: www.cloudroad.co.uk

Die Sprache Quechua

Das Quechua hat die ganze Strecke hinweg, die ich gereist bin, fortwährend variiert, und die Konventionen der Schreibung haben sich in jüngster Zeit verändert. Es gibt ein Cuzco-Quechua, das man mit Hochdeutsch vergleichen könnte, aber ich traf wenige, die es sprachen. Ich folgte der lokal üblichen Schreibweise, solange ich nicht Gründe hatte, davon abzuweichen. Quechua-Lehrer werden zweifellos Fehler und Unstimmigkeiten entdecken. Bitte nehmen Sie hierfür meine Entschuldigung an sowie die Einladung, mir gegebenenfalls über meine Website Korrekturen zukommen zu lassen.

PAPERBACK, 312 SEITEN
ISBN 978-3-7701-8254-1
PREIS 14,99 € [D]/15,50 € [A]
AUCH ALS E-BOOK ERHÄLTLICH

DUMONTREISE.DE

*»Im wahrsten Sinne eine
Reise der Extreme«*
Axel Lischke, Tontechniker

Über die Anden bis ans Ende der Welt

8000 Kilometer Motorrad extrem

von Thomas Aders

»Ich segne die Motorräder mit den amtlichen Kennzeichen NG 71981 und 71988«. Der wettergegerbte Priester Julio Mamani gießt hochprozentigen Schnaps über die staubigen Straßenmaschinen des Fernsehteams, in der anderen Hand schwenkt er den getrockneten Fötus eines Lamas. Schnellsegen auf 4300 Metern Höhe, in der Nähe eines Andenpasses in Bolivien. Gleich werden ARD-Südamerikakorrespondent Thomas Aders und sein Kollege den »Camino de la muerte« hinunterfahren, eine halsbrecherische Route, die über 3000 Höhenmeter hinunter ins tropische Tal der Yungas führt. Eine enge Schlaglochpiste, glitschig wie Schmierseife, extremes Gefälle, keine Leitplanken, kein Warnschild. Nebenan geht es senkrecht in die Tiefe. Hunderte Menschen sind hier zu Tode gekommen. Der »Weg des Todes« ist die gefährlichste Straße der Welt.

Eine Episode aus der fast siebenwöchigen Tour, die das Team um den Journalisten Thomas Aders von Peru über Bolivien bis nach Feuerland bringt. Spannungsgeladen und dramatisch, witzig und hautnah schildert der Autor seine Erlebnisse in Südamerika. Sie sind extrem für Technik und Team, bis hin zu Höhenkrankheit, Lungenentzündung, vollkommener Erschöpfung und mehreren Beinahe-Katastrophen.

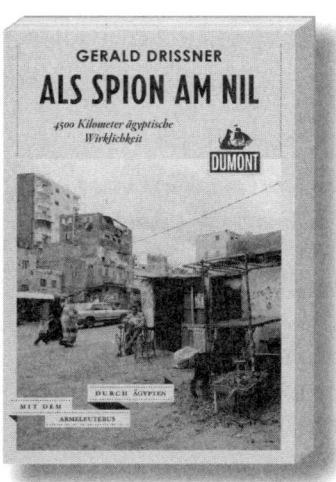

PAPERBACK, 280 SEITEN
ISBN 978-3-7701-8252-7
PREIS 14,99 € [D]/15,50 € [A]
AUCH ALS E-BOOK ERHÄLTLICH

DUMONTREISE.DE

Als Spion am Nil

4500 Kilometer ägyptische Wirklichkeit

von Gerald Drißner

Große Kulturgüter und großartige Strände – so kennt man Ägypten. Der überwiegende Teil des nordafrikanischen Landes jedoch ist anders. Die Menschen sind arm, folgen den alten Regeln und sind zutiefst religiös. Sie sind herzlich, humorvoll und liebenswert. Der Autor nimmt den Leser mit auf seine Reisen in fünfzehn Dörfer und Städte. Er fährt mit dem Minibus, der ihn in fast jeden Winkel des Landes bringt. Die Gespräche im Bus drehen sich um Gott, den ägyptischen Alltag, Korruption und abstruse Verschwörungstheorien. Die Fahrten münden mal in Pannen und nicht selten in einem Abenteuer. So erfährt der Autor, warum die meisten Ägypter noch nie die Pyramiden besucht haben und was eine deutsche Firma, die Autokennzeichen herstellt, mit dem korrupten Mubarak-Regime verbindet. Er besucht das Dorf im Nildelta, in dem der Terrorpilot des 11. September aufgewachsen ist, und die Stadt, in der die mächtige Muslimbruderschaft gegründet wurde. Er fährt in Gegenden, in denen die Revolution bis heute nicht angekommen ist und wird dort von der Polizei auf Schritt und Tritt verfolgt.

Und immer wieder wird er bei seinen Reisen als Spion verdächtigt und landet deshalb fast in einem Militärgefängnis.

PAPERBACK, 376 SEITEN
ISBN 978-3-7701-8256-5
PREIS 14,99 € [D]/15,50 € [A]
AUCH ALS E-BOOK ERHÄLTLICH

DUMONTREISE.DE

Empire Antarctica

Eis, Totenstille, Kaiserpinguine

von Gavin Francis

Übersetzt von Christina Schmutz und Frithwin Wagner-Lippok

Für Gavin Francis erfüllt sich ein Lebens-traum, als er die Arztstelle in Halley, dem Basislager einer britischen Forschungsstation, bekommt. Halley liegt völlig abgeschieden an der antarktischen Caird Coast und weit von allen bewohnten Kontinenten entfernt. An diesem äußersten Ende der Welt erlebt Francis im Kreis eines kleinen Forscher- und Technikerteams das ewige Schweigen der Eismassen und eine tiefe Einsamkeit – ohne Zerstreuung, ohne Abwechslung, ohne Spuren menschlicher Geschichte. Von konstant taghellen Sommertagen über den dreieinhalbmonatigen dunklen Winter führt er den Leser durch ein antarktisches Jahr. Er erlebt die physischen und mentalen Belastungen bei Temperaturen von minus 50 Grad Celsius, die Stimmungen, die das Leben im Eis auslöst, eine immerweiße Landschaft, in der die Legenden und Mythen von Polarforschern wie Shackleton, Scott, Amundson oder Admiral Byrd weiterleben. Auf seinem Außenposten im Eis verschaffen Gavin die Kaiserpinguine überraschenden Trost. »Empire Antarctica« ist eine bewegende Erzählung über die Dienstzeit eines Arztes auf dem einsamsten Kontinent unseres Planeten.

PAPERBACK, 336 SEITEN
ISBN 978-3-7701-8250-3
PREIS 14,99 € [D]/15,50 € [A]
AUCH ALS E-BOOK ERHÄLTLICH

Die Suche nach Indien

Eine Reise in die Geheimnisse
Bharat Matas

von Dennis Freischlad

Über viele Jahre hinweg hat der Dichter und Künstler Dennis Freischlad in Indien gelebt, er hat sich als Übersetzer und Bibliothekar, Farmer, Koch und Hostelmanager verdingt. Nun begibt er sich auf einen weiteren Roadtrip durch *Bharat Mata,* Mutter Indien, um jenen indischen Geheimnissen nahezukommen, die zwischen Mensch und Mythologie einen einzigartigen Zugang zur Welt bilden. Auf der Suche nach Indien reist Dennis Freischlad auf abenteuerlicher Route mit seinem Motorrad vom tempelreichen Süden des Landes über das paradiesische Kerala und das schillernd-zerstörerische Mumbai bis in die Steppe des romantischen Rajasthan. Weiter geht es mit dem Zug in den Punjab, um schließlich an den Ufern des Ganges im mystischen Varanasi anzukommen, der heiligsten Stadt der Hindus.
Hinsichtlich Erfahrungen, Begegnungen und Intensität wird es eine Reise durch das »reichste Land der Welt«. Der Indienkenner schildert den Alltag, die Geschichte und Gegenwart der Inder in spannenden, poetischen und oft skurrilen Begegnungen und erzählt aus erster Hand von ihren Träumen und Realitäten, immerwährenden Katastrophen und Hoffnungen.

PAPERBACK, 272 SEITEN
ISBN 978-3-7701-8251-0
PREIS 14,99 € [D]/15,50 € [A]
AUCH ALS E-BOOK ERHÄLTLICH

DUMONTREISE.DE

DUMONT

»Beste Symbiose von Krimi
und Infotainment ...«
Rüdiger Nehberg, TARGET

Der Mann, der den Tod auslacht

*Begegnungen auf meiner Reise
durch Äthiopien*

von Philipp Hedemann

»Wer nicht reist, wird immer glauben, dass
seine Mutter die beste Köchin ist«, lautet
ein afrikanisches Sprichwort. Philipp He-
demann wollte wissen, wie andere Mütter
kochen und reiste mit dem Geländewagen
mehrere Tausend Kilometer durch Äthiopien. Er ließ sich von einem Aidsheiler den
Teufel austreiben, lachte mit dem äthiopischen Lachweltmeister, besuchte die
heilige Quelle des blauen Nils, bestieg den
höchsten Berg des Landes und wäre beinahe Mönch geworden. Er traf Flüchtlinge in
trostlosen Lagern und versuchte, das Rätsel
der Bundeslade, in der die Zehn Gebote
verwahrt werden, zu lüften. Er fürchtete
in der Danakil, der heißesten Wüste der
Welt, von Rebellen entführt zu werden,
und trainierte mit äthiopischen Wunder-
läufern. Er feierte mit bekifften Rastafaris
den Geburtstag Haile Selassies und fütterte
wilde Hyänen ...

»Der Mann, der den Tod auslacht« erzählt
von abenteuerlichen Reisen und spannenden Begegnungen und porträtiert unterhalt-
sam ein geheimnisvolles und widersprüchli-
ches Land im Osten Afrikas.

PAPERBACK, 256 SEITEN
ISBN 978-3-7701-8253-4
PREIS 14,99 € [D]/15,50 € [A]
AUCH ALS E-BOOK ERHÄLTLICH

DUMONTREISE.DE

Das verlorene Paradies
Eine Reise durch Haiti und die Dominikanische Republik
von Philipp Lichterbeck

Was tut man, wenn man während eines Vodou-Rituals in Haiti plötzlich zum Objekt der Zeremonie auserkoren wird? Was haben Sextouristen in der Dominikanischen Republik mit Kolumbus gemein? Warum ist Haiti eines der ärmsten Länder der Welt, obwohl Milliarden von Dollars in die winzige Nation gepumpt werden? Philipp Lichterbeck ist mehrere Monate durch die Dominikanische Republik und das erdbebenversehrte Haiti gereist. In Sosúa traf er einen Aussteiger, der die Menschheit mit seinen Raumschiffen retten will, in den dominikanischen Zentralkordilleren den Hexenjäger Bernardo Távarez und in Port-au-Prince zwei Bildhauer, die aus Schrott und Menschenschädeln Weltkunst montieren. Er war auf seiner Reise ganz unten: bei den Minenarbeitern, die den Halbedelstein Larimar schürfen. Und er war ganz oben: auf der Citadelle La Ferrière, dem »Machu Picchu Haitis«. Philipp Lichterbecks einundzwanzig Stories sind mal witzig, mal abenteuerlich, mal tragisch. Zusammengesetzt ergeben sie das Porträt einer Insel, auf der Schönheit, Kreativität und Witz neben Korruption, Gewalt und Ausbeutung existieren.

PAPERBACK, 384 SEITEN
ISBN 978-3-7701-8258-9
PREIS 14,99 € [D]/15,50 € [A]

»*Ein spektakuläres Reportage-Buch*«
Stern

Mein russisches Abenteuer

Auf der Suche nach der wahren russischen Seele

von Jens Mühling

Als der Journalist Jens Mühling in Berlin den russischen Fernsehproduzenten Juri kennenlernt, verändert sich sein Leben. Juri, der deutschen Sendern erfundene Geschichten über Russland verkauft, sagt: »Die wahren Geschichten sind viel unglaublicher als alles, was ich mir ausdenken könnte.« Seitdem reist Jens Mühling immer wieder nach Russland, getrieben von der Idee, diese wahren Geschichten zu finden. Die Menschen, denen er unterwegs begegnet, sind das echte Russland. Eine Einsiedlerin in der Taiga, die erst als Erwachsene erfahren hat, dass es jenseits der Wälder eine Welt gibt. Ein Mathematiker, der tausend Jahre der russischen Geschichte für erfunden hält. Ein Priester, der in der atomar verseuchten Sperrzone von Tschernobyl predigt. »Mein russisches Abenteuer« ist eine Reiseerzählung, die durch das heutige Russland führt. Aus ganz persönlicher Perspektive porträtiert Jens Mühling eine Gesellschaft, deren Lebensgewohnheiten, Widersprüche, Absurditäten und Reize hierzulande nach wie vor wenigen vertraut sind.

PAPERBACK, 472 SEITEN
ISBN 978-3-7701-8259-6
PREIS 16,99 € [D]/17,50 € [A]
AUCH ALS E-BOOK ERHÄLTLICH

DUMONTREISE.DE

DUMONT

*»Ein poetisches Buch –
interessant, schockierend und
zutiefst fesselnd ...«*
Daily Telegraph

Im Schatten der Seidenstraße

*Entlang der historischen Handelsroute
von China nach Kurdistan*

von Colin Thubron

Übersetzt von Werner Löcher-Lawrence

In Bussen, Zügen, klapprigen Taxis und Geländewagen, auf Eselskarren und Kamelen
folgt Colin Thubron dem Verlauf der ältesten und berühmtesten aller historischen
Handelsrouten. Im Herzen Chinas beginnend, steigt sie auf in die zentralasiatischen
Gebirgsmassive, führt durch Uiguren-Land,
durch Usbekistan, Kirgisistan und Afghanistan und zieht sich schließlich durch die
weiten Ebenen des Iran und den kurdischen
Teil der Türkei bis ins alte Antiochia am
Mittelmeer. In sieben Monaten legt Colin
Thubron mehr als elftausend Kilometer zurück. Mit Zähigkeit, Ausdauer und bewundernswertem Durchhaltevermögen meistert
er die Strapazen und Gefahren seiner geradezu epischen Reise. Den Rucksack nur mit
dem Nötigsten gefüllt, das Geld in einer leeren Flasche Mückenschutzmittel versteckt,
Sandstürmen, Schnee und Hitze trotzend,
sucht er nach den Spuren einer Jahrtausende
alten Geschichte und ist immer und überall
ein sensibler Beobachter, neugieriger Gesprächspartner und glänzender Erzähler, der
sich auf die Menschen, denen er begegnet,
einlässt und ihre Identität erspürt. Das
geradezu poetisch geschriebene Werk zeigt
Thubrons tiefe Passion für die Belange und
die Geschichte einer Weltgegend, die uns
weithin unbekannt ist.